Stuart Hall

Vertrauter Fremder

Stuart Hall

Vertrauter Fremder

Ein Leben zwischen zwei Inseln

Deutsch von Ronald Gutberlet

Argument / InkriT

Die deutschsprachige Ausgabe dieses Buchs wurde begleitet, redigiert und redaktionell betreut von einem mit Stuart Halls theoretischen Schriften vertrauten Editorial Board, um den Brückenschlag zu seinen wissenschaftlichen Texten zu gewährleisten und den hiesigen Stand der Diskurse zu berücksichtigen. Zum Team gehörten Victor Rego Diaz (Koordination) sowie Natascha Khakpour, Jan Niggemann, Ingo Pohn-Lauggas und Nora Räthzel.

Der Verlag dankt dem Editorial Board
sowie der Rosa-Luxemburg-Stiftung und weiteren Sponsor*innen der Übersetzung: Günter Bell, Herbert Dressbach, Richard Gebhardt, Peter Jehle, Karen Kramer, Ines Langemeyer, Dario Roman Paul, Jan Rehmann, Rolf Stefaniak, Hansjörg Tuguntke, Thomas Weber, Egbert Wezel.

Stuart Hall, 1932 in Kingston (Jamaika) geboren, ab 1951 in England, war einer der führenden Kulturtheoretiker Großbritanniens und erster Herausgeber der *New Left Review*. Er gilt als Kopf des 1964 an der Universität Birmingham gegründeten »Centre for Contemporary Cultural Studies«. Bis 1997 Professor für Soziologie an der »Open University«, arbeitete er bis zu seinem Tod im Februar 2014 unermüdlich an aktuellen politischen Analysen. Die Autobiografie *Vertrauter Fremder* entstand in Gesprächen mit seinem Freund Bill Schwarz.

Für Catherine

»What do you call one's self ? Where does it begin? Where does it end?«

Madame Merle in Henry James: *The Portrait of a Lady* (1881)

»... one simply cannot and will never be able to fully recuperate one's own processes of thought or creativity self-reflexively ... I cannot become identical with myself.«

Stuart Hall: »Through the Prism of an Intellectual Life«, in Brian Meeks (Hg.): *Culture, Politics, Race and Diaspora: The Thought of Stuart Hall* (2007)

Inhalt

Vorwort des Editorial Boards

Übersetzungsfragen umfassen begriffsspezifische und sprachpolitische Entscheidungen, die weit über sprachlich-stilistische Formulierungsprobleme hinausgehen. Angesichts dieser Herausforderung hat der Verlag mit uns eine Redaktionsgruppe ernannt, um Übersetzungsprobleme zu klären, die sich aus den verschiedenen Konnotationen und Gebrauchsweisen des für Stuart Hall wesentlichen Begriffsfeldes um Race ergeben.

Ebenso galt es Lösungen zu finden, wie das Englische als genusneutrale Sprache in das weitgehend genusdifferenzierende Deutsch übertragen werden kann. Die getroffenen Entscheidungen knüpfen an andernorts bereits angestellte Überlegungen an und schreiben vorhandene kritische Übersetzungsbeispiele fort. Das Editorial Board hat entschieden, dass genusmarkierte Begriffe mit einem * veruneindeutigt werden, sofern davon auszugehen ist, dass dies inhaltlich zulässig ist. Gerade in historischen Kontexten war diese Entscheidung nicht immer einfach: zum einen, weil das **innen* suggeriert, dass Frauen, Männer und jene, die sich nicht heteronormativ zugeordnet haben, gleichberechtigt gehandelt haben oder in gleicher Weise beteiligt waren. Was emanzipatorisch sein soll, verdeckt dann unter Umständen Herrschaftsverhältnisse. Zum anderen war bei der historischen Quellensuche oft nicht rekonstruierbar, ob Geschlechter im Plural beteiligt waren, und manchmal auch nicht, ob dies von Hall gemeint war. In diesem Sinne sind die getroffenen Entscheidungen für vereindeutigte ›Pflanzer‹ oder eine veruneindeutigte ›Bürger*innenrechtsbewegung‹ zu verstehen. Die Ergänzungsform **innen* selbst ist zudem textästhetisch gewöhnungsbedürftig. Aus diesen Diskussionen ergab sich die Aufforderung – über die Arbeit an diesem Buch hinaus –, geschlechterpolitische Sprachvarianten weiterzuentwickeln und zu einer verstärkten Sichtbarmachung von Geschlechterverhältnissen in der Geschichtsschreibung beizutragen.

Besondere Bedeutung bei der Übersetzung von *Vertrauter Fremder* haben die Begriffe im Kontext von ›Race‹. In einigen Publikationen wird Race immer noch mit ›Rasse‹ und racial mit ›rassisch‹ übersetzt. Die Begriffe ›Rasse‹ und ›rassisch‹ sind aber im Deutschen durch ihre besondere historische Definition im deutschen Faschismus bis heute unlösbar belastet. Im Angelsächsischen hingegen ist Race widersprüchlicher besetzt. Zum einen ist Race begrifflicher Bestandteil rassistischer Ideologien, von

Ausbeutung und Versklavung seit dem Kolonialismus, zum anderen aber gibt es emanzipatorische Bewegungen, für die Race Teil der Selbstdefinition ist. Dementsprechend wird im Englischen ›racial consiousness‹ als ein Prozess begriffen, in dem Menschen sich *politisch* bewusst werden, dass sie aufgrund phänotypischer Merkmale – meist der Hautfarbe – als Rasse konstruiert und diskriminiert werden; dieses Bewusstsein wiederum ist Grundlage für Widerstandsprozesse gegen Rassismus. Mithin ist ›racial consciousness‹, wenn man so will, ein Akt der Subjektwerdung, auf jeden Fall einer des ›Aktiv-Werdens‹, ein Akt der Befreiung aus dem objektivierenden ›zur Rasse gemacht werden‹, der Identität stiftet und kollektive Praxen hervorbringt. Diese widersprüchliche Begriffsbesetzung ist auch in Stuart Halls Rassismusforschung nachzuvollziehen.

Die Schwierigkeit, diese race/racial-Bedeutungen zu übersetzen, liegt darin, dass sie in den entsprechenden deutschen Begriffen nicht artikuliert sind. Auch im Englischen wird davon ausgegangen, dass ›Rasse‹ keine analytische Kategorie ist, sondern eine ideologische Konstruktion. Das schwingt beim Gebrauch des Begriffs stets mit, ohne dass dies immer, zum Beispiel durch Anführungszeichen, kenntlich gemacht wird. Würde man aber Race mit ›Rasse‹ übersetzen, konnotierte man im Deutschen, dass es ›Rassen‹ tatsächlich gibt, es ginge um eine analytische Kategorie, der eine Realität entspricht, nämlich die Existenz verschiedener menschlicher ›Rassen‹. Entsprechend ist die widersprüchliche Bedeutung von ›racial politics‹ im Deutschen keine bewusste (sprach-)politische Praxis. Im anglophonen Raum werden damit zum einen rassistische Politiken bezeichnet, zum anderen auch rassismusbekämpfende Gesetzgebungen oder politische Maßnahmen[1]. Stuart Hall verwendet in Kapitel 9 ›Politics‹ für beide entgegengesetzten Bedeutungen denselben Begriff ›racial politics‹. Im Deutschen sprechen wir explizit von Rassismus bzw. Antirassismus, nicht jedoch von ›rassisierter Politik‹, da dieser Begriff nicht mit ›Politik gegen Rassismus‹ oder ›Politik zur Vermeidung von rassistischer Diskriminierung‹ konnotiert ist. Daraus folgte unsere Entscheidung, race/racial wie auch racial consciousness und race politics/racial politics nicht zu übersetzen, sondern englisch zu belassen. Wenn aber von Biologismen oder von rassistischen Ideologien bzw. Praxen die Rede ist, dann wird z.B. miscenigation mit ›Rassenmischung‹ in Anführungszeichen übersetzt. Wenn racial(ly) auf Unterdrückung, Diskriminierung, Stereotypisierung bezogen ist, wird ›rassistisch‹ übersetzt; bezieht es sich auf den Prozess der ›Rassekonstruktion‹, wird ›rassisiert‹ übersetzt.

1 Vgl. https://www.parliament.uk/about/living-heritage/transformingsociety/private-lives/relationships/collections1/race-relations-act-1965/race-relations-act-1965/

Ähnlich stellt sich das Problem mit ›colour‹ bzw. ›coloured‹. Der Begriff Colour ist in seiner Begriffsgeschichte tatsächlich komplexer als der Begriff Race. Einerseits war es ein Euphemismus wohlmeinender Weißer, die ›Schwarz‹ beleidigend fanden – vor allem in den USA, weswegen die Bezeichnung coloured in der ›Black is beautiful‹-Bewegung vehement abgelehnt wurde. In Jamaika wiederum ist coloured ein Begriff, mit dem sich die Menschen mit hellerer Hautfarbe stolz von ›den Schwarzen‹ absetzen: Wir sind coloured, wir sind etwas Besseres. Heute ist ›People of Colour‹ eine – aus dem US-amerikanischen Raum stammende – etablierte Selbstbezeichnung für jene, die sich als nicht-Weiß verstehen bzw. von der Mehrheitsgesellschaft als nicht-Weiß gesehen werden. Die Übertragungspraxis von ›coloured‹ ins Deutsche ›farbig‹ ist nicht haltbar, obwohl mit dem Begriff oftmals versucht wird, weniger verletzend über Race zu sprechen. Im Unterschied zu ›of Colour‹ handelt es sich jedoch um keine politische Selbstbezeichnung, über die auch Gemeinsamkeit hergestellt wird. Im Gegenteil wird mittels ›farbig‹ erneut eine skalierte Abstufung von Hautfarben hergestellt. Aus diesem Grund wird Colour hier englisch belassen. Wenn explizit, also materiell Hautfarbe gemeint ist, dann wird im Deutschen auch ›Hautfarbe‹ verwendet. Auch hierzu entstanden kontroverse Diskussionen im Editorial Board, denn es war nicht in jedem Fall trennscharf zu klären, wann Colour eher als materielle Hautfarbe und wann kategorial gebraucht wird.

›Weiß‹ und ›Schwarz‹ selbst sind keine Identitätskategorien oder Farben, sondern richten den analytischen Blick auf rassisierte Unterscheidungen, deshalb werden sie großgeschrieben. ›Negro(es)‹ wird englisch belassen. An einer Stelle verweist Hall auf die Gleichzeitigkeit von rassistischem Schimpfwort und freundschaftlicher Ansprache unter Black Brothers in der ironischen Bezeichnung ›Nigger‹ – diese haben wir so übernommen. Es gibt andere aktuelle Übersetzungen, die ›Negroes‹ weitgehend synonym mit ›Schwarze‹ übersetzen. Diesem Weg sind wir nicht gefolgt, da Hall den Begriff sehr selektiv verwendet und nicht einfach synonym zu ›Schwarz‹.

Bei dieser ›Begriffsarbeit‹ wurde jede Stelle im Text situativ geprüft, daher gibt es statt einer statischen Vereinheitlichung auch sinnvolle Abweichungen von den gefundenen Lösungen. Sprache ist kein neutrales Werkzeug, sondern ein Kampfplatz um hegemoniale Bedeutungen und ihre begriffliche Fassung. Hall verwebt in *Vertrauter Fremder* biografische Erfahrungen, politische Praxisverhältnisse, kulturelle Kontexte und theoretische Ansätze, um die gesellschaftlichen Auswirkungen des Kolonialismus bis heute aufzuzeigen. Damit wird nachvollziehbar, welch materielle Gewalt in Race und Colour und ihren hegemonialen Bedeutungen enthalten ist. Das gilt folglich auch für die Übersetzung dieser Begriffe.

Insofern ist es schon erstaunlich, wie oft in anderen Übersetzungen Race/Rasse und racial/rassisch reproduziert werden, ohne dies zu erklären oder zu begründen. Unsere Vorschläge, die stets auf die historischen und politisch-kulturellen Kontexte bedacht sind, verstehen sich damit auch als Beitrag zu einer kritischen Reflexion solcher Übersetzungsarbeit - sowie als Aufforderung, sie kritisch weiterzuentwickeln.

Natascha Khakpour (Wien), Jan Niggemann (Wien),
Ingo Pohn-Lauggas (Wien), Nora Räthzel (Umeå),
Victor Rego Diaz (Hamburg)

Vorbemerkung von Bill Schwarz

Dies ist Stuart Halls Buch, es erzählt seine Geschichte. Aber wer seine Schriften kennt, weiß auch, dass er sein ganzes Leben am liebsten in Kooperation mit anderen gearbeitet und geschrieben hat, häufig mit Menschen, die viel jünger waren als er selbst. Keins seiner Werke hat er im Alleingang verfasst. Und so sind auch in diesem Buch Spuren anderer zu finden.

Hall hat nie ausdrücklich beschlossen, seine Memoiren zu schreiben oder ein ähnlich geartetes Projekt in Angriff zu nehmen, jedenfalls nicht in der hier jetzt vorliegenden Größenordnung. Vor etwa zwanzig Jahren bekamen wir beide das Angebot, ein kurzes Manuskript in Form einer Unterhaltung einzureichen, das die wesentlichen Konturen seines intellektuellen Werdegangs beleuchten sollte. Da ihm die Kürze und die dialogische Form dieses Projekts gefielen, willigte Stuart Hall ein. Wir unterschrieben den Vertrag und begannen – nach einigen vorhersehbaren Verzögerungen – mit der Aufnahme der Interviews. Ich verbrachte den Sommer damit, die Gespräche zu transkribieren. Was dann vorlag, hatte mehr oder weniger den geforderten Umfang. Die Abschrift, die ich ihm übergab, enthielt längere Anmerkungen, Rückfragen und Anregungen sowie eine Handvoll zusätzlicher Fragen, die noch beantwortet werden mussten. Wir waren, so dachten wir, fast fertig.

Wie sich herausstellte, war das keineswegs der Fall. Hall begann den Text umzuschreiben, fügte neue Passagen hinzu, eine Praxis, der er nie widerstehen konnte, weil sich neue Ideen in seinem Kopf bildeten und er die daraus resultierenden intellektuellen und politischen Kontroversen schon vor sich sah. Andere Dinge – wichtige und dringende Verpflichtungen – kamen ihm dann dazwischen. Aber wir sprachen regelmäßig darüber, und wenn es seine Zeit erlaubte, nahm er sich das Manuskript wieder vor. Dennoch ging es nur langsam voran.

In seinen letzten Lebensjahren forderte die Krankheit ihren Tribut. Größere Projekte waren nicht mehr zu bewältigen. Seine Mobilität war eingeschränkt, er war zunehmend ans Haus gebunden. Ihm fehlte es, in der Welt aktiv zu sein. Aber auch wenn seine körperlichen Kräfte nachließen, seine intellektuelle Rastlosigkeit blieb bestehen. Es drängte ihn, sich zu Tagesereignissen zu äußern. Wenn seine Gesundheit es erlaubte, arbeitete er wie ein Besessener am Manuskript. Es bekam eine ganz neue Bedeutung, es wurde zum Rettungsanker. *Optimismus des Willens.*

In dieser Zeit sprachen wir endlos über dieses Projekt. Er befragte mich und zahllose andere zu allem, was ihm gerade in den Sinn kam, je nachdem, an welcher Stelle im Manuskript er gerade angekommen war. Er machte sich schnell Notizen, setzte sich wieder an den Computer und führte die dialogische Struktur fort, während er weiterarbeitete. Seine intellektuelle Klarheit behielt er bis zum Schluss. Als er im Februar 2014 starb, hatte das Manuskript einen Umfang von über 300 000 Wörtern angenommen.

Auch wenn seine geistige Klarheit nicht gelitten hatte, war es für ihn nur phasenweise möglich, das komplexe Manuskript, das inhaltlich weit über die intellektuelle Entwicklung eines einzelnen Menschen hinausreichte, intensiv zu bearbeiten. Er hatte ein sehr genaues Bild davon, wie das Werk, das er sich immer als einen einheitlichen Band vorgestellt hatte, am Ende aussehen sollte. Sein Konzept umfasste die Teile, die hier veröffentlicht sind. Außerdem weitere Kapitel zum Thema Kultur, mit einem Überblick über die Breite der theoretischen Debatten; einen langen Text über die Eigenschaften ›des Politischen‹ und die Entstehung des Neoliberalismus; und schließlich einige Kapitel, die sich mit Schwarzer Subjektivität, Ästhetik und Politik befassen sollten. Einige Texte waren geschrieben oder halb fertig, einige existierten nur in Form von Notizen, andere als Entwürfe im Kopf.

Wegen seiner nachlassenden Sehkraft musste vieles ausschließlich aus der Erinnerung zusammengesetzt werden. Es war ihm nur selten möglich, die entsprechenden Quellen zu konsultieren. So könnten Leserinnen und Leser zum Beispiel bemerken, dass manche Geschichten, die hier erzählt werden, auch anderswo auftauchen. Mitunter stimmen die Versionen nicht ganz überein. Ich entschied mich, in solchen Fällen nicht einzugreifen. Darüber können sich die Gelehrten in der Zukunft den Kopf zerbrechen, falls sie es für nötig halten. Wie Hall irgendwann einmal erklärte, war er am Ende »gezwungen, Geschichte mit Erinnerungen und Sehnsüchten zu vermengen – eine Kombination, der künftige Historiker mit gebührender Skepsis begegnen werden«.

Meine Aufgabe war es, aus dem umfassenden Manuskript jene Passagen zu extrahieren, die nun hier vorliegen. Die einen befassen sich mit der Schilderung seiner Kindheit und Jugend, die anderen erörtern die Zusammenhänge von Kultur und Politik. Die Leser werden nachvollziehen können, dass das Buch unter diesen Umständen keine reine oder unbearbeitete Wiedergabe von Stuart Halls Aussagen sein kann. Der vorliegende Text basiert auf den Transkriptionen der geführten Interviews, den anschließenden schriftlichen Veränderungen und Erweiterungen von seiner Hand, die in verschiedenen Stadien der Bearbeitung vorlagen, sowie auf zahllosen Diskussionen und Gesprächen, die im Laufe von zwei Jahrzehnten stattfanden.

Manche Teile sind wortgetreu seine Texte, andere wurden aus Fragmenten rekonstruiert. Das Manuskript auf diese Weise zusammenzusetzen war harte Arbeit.

Zunächst wollten wir die ursprüngliche dialogische Struktur beibehalten, da Hall es wünschenswert fand, den Text zwei unterscheidbaren Stimmen zuzuordnen: dem fragenden ›Bill‹ und dem antwortenden ›Stuart‹. Allerdings war das Zusammenspiel der beiden Stimmen unweigerlich sehr viel weniger transparent, als dieses Vorhaben nahelegte. Das Buch entwickelte sich zum gemeinsamen Manuskript, das jahrelang zwischen Stuart und mir hin- und herging, dabei ständig revidiert und verändert wurde. Mit der Zeit geriet die Urheberschaft etlicher Passagen völlig aus dem Blick. Die Gesprächsform war der Grundgedanke des Buchs, und durch die ersten Bearbeitungsprozesse hindurch behielten wir sie bei. Aber in einem späteren Stadium trafen wir bei einer Besprechung mit dem Verlag die Entscheidung, das ganze Manuskript doch als Erzählung in der Ich-Form anzulegen. Anfangs hegten wir noch Bedenken. Binnen kurzem überzeugten uns jedoch die Vorzüge dieser Lösung. Sie macht Stuart Halls Stimme viel deutlicher vernehmbar. Und auch wenn die Frage-Antwort-Form verschwunden ist, hat die dialogische Inspiration die innere Organisation der Erzählung strukturiert. Wir haben uns zudem bemüht, den Gesprächston beizubehalten.

Paul Thompson stellte uns freundlicherweise einen bedeutenden Ausschnitt seines eigenen Interviews mit Stuart Hall zur Verfügung, mit dessen Hilfe wir eine inhaltliche Lücke schließen konnten. Stuart war sich bewusst, wie viel er seinen Freundinnen Sally Alexander, Beatrice Campbell und Jacqueline Rose verdankte, die ihm, als es immer schwieriger wurde, die Materialien vorlasen, auf die er andernfalls nicht mehr hätte zugreifen können. Nick Beech war in der Endphase eine wichtige Hilfe für Stuart und hat zur Vervollständigung des Bandes beigetragen, indem er mich mit jeder Menge Artikeln, Papieren und Referenzen versorgte, wann immer ich sie benötigte, selbst wenn er anderweitig sehr in Anspruch genommen war. Michael Rustin, Stuarts Schwager und alter Weggefährte, steuerte wichtige Zusatzinformationen zur wechselhaften Geschichte der New Left bei.

Von Anfang an sah Stuart Hall in der Duke University Press den idealen Verlag für die US-Veröffentlichung seiner Arbeiten. Duke hatte sich mit der engagierten Publikation der Werke von Marcus Garvey und C.L.R. James hervorgetan, und die Aussicht, dass seine Schriften neben den ihren erscheinen würden, freute ihn sehr. Ken Wissoker von Duke University Press verpflichtete sich bereitwillig, eine Ausgabe von Halls Schriften ganz nach unseren Vorgaben zu publizieren – ein außergewöhnlich kühnes und generöses Angebot von einem Verlag in Zeiten, da das Verlegen immer riskanter wird. Geplant ist nun eine Werkausgabe in mehreren Bänden, größtenteils thematisch geordnet – mehr, als wir, oder Stuart, von Ken und seinem Team erwarten durften. Sie tun alles, was wir uns nur wünschen konnten. Wir sind Ken Wissoker und Elizabeth Ault zutiefst dankbar.

Auf Anraten von Neil Belton wandten wir uns für die UK-Ausgabe an Tom Penn bei Penguin, der von dem Projekt auf Anhieb begeistert war. Tom, der Halls Arbeit seit jeher wertschätzt, hat sich unermüdlich für dieses Buch starkgemacht, wir sind ihm und Chloe Currens sehr verpflichtet. Dank ihrer beider Einsatz ist es mit Gewissheit ein besseres Buch geworden. Auch Linden Lawson, die als Lektorin großartige Arbeit geleistet hat, verdanken wir viel.

Für die Zusammenstellung und Vervollständigung des Manuskripts gewährte mir die Rockefeller Foundation dankenswerterweise ein Fellowship am National Humanities Center in North Carolina. Das verschaffte mir nicht nur Raum und Zeit für die Fertigstellung des Buchs, das Center ist auch selbst in diesen schweren Zeiten ein grandioser Hort für die Souveränität des Geistes. Ich werde alle dort stets in wärmster Erinnerung behalten.

Großer Dank gebührt Caroline Knowles, die dieses Projekt aus nächster Nähe und gelassen begleitet hat, als es sich der Fertigstellung näherte und ich immer panischer wurde. Ihr Beistand war mir kostbar.

All dies wäre niemals möglich geworden ohne den Großmut, die umsichtige Unterstützung und das nimmermüde Wohlwollen von Stuarts Familie. Diesen persönlichsten seiner Texte bis zu seiner Publikation zu begleiten war nicht immer einfach. Seine Kinder Becky und Jess haben das Projekt mit Begeisterung, Hingabe und Sorgfalt unterstützt. Seine Frau Catherine hatte stets mein Wohlbefinden im Blick, sogar als sie selbst so vielen anderen Verpflichtungen nachkommen musste. Sie war in jede Phase der Bearbeitung des Manuskripts einbezogen. Ich verdanke ihr mehr, als ich in Worten ausdrücken kann.

Das Schwierigste war für mich, dass Stuart die endgültige Fassung nicht mehr selbst zur Veröffentlichung freigeben konnte. Ich kann mir seine vielen Einwürfe gut vorstellen. Wann immer er seine eigenen Texte durchging, war er versucht, alles nochmals auseinanderzunehmen und die Argumentation weiterzutreiben oder in eine neue Richtung zu führen. Dieses Buch wäre gewiss keine Ausnahme gewesen. Es schmerzt mich enorm, dass er nicht mehr lesen konnte, was am Ende unter seinem Namen in Druck gegangen ist.

Teil 1

Jamaika

1. Koloniale Landschaften, koloniale Subjekte

Manchmal kommt es mir vor, als wäre ich das letzte koloniale Subjekt. Geboren wurde ich 1932 als Sohn einer Mittelschichtsfamilie of Colour auf Jamaika, damals noch britische Kolonie. Meine Weltsicht wurde zuerst von meiner Perspektive als kolonialisiertes Subjekt geprägt, und große Teile meines Lebens bestanden daraus, mich an den Normen abzuarbeiten, in die ich hineingeboren wurde und mit denen ich aufwuchs. Dieser lange, kontinuierliche Prozess der Entidentifizierung hat mein Dasein bestimmt. Als Kind und Jugendlicher verbrachte ich meine ersten neunzehn Lebensjahre in Kingston auf Jamaika. 1951 reiste ich nach England, um im Rahmen eines Rhodes-Stipendiums in Oxford zu studieren, und da ich mich entschloss, nicht mehr heimzukehren, lebe und arbeite ich seitdem in Britannien.

Die Geschichte, die ich erzähle, konzentriert sich vor allem auf die Endphase des Kolonialismus, mit Blick auf Kingston wie auch auf London. Ich habe mich entschieden, meine Schilderungen mit dem Beginn der 1960er Jahre abzuschließen, als ich die dreißig überschritt. Da war ich aus den Vorgaben der unmittelbaren Prägung durch die koloniale Unterwerfung herausgetreten und fand die Möglichkeit, eine andere Art Mensch zu werden. Ich hatte Catherine[1] kennengelernt und geheiratet. Mein Leben als politischer Aktivist in London ging zu Ende. Wir zogen nach Birmingham, wo sich mir im Centre for Contemporary Cultural Studies neue Betätigungsfelder boten. Die Unsicherheit, die mir in einer rassisierten, subordinierten Position im kolonialen Jamaika eingeimpft worden war, verschwand bei diesen Veränderungen nicht wie durch Zauberhand. Sie löste sich nicht in Wohlgefallen auf wie am Ende eines viktorianischen Romans. Aber damals wurde mir klar, dass mein Leben in meine eigenen Hände gehörte und dass ich weder dem kolonialen Jamaika noch dem metropolitanen Britannien zwingend Ehrerbietung schuldig war. Es taten sich neue Möglichkeiten auf. Solche Möglichkeiten, so erkannte ich, mussten aktiv geschaffen werden.

1 Hier und im Folgenden ist oft die Rede von Catherine Hall, Stuarts Ehefrau und Partnerin der letzten fünf Jahrzehnte. Zum einen spielt sie eine Rolle als Historikerin, die sich mit der Geschichte der Beziehungen zwischen Jamaika und Britannien beschäftigte, zum anderen gehört sie als Person zu der Geschichte, die Stuart Hall hier erzählt. Sie hatte entscheidenden Anteil an seiner intellektuellen Entwicklung und gab wichtige Anregungen zu diesem Buch.

Im Jahr 2011 feierte ich – falls man das so nennen kann – den sechzigsten Jahrestag meines Lebens in der Schwarzen britischen Diaspora. Tatsächlich bin ich das Produkt *zweier* Diasporas. Das mag Leser*innen überraschen, die meine ursprüngliche Herkunft in der afrikanischen Diaspora sehen. Aber auch Jamaika ist nicht einfach ein Teil Afrikas in der Neuen Welt, es ist auf seine spezielle Art ebenfalls eine Diaspora, ein Ort verschiedenster Menschen und Traditionen, die sich dort angesiedelt haben. Keine der großen Bevölkerungsgruppen, aus denen sich die jamaikanische Gesellschaft zusammensetzt, stammt von dort. Jede*r Jamaikaner*in ist migrantischer Herkunft, ob freiwillig eingewandert oder dorthin verschleppt. Alle kommen ursprünglich woandersher.

Mein Vater Herman, ein liebenswerter, stämmiger Brauner Mann aus der unteren Mittelschicht mit freundlichen Augen und einem kleinen Bauchansatz unter dem Jackett seines hellbraunen Tropenanzugs, war Buchhalter. Er hatte das Glück, trotz seiner bescheidenen Herkunft einen Job bei der United Fruit Company in Port Antonio zu ergattern, jenem in Boston ansässigen US-Konzern, der den Bananenmarkt in Mittelamerika und der Karibik dominierte. Im gesamten zwanzigsten Jahrhundert war United Fruit berüchtigt für seine unheilvolle Einflussnahme auf die Politik Mittelamerikas. Mein Vater, der sich darüber wohl nie irgendwelche Gedanken gemacht hat, stieg die Karriereleiter empor und wurde zum ersten einheimischen – und damit ›coloured‹ – Hauptbuchhalter in der jamaikanischen Filiale des Konzerns.

Meine Mutter, die Ehrfurcht gebietende ›Miss Jessie‹, war eine hübsche, stets gut gekleidete Braune Frau von beeindruckendem Auftreten. Sie entstammte einer hellhäutigen, aber nicht wohlhabenden Familie – der Vater Lehrer an der Landwirtschaftsschule, die Mutter Postangestellte –, wuchs jedoch bei einem vermögenden Onkel auf, einem bekannten Anwalt, der ein kleines Anwesen am Rand von Port Antonio besaß. Dort lebte sie quasi als Adoptivkind in einem recht stattlichen Haus, das ›Norwich‹ genannt wurde, am Ende einer von Palmen gesäumten Zufahrt auf einem Hügel mit Blick aufs Meer. Für die Produktion der letzten Folge der Serie *Redemption Song*, die ich 1991 für die BBC drehte, suchte ich das inzwischen heruntergekommene Anwesen auf. Die Sängerin Eartha Kitt hatte es gekauft, aber nichts daran machen lassen. Ein schwuler Mann, der vormals fürs Theater und in der Modebranche gearbeitet hatte, kümmerte sich darum. Er bewohnte ein einziges Zimmer mit Schränken voller Show-Kostüme, das übrige Haus stand leer. Wie der Lebensstil, den es repräsentierte, war das ›Norwich‹ im Niedergang und verfiel.

Die Onkel meiner Mutter waren Anwälte oder Ärzte und schickten ihre Kinder zur Ausbildung nach England. Wäre meine Mutter keine Frau gewesen, hätte man sie wahrscheinlich ebenfalls dort studieren lassen. Ich glaube, sie hatte zeitlebens das Gefühl, darum betrogen worden zu sein. Ihre Vorfahren waren einst Sklavenhalter gewesen. Ein angeheirateter Verwandter von mir, ein gewisser John Rock Grosset, erwies sich peinlicherweise als prominenter und streitbarer Befürworter der Sklaverei. Für meine Mutter wurde das Leben auf einer Plantage der Inbegriff sozialen Aufstiegs, was ihre Hoffnungen und Ängste prägte, die sie dann an ihre eigene Familie weitergab. Diese Linie ihrer Verwandten unterwies sie in ihren Dünkeln und machte sie zu einer von ihnen. Sie genoss ihre Fähigkeit, andere zu beherrschen, übernahm gern die Führungsrolle und spielte Grande Dame. Mit ihrer ganzen Haltung und Positur verkörperte sie furchtlose Zielstrebigkeit – beziehungsweise selbstsicheren Starrsinn. Ihre Tragödie war, dass sie als eine so hochgradig kompetente Person nach der Heirat nie mehr außerhalb des eigenen Hausstands tätig war. Haushalt und Familie waren ihr Beruf, dort herrschte sie – im Gegensatz zu vielen anderen jamaikanischen Familien der Mittelschicht, wo zu dieser Zeit eindeutig die Männer das Sagen hatten. Ich glaube, dass sie in der Öffentlichkeit keine bedeutende Position einnehmen konnte, war eine von vielen Ursachen für ihre ständige Unzufriedenheit.

Meine Geschwister, George und Patricia, waren etliche Jahre älter als ich. Pat musste ihre Arbeit als Privatsekretärin aufgeben, als sie einen schweren Nervenzusammenbruch erlitt. Den Rest ihres Lebens verbrachte sie größtenteils damit, für George und meine Eltern zu sorgen. Sie lebt heute in einem Altersheim auf Jamaika, wo meine Cousine, Schwester Maureen Clare, sich um sie kümmert.

Kingston, die Stadt, in der wir wohnten, war damals eine ganz typische, lebendige, überbordende und zum Teil baufällige Kolonialstadt. Sie breitete sich über einem ringförmigen Hafen aus, der als einer der schönsten und sichersten der ganzen Welt galt, fast vollständig eingefasst von einer schmalen Landzunge, Palisadoes, an deren Ende die Überreste der alten Stadt Port Royal lagen. Dies war einst der wichtigste Stützpunkt der britischen Piratenflotte, die in der Elisabethanischen Zeit Jagd auf spanische Galeonen machte, welche die Ausbeute der süd- und mittelamerikanischen Silberminen nach Europa brachten. Obwohl Piraterie auch damals illegal war, wurde sie zu beidseitigem Nutzen von der britischen Krone geduldet. Einer der berüchtigtsten Piraten, Sir Henry Morgan, war sogar eine Zeitlang Gouverneur von Jamaika. Port Royal wurde 1692 von einem Erdbeben weitgehend zerstört, was man damals als gerechte Strafe für den verruchten, zügellosen Lebenswandel, die Lasterhaftigkeit und den unanständigen Reichtum ansah. Im Volksmund hieß es, wenn man ganz genau horchte, könne man noch immer die Glocken der Kathedrale unter Wasser läuten hören – vielleicht erflehten sie ja Vergebung?

Jamaika selbst, die tropische Insel, ist tief in mir verankert. Der größte Teil des Südens und Teile des Nordens sind relativ flach, ideal für den Anbau von Zuckerrohr. In den übrigen Regionen ist das Land bergiger, dort gedeihen Bananen, Zitrusfrüchte und eine ganze Reihe regionaler Spezialitäten. Die Plantagen und die Farmen der Rinderzüchter liegen in der Ebene. Kaffee ist eine Pflanze des Hochgebirges. Das Landesinnere ist waldig, subtropisch und strotzt vor wild wucherndem Leben. Hinter Kingston erheben sich die höchsten Gipfel der Blue Mountains, die die ganze Insel wie eine Wirbelsäule der Länge nach durchziehen. Überall winden sich schmale Straßen waghalsig die steilen Berghänge hinauf und führen auf der anderen Seite wieder in die tiefliegenden Täler hinab.

Im Inneren der Insel war die ›Landbevölkerung‹ ansässig, größtenteils bäuerliche Familien, die in den Bergdörfern subsistent von ihren kleinen Feldern lebten. Außerdem wohnten dort Tagelöhner, Zuckerrohrschneider und Bananenerntehelfer sowie andere, die dem Dorfleben Dienste leisteten. Auf kleinen Familienparzellen bauten sie alles Mögliche an, für den eigenen Bedarf oder den Verkauf auf dem Wochenmarkt. Sie handelten mit dem täglichen Krimskrams lokalen Landlebens: geflickte Reifen, klapprige Autoteile, mehrfach reparierte Elektrogeräte. Die armen Bauern und Bäuerinnen lebten oftmals in Hütten aus Wellblech oder Holz, die sie an die terrassierten Berghänge gebaut hatten, jeder Zentimeter Besitz wurde produktiv genutzt.

Bis auf wenige ganz abgelegene Orte lagen die meisten kleinen Dörfer an Straßenkreuzungen und bestanden aus nichts als ein paar Hütten, die sich um eine improvisierte Kneipe oder einen Laden für Haushaltswaren angesammelt hatten. Stellenweise, wie in den entfernten Lagen des Cockpit Country, zerfällt die Landschaft jäh in zerklüftete Gipfel und tiefe Talmulden. In regelmäßigen Abständen führen die Landstraßen durch dicht besiedelte, drückend heiße kleine Städtchen. Die Straßen strebten, wo immer es möglich war, zum Meer oder verliefen parallel zur Küste mit ihren breiten, von Kokospalmen gesäumten Stränden. Durch schmale Pfade im Gestrüpp gelangte man hinunter zum grellweißen sandigen Ufer, wo sich die erhabenen grünblauen Wellen der Karibik brachen. Die ganze Küste entlang gab es kleine Fischerdörfer. Die hübschesten davon wurden von der Tourismusbranche entdeckt und als ›Ferienparadiese‹ vermarktet.

Die frühen spanischen Konquistadoren machten Spanish Town zum Regierungssitz, dort sind im Zentrum noch beeindruckende Zeugnisse früher Architektur erhalten. Die Briten verlegten die Hauptstadt nach Kingston. Heute lebt die Hälfte der jamaikanischen Bevölkerung in oder um Kingston. Es ist das bedeutendste urbane Zentrum und dominiert das soziale, politische und kulturelle Leben Jamaikas. Als ich dort aufwuchs, führten alle Straßen zum Hafen und zu den Docks. In den engen Seitengassen gab es Unmengen winziger Läden und Betriebe: Schneider, Barbiere, Schuhmacher, selbständige Mechaniker, Tagelöhner, Haushaltshilfen, Gärtner, Wäscherinnen, freischaffende Gelegenheitsjobber, Leute, die Kleidung und Schuhe flickten, Damenschneiderinnen in einer Wirtschaft, die noch nicht von Konfektionsware abhängig war, ungelernte Handwerker und Legionen von Reparaturdienstleistern aller Art. Diese improvisierten Geschäfte existierten neben den großen, protzigen Kaufhäusern, die teure, vor allem ausländische Markenprodukte verkauften. Dies war das Zentrum der Wirtschaft und der Verwaltung Jamaikas. Hier befanden sich außerdem das House of Assembly genannte Parlament, die Gerichte, die Anwaltskammer, die Kathedrale, zahlreiche Firmenzentralen, das alte Ward Theatre, einige Ministerien, das Stadion, das Kulturzentrum Institute of Jamaica, die Kunstgalerie und – eher am Rand – der Markt der Kunsthandwerker, die lautstark um die Gunst der durchreisenden Touristen wetteiferten. Eine Straße führte zur Rockfort-Festung – wo die Gefangenen im Kalksteinbruch buddelten – und weiter zu den heißen Quellen, zur Anlegestelle der Wasserflugzeuge und zum Flughafen.

In jüngster Zeit hat sich das Gleichgewicht der Metropole deutlich verschoben. Fährt man bergan in Richtung St. Andrews, Kingstons Villenviertel, so erstrecken sich die manikürten Rasenflächen der ›Oberstadt‹-Kingstonians über die Landschaft. Die Gärten sind gut gepflegt (hier oben hat jeder einen Gärtner) und die Häuser prächtig (jeder hat hier Dienstboten, heute Servicepersonal genannt), wobei die prächtigsten oft prahlerisch vom schlechten Geschmack ihrer Besitzer*innen zeugen. Die richtig begüterten Kingstonians haben sich weiter nach oben verzogen und auf den umliegenden Bergen ihre Refugien eingerichtet, von denen sie auf die Stadt hinabschauen. Die Hope Road führt aus der Innenstadt hinaus und hoch zum Campus der University of the West Indies in Mona, zum Botanischen Garten, zum großen Wasserreservoir und meiner alten Schule, dem Jamaica College. Dann, an der Papine Corner, endet die breite Straße abrupt, und man gelangt über schwindelerregend steile Pfade hinauf nach Mavis Bank und weiter in die Nebel der Blue Mountains.

Downtown Kingston, früher die wichtigste Einkaufsgegend, konnte man mit dem Bus oder der Tram erreichen. Inzwischen sind diese Läden von Shopping-Malls im US-amerikanischen Stil abgelöst, die überall in Uptown aus dem Boden gestampft wurden. Die schmalen Straßen in Richtung Hafen führten ins Herz der Ghettoviertel, wo Gelegenheitsarbeiter*innen und Arbeitslose in extrem ärmlichen Verhältnissen lebten, oft in rostigen Blechhütten, die sich um schäbige Mietskasernen drängten, wo es fließendes Wasser nur aus gemeinschaftlich genutzten Pumpen gab. Ein paar dieser Viertel wurden zu berüchtigten Ghettos wie Trench Town und Tivoli Gardens: No-go-Areas, territorial aufgeteilt zwischen den rivalisierenden politischen Parteien, Kleinkriminellen und organisiertem Verbrechen – das ist die Welt, von der Bob-Marley-Songs erzählen.

An die Landschaft erinnere ich mich am deutlichsten, wenn ich an Jamaika zurückdenke, seltsamerweise nicht so sehr an die dort lebenden Menschen, über die die Zeit längst hinweggegangen ist. Aber ich weiß noch genau, wie ich oft am Rand der mit Schlaglöchern übersäten Straßen in die Berge hinaufstieg, immer bedrohlich dicht am Abgrund entlang, bis es dann auf der anderen Seite wieder bergab ging, hinunter zur Nordküste, wo das blaue Meer zwischen den Baumwipfeln verführerisch glitzerte. Frühmorgens, bevor die Sonne aufgeht und ihre Gluthitze verbreitet, weht dort ein sanfter, wohltuender Wind. Mit dem Wärmerwerden entfaltet sich der ganze Körper von innen heraus. (An die Kälte in Britannien konnte ich mich nie gewöhnen, ich friere eigentlich immer.) In meiner Erinnerung ist der Ozean eine mächtige, verführerische Präsenz: Schwimmen vor dem Frühstück, das Meer still und gläsern; oder um die Mittagszeit durch das immergrüne Dickicht der Discovery Bay schlüpfen, das Tag für Tag sein Aussehen verändert; oder nachmittags am Boston Beach auf den schaumgekrönten – und furchteinflößenden – Wellen reiten, um anschließend Jerk-Pork oder Festival Barbeques zu verspeisen. Ein Festival, das sollte ich vielleicht erklären, ist eine Mischung aus Brot und Knödel.

Ich erinnere mich, wie ich unten in der Schlucht stand und zur Bog Walk Bridge hinaufschaute (über die damals immer nur ein Auto nach dem anderen fahren konnte), zu den gewaltigen Bambusfeldern, die im Wind wogten, den orangen und gelben Blüten der Pfauensträucher und Palisanderbäume. Auch an die üppige subtropische Bergvegetation entlang der kurvenreichen Junction Road, die nach Port Antonio zu meiner Lieblingsgegend an der Küste führte, erinnere ich mich gut. Oder an die Kletterei über die felsigen Wasserfälle, wenn wir in Castleton Gardens haltmachten, um frisches Kokosnusswasser direkt aus der Schale zu trinken. Mir ist seitdem klar geworden, wie viele Erinnerungen an das ›alte Land‹ Migrant*innen mit ihrem Essen und ihrer Landesküche in die Fremde mitnehmen. Ich bin nach wie vor versessen auf jamaikanische Spezialitäten, ich liebe die kreolischen Gewürze und Zutaten – Knoblauch, Thymian, Piment, Frühlingszwiebeln, Scotch-Bonnet-Pfefferschoten. Ich lechze noch immer nach den typisch jamaikanischen Gerichten, so einfach und volkstümlich sie auch sein mögen: fricassee chicken, rice and peas (Reis mit Kidneybohnen), plantain (Kochbanane), salt-fish and ackee (Klippfisch mit Akee), curry-goat (Ziegencurry), fish fritters (frittierter Fisch), pig-tails and stewed peas (Kidneybohneneintopf mit Schweineschwänzen), escovitched fish (sauer eingelegter Fisch), callaloo (Eintopf mit Blattgemüse), Krabben, conch soup (Meeresschneckeneintopf), ›run down‹ patties (Teigtaschen) – normalerweise aus Salzmakrele und Kokosmilch – und so weiter. Diese Gerüche und Geschmäcker bringen ein ganzen Leben zurück, das hier in London nicht länger das meine ist.

Eine besonders lebhafte Erinnerung gilt der Vielfalt der Lebensmittel, die auch heute noch samstagvormittags auf den Wochenmärkten zu finden sind. Ich sehe vor mir, wie die Händlerinnen ihre Ernte den Berg herunterbrachten, in großen Körben, die sie auf dem Kopf trugen. Beim Aufbauen des Marktes verbreiteten sie eine Stimmung aus geschäftigem Durcheinander und schallendem Gelächter, wenn sie sich begrüßten und die Ereignisse der vergangenen Woche in Geschichten und Anekdoten austauschten, genüsslich alten Klatsch und skandalöse Vorfälle aufwärmten oder altbekannte Klagen durchspielten. Ein typisch jamaikanisches Szenario: hochdramatisch, mit lauten Auseinandersetzungen, Späßen und Hänseleien, voller Freude an Übertreibung und Verzerrung, mit gelegentlichen (oft künstlich inszenierten) Wutausbrüchen – die Jamaikaner*innen lieben derartiges Schauspiel und nutzen dafür jede sich irgend bietende Gelegenheit. Tatsächlich entging den wachsamen Augen dieser Frauen keine noch so geringfügige Kleinigkeit. So entspannt sie auch hinter ihren improvisierten Verkaufsständen wirkten, sie waren in ständiger Alarmbereitschaft, hielten permanent Ausschau nach Dieben, die die lockere familiäre Atmosphäre ausnutzten, um sich im Vorübergehen kostenlos zu bedienen.

Heute repräsentieren diese Erinnerungen für mich weniger die Rückbesinnung auf bestimmte Ereignisse als vielmehr ein generelles Verlustgefühl – wobei ich den Verlust jetzt besonders stark empfinde, da ich wohl nie mehr gesund genug werde, um all das nochmals zu sehen. Sie stellen sicher, dass ich mein Leben lang Jamaikaner bleibe, egal wo ich lebe. Doch was dies in Bezug auf meine Lebenspraxis und mein Zugehörigkeitsgefühl *tatsächlich* bedeutet hat, war wesentlich problematischer.

Ich spüre diese Zwiespältigkeit, während ich hier sitze und schreibe. Das Gefühl wirft seinen Schatten auf die Worte, die sich in meinem Kopf formen. Ich habe mich nicht aus nostalgischen Gründen entschlossen, dieses Buch zu schreiben. Natürlich geht es auch ums Sich-Erinnern – so verlockend, quälend und unvermeidlich das nun mal ist. Aber ich glaube nicht, dass ich je ein Erinnerungsprojekt im Sinn hatte. Was ich hier aufschreibe, sollen ganz bestimmt keine herkömmlichen Memoiren werden und auch nicht der Grundstein dazu. Mir geht es um etwas anderes, genau wie beim beruflichen Schreiben akademischer Texte interessieren mich an diesem Projekt die Beziehungen zwischen ›dem Leben‹ und ›der Theorie‹. Ich wollte nie meine Lebenserinnerungen zu Papier bringen. Ich habe auch nur sehr wenig von den Korrespondenzen aufbewahrt, die als Grundlage für ein solches Vorhaben unbedingt nötig wären. Ich bin jetzt über achtzig, mein Gedächtnis ist bestenfalls unbeständig, episodenhaft, unzuverlässig und zweifellos recht versponnen. Hinzu kommt, dass ich aufgrund meines in letzter Zeit schwindenden Augenlichts nicht mehr imstande war, Dokumentiertes zu Rate zu ziehen, um meine Sicht des Vergangenen kritisch zu hinterfragen. Dafür habe ich reichhaltige und sehr informative Gespräche mit Freund*innen geführt, die selbst in dieser Geschichte vorkommen oder mehr über bestimmte Ereignisse wissen als ich. Allerdings war es mir nicht möglich, alle Darstellungen zu überprüfen, und so bin ich allein verantwortlich für Fehler in der Chronologie, Abweichungen von historischen Tatsachen und falsche Schlussfolgerungen.

Ich habe nie angenommen, mein Leben mit seinen diversen Episoden wäre Stoff für eine interessante Autobiografie, so bedeutsam war es nun auch wieder nicht. Trotzdem habe ich – wie eine chinesische Redensart sagt – »in interessanten Zeiten gelebt«. Und so denke ich, meine Reflexionen über meine Erfahrungen und theoretischen Ideen, über Ereignisse und Erinnerungen könnten für andere doch gewinnbringende Lektüre sein, erzählt aus dem Blickwinkel eines Menschen, der sein Leben lang eine randständige Position innehatte.

Ich wurde in den letzten Tagen der alten kolonialen Welt geboren und geformt. Dieser Umstand bestimmt meine Existenz. Das ist meiner Ansicht nach der Anfangspunkt, von dem aus ich mein Leben erzählen muss, und die Quelle eines merkwürdigen, schwer fassbaren, beständigen Unbehagens. Mein Leben als Erwachsener habe ich in der Metropole des niedergehenden Empire verbracht. Wie der große Theoretiker C. L. R. James aus Trinidad einmal über die karibischen Immigrant*innen im Vereinigten Königreich sagte: »Wir sind in, aber nicht aus Europa.« ›Europa‹ bezeichnete nicht bloß einen anderen Ort und eine andere Zeit, sondern buchstäblich *das Gegenteil* der Lebensumstände, in die ich durch meine Geburt und meine frühe Prägung eingelassen war. In Jamaika war ich natürlich kein Exilant. Und doch machte mich Jamaika, auch wenn ich dazugehörte, in gewisser Weise zum ›Anderen‹. In der Folge erfuhr ich mein Leben als deutlich gespalten in zwei ungleiche, aber ineinander verschlungene Hälften, die in einem Missverhältnis zueinander standen. Metaphorisch ausgedrückt könnte man sagen, ich lebte an der Schwelle zwischen der kolonialen und der postkolonialen Welt. Wegen meines radikalen Ortswechsels gehörte ich in verschiedenen Phasen meines Lebens und auf ganz unterschiedliche Weise beiden Bereichen an, aber keinem jemals vollständig.

Ich wechselte von einer Welt in eine andere, von der Kolonie in die Metropole – und zwar unwiderruflich, wie sich herausstellen sollte. Deshalb kam mir die Auffassung, es gäbe überhaupt keine Verbindungen zwischen den beiden, immer völlig undenkbar vor. Andere tendierten dazu, beide Welten als abgeschlossene Einheiten zu betrachten. Wenn man das innere Leben und die Orte der kolonialen Formierung nicht kennt und nicht weiß, wie ihre Antinomien geschmiedet wurden, mag die Vorstellung einer engen Verbindung beider Welten nicht sofort einleuchten, jedenfalls nicht so wie mir. Für mich liegt diese Wechselbeziehung auf der Hand, ja sie definiert ihre Besonderheiten, denn sie hallen im jeweils anderen wider. Wie genau das geschieht, ist nicht leicht zu erklären, deshalb kann ich niemanden verurteilen, der sich da – wie ich meine – falsche Vorstellungen macht.

Dieses Missverständnis ist weit verbreitet. Kürzlich wies Catherine mich darauf hin, dass enge Freund*innen und politische Weggefährt*innen aus der New Left zwar in den 1950er und 1960er Jahren bekennende Antiimperialist*innen waren und sich in antikolonialistischer Theorie gut auskannten, in mir jedoch nie ein von Rassismus und Kolonialismus betroffenes Subjekt sahen. Dazu passt, dass Freund*innen, die mich aus Jamaika kannten, sich mein jetziges Leben nie recht vorstellen oder nachvollziehen konnten, wie aus diesem Jamaikaner ein Anderer wurde. Jamaikanische Doktorand*innen, die in den 1980er Jahren in Nordamerika studierten, entdeckten die mit mir eng verbundenen Cultural Studies als Errungenschaft einer englischen Universität, der University of Birmingham – und staunten nicht schlecht, wenn ich zu einer Vorlesung eingeladen wurde, dass von Anfang an ein Schwarzer Jamaikaner dabei mitgemischt hatte! Die Cultural Studies blieben an der University of the West Indies völlig unbekannt, bis Pioniere wie Carolyn Cooper und Rex Nettleford sie sich aneigneten. Es gibt Medienwissenschaftler*innen in der Karibik, die auf meinen Essay »Encoding/Decoding« Bezug nehmen und bis heute nicht wissen, dass ich Schwarz bin.

Diese Kuriosität betrifft nicht etwa mich im Besonderen. Daran kann man eine ganze Geschichte festmachen, nämlich die der Migration aus der Karibik in die britische Metropole. Schon vor über fünfzig Jahren, 1960, erzählt der aus Barbados stammende Schriftsteller George Lamming in seinem Buch *The Pleasures of Exile* die Grundzüge dieser Geschichte. Die verschiedenen Begriffe, die wir heute benutzen, um die Dynamik der Begegnung zwischen Kolonisiertem und Kolonisator, zwischen Schwarz und Weiß auf dem Terrain der Metropole zu erfassen – Vergessen, Verleugnung, Verkennung, Amnesie –, sind nicht nur bezeichnend für die Komplexität dieses Phänomens. Sie sind auch ein Alarmsignal und machen uns aufmerksam auf die eigenartigen Zwänge und Normen, die es immer wieder fertigbringen, die Erinnerung an die Geschichte des Kolonialismus in ihrer ganzen

Tragweite aus dem kollektiven Gedächtnis der Metropole verschwinden zu lassen.

In den 1950er Jahren, als ich noch neu in England war, schien es, als wären die Immigrant*innen aus Westindien[2] durch einen unerklärlichen Zaubertrick hierher versetzt worden. Die lange historische Verflechtung zwischen der Karibik und Britannien war aus der Geschichtsschreibung getilgt – vergessen, verleugnet, verkannt. Britische Menschen mussten an diese unangenehme Tatsache erinnert werden. Nach dem Krieg breitete sich in Britannien eine postkoloniale Amnesie aus. Nur wenige Menschen, auch auf Seiten der Linken, hatten – und haben bis heute – eine Ahnung von der Kolonialgeschichte ihres Landes. Oder, um es persönlicher zu fassen, die wenigsten erkennen überhaupt, was für Verbindungen es zwischen meinem damaligen und meinem jetzigen Leben geben könnte. Mit Sicherheit lernte man in der Schule rein gar nichts darüber, bis ein paar mutige Lehrer*innen das Thema aufgriffen und durchkämpften, so dass man ihm jetzt im Rahmen des Black History Month gerecht zu werden versucht.

Ich erinnere mich noch, wie ich mit übertriebenem Zorn auf meinen ersten Rezensenten reagierte, einen intelligenten und überaus sympathischen englischen Soziologen, der erklärte, er verstünde nicht, wieso ich ständig darauf herumreiten müsse, dass ich coloured sei (oder diesbezüglich solche Komplexe hätte, wie es in *The Pleasures of Exile* heißt). Immerhin käme ich doch aus einer gut situierten Mittelschichtsfamilie, hätte an einer Schule englischen Typs eine gute Ausbildung genossen und sogar in Oxford studiert. Mit anderen Worten, worüber hat gerade *er* sich eigentlich zu beklagen? Damit bekam dieser Rezensent, fraglos ohne böse Absicht, einen grundlegenden Widerspruch meines Lebens zu fassen, was in mir das vielleicht ungerechte Gefühl erzeugte, dass einer, der dies nicht kapierte, mich sowieso nie verstehen würde.

Genau *diese* Geschichte ist es, die mich veranlasst hat, dieses Buchprojekt anzugehen. Mir wurde klar, dass ich meine Zeit dafür nutzen sollte, meiner Sicht der gewachsenen Verbindungen wie auch der Unstimmigkeiten zwischen beiden Welten nachzuspüren: der kolonialen und der postkolonialen. Wie diese Welten einander ständig verdrängen, sich wiederholen, aber immer auf verschiedene Weise, wie sie voneinander widerhallen, sich aneinander reiben, einander spiegeln, sich wechselseitig zerrütten. Anders ausgedrückt hoffe ich, dieses Buch kann vielleicht einen Einblick liefern in die widersprüchlichen Stationen des Wandlungsprozesses dieser

2 Die Westindischen Inseln bestehen aus mehreren karibischen Inselgruppen. Dazu gehören die Großen Antillen (u. a. Jamaika), die Kleinen Antillen, die Bahamas und die Turks- und Caicoinseln.

uralten Geschichte – des langen, verworrenen, qualvollen und nie vollendeten Weges aus der kolonialen Subalternität.

Auch bei mir gab es natürlich ein paar Fehlstarts. Als ich noch ein Junge war, dachte ich, ich sei zum Dichter geboren, aber diese Illusion hielt sich nicht lange. Mir fehlte das eigenständige Talent, meine Gedichte waren letztlich nur Derivate. Dann wollte ich unbedingt Romanautor werden. Dieser Wunsch hielt sich bis in meine Studentenzeit, in der ich einsehen musste, dass ich auch auf diesem Feld nicht sonderlich begabt war. Die Geschichte eines Jamaikaners über einen entwurzelten polnisch-jüdischen Intellektuellen, thematisch beeinflusst von Isaak Babel und stilistisch von Henry James, das ging einfach nicht! Heute bezeichnet man mich üblicherweise als Akademiker, aber damit verdiente ich meinen Lebensunterhalt, es ist keine Berufung. Ich selbst sehe mich als Lehrer, aber das scheint den meisten Menschen nicht erhaben genug zu sein. Ich wollte ein Schwarzer Intellektueller werden, doch um zu diesem Entschluss zu kommen, brauchte es einen beträchtlichen Angang – und gewiss nicht bloß eine plötzliche Eingebung. Der Begriff ›Intellektueller‹, in Frankreich ganz normal und respektvoll verwendet, ist für die spießigeren Kreise der britischen Intelligenzia noch immer eher ein Witz, das gilt erst recht für die breitere Öffentlichkeit. Das Bild eines Intellektuellen suggeriert zu viel Pose, für bodenständige Empfindungen beruht das Intellektuelle zu wenig auf Erfahrung und ist zu weit vom Alltag entfernt. Die Politik ist meine Leidenschaft, aber ich bin nie im formalen Sinne ›in der Politik‹ gewesen. Heutzutage bezeichnet man mich als Kulturtheoretiker. Aber auch wenn Theorie mir ein unverzichtbares Werkzeug der Kritik ist, hatte ich nie viel Interesse daran, ›Theorien aufzustellen‹, und ich bin auch kein nennenswerter Theoretiker in dieser Zeit großer Theorien, daher halte ich die Bezeichnung Kulturtheoretiker eher für eine höfliche und bequeme Zwischenlösung, mehr Provisorium als durchdachte Einordnung. Immerhin kommt es der Wirklichkeit nahe genug, um sich zu halten.

Es gab auf diesem Entwicklungsweg keinen einzigen Augenblick, der nicht von meiner Race-Positionierung gesteuert war. Im Detail wie auch im Gesamtbild war so gut wie alles unvorhersehbar, aber dies war ein konstanter, grundlegender Faktor, der alles bestimmte. Anders als die meisten afrokaribischen Einwanderer, die heute in der britischen Schwarzen Diaspora leben, hatte ich meinen marineblauen britischen Pass schon bei mir, als ich nach England kam. Dieses Dokument belegte definitiv, dass ich zwar nicht direkt ein richtiger Bürger war, sehr wohl aber ein ›Staatsangehöriger‹ – im Sinne von Untertan – des britischen Empire und der Krone. So betrachtet erwies sich der Besitz dieses Passes als geheimnisvoll mehrdeutige Angelegenheit, ein Gefühl, das auch der Nigerianer Chinua Achebe in seinen

Erinnerungen *The Education of a British-Protected Child* beschreibt. Erst später, als die Migration nach Britannien stark zunahm, wurde ›Schwarz‹ zum Politikum. In dieser Zeit kam für uns aus der Karibik unser Zugehörigkeitsgefühl zur erweiterten British Family auf den Prüfstand. Daraus wurde eine relevante politische Frage, als wir – die karibischen Migrant*innen in der Metropole – mehr und mehr in Verdacht gerieten, Illoyalität zu verbreiten.

Der Versuch, mich von einem Leben als Kolonisierter zu befreien, weckte in mir nie den Ehrgeiz, ein waschechter Engländer zu werden, und ich wurde auch nicht englisch. Englisch-Sein erschien mir nicht als Quelle identifikatorischer Aufgehobenheit – eher als unwillkommenes Ergebnis schicksalhafter historischer Verstrickung. Im richtigen Leben besaß das keinerlei Anziehungskraft. Britisch-Sein wäre als zugeschriebene Identität vielleicht noch annehmbarer gewesen, weil da immerhin das Weltreich mitschwang, aber auch darin war ich nur eins von vielen unterworfenen Subjekten. Faktisch war das Colonial Office in London unsere Regierung. Aber die Briten wirkten wie eine sehr andere, fremdländische Race.

Hautfarbe war eindeutig ein großes Thema. Doch auch wenn alle genau wussten, was ›Schwarz‹ bedeutete, war dieses Wort absolut tabu, durfte nicht ausgesprochen werden, vor allem in den jamaikanischen Mittelklassen der 1930er und 1940er Jahre. Es verriet viel zu offensichtlich die herrschenden Vorurteile. Race erforderte damals einen beschönigenden, kodierten Diskurs. Tatsächlich wurde der Begriff ›Schwarz‹ noch gar nicht allgemein verwendet, nicht einmal von Menschen, die ganz offensichtlich Schwarz waren. Per Eigendefinition waren die Halls und ihr Umfeld coloured. Strenggenommen waren wir Braun, von daher wäre ›mixed-race‹ präziser gewesen, denn diese Herkunft galt für beide Zweige meiner Familie. Doch auch diese Bezeichnung wurde kaum je benutzt. Mixed-race hätte das Augenmerk auf den Umstand gerichtet, dass es neben unserem afrikanischen Stammbaum Weiße Spuren gab, was ja auch der Fall war. Aber über viele Jahrzehnte galten in den Sklavenhalterstaaten der USA und in der englischsprachigen Karibik die versklavten Menschen als separate Race: als Negroes.

In meinem Fall war das europäische Element mit ziemlicher Sicherheit schottisch. Woher sonst sollten meine Vorfahren Nachnamen wie Stuart oder, noch lächerlicher, McPhail gehabt haben? Das erinnert mich an Edward Said und sein Hadern mit diesem Vornamen und der im Dunkeln liegenden, sperrigen Seite seiner Identität: Edward, der Andere in ihm, der ihm viel Kummer bereitete. Aus welchem Zweig der Familie diese historischen Spuren stammen, ist ungewiss. Aber im Gegensatz zu ihrem heutigen nationalen Selbstbild waren die Schotten an den Unternehmungen des britischen Empire massiv beteiligt, als Plantagenaufseher, Anwälte, Buchhalter, Händler, Mediziner und Soldaten. Neal Ascherson bezeichnet sie in seiner typischen präzisen Ausdrucksweise als »die Unteroffiziere des Empire«.

Das Melanin in meinem Blut und meine Hautfarbe bekundeten klar meine afrikanische Herkunft, auch wenn meine Familie dies nur ungern zugab. Trotzdem sah ich mich nie als Afrikaner, jedenfalls nicht in einem aussagekräftigen, zeitgemäßen Sinn. Versklavung, gewaltsame Umsiedlung, körperliche Misshandlung und Ausbeutung der Arbeitskraft, soziale Entwurzelung, kulturelle Entwertung und eine Art vorsätzliches Vergessen der erniedrigenden Vergangenheit – dies alles zusammengenommen hatte uns unserer historischen Bindungen beraubt. So war in der volkstümlichen jamaikanischen Vorstellungswelt bereits ein grundlegendes Gefühl von Unaufgehobenheit verankert, was die Identifikation mit Afrika für viele völlig ungreifbar machte. Dem Begriff ›afrokaribisch‹, den sich die frühen westindischen Migrant*innen zulegten, die kurz nach dem Krieg ins Vereinigte Königreich kamen, folgte eine lange Reihe vornehmerer Bindestrich-Kategorisierungen wie ›Schwarz-karibisch‹. Ich persönlich (auch wenn dieses Bekenntnis die Leute immer überrascht) identifizierte mich mit meinem Schwarzsein erst spät, dazu brauchte es die Entkolonisierung, den Busboykott in Alabama, die Unruhen in Notting Hill, die amerikanische Bürgerrechtsbewegung, Martin Luther Kings »I Have a Dream«, Sharpeville, Malcolm X, Stokely Carmichael, Angela Davis sowie die Schwarze Oppositionsbewegung in den 1970ern in Britannien, Rock Against Racism, Roots Music, Reggae, Bob Marley …

Entgegen der vorherrschenden Auffassung sind Wandlungen in der eigenen Identität keineswegs nur eine individuelle Angelegenheit. Historische Veränderungen ›*da draußen*‹ liefern die gesellschaftlichen Existenzbedingungen für persönliche und psychische Veränderungen *hier drinnen*. Entscheidend war, wie ich mich auf der anderen Seite positionierte – oder mich positionierte, um die andere Seite einzubeziehen: Ich wurde ungefragt von einem breiteren gesellschaftlichen Diskurs betroffen und vereinnahmt. Erst als mir das klar wurde, begann ich zu verstehen, wie sehr eine Schwarze Identität soziale, politische, historische und symbolische Zusammenhänge umfasst, dass sie nicht einfach nur etwas Persönliches ist und schon gar nicht etwas simpel Genetisches.

Dies führte mich zu der Erkenntnis, dass Identität nicht bloß eine Kombination festgelegter Eigenschaften ist, die unveränderliche Essenz des innersten Selbst, sondern ein sich beständig verändernder Prozess der *Positionierung*. Wir neigen dazu, Identität als etwas zu betrachten, das uns zu unseren Wurzeln zurückbringt, als einen Teil unseres Selbst, der über die Zeit im Wesentlichen gleich bleibt. Tatsächlich aber ist Identität ein nie abgeschlossener *Prozess* des Werdens – ein Prozess veränderlicher *Identifizierungen,* nicht eine einzelne, vollständige, fertige Daseinsform.

Als Kind war ich vielleicht in meinem Kopf noch nicht Schwarz, aber wie der Zufall so spielt, war ich in meiner Familie einer der Schwärzesten. Stark unterschiedliche Hautfarben innerhalb der Familien sind in Jamaikas uneindeutigem Farbspektrum ganz normal. Meine Großmutter mütterlicherseits, die zum auffallend hellhäutigen Teil der Familie gehörte, war Expertin in der Klassifizierung von Races – Claude Lévi-Strauss, diesem Meister der strukturalistischen Anthropologie, hätte das sehr gefallen. Sie rühmte sich, stets die komplexe Genealogie der ›hellsten‹ Jamaikaner*innen zu durchschauen, besonders wenn sie als Weiße ›durchzugehen‹ versuchten.

Angeblich gab es in unserer Familie einen ›leichten Einschlag‹ ostindischer Herkunft. Falls das wahr ist, habe ich keine Ahnung, wie es dazu kam. Tatsächlich, was ganz typisch ist, weiß darüber niemand etwas Genaues. Ich weiß noch, wie der angesehene nordamerikanische Schwarze Intellektuelle Henry Louis ›Skip‹ Gates mir erzählte, er hätte durch seine genealogischen Forschungen festgestellt, dass es bei afroamerikanischen Berühmtheiten, die besonders stolz auf ihre ›authentisch‹ afrikanische Herkunft waren, nicht selten irgendwo ›weit in der Vergangenheit‹ Weiße oder Mixed-Race-Vorfahren gab. Bei sich selbst stieß er, glaube ich, auf holländische Einflüsse, eine auf den ersten Blick unerwartete Verbindung. Darauf angesprochen, fabulierten manche der Befragten von ihrer Verwandtschaft mit indigenen Prinzessinnen, was offenbar einer Verknüpfung mit Weißen vorzuziehen war.

Ich habe keinerlei Beweise für ostindische Wurzeln in unserer Familie, auch wenn meine geliebte Großmutter väterlicherseits, so Braun wie eine Nuss, vielleicht danach aussah. Die Ostindien-Geschichte könnte ebenso gut eine Variation der nordamerikanischen Indianerprinzessinnen-Legende sein, nur dass eine solche Behauptung in Jamaika nicht viel hergemacht hätte, denn arme Inder*innen wurden womöglich noch mehr verachtet als arme Schwarze. Andererseits wurde nach dem Ende der Sklaverei aus Hongkong eine beachtliche Anzahl ostindischer und chinesischer Vertragsarbeiter*innen ins Land geholt, wenn auch in Jamaika deutlich weniger als in Trinidad oder Britisch-Guayana, wo deren Nachfahren heute den größten Teil der Bevölkerung ausmachen. Die Kampagne gegen Vertragsknechtschaft – also Sklaverei unter einem anderen Namen – war auf Jamaika relativ erfolgreich, die Mehrheit der Ostinder*innen wurden eingegliederte, arme, aber ›freie‹ umherziehende Gemüsebäuer*innen, die ihren Ertrag aus dem Fahrradkorb verkauften. Ich kann mir nicht vorstellen, dass meine Familie eine Verwandtschaft zu ihnen geltend gemacht hätte. Aber wer kennt schon alle ›Verwandtschaften‹ einer Plantagengesellschaft?

Der familiären Überlieferung zufolge weist die Geschichte unserer Vorfahren noch ganz andere ethnische Schlenker auf, darunter auch portugiesisch-jüdische Einflüsse. Das kam uns seinerzeit recht weit hergeholt vor, zumindest für eine Braune Mittelschichtsfamilie. Doch es gab eine Zeit, in der Portugies*innen Zuflucht auf Jamaika suchten, ihre Nachfahr*innen gehören bis heute zu den angesehensten Familien. Das war mir keineswegs klar, bis vor kurzem unser Freund Julian Henriques, Sohn des bedeutenden Anthropologen Fernando Henriques, der einige bahnbrechende Texte verfasste, darunter *Family and Colour in Jamaica*, mir diesen Hintergrund zurückverfolgen half. Die Geschichte der jüdischen Einwanderung ist faszinierend und höchst spannend.

Die Anzahl jüdischer Migrant*innen, die im sechzehnten Jahrhundert vor der Inquisition geflohen waren, erhöhte sich später beträchtlich durch Flüchtlinge aus anderen Kolonien – so während der Haitianischen Revolution, als die französischen Sklavenhalter verjagt wurden, oder als in Lateinamerika in den 1820er und 1830er Jahren Revolutionen gegen die Kolonialherrschaft ausbrachen. Ihre Nachfahren blieben in der jamaikanischen Bevölkerung eine Minderheit. Doch trotz ihrer verhältnismäßig kleinen Zahl wird ihnen kulinarisch die Einführung einer der beliebtesten jamaikanischen Spezialitäten zugeschrieben: Patties. Viele Jamaikaner*innen essen vor allem mittags Patties, ohne die leiseste Ahnung von ihrer Herkunft zu haben.

Jedenfalls war weder die Vorstellung, wir hätten ostindische Vorfahren, noch das portugiesisch-jüdische Erbe annähernd so abwegig wie die mit Verve vorgetragene, aber natürlich frei erfundene Überzeugung meiner Mutter, ihr Mädchenname Hopwood sei eine Anglisierung von Habsburg und damit ein sicherer Hinweis auf die Verbindung unserer Familie mit dem österreichischen Königshaus. Derartige Tagträume sind nun wirklich Stoff für einen Freud'schen Familienroman.

Rückblickend ist vielleicht schwer zu verstehen, warum mich meine Race-Positionierung so überforderte. Ich suchte nach Gewissheit in einer ohnehin bedrohlich unübersichtlichen Welt. Ethnische Vielfalt war nichts, wonach ich strebte oder womit ich etwas anfangen konnte. Damals erschienen mir diese komplexen Verhältnisse irrelevant für die Frage, wer ich war. Die koloniale Verquickung war einfach zu übermächtig. Sie beherrschte alles.

Die Fragen von Race und Ethnizität waren nie weit entfernt von denen nach der gesellschaftlichen Klasse. In der frühen Kindheit stand ich, wie alle anderen, dem Konzept einer Klassengesellschaft völlig ahnungslos gegenüber. Doch sobald ich mir der Welt dort ›draußen‹ bewusst wurde, war klar, dass meine Familie zwischen der wohlhabenden Weißen Elite und der Masse der armen und arbeitslosen Jamaikaner*innen eine Art Mittlerposition innehatte. Mein Vater hatte eine feste Arbeitsstelle und verdiente damit ein respektables Einkommen, auch wenn meine Mutter sich ständig beschwerte, es sei nicht genug. Wir besaßen einen gut ausgestatteten Wohnsitz und beschäftigten Hausangestellte. Die Freund*innen meiner Eltern entstammten der gleichen gehobenen Mittelschicht.

Rein begrifflich war ich ein Kreole, ein Produkt gemischter Herkunft, hineingeboren und durch und durch integriert in die lokale Gesellschaft. Allerdings war der Begriff Kreole immer mehrdeutig und wurde eher auf den von Franzosen oder Spaniern besiedelten Inseln benutzt als auf Jamaika. In seinem Buch *Development of Creole Society in Jamaica, 1770–1820* vertritt der Dichter und Historiker Edward (Kamau) Brathwaite die These, das Wort Kreole sei eine spanische Hybridkonstruktion aus zwei Wörtern, nämlich *crear* (schaffen/erschaffen) und *colono* (Kolonist), verbunden zu *criollo*, was sowohl engagierte Siedler bezeichnet als auch stark von einheimischer Kultur geprägte, dabei nicht unbedingt indigene Menschen. Die kreolische Gesellschaft war in Bezug auf Race und Hautfarbe unspezifisch. Auf den Inseln der Neuen Welt wurden die Nachkommen Weißer Siedler oft als Kreolen bezeichnet, aber auch versklavte Afrikaner*innen wurden so genannt, wenn sie im Land ihrer Gefangenschaft geboren waren, in Abgrenzung zu den erst kürzlich direkt aus Afrika in die Sklaverei verschleppten Neuankömmlingen.

Kreole ist also ein wandel- und formbarer Begriff, der vielleicht beschreiben mag, wer ich war – und mit mir eine Vielzahl anderer Jamaikaner*innen. Doch angesichts all dieser historischen Prozesse bedarf er noch einiger Präzisierung.

Ähnliche Unklarheiten treten bei der Definition von Kolonisten auf. Als ich jung war, neigten wir dazu, Weiße Angehörige des Empire aus Kanada, Australien, Neuseeland, Südafrika, Rhodesien oder Kenia als die ›eigentlichen‹ Kolonisten anzusehen. Auf Jamaika gab es sehr viel mehr Schwarze als Weiße. Die relative Seltenheit Weißer Frauen machte es Weißen Männern schwerer, standesgemäß zu heiraten. Das führte dazu, dass die Weiße Bevölkerung Jamaikas in eine ernste Reproduktionskrise geriet und sich tatsächlich nicht mehr fortpflanzte.

Politisch wurden die frühen Siedlerkolonien vom Colonial Office regiert und konnten nur wenige lokale Freiräume geltend machen. Immerhin gab es in Jamaika bereits ab den 1660er Jahren repräsentative politische Institutionen wie das Parlament, die allerdings nur sehr begrenzte Einflussmöglichkeiten hatten. Die jamaikanischen Weißen hatten darum gekämpft, als ›freie Engländer‹ eingestuft zu werden, und dieses Vorrecht lautstark verteidigt, bis zwei Jahrhunderte später der Morant-Bay-Aufstand stattfand und sie aus Angst vor Ansprüchen der Schwarzen ihr eigenes Parlament abschafften. Damals machte Britannien Jamaika zur Kronkolonie, die direkt von Whitehall aus regiert wurde. Von da an gab es ständig Spannungen zwischen London und den Plantagenbesitzern, das wurde ein Merkmal der kolonialen Beziehung. Als schließlich das *Legislative Council* als gesetzgebende Versammlung einberufen wurde, bestanden die Mitglieder aus einer Mischung von Einheimischen und Expatriates. Unter diesen Umständen kann man sich leicht vorstellen, wie enorm widersprüchlich der Begriff ›Kolonist‹ im Empire besetzt war.

Ich werde an anderer Stelle darauf zurückkommen, wie dies gelebt wurde. Hier möchte ich nur kurz feststellen, dass wir eine deutliche Trennlinie zogen zwischen uns, den beherrschten kolonialen Untertan*innen, und denen. Wir erkannten soziale Hierarchien, wenn wir sie vor der Nase hatten.

Im Privaten sorgten die Engländer*innen auf Jamaika für widerstreitende Gefühle. Man musste sich ihnen beugen, wegen ihrer Macht, ihrer Hautfarbe, ihres Wohlstands und ihrer gehobenen sozialen Position sowie gemäß ihrem Führungsanspruch in allen Bereichen unseres Lebens. Zugleich waren sie für uns ›Eingeborene‹ auch ein Witz, eine nie versiegende Quelle für zwangloses, sogar herablassendes Gefrotzel, durch das wir uns überlegen fühlten. Mit ihrer Kleidung, ihrem Auftreten und Gebaren kamen sie uns so fremd und unpassend vor, so verklemmt, so völlig fehl am Platz!

Sich in der komplexen kolonialen Gesellschaft zu positionieren, war in sozialer Hinsicht ebenso wie in der subjektiven Wahrnehmung ein riskantes Unterfangen. Dagegen ist das heutige Bild von der einstigen kolonialen Gesellschaft versimpelt und polarisierend, eingeengt auf den Schwarz-Weiß-Gegensatz, vor allem in Britannien. Das ganze widersprüchliche Nebeneinander von Klasse, Race, Colour und kulturellen Spaltungen in der alten Kolonialgesellschaft ist aus dem kollektiven Bewusstsein verschwunden.

Einige revisionistische Historiker vertreten neuerdings sogar wieder die These, der Imperialismus habe letztlich wohltätige Wirkung gehabt. Der erzreaktionäre Historiker Niall Ferguson unterstellt, ohne die Expansion britischer Herrschaft besäßen die kolonisierten Völker nichts von dem, was heute ihre wertvollsten Errungenschaften und Einrichtungen ausmacht. Pankaj Mishra hat in einem scharfen Konter diesen Rückfall in koloniale Denkweisen als Blendwerk und Rechtfertigungsstrategie entlarvt und aufgezeigt, wie sehr noch immer solche archaischen Denkmuster die Gegenwart prägen.

Der Kolonialismus hat all die diversen weltweiten Vielschichtigkeiten und je verschiedenen zeitlichen Prozesse zu einer einzigen Erzählung eingedampft und damit effektiv sämtliche Alltagsgeschichten kolonisiert, was bewirkte, dass die eine alles beherrschende Erzählung (»der unaufhaltsame

Aufstieg des Westens«) die Oberhand gewann. Ein Großteil der Menschheitsgeschichte wurde gewaltsam in dieses Diskursschema gepresst, womit sich die koloniale Ordnung rechtfertigen ließ. Diese Erzählung wurzelte in der unerschütterlichen Überzeugung von der natürlichen, gottgegebenen Überlegenheit der Kolonisatoren über das unwürdige Leben, das den Kolonisierten zugedacht war.

Auch wenn seine Hinterlassenschaften nicht immer so simpel sind, gründete der Kolonialismus niemals auf Geben, sondern immer auf der Eroberung von Land und Rohstoffen, auf der gewaltsamen Ausbeutung von Arbeitskraft, dem Aufzwingen fremder Gesetze, der Unterwerfung von Völkern und der Vernichtung und Marginalisierung sämtlicher kulturellen Traditionen, die der kolonialen Herrschaft abträglich sein könnten. Und so funktioniert er immer noch. Durch seine Einmischung wurden alte, geschichtsträchtige Zivilisationen zerstört. Er stellt einen der einschneidendsten Brüche in der Geschichte der Neuzeit dar, dessen Auswirkungen dem Holocaust gleichkommen, auch wenn dieser Vergleich – überraschenderweise? – nicht oft gezogen wird. Er hat Gesellschaften wie Individuen unwiderruflich verformt. Er hinterließ uns ein entsetzlich geisttötendes Erbe: den widersprüchlichen und verzerrten Zustand der Entfremdung, den Frantz Fanon »Schwarze Haut, Weiße Masken« genannt hat. Der Kolonialismus hat sich alle Mühe gegeben, uns, die unterjochten Kolonisierten, umzumodeln und zu Abziehbildern seiner selbst zu machen. Er machte uns zu ›Anderen‹, entfremdete uns von uns selbst. Hoffentlich hat Ferguson auf seiner Liste ›wertvoller Errungenschaften‹ hierfür noch Platz gelassen. Ja, auch in diesen postkolonialen Zeiten sind die Empfindlichkeiten rund um den Kolonialismus immer noch mächtig. Wir – wir alle – sind nach wie vor Erben dieser entsetzlichen Hinterlassenschaft.

Indem ich mich also als ein koloniales Subjekt definierte, erkannte ich an, in die Historie[3] eingelassen zu sein – allerdings verkehrt herum, auf den Kopf gestellt, durch Negation. Für uns transportierte der Begriff ›colonial‹ den unauslöschlichen Makel des Zweitrangigseins, das wir, auch wenn es auf einer bestimmten Ebene nur allzu genau zutraf, nicht hinnehmen konnten. Und damit war das Empire als Fundus positiver Identifizierung unmöglich.

Denn für Jamaikaner*innen meiner Generation war es keine Entscheidung, ›koloniales Subjekt‹ zu sein. Es war eine Zuschreibung, prägend, weil sie den Rahmen setzte, der unsere Existenz bestimmte. Mit Michel Foucault könnte man sagen: Es brachte uns in die Position eines »Autor«-Subjekts wie auch in die eines dem Diskurs Unterworfenen. Zugleich war

3 Hall spricht von History mit »capital ›H‹«.

das auch produktiv, denn es erzeugte eine angestrengte Verweigerung von und Widerstand gegen all die Werte, die das koloniale System beherbergte: Unterwürfigkeit, Armut, Patriarchalismus, Ungleichheit der Klassen und rassistische Unterscheidung natürlich, aber auch kulturelle Kolonisierung, all die kleinen Demütigungen des täglichen Lebens. Was vielleicht den größten Schaden angerichtet hat: Diese nach innen genommenen Imperative erzeugten Schweigen, unbewusste Ausflüchte und Verleugnungen, die ganze selbstbetrügerische Doppelzüngigkeit des eigentlichen kolonialen Diskurses, der seine versteckten Wirkungsweisen so oft als Abwesenheiten maskiert, als Lücken und als Stille, so dass sie gleichzeitig erkennbar *und* unaussprechlich für die sind, die sie leben.

Selbst heute erschließt sich mir noch nicht die volle Bedeutung jener Gefühle des Deplatziertseins, die nach und nach mein Leben überschatteten und veränderten. Ich kann aber feststellen, dass ich einen langen und ruppigen Desillusionierungsprozess durchlaufen habe und mich schon als Jugendlicher an den Umständen rieb, in die ich hineingeboren war. Von daher wurde meine Identität mehr durch Widerstand gegen diese ererbten Umstände geprägt als durch Angleichung an das, was sie aus mir zu machen suchten. Treffender könnte man sagen, ich entwickelte mich durch und gegen ›das Koloniale‹.

Noch anders ausgedrückt bildete sich meine Identität ebenso dadurch, wozu die Verhältnisse mich machten, wie durch das oft unwillkürliche oder unbewusste Ringen mit den Bedingungen meiner Formierung. Das ist ein Widerspruch, von dem ich inzwischen glaube, dass er jedem Selbstfindungsprozess innewohnt – Identifikation ruft immer dieses Paradox hervor. Es ist von grausamer Ironie, dass man bei dem Versuch, sich anders zu positionieren, als man geprägt wurde, unbewusst dazu verdammt ist, Elemente des alten Selbst zu wiederholen, welches man überwinden will. In diesem Sinne – so oder so, wie man es auch dreht und wendet, im Positiven oder Negativen – hat der Kolonialismus mich ›gekriegt‹, hat mich zu dem gemacht, für den ich mich hielt, ob ich wollte oder nicht.

Was dann folgte, war allerdings nicht die Erfolgsgeschichte vom Erlangen der Freiheit. Es war eher die weniger heldenhafte Geschichte der Suche nach und des Sich-Einlassens auf einen alternativen Weg zu dem, was nicht überwunden werden konnte. Dieser Prozess hat etwas Dialektisches: Die Imperative der Identifikation erzeugen fortwährend Paradoxien. Ich denke, an der Funktionsweise dieses dialektischen Zirkels lässt sich nichts ändern.

Eltern prägen uns, indem sie uns erziehen und zugleich indem sie genau das repräsentieren – in Form von zwangsweise verinnerlichten Symbolen des Begehrens, der Autorität und des Verbots –, dem wir uns widersetzen, wogegen wir rebellieren, das wir verdrängen, vergessen oder gar

›sprechen‹ lernen müssen, wenn wir uns zu eigenständigen Subjekten entwickeln wollen.

In diesem Zusammenhang muss ich immer an den 1989 verstorbenen Künstler Rotimi Fani-Koyode und seine großartigen Fotoarbeiten über die Schwarze Diaspora denken. Rotimi stammte von den westafrikanischen Yoruba ab, war homosexuell und verbrachte den größten Teil seines Lebens außerhalb Afrikas. Seit Beginn der 1980er Jahre galt er als einer der bedeutendsten Vertreter der sich explosionsartig entwickelnden Schwarzen Kunstszene in Britannien. Als einer der Ersten brach er ein Tabu, indem er männliche Sexualität in die Diskurse über die Darstellung des Schwarzen einbrachte. Themen wie sexuelle, geografische und familiäre Deplatzierung waren ihm von Anfang an sehr wichtig. In seinen Arbeiten standen Erinnerung an und Trauer um die erlittenen Verluste im Mittelpunkt: Er betrauerte seine Vorfahren und ihre Traditionen, aber nicht, indem er ihr Fehlen thematisierte, sondern indem er sie ›maskierte‹ und mit einer perversen Erotik auflud. Auf diese Weise würdigte er die symbolische Macht, die sie über sein Leben hatten, und erkannte gleichzeitig die Distanz an, die zwischen ihm und seinen Vorfahren lag. Eine seiner Arbeiten nahm Bezug auf ein Yoruba-Ritual: Er trieb die Geister seiner Vorfahren aus, indem er sie herbeirief, maskierte und in einen ganz anderen, konstruierten Zusammenhang stellte. Rotimi bestand immer darauf, nicht trotz, sondern gerade *wegen* seiner verlorenen Identitäten der zu sein, der er war. »Meine Identität«, sagte er, »baut darauf auf, dass ich mir meines Andersseins bewusst bin.« Identität ist niemals eine einzige Sache, sondern immer eine konstruierte Vielheit einander überschneidender und widerstreitender Diskurse, Praktiken und Positionen.

Dies berührt explizit die Bedeutungen von postkolonial, jene andere, verstrickte, unverhältnismäßig präsente Phase meines Lebens. Der Begriff postkolonial ist eine relativ neue Wortschöpfung. Als ich noch auf Jamaika lebte, gab es das Wort nicht, es stand einem Angehörigen der Mittelschicht als potenzielle Identifikationsmöglichkeit nicht zur Verfügung und hätte auch nicht gepasst. Ich lebte damals im kolonialen Jamaika, da war an ›post‹ noch überhaupt nicht zu denken. Wir steckten mitten in der Auseinandersetzung mit den allzu präsenten Auswirkungen des Kolonialismus, auch wenn das Ende des Empire absehbar war.

Auch war es mir nicht möglich, einen postkolonialen Status anzustreben, weil meine Familie sich nie als Teil eines aufkommenden antikolonialistischen Kampfes betrachtet hat oder als Teil von etwas, das ›nach dem Kolonialismus‹ kommen könnte.

Trotzdem bin ich vielleicht postkolonial geworden. Ganz sicher bin ich ›post‹ bezüglich jener speziellen Phase direkter Kolonialherrschaft, die noch verbreitet war, als ich heranwuchs. Die ist jetzt vorbei. Andere Formen neoimperialer Herrschaft haben ihren Platz eingenommen. Der Union Jack wurde eingeholt, der ›Wind der Veränderung‹ hat geweht, und dem folgten Entkolonisierung, Unabhängigkeit und nationalistische Revolutionen – auch wenn das im Fall von Jamaika nicht die grundlegenden Änderungen brachte, die sich viele von uns seinerzeit erhofften.

›Post‹ ist nicht bloß eine Frage vergangener Zeit. Es bedeutet auch, dass eine gewisse Konfiguration von Macht, Institutionen und Diskursen, die zuvor den gesellschaftlichen Bereich bestimmt hat, durch eine andere ersetzt worden ist. Das Alte hat in der Tat seine Form radikal verändert. Dennoch ist das Alte nicht wirklich überwunden. Wir stehen weiterhin in seinem Schatten. Wenn wir die koloniale mit der postkolonialen Zeit vergleichen, dann haben wir es nicht mit zwei aufeinanderfolgenden Regimen zu tun, sondern mit der gleichzeitigen Gegenwart *eines Regimes und seiner Nachwirkungen.* Der Kolonialismus existiert weiter, trotz all der täuschenden gegenteiligen Eindrücke.

Jacques Derrida hat dargelegt, dass man bei der Anwendung des *Durchstreichens* als Strategie der Dekonstruktion des Metaphysischen in der Philosophie das metaphysische Konzept, das durchgestrichen wurde, noch immer mitlesen kann. Derrida fragt: Wenn vorhandene metaphysische Konzepte nicht mehr tauglich sind, was bleibt uns anderes übrig, als mit den alten, kontaminierten Konzepten *in ihrem dekonstruierten Zustand* weiterzudenken? Diese Frage stellt sich, weil es für ihn kein ›außerhalb‹ der Philosophie geben kann. Wir sind das, was ›danach‹ kommt, weil die Nachwirkungen von etwas, das ›vorher‹ an dieser Stelle existierte, nicht einfach ersetzt, überwunden oder (wie die Hegelianer es ausdrücken) aufgehoben werden können. In der Gegenwart verstecken sich immer die Gespenster der Vergangenheit. Auch die Postmoderne hätte nicht entstehen können ohne den Bruch der Moderne mit der abbildenden Funktion der Kunst. Eins steht auf den Schultern des anderen – und behauptet dabei selbstverständlich energisch seine Unabhängigkeit.

Auch wenn die früheren Formen des Kolonialismus für überholt erklärt sind, muss man nur eine Tageszeitung lesen oder die Fernsehnachrichten einschalten, um zu erkennen, dass die sogenannte koloniale Welt sich innerhalb der postkolonialen weiterhin entfaltet – oder genauer gesagt zerfasert –, nämlich im Kielwasser, in den verheerenden Nachwirkungen eines nicht überwundenen Kolonialismus: ein mit Katastrophen übersätes, immer weiter mitgeschleiftes, blutiges, unbewältigtes Terrain, das sich globalisiert hat und nach wie vor unsere Welt okkupiert.

2.
Die zwei Jamaikas

Zu welchem Jamaika gehörte ich? Dieses Rätsel beschäftigte mich in meiner Kindheit und Jugend. Dass ich mir selbst entfremdet wurde, war zum Teil ein Resultat des kolonialen Gefüges. Aber es war auch meiner eigenen sozialen Verortung in der Braunen Mittelschicht geschuldet, die sich als Klasse ihrer Mittlerfunktion äußerst bewusst war: Sie lag außerhalb der Welt der Weißen Plantagenbesitzer-Elite und sie existierte eindeutig in einem anderen Kosmos als dem, der von der ärmeren, dunkleren Mehrheit bevölkert wurde. Diese beiden Pole bildeten das, was ich hier ›die zwei Jamaikas‹ nenne. Wo war mein Platz in dieser polarisierten Welt?

Die Daseinsberechtigung der Mittelschicht of Colour ergab sich durch ihre Mittlerposition zwischen den europaorientierten regierenden Eliten und der Masse der Schwarzen Bevölkerung Jamaikas. In neuerer Zeit wurde die Bezeichnung ›coloured‹ im öffentlichen Diskurs durch den ebenso unklaren Begriff ›Braun‹ ersetzt. In vielerlei Hinsicht ist Braun jetzt aufgeladen mit den Ressentiments der Masse der Schwarzen Jamaikaner*innen gegenüber der Weise, wie diese Erben der Unabhängigkeit – insbesondere gebildete, erfolgreiche, mit Fachwissen ausgestattete Männer of Colour – sich zu der in Wirtschaft und Politik herrschenden Klasse formierten, die in der neuen Nation die kulturelle Führungsrolle an sich riss. Auch wenn, was wir nicht vergessen dürfen, der soziale Aufstieg viele von ihnen nicht davon abhielt, in den 1970er Jahren, als die jamaikanische Politik sich radikalisierte, nach Kanada oder in die USA zu emigrieren. Der Widerstand gegen diese Braune Hegemonie, so wird von manchen gemutmaßt, drückt sich heute am deutlichsten in der kulturellen ›Rohheit‹ einer grundsätzlich unzufriedenen urbanen Kultur aus, welche die Umgangsformen der biederen kolonial geprägten Mittelschicht rundheraus ablehnt.

Allerdings bildete meine Familie in diesem größeren sozialen Zusammenhang eine merkwürdige und anachronistische Variante.

Wie ich schon angedeutet habe, stammte mein Vater Herman aus einer bescheidenen, aber geachteten Familie der unteren Mittelschicht in Sav-la-Mar, dem ärmeren südwestlichen Teil der Insel. Als Sohn eines Apothekenbesitzers in Old Harbour ging er auf eine der ›guten‹, aber nicht prestigeträchtigen höheren Schulen, belegte Fernkurse in Buchhaltung und bekam schließlich seine Anstellung bei der United Fruit Company. Von seiner Jugendzeit weiß ich kaum etwas. 1918 heiratete er meine Mutter, am Armistice Day, und sie zogen nach Kingston.

In den 1920er und 1930er Jahren war eine Anstellung bei United Fruit eine bedeutende Karriere für einen ehrgeizigen jungen Mann aus der Braunen Mittelschicht. Das machte ihn zu einer guten Partie für meine Mutter, deren Familie hellhäutiger war und sich als gesellschaftlich höher stehend empfand, aber deren ökonomische Aussichten weniger vielversprechend waren. Hypergamie – das ›Aufwärtsheiraten‹ auf der nach Hautfarbe abgestuften Klassenleiter – war eine anerkannte Form der sozialen Mobilität. Während seiner Berufstätigkeit war mein Vater ein loyaler Firmenangehöriger, auch wenn er nach seiner Pensionierung für eine Genossenschaft kleiner Bananenproduzenten tätig war. Sein Leben war von Arbeit bestimmt. Er wurde bei United Fruit kontinuierlich befördert, war in jeder seiner Positionen der erste Jamaikaner (soll heißen Nicht-Weiße) und brachte es bis zum Hauptbuchhalter. In allen Lebensbereichen war er ein Muster an Rechtschaffenheit. Es würde mich sehr verblüffen zu erfahren, dass er sexuelle Beziehungen außerhalb seiner Ehe hatte. Die jährlichen Besuche der Buchhalter von United Fruit aus Boston waren die Höhepunkte des Gesellschaftslebens meiner Eltern. Trotzdem habe ich den Verdacht, seine Zwischenposition als Brauner Mann schmälerte den Reiz der gemäßigten Form des jamaikanischen Nationalismus, zu dem sich einige seiner Generation hingezogen fühlten.

Hart arbeitend, in finanziellen Dingen vorsichtig und persönlich bescheiden, wollte mein Vater nichts weiter als ein ruhiges Leben führen, seine jamaikanischen Zigarren rauchen (zu besonderen Anlässen kubanische), abends seinen Rum mit Ginger Ale trinken (zu besonderen Anlässen auch mal einen Whisky). Das Streben nach gesellschaftlicher Anerkennung, das meine Mutter antrieb, lag ihm fern. Dessen ungeachtet ergrimmte mich seine soziale Apathie: weil er ihre Pläne für unsere Zukunft ohne Protest mittrug, und weil er sich von den Männern, mit denen zusammen er im Cricket Club trank, von oben herab behandeln ließ – aus ebendiesem Grund lehnte ich es ab, dort Mitglied zu werden. Entsprechend war er zwar eine geliebte, freundliche und gütige Präsenz in unserem Haushalt, aber was meine emotionale Prägung anging, war er auch ein abwesender Vater.

Das Familieneinkommen war immer gesichert, wenn auch nie hoch genug, um mit seinen erfolgreichen Freunden mitzuhalten, die Zahnärzte oder Juristen waren, und schon gar nicht, um sich die von meiner Mutter ersehnte gesellschaftliche Stellung leisten zu können, in Kreisen, zu denen sie nie wirklich gehörten. Sie schienen ständig über Geld zu streiten, was ein Grund dafür sein mag, warum ich dieses Thema bis heute schwierig finde. Geld bildete die misstönende elterliche Kultur der Erwartungen, die auch mein Schicksal einzukapseln drohte.

Meine Mutter hatte alle Gewohnheiten der Klasse übernommen, die sie als ihre ansah. Ihre Vorstellung vom guten Leben, ihr Maßstab für Schicklichkeit, ihr Stil, ihre Manieren, ihre Kleidung, ihr Drang, ihre Umgebung herumzukommandieren, und ihre Ambitionen für ihre Angehörigen waren geprägt von – und fest verhaftet in – den Klischees ihrer privilegierten Kindheit, der in den letzten Zügen liegenden Welt der Großgrundbesitzer. All diese Illusionen brachte sie in die Familie ein. Sie ging so weit, England als ihre eigentliche Heimat anzusehen. Sie benutzte nur Haarbürsten, die aus Kent stammten, cremte sich nur mit Nivea ein und wusch sich ausschließlich mit Yardley-Seife. Wenn wir meine Großmutter in ihrem bescheideneren Haus auf dem Land besuchten, wurde meine Mutter empfangen wie eine Grande Dame, die sich zu einem Besuch bei den armen Verwandten herablässt. Ich hasste jede Minute dieser Auftritte.

Ihre Schwester Inez (genannt ›Hoppy‹) war zu Hause geblieben und eine ganz andere Persönlichkeit: Sie war eigensinnig, wirkte eher männlich, litt an Raucherhusten, war unverheiratet, weniger adrett als meine Mutter und ohne deren feminine Täuschungskunst, aber unabhängig. Sie wohnte für ein paar Jahre bei uns, aber die beiden kamen nicht gut miteinander aus. Hoppy hatte eine verantwortungsvolle Stellung bei der Standard Fruit Company, einem anderen US-amerikanischen Bananenkonzern, und im Gegensatz zu ihrer Schwester war sie ihr Leben lang berufstätig. Sie war eher der Prototyp der unabhängigen arbeitenden Mittelschichtfrauen, die im heutigen Jamaika die Bildfläche beherrschen.

Meine Mutter Jessie hatte nicht nur Hausangestellte, wie es in ihren Gesellschaftskreisen gang und gäbe war (sogar arme, aber respektable Leute hatten zumindest einen), sie gebot auch über ein Gefolge von Handlanger*innen, denen sie nicht etwas so Vulgäres wie einen ›Lohn‹ zahlte, sondern denen sie für ihre Frondienste, auf die sie ihrer Meinung nach ein natürliches Recht hatte, Geschenke machte. Sie war hellauf empört, als der Begriff ›Bedienstete‹ nach der Unabhängigkeit als herabwürdigend definiert und durch ›Hilfskräfte‹ ersetzt wurde. Sie war auch völlig entgeistert, als die Regierung auf den Gedanken kam, so etwas wie einen Mindestlohn einzuführen.

Jessie war eine gutaussehende, elegante, selbstbezogene Person, die uns alle – einschließlich meines Vaters – durch hitziges Ausagieren purer, halsstarriger Willenskraft regierte. Sie versuchte den ungenierteren, kommerzieller orientierten Kreisen, in die mein Vater eingetreten war, ihre altmodischen Werte einzuimpfen. Innerhalb der Familie und in ihrem engen jamaikanischen Freundeskreis kämpfte sie mit aller Macht für ihre Durchsetzung. Und sie suchte sie uns aufzuzwingen, mit unbeugsamem Willen. Verhängnisvollerweise war ihre Familie ihr Beruf.

Das Haus in der Trevennion Park Road

Wir lebten in einem weitläufigen Bungalow an der Trevennion Park Road, auf einem Grundstück von einem halben Morgen, in St. Andrews, dem Viertel der Braunen Mittelschicht von Kingston. Auch wenn meine Mutter stolz darauf war, es selbst entworfen zu haben, war unser Haus nicht sehr praktisch gebaut. Es lag hinter der Half Way Tree Road zwischen dem Geschäfts- und Einkaufsviertel am Hafen und der Wohngegend der Mittelschicht, die hier begann. Es hatte Veranden auf drei Seiten. Vor dem Haus gab es Blumenrabatten, die aufwändig gepflegt werden mussten, worüber meine Mutter wachte. Auf der einen Seite gingen die Zimmer hinaus auf einen sorgfältig angelegten Obstgarten, wo Grapefruits, Orangen, Limonen, Stachelannonen, Feigen und Mangos wuchsen. Hinterm Haus gab es einen Hühnerstall.

Der Hinterhof gehörte zu einer anderen Welt, der des Haushalts und der Dienerschaft. Hier nahmen die ›Bediensteten‹ ihr Mittagsmahl zu sich: Essensberge aus Stärke und Kohlenhydraten, gelegentlich angereichert mit Klippfisch oder Schweinefleisch. Sie wuschen die Wäsche in großen Zubern unter freiem Himmel, legten sie zum Bleichen in die Sonne und bügelten mit Handeisen, welche in offenen Kohlepfannen erhitzt wurden – in einem Raum der kleinen Holzhütte, die ihnen als Unterschlupf diente. Meine Mutter bestand darauf, dass das elektrische Bügeleisen nur im Haus benutzt werden durfte. Drinnen putzte das Hausmädchen, räumte auf, machte die Betten, servierte das Essen und verrichtete eine Million anderer Haushaltsaufgaben. Ein Zimmer war für unsere Köchin Ethel reserviert, die dort schlief, nachdem sie uns das Abendessen zubereitet hatte, wenn es zu spät war, um nach Trench Town heimzukehren, da sie am Morgen wieder zur Stelle sein musste, um meinem Vater Frühstück zu machen, bevor er zur Arbeit aufbrach.

Manche dieser Bediensteten lebten in dem ›anderen‹, dunkleren Jamaika. Einer davon war Cecil, ein Mann, der sich während meiner ganzen Kindheit um den Garten kümmerte und sich irgendwann als führendes Mitglied der einheimischen Sekte der Täufer entpuppte. Sonntags ging er mit seinen Gläubigen zum Hope River, wo er kollektive Taufen durchführte. Ich fand auch heraus, dass Ethel und andere unserer Bediensteten manchmal auf dem Nachhauseweg spätabends in einer der Kultstätten der Pfingstbewegung im Herzen von Kingston haltmachten, wo eine eschatologische Version der Botschaft von der Erlösung der Schwarzen gepredigt wurde. Ich vermute, dass ihre müden Körper und erschöpften Geister dort für eine oder zwei Stunden so etwas wie Erbauung fanden.

Dieses andere Jamaika blieb meiner Familie gänzlich verborgen. Zwar wurde gelegentlich von ein paar Intellektuellen darüber geschrieben, aber eher in anthropologischen Fachstudien. Abgesehen davon, dass diese Welt althergebrachte Race- und Klassenängste mit Leben erfüllte, fehlte in meiner Familie jedes Bewusstsein für ihre Präsenz.

Manchmal saß meine Mutter auf einem Stuhl auf der Veranda mit Blick auf den Hinterhof und überwachte die Zubereitung besonderer Speisen oder machte selbst Kuchen oder Rum Punch oder Mix-up-Matrimony (aus Stachelannonen, Orangen, Kondensmilch und Eis) oder Eggnog (ein Import aus der Zeit von Dickens). Ansonsten kochte sie nie ernstlich, schon gar nicht in der Küche, das war Ethels Reich, die dort wunderbare kreolisch gewürzte Speisen auf einem alten offenen Herd in einem stickigen dunklen Raum zubereitete. Trotzdem wurde die Küche eine Art Refugium für mich. Der übrige Hinterhof war arg verwildert, dort gab es große Bäume, an denen Brotfrüchte, Mangos und Avocados wuchsen. Als ich später in Oxford in meiner Studenten-WG mit Kochen dran war, erwiesen sich meine kulinarischen Fertigkeiten als so beliebt, dass ich aufgefordert wurde, die Rolle des Kochs ganz zu übernehmen, was ich auch tat. So viel zum Thema Forschung! Ich versuchte mich zu erinnern, was Ethel gemacht und welche Gewürze sie benutzt hatte, und passte meine Gerichte an die in England erhältlichen Zutaten an.

Den höchsten Stellenwert an der Trevennion Park Road hatte jedoch der Bereich auf der vierten Seite des Hauses, wo meine Mutter einen Tennisplatz anlegen ließ, gesäumt von riesigen Mangobäumen und eingefasst mit einem Drahtzaun. Sie arbeitete hart an diesem Projekt, ihrem ganzen Stolz, wässerte den Platz regelmäßig mit einem Sprenger, damit das Gras wachsen konnte, und maß, markierte und erneuerte die Grundlinien regelmäßig mit Löschkalk. Sie veranstaltete Tennispartys. Dazu trugen die Männer – darunter auch mein Vater und mein Bruder George, die beide kaum den Ball erkannten – lange weiße Hosen und die Damen Tenniskleider. Mir wurde manchmal erlaubt, als Balljunge mitzumachen, aber man lud mich nie zum Spielen ein, obwohl ich Kapitän der Schulmannschaft war. Ich ärgerte mich über diese Herabsetzung und nahm sie zugleich als etwas in unserem Haushalt Normales hin. Nebenbei bemerkt hatte ich einen berüchtigt harten Aufschlag, mit dem ich den schönsten Schaden hätte anrichten können! Zwischen den Sätzen wurde von ›dem Dienstmädchen‹ mit großer Geste geeiste Limonade ausgeschenkt. Nach dem Spiel zogen sich die Gäste ins Haus zurück, um zu trinken. Diese scheußliche koloniale Simulation einer Lebensweise der gehobenen Mittelklasse Englands kommt mir heute so grotesk vor, dass ich mich oft frage, ob das wirklich so stattgefunden hat oder bloß eine Szene aus einem Vorkriegsfilm war, den ich irgendwann gesehen habe.

Beim Schultennis 1949

Die Familie lud ein. Das Herzstück dieser Aktivitäten waren die Rum-Punch-Treffen mit dem Freundeskreis auf der Veranda am späten Sonntagvormittag, ›nach der Kirche‹, wie manche der Gäste es nannten, obwohl seit Jahren keiner eine Kirche von innen gesehen hatte. Auch meine Eltern gingen selten hin. Ich hingegen wurde sonntags oft geschickt, um die Familie zu repräsentieren. Meine sehr liebe Freundin Doris Lopez, die eine Art große Schwester für mich war und eine Weile bei uns lebte, sang im Kirchenchor von St. Luke. Ich war konfirmiert und kannte den anglikanischen Katechismus auswendig, aber ich kann nicht behaupten, dass diese Formeln je irgendeine spirituelle Erfahrung mit sich brachten.

Die Sonntagvormittag-Verandagespräche waren eine Gattung für sich: ein Mix aus politischen und gesellschaftlichen Themen, Skandalen und Klatschgeschichten, garniert mit sexuellen Anspielungen. Es war eine gebildete Gruppe, eine Art Kingston-Stammtisch von Welt, an dem die jamaikanische Landbevölkerung Anstoß genommen hätte. Aber als Junge saugte ich dieses müßige Geschwätz gebannt auf. Sex lauerte bestrickend hinter dem Gesagten.

Ein oder zwei Jahre lang war ich Mitglied einer Jugendgruppe, die zur Christian Endeavour-Bewegung gehörte, einer der vielen evangelikalen Organisationen in Amerika. Ich war getauft und sang gern kirchliche Hymnen, aber ich hatte keine starken religiösen Überzeugungen. Doch in dieser Zeit, als ich den Mädchen nachstellte, war ich auch bereit, Gott nachzustellen. Wir fuhren in einem Bus in die kleinen Städte und Dörfer rund um Kingston, wo die Erweckungsbewegung Zusammenkünfte abhielt, und manchmal durften die Gäste von außerhalb den Gottesdienst leiten. Gelegentlich wurde ich aufgefordert, etwas vorzutragen oder zu predigen. Ich bezog mich logischerweise auf das, was ich um mich herum wahrnahm, ging auf soziale Themen wie Armut und Unterdrückung der Bevölkerung ein und fragte, ob Gott ihr wirklich dieses Schicksal zugedacht hatte. Das war nicht ganz das, was man erwartete, und diese Episode währte nicht lang. Immerhin führte sie mich an Orte, an denen ich Menschen kennenlernte, mit denen meine Familie nie verkehrte.

Als ich jung war, dachten wir uns ausgeklügelte Spiele aus, abgekupfert von den Westerngeschichten oder Hollywood-Actionromanzen, die wir im Kino sahen – mit orientalischen Horden und Harems, für die sich die Mädchen in der Gruppe bereitwillig zur Verfügung stellten. Samstags gingen wir grundsätzlich ins Kino und oft gruppenweise auf Partys, die die jeweiligen Eltern überwachten und wo sehr viel getanzt wurde. Wir hatten erstaunlich viele Bezüge zur Kultur der Heranwachsenden der US-amerikanischen Mittelschicht. Wir tanzten zu Big-Band-Swing, beherrschten Walzer und Jitterbug, kannten lateinamerikanische Rhythmen wie Mambo und Jive und wiegten uns zu jamaikanischer Musik sexy in den Hüften. Es gab reichlich frühsexuelle Erkundungen, sowohl beim Tanzen wie auch beim Rumknutschen hinterher, wobei wir mit dem Voranschreiten der Pubertät immer zielstrebiger vorgingen. Mein Name wurde im Zusammenhang mit verschiedenen jungen Damen genannt, aber aus keiner dieser Bekanntschaften entwickelte sich etwas Ernstes oder Dauerhaftes.

Über Sex wurde nie offen gesprochen, weder im alltäglichen Gespräch noch zu Aufklärungszwecken. Stattdessen wurden komplizierte Strategien darin entwickelt, um das Thema herumzureden. Fast alles, was ich über Sex wusste – darunter auch viele Falschinformationen –, hatte ich beim Plaudern mit Schulfreunden aufgeschnappt, war also sexuell eher unbedarft. Zudem erlebte ich zu Hause und in meiner ganzen Familie Sex als in jeder Hinsicht ausgeklammert. Meine Eltern waren im mittleren Alter und ich konnte mir nicht vorstellen, dass sie miteinander schliefen. Sie schienen viel zu sehr mit ihrem gesellschaftlichen Umfeld und der Jagd nach Geld und Status beschäftigt, um Zeit für solchen Unfug zu haben! Mein Bruder war zwölf Jahre älter als ich und schon in den Zwanzigern, als ich in die Pubertät kam. Aber da sein Umgang streng reglementiert wurde, kam es, soweit ich mich erinnere, nie vor, dass er Mädchen mit nach Hause brachte. Wahrscheinlich hatte er keine sexuelle Beziehung, bis er zum Studium in die USA ging. Meine Schwester war da unternehmungslustiger, sie tauschte sich mit ihren Freundinnen über Jungs aus und traf sich mit ihnen. Aber auch sie brachte nur selten vorzeigbare junge Männer mit nach Hause. Also gab es keine ausgetretenen Pfade für mich, den jüngsten – männlichen – Sprössling.

Ich verabredete mich mit einigen Mädchen in meinem Bekanntenkreis. Wir gingen samstags in die Nachmittagsvorstellung ins Kino, knutschten auf dem Balkon und gingen anschließend in die Eisdiele, um riesige amerikanische Sundaes mit viel Sirup zu vertilgen, zu flirten und rumzumachen. Nur eine oder zwei dieser Begegnungen entwickelten sich zu ernsthafteren Beziehungen. Die weiblichen Wesen, die mich interessierten, trafen nicht mit meinen Eltern zusammen, denn zu Geburtstagsfeiern oder Wochenend-Partys wurden nur die Töchter von Freunden der Familie eingeladen, für die ich mich in der Regel nicht erwärmen konnte. Die Frauen, die mir gefielen, gehörten einer vollkommen anderen Gesellschaft an als meine Familie. Sie waren mein schändliches Geheimnis. Kein besonders guter Anfang also.

Mir geht es hier noch um etwas anderes als die üblichen Beschränkungen, Ausweichmanöver und Grenzen, vor allem in Bezug auf Sex, die in den angesehenen jamaikanischen Familien verbreitet waren. Es herrschte eine

Doppelmoral, man wusste sehr viel mehr, als man jemals sagte oder zugab, aber alle machten willig dabei mit. Meine männlichen Freunde lernten mit diesem System mühelos umzugehen. Manchmal denke ich, das könnte das Herzstück der heimlichen Bande zwischen jamaikanischen Mittelschichtmännern und ihren Müttern sein!

Bei meiner Familie aber kam noch etwas dazu: emotionale Erschöpfung, das Fehlen jeglicher körperlichen oder sexuellen Präsenz oder Energie. Ich glaube nicht, dass bei uns zu Hause je über Sex gesprochen wurde. Ganz sicher hat niemand mich je beiseitegenommen, um mir was von Vögeln oder Bienen zu erzählen. Es war, als hätten meine Eltern gar keine Vorstellung, was es bedeutete, einen männlichen Heranwachsenden unter ihrem Dach zu haben. Etwa um diese Zeit fing ich wohl an zu masturbieren. Doch als meine Mutter das mitbekam, sprach sie nicht mit mir, sondern mit dem englischen Hausarzt der Familie, Dr. McCrindle, der nebenan in dem finsteren Haus mit den geschlossenen Fensterläden wohnte und auf dessen Rat hin ich prompt ordnungsgemäß beschnitten wurde!

Solche Sitten herrschten in meiner Familie. Ich kann mich nicht erinnern – wobei, wer weiß? –, dieses soziale Gefüge je als richtig und harmonisch erlebt zu haben oder als einen Hafen, in dem ich rechtmäßig Zuflucht finden konnte. Es gab einen Familienscherz darüber, wie meine Schwester reagierte, als sie mich zum ersten Mal als kleines Baby sah: »Wo habt ihr denn dieses Coolie-Baby her?« ›Coolie‹ ist der verunglimpfende Ausdruck, mit dem in Jamaika früher mittellose Braune Straßenhändler*innen aus Indien bezeichnet wurden. Ich fing an, mich mehr und mehr wie ein dazugehöriger Außenseiter zu fühlen und zu benehmen, ›der Coolie der Familie‹. Wie bei vielen sich selbst erfüllenden Prophezeiungen wurde das Gefühl übermächtig, ›am falschen Ort‹ zu sein, so der überaus treffende Titel der Autobiografie von Edward Said. Genau wie er wurde auch ich von meinen Eltern als Nichtsnutz bezeichnet.

Meine Abkehr von der Familie kann anhand einer Reihe von Faktoren erfasst werden, die in der Summe die Geschichte meiner Jugend ausmachen. Gleichzeitig wurde mir sporadisch bewusst, dass es das dunklere Jamaika der Mehrheit gab und ich mich davon angezogen fühlte. Speziell der Sound hatte es mir angetan, er erklang nicht nur ›dort draußen‹, sondern auch in mir selbst.

Der Klang des Schwarzen Jamaika, der mich faszinierte, kam ausdrücklich *woanders* her, aus einem Jamaika, in dem ich nicht lebte und zu dem ich nicht gehörte: Trommeln auf dem Land, die rund um die Städte von Berg und Tal widerhallten; religiöse Musik, Baptistenlieder oder Moody und Sankey, die Hymnen der Erweckungs- und der Pfingstbewegung, intoniert auf ›afrikanische‹ Art, so dass die Stimmen immer tiefer und tiefer wurden, langsamer und langsamer, mit geerdeteren, bodenständigen Rhythmen.

Eine Erinnerung steht mir noch lebhaft vor Augen. Meine Großmutter lebte in einem Haus in Old Harbour direkt neben einer Kirche der Pfingstbewegung. Die Familie meines Vaters war in zwei religiöse Gruppierungen gespalten, eine katholische und eine anglikanische. Mein Großvater, der noch vor meiner Geburt starb, war zum Katholizismus konvertiert. Am Sonntag gingen alle in ihre jeweilige Kirche zum Gottesdienst. Anschließend kamen alle im Haus meiner Großmutter zusammen – ein Ort, den ich leidenschaftlich liebte, weil er sich so deutlich vom Mittelschichtheim meiner Familie in Kingston unterschied –, und dort gab es ein üppiges Mittagessen. Es war ein kleines Haus im viktorianischen Kolonialstil mit zwei Veranden, gerahmten Fotos auf den Tischen, Sesselschonern und einem Klavier im Wohnzimmer. Meine Großmutter hatte nicht viel Geld, also war die Einrichtung sparsam und einfach. Ihr Haus lag im ärmeren Teil der Insel, weiter weg von der auf Anhieb reizvollen Nordküste. Der Süden Jamaikas ist flach, trocken und staubig. Aber für mich war das Haus ein einladender, liebevoller Ort, immer voller Menschen, Freund*innen machten hier Rast auf dem Weg nach Kingston, Nachbar*innen kamen vorbei, und meine Tanten sorgten mit ihren Erzählungen und Klatschgeschichten für regen Austausch. Hier herrschte in freigiebiger Gastfreundschaft meine Großmutter ›Mammy Hall‹. Nach all den Jahren sehe ich immer noch vor mir, wie ihr nussbraunes Gesicht in Gelächter ausbricht. Seit ihrem Tod habe ich das Privileg, zum Andenken an sie ihren Ehering tragen zu dürfen.

Ich fand nie heraus, wo meine vielen Tanten eigentlich schliefen. Meine Tante Iris arbeitete im Postamt an der Ecke, wo die Hauptstraße auf die Straße vom Fischerdorf an der Südküste traf, sie ließ sich gern öfters spontan von einem Freund im Auto nach Kingston mitnehmen und verbrachte ein paar Tage bei uns.

Tante Gerry übernahm die Aufsicht über den Haushalt, als meine Großmutter zu gebrechlich wurde. Meine Großmutter hatte im Garten neben den Mangobäumen eine kleine Schule mit zwei Zimmern gebaut, wo sie Kinder aus der Nachbarschaft unterrichtete und auf die weiterführende Schule vorbereitete. Diese Schule eröffnete sie, als sie neunzehn Jahre alt war, und noch mit über hundert brachte sie ein paar ausgewählten Kindern auf ihrer hinteren Veranda Rechtschreibung bei. Tante Gerry übernahm auch die Erziehung meiner Cousine Clare, führte und begleitete sie als Mentorin. Sie verhalf ihr zu einem Abschluss an der Immaculate Conception High School, einer der angesehensten jamaikanischen Eliteschulen für Mädchen, ermutigte sie, in den USA aufs College zu gehen, und stand ihr bei, als Clare erst Nonne im Franziskanerorden wurde und dann die erstaunlich erfolgreiche Leiterin der Schule, auf die sie als Kind gegangen war, schließlich Repräsentantin von Lateinamerika und der Karibik im Rat des Franziskanerordens sowie Leiterin der Klostergemeinde der Unbefleckten Empfängnis. Streng und diszipliniert war Tante Gerry, tief gläubig und dadurch das moralische Rückgrat des Haushalts, dazu kam noch ihre liebevolle und fürsorgliche Wesensart.

Meine Tante Mavis, die in Kingston wohnte und im Büro der Firma meines Vaters arbeitete, war eine Frau von Welt mit exotisch spanischen Gesichtszügen, schwarzen Haaren und gezupften Augenbrauen, auf deren Schminktisch unzählige kosmetische Präparate standen. Am Wochenende kam sie immer mit dem Zug nach Old Harbour und brachte einen Korb voller Spezialitäten mit, zum Beispiel besonders guten Honig oder syrisches Brot. Viele Jahre lang ging ich mit ihr jeden Montag in die Nachmittagsvorstellung des Carib Cinema, noch bevor es für die Heranwachsenden meiner Schule zum regelmäßigen Samstagnachmittag-Treffpunkt wurde, Schauplatz zarter romantischer Erkundungen. Ich wuchs also mit dem Inbegriff des populären amerikanischen Kinos auf: mit Musicals, romantischen Komödien, Melodramen, Films noirs, Thrillern und ›besseren‹ Western.

Tante Ivy galt als leichtsinnig und streunte für die Begriffe meiner Großmutter etwas zu freizügig in der Stadt umher. Aber sie kannte jeden und kümmerte sich um alle, hatte einen verschmitzten Humor und ein schelmisches Lächeln, weshalb sie mich mühelos für ihre verrückten Ideen und Streiche begeistern konnte.

Nur eine meiner Tanten, Tante Ionie, war verheiratet. Ihr Mann war Harry Sherlock, und sie hatten zwei Kinder, meine Cousine Gloria und meinen Cousin Jimmy. Nach ihrer Heirat zogen sie für eine Weile nach Brooklyn, wo die Kinder geboren wurden. Aber Ionie hatte gesundheitliche Probleme und Harry keinen gesicherten Arbeitsplatz, und so kamen sie kurz vor dem Ersten Weltkrieg nach Jamaika zurück. Harry arbeitete als Tischler, starb aber relativ jung. Wir standen uns nicht sonderlich nahe, aber ich hatte den Eindruck, dass Ionie und Gerry gut miteinander auskamen. Jedenfalls hielt Ionie fest zu ihren Kindern und erwies sich, wenn es Schwierigkeiten gab, als gute, einfallsreiche Mutter.

Die Kirche der Pfingstbewegung gleich neben dem Haus in Old Harbour begann erst gegen zwölf mit dem Gottesdienst. Wenn wir beim Mittagessen saßen, schallte von dort der Gesang herüber, der mit hohen Tönen lebhaft begann und dann kontinuierlich langsamer, tiefer und rhythmischer wurde. Rückblickend ist mir klar geworden, dass ich da Zeuge einer Kreolisierung des englischen Protestantismus wurde, in direkter Hörweite der Tafel meiner Großmutter. Sowohl der anglikanische Vikar wie auch der jesuitische Pfarrer waren regelmäßige Gäste am Tisch meiner Großmutter, dessen schöne polierte Holzplatte sich bog unter der Last von Hühnchen und Reis mit Erbsen und Kochbananen. Die rivalisierenden Gottesmänner luden sich ihre Teller mit den würzigen Speisen voll und ließen sich ganz bescheiden überreden, noch mehr vom starken Rum Punch meiner Mutter zu trinken, den sie stolz aus Kingston mitbrachte. Nur zwei Themen waren am Tisch meiner Großmutter streng verboten: Religion und der Thronverzicht von Edward VIII. Beim Essen lauschte ich mit einem Ohr der Unterhaltung, das andere war auf die Klänge des mir so fernen Jamaikas gleich nebenan gerichtet. Der scharfe Kontrast zwischen den vom Kolonialismus geprägten kreolischen, aber verwestlichten Sitten und Gebräuchen meiner angesehenen Braunen Familie ›auf dem Lande‹ und dem Jamaika der armen Bauernbevölkerung war mir deutlich bewusst – Letzteres symbolisiert durch dieses tiefe, rhythmische, mächtige religiöse Klagelied von Leid und Bedrängnis, dessen kollektive Stimme sich hier erhob und zum Dachstuhl emporstieg.

Als ich 1932 geboren wurde, hatten Jamaika und die Karibik im Prinzip schon etliche der formellen und informellen Grundvoraussetzungen dafür geschaffen, mit dem Kolonialismus zu brechen. Die unmittelbare Nähe jenes anderen Jamaikas, dunkler und weit weniger geneigt, vor den Befindlichkeiten der kolonialen Ordnung zu buckeln, führte im öffentlichen Leben zur Eskalation, als 1938 die Arbeiteraufstände ausbrachen. Sie griff um sich und drohte die gesellschaftlichen Maßstäbe zu vernichten, die für meine Familie alles waren. Jedenfalls sah es damals so aus. Jamaika wurde von Aufständen erschüttert, die den Anstoß gaben, nach Selbstbestimmung und schließlich Unabhängigkeit zu streben. Da machte das andere Jamaika seine Gegenwart schlagartig öffentlich sichtbar.

Die Unruhen der späten 1930er Jahre waren das Resultat tiefgreifender, über viele Jahrzehnte akkumulierter Krisen. Wirtschaftliche Abhängigkeit und Ausbeutung der Arbeitskraft hatten ihr unerbittliches Werk getan. Im achtzehnten Jahrhundert scheffelte die jamaikanische Plantokratie riesige Gewinne. ›König Zucker‹ war der uneingeschränkte Herrscher. Aber nach der Sklav*innenbefreiung in den 1830er Jahren wurde westindischer Rohrzucker zunehmend durch den billigeren Rübenzucker ersetzt. Die britische Regierung leistete den Plantagenbesitzern Kompensationszahlungen für den Verlust ›ihres‹ Eigentums – nämlich der Versklavten: de facto eine Prämie dafür, dass sie das Ende der Sklaverei hinnahmen. Also schauten sich die Plantagenbesitzer nach anderen, lukrativeren Investitionsmöglichkeiten um. Jamaika wurde zum wirtschaftlichen Hinterland. Der Ausbau der US-amerikanischen Bananenproduktion sorgte zwar für einen gewissen Aufschwung, aber die Mehrheit der arbeitenden Bevölkerung hatte davon rein gar nichts. Während der Weltwirtschaftskrise in den 1930er Jahren waren die Lebensverhältnisse der Einwohner katastrophal geworden, Arbeitslosigkeit grassierte. Diese verheerenden Auswirkungen entluden sich politisch, vorangetrieben durch verstärkte gewerkschaftliche Aktivität und durch die allgemeine tiefsitzende Unzufriedenheit mit den sozialen Verhältnissen – all diese Bedingungen bildeten den historischen Hintergrund der Arbeiter*innenaufstände von 1938.

In den 1930er Jahren hatte die wirtschaftliche Abhängigkeit die Mehrheit der einfachen Jamaikaner*innen in den Ruin getrieben. Die Depression verwüstete das Land. Ihre unmittelbaren Folgen waren überall sichtbar, in den ärmeren Vierteln von Kingston, in allen kleineren Städten und auf dem Land. Bananenkrankheit und Konkurrenz durch andere Zuckerproduzenten bedrohten die beiden wichtigsten Exportprodukte. Der Zuckerpreis war kollabiert und seine Talfahrt schien kein Ende zu nehmen. Aber sobald den Arbeiter*innen zugestanden wurde, sich zusammenzuschließen und für ihre Rechte zu kämpfen, bildeten sich Gewerkschaften, vor allem in den Docks, auf den Zuckerplantagen und unter den Arbeitslosen.

Verschiedene Elemente, heute würde man das eine konjunkturelle Krise nennen, verquickten und komprimierten sich zu dem, was im jamaikanischen Staatswesen einen Entwicklungssprung bewirkte und die Unabhängigkeitsbewegung erheblich vorantrieb. In Jamaika war es besonders ausgeprägt, aber tatsächlich betraf dieses regionale Phänomen die gesamte Karibik. Ich bedaure sehr, dass dies heute so wenigen Jamaikaner*innen in der Diaspora bekannt und bewusst ist. Es verschwindet schnell aus dem kollektiven Gedächtnis.

In der ganzen Welt beschleunigte sich das Tempo antikolonialer Kämpfe, und das hatte auf die sozialen Gruppierungen mit politischem Bewusstsein auf der Insel einen radikalisierenden Effekt. Zum ersten Mal wurde der Kolonialismus offen als ›der Feind‹ identifiziert. Ein Schwarzes Selbstbewusstsein begann sich zu bilden, auch wenn nur eine Minderheit öffentlich von Race Politics und ihren Wurzeln in der Sklaverei oder unserer afrikanischen Herkunft sprach. Dennoch war die metropolitane Welt in den beiden vorhergehenden Dekaden von einer Zunahme antiimperialer Kämpfe und Organisationen geprägt worden, an denen die West-Inder*innen besonders stark – vielleicht sogar überproportional – beteiligt waren, vor allem in Britannien, Frankreich und den USA. Der Ruf nach Selbstbestimmung kann heute als Teil einer größeren globalen Entwicklung betrachtet werden, die für die alten Imperien schließlich den Vorhang fallen ließ und neuen

Nationen zur Existenz verhalf. Wobei wir uns eingestehen müssen, dass die anglo-karibische Entkolonisierung sich letztlich als ein weniger radikaler, begrenzterer und langwierigerer Prozess entpuppte, als alle zu Beginn angenommen hatten. Aber unabhängig vom Ergebnis hätte angesichts der Ereignisse von 1938 jede*r scharfsinnige Beobachter*in die Anzeichen jenes politischen Hurrikans erkennen können, der die ganze Region erfassen sollte. Auf Jamaika trieb, genau wie früher bei den Kämpfen gegen die Sklaverei, der populare Widerstand die Räder der Geschichte schneller an.

In den USA zum Beispiel folgte auf die große Migration von Schwarzen aus den Südstaaten in die Städte und Fabriken des Nordens eine Vielzahl von Gründungen linker, radikaler und stolzer Schwarzer Bewegungen, was eine Flut von Aktivitäten, Kampagnen, Organisationen und Publikationen hervorbrachte, bei denen West-Inder*innen eine entscheidende Rolle spielten. Marcus Garvey nahm die Universal Negro Improvement Association (UNIA) – die er im August 1914, als der Erste Weltkrieg ausbrach, in Jamaika ins Leben gerufen hatte – mit nach Nordamerika, als er nach Harlem auswanderte. Seine Philosophie der ›Black Independence‹ inspirierte die erste afrikanisch-amerikanische Massenbewegung der Moderne. Robert Hill, der einen so großen Teil seines Lebens der Aufgabe gewidmet hat, die Biografie, die Texte und den Einfluss von Garvey zu erforschen, ist der Ansicht, dass er als Erster »einen spürbaren Sinn für ein nationales Bewusstsein« erzeugte; im Sinne eines breiter verstandenen »Schwarzen Nationalismus« wie auch als machtvolles Element, das die jamaikanische – und generell die karibische – Politik wesentlich beeinflusst hat.

Diese Entwicklung wurde begleitet von einer ganzen Reihe unterschiedlicher politischer Strömungen, die sich während der Zeit von Garveys Aktivitäten ausbreiteten, darunter die Erb*innen von Booker T. Washingtons Vision des Schwarzen Self-Improvement, der Panafrikanismus von Persönlichkeiten wie W. E. B. Du Bois, die auf breiterer Grundlage stehende reformistische National Association for the Advancement of Colored People und eine Vielzahl proletarisch, sozialistisch oder marxistisch-leninistisch orientierter Strömungen ebenso wie die lebendige kulturelle Bewegung der Harlem Renaissance. Die karibische Präsenz in diesen Organisationen war enorm. Viele Personen aus der Karibik nahmen ihr politisches Engagement mit in die Diaspora. Auch die jamaikanische Innenpolitik konnte von diesen Entwicklungen nicht unbeeinflusst bleiben, die politischen Auseinandersetzungen auf der Insel wurden davon geprägt und radikalisiert. Die Ereignisse des Jahres 1938 markierten die Geburt der modernen jamaikanischen Politik.

1938 bildet die Wurzeln der politischen Entwicklung Jamaikas in der Periode vor und nach der Einführung des allgemeinen Wahlrechts 1944 sowie der Unabhängigkeit 1962. Personifiziert wird diese Entwicklung durch Norman Manley, den Führer der People's National Party (PNP), und Alexander Bustamante, den Führer der Jamaican Labour Party (JLP). Die treibenden Kräfte der Neubestimmung der politischen Verhältnisse waren Angehörige der Mittelschichten of Colour und eine professionelle Führungselite, dazu die kleine, aber gut organisierte Gruppe der Industriearbeiter*innen und die ungreifbare Masse der städtischen Armen und Arbeitslosen. Letztere bildeten eher eine Unterschicht als eine Arbeiter*innenklasse, gekennzeichnet vor allem durch ihre dauerhafte oder häufige Arbeitslosigkeit und bittere Armut. Natürlich waren es Schwarze, ganz wie die überwiegende Mehrheit der Armen: jene Vielzahl, aus der sich das andere Jamaika konstituierte und der die Unabhängigkeit herzlich wenig materielle oder soziale Verbesserungen einbrachte.

Das politische System, das während der Auseinandersetzungen Ende der 1930er Jahre eingeführt wurde, hielt sich erstaunlich lange. Jamaika besitzt noch immer eines der stabilsten Zwei-Parteien-Systeme der Welt. Viele glauben, dass es sich überlebt hat angesichts des Abklingens der nationalistischen Begeisterung und des Beginns einer neuen Ära der Globalisierung. Aber es existiert weiterhin. Es hat sich als effektiv erwiesen, auch wenn es in vieler Hinsicht begrenzt ist. Die Stärken und Schwächen des Unabhängigkeitsprozesses waren zum Teil auf diese Struktur zurückzuführen. Die Polarisierung der politischen Landschaft in zwei nationalistische Parteien, die PNP und die JLP, sorgte paradoxerweise dafür, dass praktisch jede soziale Gruppe im politischen System vertreten war. Die Politik in Jamaika schien umfassend repräsentativ zu sein. Die 1938 gegründete PNP setzte sich für die Selbstverwaltung ein, war sozialdemokratisch und auf die Arbeiter*innenschaft hin orientiert, aber in ihrer Grundtendenz reformistisch und stark vom Fabianismus beeinflusst. Kurze Zeit gab es innerhalb der Partei eine einflussreiche neomarxistische Minderheit, die 1954 im Klima des Kalten Krieges von der Parteiführung ausgeschlossen wurde. Die JLP war eine auf Selbstverwaltung, den freien Markt und die Wirtschaft setzende populistische Partei der Rechten.

Beide erfuhren Unterstützung aus dem Mittelstand (die PNP durch die Angestellten der Regierung und des Öffentlichen Dienstes, die JLP durch die kleinen und großen Geschäftsleute); beide wurden von der popularen Klasse gestützt (die PNP mehr von den urbanen und organisierten Arbeiter*innen, die JLP von den Hafenarbeitern und der ländlichen Bevölkerung); beide hatten rivalisierende Gewerkschaften, beide hatten Führungsriegen aus der Mittelschicht (auch wenn sich die JLP-Anführer eher aus der Riege Schwarzer Akademiker*innen rekrutierten, während die PNP mehr in der Braunen Mittelschicht verankert war); und verblüffenderweise wurden die beiden Parteien von zwei Braunen Männern geführt, die Cousins waren, wenn auch sehr unterschiedliche Gestalten. Norman Manley, Vaterfigur des jamaikanischen Kampfs um die Unabhängigkeit, hatte mittels eines Rhodes-Stipendiums in Oxford studiert (er saß auch in der Jury, die über mein Rhodes-Stipendium entschied) und war ein hervorragender Anwalt. Er hatte in London Jura studiert und seine Weiße Cousine Edna, eine Bildhauerin, geheiratet, die später zu den bedeutendsten Vertreter*innen des großen künstlerischen Aufschwungs in Jamaika gehörte. Vom Alter her gehörte Norman in etwa zur Generation meiner Eltern. Aber seine Braune ›ländliche‹ Mittelschichtfamilie hatte deutlich engere Verbindungen nach England als meine, und als Landeigner war seine gesellschaftliche Stellung wesentlich höher. Bustamante war in Mittelamerika aufgewachsen, wo es über lange Zeit eine florierende jamaikanische Diaspora gab, und war ein wenig gebildeter, aber politisch schlau agierender populistischer Demagoge. Tatsächlich war Bustamante ursprünglich Mitglied der PNP gewesen, aber nachdem er drei Jahre wegen politischer Subversion im Gefängnis gewesen war, brach er 1943 mit der Partei und gründete die JLP.

Durch dieses politische Arrangement zogen sich empfindliche Ungleichheiten, die auf krassen Unterschieden in Wohlstand, Colour, Klasse und Bildung fußten und – innerhalb beider Parteien – einen unüberbrückbaren Graben bildeten zwischen den Lebenswelten der sie unterstützenden Mittelschicht mit Menschen in höher qualifizierten Berufen auf der einen und ihrer popularen Basis auf der anderen Seite. Bis zu einem gewissen Grad setzten diese sozioökonomischen Grundbedingungen die politische Ideologie außer Kraft. Eine wachsende Anzahl von Armen und Arbeitslosen, sei es auf dem Land oder in den Städten, fiel durchs soziale Netz, war faktisch entrechtet und wurde weder von der JLP noch von der PNP repräsentiert.

Paradoxerweise war hier die gelebte Alltagskultur einflussreicher als die formelle Politik – und auch ein Ersatz dafür. Die populare Religion und die urbane Kultur lieferten stellvertretend symbolische Mittel, in denen Armut, soziale Unzufriedenheit, die Abkehr vom System, Klasseninteressen, rassisierte Unterschiede und politische Differenzen ihren Ausdruck fanden. Die ›Revolution‹, die durch die Unabhängigkeit in Bewegung gesetzt wurde, war eine kulturelle, keine politische. Das langsame, unterschwellige Entstehen eines Schwarzen, an Afrika orientierten Bewusstseins – der Rastafarians, der Black-Power-Bewegung und des Reggae – das war das wichtigste Hilfsmittel dieser grundlegenden Veränderung.

So wurden am Ende die Randständigen des politischen Systems von den Parteien eingespannt, aber nicht auf konventionelle Art, sondern auf informellem Wege: über ihre religiöse Zugehörigkeit, über die Politisierung von rivalisierenden, zunehmend militarisierten, garnisonsartigen No-go-Areas, über die Kleinkriminalität und das organisierte Verbrechen, über Gang- und Community-Loyalitäten und über das Patronat der ›Dons‹.

Die Interessensüberschneidung zwischen den formalen Institutionen des Staates – insbesondere den beiden führenden Parteien – auf der einen und den ineinandergreifenden Herrschaftsterritorien der lokalen Anführer auf der anderen Seite war charakteristisch für die moderne politische Entwicklung in Jamaika. Informelle Praktiken wie die der Klientelpolitik hatte es auch schon vor der Einführung des allgemeinen Wahlrechts gegeben, sie waren aber seit den 1940er Jahren innerhalb des politischen Systems regelrecht aufgeblüht und schmierten die politische Maschinerie. Lokale Dons schufen politische Enklaven unter den Armen in den Städten. Sie übernahmen richterliche Aufgaben und kümmerten sich um ›ihre Leute‹. Sie repräsentierten ein informelles System, das knappe Ressourcen – materielle, soziale und politische – an die Besitzlosen verteilte, und die politische Macht wurde örtlich durch ein ausgeklügeltes System persönlicher Loyalitäten verankert. Ganze Viertel verwandelten sich in bewaffnete Garnisonen, und politische Gewalttaten wurden Teil des Alltagslebens. Auf diese Weise bekamen politische Loyalitäten eine geradezu naturwüchsige Qualität, und die jamaikanische Politik wurde oft buchstäblich auf den Straßen ausgefochten.

In den 1970er Jahren nahm die politische Gewalt stark zu, besonders während der ersten Amtszeit von Michael Manley als Premierminister von 1972 bis 1980. Michael Manley war der Sohn von Norman Manley und einer unserer größten und charismatischsten Premierminister neuer Generation, eine Leitfigur der Dritte-Welt-Politik. Er war ein älterer Mitschüler von mir am Jamaica College, als ich 1943 dort anfing, war er im Abschlussjahr. Während seiner Amtszeit wurde das Beschaffen von Waffen immer einfacher, auch wenn viele der Ansicht sind, dass die Waffen mit stillschweigendem Einverständnis der CIA in Umlauf gebracht wurden, um Unruhen zu schüren und Manleys politische Autorität zu untergraben. Die rapide Verbreitung von Schusswaffen war ein entscheidender Faktor beim sozialen und politischen Zusammenbruch dieser Zeit. Die weitverbreitete Praxis der kriminellen Patronage konstituierte eine politische Schattenwelt unterhalb des offiziellen politischen Systems.

Schließlich stabilisierten sich die Verbindungen zwischen dem politischen Mainstream und dem Untergrund, vor allem durch das Zusammenwirken der Dons mit der Regierung. Als Erstere immer unabhängiger agierten, war nur noch schwer zu erkennen, wer die führende Kraft war. Dennoch sind diese Verbindungen nie aus der politischen Landschaft verschwunden, und sie schlagen weiterhin regelmäßig unruhige Wellen in der offiziellen jamaikanischen Politik.

Die Herausbildung dieses Systems einer universellen, in der Masse der Bevölkerung verankerten Politik geschah zu der Zeit, als ich heranwuchs. Ich hatte die koloniale Ordnung gefühlsmäßig noch verinnerlicht. Aber für meine Generation, ab 1938, vermochte das koloniale System in keiner Hinsicht unsere Zukunft zu repräsentieren. Wir konnten es nur als unerwünschte Barriere wahrnehmen. Von daher waren die Ereignisse von 1938 entscheidend für meine künftige intellektuelle und persönliche Entwicklung. Den größten Teil meines restlichen Lebens auf Jamaika kämpfte ich damit, die Kluft zwischen meiner frühen Kindheit innerhalb der Enklave der Familie und den turbulenten Entwicklungen in der jamaikanischen Gesellschaft und Politik zu überwinden, wobei Erstere darauf ausgelegt war, mich zu isolieren. Wenn 1938 die Erschaffung der modernen jamaikanischen Politik symbolisiert, gehörte ich zu der Generation, die geboren wurde, um die aus den Aufständen entstandene neue Welt zu erben. Diese neue politische Welt arrangierte die historischen Bedingungen, unter denen das Politische in mein Leben eintrat und mich und meine Generation dazu befähigte, uns eine selbstbestimmte Zukunft vorzustellen.

Auch wenn ich damals viel zu klein war, um verstehen zu können, was vorging, erkenne ich klar, wie stark ich von 1938 geprägt bin: Ich wurde ein Teil dieser politischen Generation. Eine Generation ist weit mehr als nur Chronologie. Sie ist voller Symbole, sie beruht genauso auf geteilten Erfahrungen, auf einer gemeinsamen Vision oder Denken in denselben Problemparametern wie auf einem schlichten Geburtsdatum.

Ich kam 1951 nach England, drei Jahre nach der Ankunft der *Empire Windrush* mit ihrer Ladung westindischer Nachkriegsmigrant*innen. Auch ich gehörte zu dieser Generation, obwohl ich genau genommen kein Migrant war. Bei ihnen handelte es sich um Menschen auf der Suche nach Arbeit, während ich als Stipendiumsjüngling zum Studieren herkam. Aber was die Erfahrung von Migration im weiteren Sinn betrifft, gehörten wir zum selben historischen Moment, auch wenn meine Mutter schon beim Gedanken daran in Ohnmacht gefallen wäre.

Aus britischer Perspektive bin ich etwa die gleiche Generation wie die karibischen Intellektuellen, Schriftsteller und Dichter, die ich im London der 1950er Jahre kennenlernte: Vic Reid, Edgar Mittelholzer, Andrew Salkey, Kamau Brathwaite, George Lamming, Sam Selvon, John Hearne, V. S. Naipaul, Wilson Harris – allesamt Schlüsselfiguren bei der Erschaffung der modernen westindischen Literatur –, ferner Maler wie Ronald Moody, Aubrey Williams und Frank Bowling. Die meisten dieser Generation waren wie ich Produkte einer ›guten‹ kolonialen Erziehung, aber viele hatten noch den ›Inselblick‹ auf die Welt. Wie George Lamming es so treffend wie widersprüchlich formuliert hat: Viele von uns wurden erst in London zu *Westindern*.

Im jamaikanischen Kontext war ich, auch wenn unsere Geburtsjahre dicht beieinanderliegen, eine Generation älter als kulturelle Ikonen wie Rex Nettleford, ebenfalls ein Rhodes-Stipendiat und Erster Tänzer der National Dance Theatre Company of Jamaica, Bildungsreferent der Gewerkschaft und Autor von *Mirror Mirror*, dieses berühmten Textes über die Identität der Schwarzen, Vizekanzler der University of the West Indies und charismatische Figur in den ersten Jahren nach der Unabhängigkeit. Und ebenso war ich gleich zwei Generationen älter als die Radikalen der 1970er Jahre wie die Gruppe um die politische Zeitschrift *Abeng*. Diese Generation vereinigte exilierte marxistische Kritiker*innen, von denen Ken Post wahrscheinlich der sichtbarste war; radikalisierte junge sozialistische Aktivist*innen innerhalb des Parteiensystems, darunter D. K. Duncan; politisch aktive Intellektuelle wie Don Robotham und zukünftige kritische Wissenschaftler*innen, die aus diesem Umfeld stammten, wie Barry Chevannes, Robert Hill, Rupert Lewis und Trevor Munroe. Munroe, Politologe und Autor einer frühen Studie über die Entkolonisierung Jamaikas, gründete eine der bekanntesten marxistisch-leninistischen Gruppierungen, die Workers Party of Jamaica (WPJ). Trotz ihrer unterschiedlichen Ansichten blieb er immer ein enger Vertrauter von Michael Manley und wurde nach dem Zusammenbruch der Sowjetunion und der Auflösung der WPJ von der PNP zum Senator ernannt. Hinzu kamen noch Vertreter der jüngeren Generation, zu der Tony Bogues und David Scott zu rechnen wären.

Das Jahr 1938 verortet mich also generationsmäßig. Als Junge war ich oft der Jüngste in der Klasse. Jetzt bin ich fast immer der Älteste im Raum. Das macht nichts. Man wird einfach alt.

Dennoch ist meine Generationszugehörigkeit immer wieder Anlass für falsche Zuschreibungen. Ich habe festgestellt, dass jüngere Menschen oft ganz unzeitgemäß versucht sind, meine Chronologie zu verschieben und mich zu ihrem Zeitgenossen zu machen, wodurch sie mich aber von meinem wahren historischen Kontext trennen. Sie halten mich für einen postkolonialen Menschen und ordnen mich politisch als ›Produkt der Achtundsechziger‹ ein, der Student*innenbewegung und der Gegenkultur. Tatsächlich aber bin ich eines der letzten kolonialen Subjekte, und politisch bin ich ein Kind des Jahres 1956: der Suez-Krise, des Ungarn-Aufstands, des Zerfalls des kommunistischen Traums, des Kalten Kriegs und der Entkolonisierung der Nachkriegszeit, und somit gehöre ich zu einer früheren und ganz anderen Art von »New Left«. Für mich ist es von grundlegender Bedeutung, den einen historischen Zusammenhang vom anderen zu unterscheiden. Ganz wesentlich ist, dass im Gegensatz zu den meisten Personen afrokaribischer Herkunft, die heute in der britischen Diaspora leben, meine erste Formierung innerhalb des Kolonialismus stattfand, nicht danach. Ich bin nicht ›post‹-kolonial. Ich kam als junges koloniales Subjekt nach England, als Winston Churchill Premierminister war, und ich lebte schon elf Jahre in Britannien, als Jamaika unabhängig wurde.

Obwohl mich also das Jahr 1938 im karibischen Kontext generationsmäßig definiert, haftet dem auch etwas Unheimliches an. Daher das Gefühl, irgendwie anachronistisch zu sein. Oder wie James Clifford es so kundig ausdrückt: Es ist ein Indiz für das Syndrom, sich selbst mit Befremden als ›historisch‹ zu erkennen.

Inwiefern unheimlich? Die Arbeiter*innenaufstände von 1938 haben in meiner Psyche Spuren hinterlassen und mich in den darauffolgenden Jahren auf komplizierte, unerwartete Weise verunsichert. Damals war ich erst sechs Jahre alt. Aber im Rückblick wird mir klar, wie stark es mich und meine Familie geprägt hat. Die scheinbar weit entfernten Ereignisse waren gar nicht so weit weg. In verschobener Form fanden sie Zugang zu unserem Haushalt und drangen auch in mein Innerstes ein.

Auch wenn ich sehr vieles über diesen Aufstand gar nicht wissen konnte, war mir durchaus bewusst, dass etwas Wichtiges vorging. Es wurde das erste bedeutende politische Ereignis, das mir im Gedächtnis blieb, und daher stellt es eine Art symbolisches politisches Geburtsdatum für mich dar. Natürlich lag ein klarer Abstand zwischen den Ereignissen und mir. Ich war der Sohn einer gehobenen Mittelschichtfamilie of Colour, deren Mitglieder wie alle in der Klasse meiner Eltern gelernt hatten, vor der Not, den Bedürfnissen, dem Streben und den Forderungen der Masse der Schwarzen um sie herum die Augen zu verschließen. Ich verstand nicht, wie meine Familie – Subalterne der alten Kolonialordnung – ihre Hoffnungen und Phantasien ganz woandershin ausrichten konnte. Ablehnend und rückwärtsgewandt hinkte meine Familie sogar hinter ihren engen Freund*innen und Bekannten her, denn die warfen, auch wenn die Aussicht sie nicht begeisterte, schon begehrliche Blicke – und begannen sich zögerlich vorzubereiten – auf eine mögliche Zukunft als die kommende Klasse, die neue regierende Elite nach der Unabhängigkeit. Was sie dann auch folgerichtig wurden. Mit einer Art negativem Realismus hatten sie widerwillig erfasst, wie sie auf die kommenden Veränderungen reagieren konnten. Meine Familie tat das nicht, und in dieser Hinsicht waren sie nicht nur um eine, sondern gleich um zwei Generationen veraltet.

Ich erinnere mich, wie mein Vater am Tag, als die Unruhen ihren Höhepunkt erreichten, um die Mittagszeit aus dem Büro heimkam und – auf seine typische ruhige Art, vermutlich innerlich zerrissen von widerstreitenden Fragen und Loyalitäten – von dem Chaos berichtete, das sich

Gerüchten zufolge in Downtown Kingston abspielte. Läden, Schulen und Büros schlossen vorzeitig. Man erzählte sich von Plünderungen, die Ahnung einer nahenden Krise lag in der Luft und Panikstimmung breitete sich aus. Wilde Gerüchte über einen ›entfesselten Mob‹ gingen um, was die Mittelklasse-Kingstonians in Angst versetzte. Rastas, deren unerhörte Eskapaden in mittelständischen Haushalten Furcht und Schrecken erregten, wurden oft für sogenannte aufrührerische Reden ins Bellevue Asylum gesteckt. Erst wenige Jahre zuvor war Alexander Bedward, der prophetische Prediger der Erweckungsbewegung, dort wegen genau dieses Vergehens eingesperrt worden. Jetzt hieß es, die Insassen seien aus ihren Zellen ausgebrochen, stünden am Zaun und verwickelten Passanten in bizarre, apokalyptische Diskussionen. Die respektable Gesellschaft starrte gelähmt auf das Schreckgespenst einer Welt, die auf dem Kopf stand. Ihre Welt brach ja tatsächlich zusammen; die alte Ordnung war am Ende. Es würde nie mehr so sein wie früher. War das etwa, so wurde jetzt gefragt, eine Art endgültige Abrechnung, der Anbruch einer tropischen *Götterdämmerung*?

Im Rückblick fällt es mir schwer, alles in den richtigen historischen Zusammenhang zu bringen. Auf der einen Seite erlebte ich aus nächster Nähe die Angst meiner Familie vor den Aufständen als Brandherd für gewalttätiges Chaos. Doch auf der anderen Seite erwies sich das, was zunächst den drohenden gesellschaftlichen Totalzusammenbruch ahnen ließ, in meiner Wahrnehmung nach und nach als Fülle neuer Möglichkeiten, die Verheißung einer Welt, in der Schwarzsein an sich zu einer Ressource für die Zukunft werden könnte. Diese gegensätzlichen Impulse überlagern sich in meiner Erinnerung wie bei einer Doppelbelichtung. Jedenfalls war ungeachtet meiner kindlichen Ahnungslosigkeit 1938 der einschneidende historische Moment, der meine Zukunft formte und mich vom Wertesystem meiner Eltern trennen sollte.

Etwas später hörte ich vom Garveyismus, auch wenn ich über Garvey selbst wenig wusste und erst sehr viel später in der Lage war, seinen Einfluss zu würdigen. Ich wusste vom Edelweiss Park, wo Garveys UNIA sich niedergelassen hatte. Hin und wieder begegneten mir garveyistische Publikationen. Irgendwann wurde mir klar, dass Garveyismus mit weitergehenden panafrikanischen Bestrebungen zu tun hatte und eine Philosophie der Schwarzen Unabhängigkeit beinhaltete, in der Stolz und Self-Improvement eine Rolle spielten.

Dies gehörte natürlich nicht zur Welt meiner Eltern, denn sie identifizierten sich überhaupt nicht mit den Schwarzen Massen oder mit einer afrikanischen Diaspora. Tatsächlich spottete man an den Tafeln der Kingstoner Mittelklasse über den Slogan »Back to Africa«. Ich brauchte eine ganze Weile, um die Botschaft dieser Parole und ihre beträchtliche Resonanz zu erfassen – nicht nur bei den Armen und Arbeitslosen in den Städten, die in den späten 1930er Jahren an vorderster Front der wirtschaftlichen Auseinandersetzungen standen, sondern auch bei Teilen des colour-bewussten nationalistischen unteren Mittelstands. Ich denke da an die Übernahme dieses Bewusstseins zum Beispiel bei Una Marson, die später eine bedeutende Journalistin und BBC-Moderatorin werden sollte und die in der League of Coloured People aktiv war. Sie war die Schwester von Mrs. Marson-Jones, auf deren Grundschule ich ging. Auch wenn ich es damals wohl kaum so direkt wahrnahm, war das Schwarze Selbstbewusstsein stellenweise schon präsent, es lag in der Luft, die wir atmeten.

»Back to Africa« war Ausdruck einer ganzen Mentalität, die nicht immer bewusst artikuliert war und der jamaikanischen Mittelschicht weitgehend entging: sehr volkssprachlich, synkretisch, ans Afrikanische angelehnt, spiegelte sie die Einstellung armer Schwarzer Jamaikaner*innen wider. Diese einheimische Kultur warf unweigerlich, und zwar herausfordernd, die unbequeme Frage nach dem ›afrikanischen‹ Charakter jamaikanischer Folklore-Kultur auf: nach dem Ausmaß afrikanischer Elemente, die die Middle Passage – die Atlantikroute, auf der Afrikaner*innen in die Gefangenschaft in der Neuen Welt geschafft wurden – überstanden hatten, in die kreolisierte, racially mixed Welt der Plantagen und Kolonien gelangt und im ländlichen wie urbanen Volksalltag noch lebendig waren. Spuren dieser ›anderen‹ Welt hielten sich in Gebräuchen, Folklore, in gelebter volkstümlicher Religion, in Festen zu Ehren der Lebenszyklen, im Kumina-Kult und anderen traditionellen Feiern und Zeremonien, in der Praxis des Trommelns und Tanzens sowie im Aberglauben und in den Zeremonien ›schwarzer Magie‹ wie Obeah und Pocomania. Diese Brauchtümer mischten sich häufig mit ekstatischen afrochristlichen Traditionen wie Santería, Vodun und anderen Religionen der Unterdrückten in der Karibik.

Die Verschmelzung von afrikanischen, christlichen und indigenen Elementen führte zur Gründung kleiner Rastafari-Gemeinschaften. Die dem Vernehmen nach erste dieser Art war The Pinnacle, 1940 von Leonard Howell gegründet und 1953, kurz nach meiner Abreise nach England, von der lokalen Miliz gewaltsam aufgelöst. Solche verstreuten Gemeinschaften, in denen die Rastas mit ihren Dreadlocks Reden hielten und die Welt in einer apokalyptischen Sprache interpretierten, die auf einem ›Gegen-den-Strich-Lesen‹ des Alten Testaments basierte, tauchten nach und nach in kleiner Zahl überall auf.

Als ich ein Junge war, gab es eine Rastafari-Siedlung in der Nähe der alten Bahnstation neben einem Platz, der Dungle genannt wurde und in Wirklichkeit eine Müllkippe war. Das war noch bevor der Rastafarianismus im

Nationalbewusstsein Jamaikas eine Rolle spielte. Rastas wurden von der feinen Gesellschaft als bedrohliche, abstoßende Außenseiter empfunden, die auf den Straßen herumlungerten und bettelten. Manche von ihnen streunten gelegentlich auf der Suche nach Almosen durch die Mittelschicht-Wohnviertel. Sie rauchten Ganja, wovon sie – so hieß es – rote Augen bekamen und verrückt wurden. Unfassbar für die damalige Zeit, weigerten sie sich, ihre Haare zu schneiden. Meine Mutter rief mich rasch ins Haus, wenn einer von ihnen am Tor auftauchte, um zu betteln. Tatsächlich gab es nie irgendwelchen Ärger mit ihnen. Ihnen ging es um Love and Peace, nicht darum, die Mittelklasse in ihren Betten zu meucheln. Aber sie galten als der schlimmste sichtbare Beweis für die namenlose, besitzlose schwarze Bedrohung, die der jamaikanischen Mittelschicht auf den Pelz rückte. Die Veränderungen, die Jamaika durchlief, machten der Klasse, in der ich aufwuchs, große Sorgen. Das waren Bilderbuchbedingungen für eine Projektion gesellschaftlichen Unbehagens auf das, was wir später ›folk devils‹ nannten, und für ein ganzes Konglomerat diffuser moralischer Ängste.

Tatsächlich fanden diese symbolischen Manifestationen gar nicht so weit entfernt von den mit Palmen und Bougainvillea gesäumten Gärten der Vororte von Kingston statt, wie ich damals dachte. Ich habe aus unserem Haushalt schon Edith, die Köchin, und Cecil, den Gärtner, erwähnt, die ihrer Arbeit für meine Mutter nachgingen und dabei, so mein Verdacht, ziemlich konträren, ja undenkbaren Tagträumen nachhingen. Es gab auch praktizierende Obeah-Anhänger*innen in den armen Stadtvierteln und umliegenden Bergdörfern. An den Rändern der konventionellen christlichen Religion, die selbst schon kreolisiert war, gedieh eine ganze Welt aus zutiefst synkretistischen religiösen Praktiken. Noch heute liegen die Viertel der Kingstoner Unterschicht oft nur ein paar Straßen entfernt von den besseren Wohngegenden, weshalb die richtig Reichen – von denen es viele gibt – weiter rausgezogen sind, außer Reichweite in die nebelverhangenen Blue Mountains, von wo sie auf die Stadt herabblicken. Der Klang der Trommeln aus den in die Schluchten geduckten Hütten dringt mühelos bis in die Schlafzimmer des gehobenen St. Andrews.

Allerdings wirkte sich all das für mich als Heranwachsenden nicht in Form von racial Consciousness aus, obwohl sich schwerlich übersehen ließ, welche Diskrepanz herrschte zwischen dem Lebensstil und materiellen Wohlstand meiner Familie und dem der urbanen Unterklassen, die in den Wellblechhütten und Mietskasernen der Stadt lebten, oder dem der Armen vom Land, die in entlegenen Bergdörfern ein karges Dasein fristeten und alles, was sie anbauen konnten, herunter auf den Markt schleppten.

Und doch war in den 1940er und 1950er Jahren das Herz des ›anderen Jamaika‹ kulturell das ländliche Jamaika, das Volksjamaika, das kleinbäuerliche Jamaika, das Jamaika der armen Dörfer und der landlosen arbeitenden Bevölkerung. Diese Welt, so schien es mir, mit ihren reichen, vielschichtigen und manchmal obskuren Religionen und kulturellen Anlehnungen war nicht nur noch nicht politisiert, sondern kaum sichtbar. George Lamming behauptete, das große Verdienst des westindischen Romans sei es, ›die Sprache des Volkes, die organische Musik der Erde‹ in die Literatur einzubringen. Es ist wichtig, so an die Karibik zu denken. Ich liebte die ländlichen Regionen und verbrachte alle Sommer dort. Aber eine kollektive politische Ausdrucksform gab es da lange Zeit nicht. Die Hälfte der Bevölkerung lebte in der Umgebung von Kingston und in anderen großen Städten, und solange ich auf Jamaika war, schien die offizielle Politik blind für die Lebensrealitäten auf dem Land.

Ich freute mich immer auf das Erlebnis, aus Kingston raus ins Landesinnere zu kommen, über die Blue Mountains hinweg. Man musste steile, terrassierte Berghänge hinauffahren, vorbei an behelfsmäßigen Siedlungen und Hütten, bei denen man sich kaum vorstellen konnte, wie jemand darin Leib und Seele zusammenzuhalten vermochte, und dann auf der anderen Seite wieder hinunter zu den mit Kokospalmen bewachsenen Stränden der Nordküste. Dort sah man immer verführerisch die Brandung der karibischen See zwischen den Bäumen schimmern.

Ich verbrachte viele Sommerferien in Port Antonio an der Nordostecke der Insel, einst ein florierender Hafen, Geburtsort meiner Mutter. Von dort fuhr man weiter die Küste entlang durch St. Ann's Bay und Ocho Rios, vorbei an den neuen Hotels im amerikanischen Stil und weiter durch die einstmals hübsche, im achtzehnten Jahrhundert erbaute Stadt Falmouth – dem ehemaligen Sklavereihafen, inzwischen vernachlässigt und verfallen – bis zur neuen, ›kosmopolitischen‹ Tourismushauptstadt Montego Bay. Die Erinnerungen an die Landschaft bleiben mir.

In den 1930er Jahren warf das Nebeneinander dieser ungleichen Kulturen Fragen nach der afrikanischen, Sklav*innen- oder Kreol*innenherkunft der jamaikanischen Identität auf, doch diese Themen ließen sich im Diskurs des sich damals herauskristallisierenden offiziellen jamaikanischen Nationalismus nicht artikulieren.

Diese untergründigen Strömungen drangen 1938 an die Oberfläche, in dem Jahr, das mir das Gefühl gab, auf einen undefinierbaren Platz ›zwischen den Stühlen‹ verwiesen zu sein. Noch konnte ich nicht erkennen, dass darin das Potenzial für ein neues politisches Denken lag und auch das für eine Geschichte, die ich vielleicht zu meiner eigenen machen würde.

Ich fühlte mich entfremdet von den Strukturen des Verleugnens und der Heuchelei, die in meiner Familie herrschten, und der Art, wie meine Eltern sich bemühten, in sozialer Hinsicht etwas anderes darzustellen, als sie waren. Es war mir extrem peinlich, mitansehen zu müssen, wie sie sich mit ihrer Sehnsucht nach gesellschaftlicher Anerkennung öffentlich blamierten, wie ich fand – auch löste es in mir eine tiefe Wut aus, die ich nicht erklären konnte. In diesem Zusammenhang wurde ich empfindlich gegenüber der psychischen Unterwerfung, welche die vielschichtigen, fein nuancierten rassisierten Ausgrenzungen untermauerte, auf denen sich die Selbstzufriedenheit meiner Familie und meiner Klasse gründete. Ich hasste die Zumutung, mich mit ihrer Verklärung des kolonialen Abhängigkeitsverhältnisses zu identifizieren. Wenn ich Fotos von mir mit sieben oder acht anschaue, sehe ich einen missgelaunten, empörten, unglücklichen, rebellischen kleinen Jungen, der ein Luftgewehr umklammert, er sieht, ehrlich gesagt, deprimiert aus und als hätte er vor, etwas oder jemanden zu erschießen, sobald sich eine Gelegenheit ergibt!

Ich weiß nicht, wie meine Geschwister zu alledem standen. Mein Bruder George hatte nur eingeschränkte Möglichkeiten. Wie schon erwähnt litt er an stark verminderter Sehkraft und erblindete schließlich. Daher kam er als das Familienvorbild für einen Heranwachsenden kaum in Frage. Er war der Kluge und wurde innig geliebt – ein freundlicher, sanfter, nachdenklicher, ziemlich verträumter Mensch, der wegen seiner Sehschwäche oft ins Nichts starrte, als hoffte er dort etwas Erfreuliches zu entdecken. Er schrieb Kurzgeschichten und Lyrik. Irgendwann ging er in die USA, um Agrarchemie zu studieren, und arbeitete dann eine Weile in der Zuckerfabrik in Caymanas, bis er blind wurde. Abhängig wie er war, kam er nie in die Lage, forsch aufzutreten, und war instinktiv eher konservativ und fügsam.

Meine Schwester Patricia hingegen hatte eine turbulente Pubertät – sie stritt sich ständig mit meiner Mutter, wenn auch kaum je über das, was ich heute große gesellschaftliche Fragen nennen würde. Meine Mutter machte kein Geheimnis daraus, dass sie ausschließlich starke Männer respektierte und Frauen geringschätzte, weil sie keine Macht hatten. Sie jeden Morgen mit Pats widerspenstiger Lockenmähne kämpfen zu sehen war, als wohnte man einem symbolischen Bestrafungsritual bei.

Ich habe an anderer Stelle über das Leben meiner Schwester geschrieben und es fällt mir nicht leicht, diese schmerzhafte Erfahrung eingehender zu schildern. Pat, fünf Jahre älter als ich, ging eine Beziehung mit einem Schwarzen Studenten von einer anderen karibischen Insel ein, der Medizin am University College of the West Indies studierte. Er entstammte einem höchst achtbaren Schwarzen Umfeld, das später meine Familie in puncto öffentliche Verdienste und gesellschaftliche Stellung weit hinter sich ließ. Doch meine Eltern, genauer meine Mutter, lehnten seine Hautfarbe und seine Herkunft ab. Und meine Mutter schob dem Ganzen einen Riegel vor.

Wenige Monate später erlitt Pat einen schweren Nervenzusammenbruch, von dem sie sich in Wirklichkeit trotz all der seitdem vergangenen Jahre nur graduell erholt hat.

Die Geschwister Stuart und Pat

Was mich betrifft, habe ich den Verdacht, dass ich mich auf eine schlichte Weise mit den Armen und Unzufriedenen identifizierte. Wahrscheinlich bekam ich aus den sorgenvollen Gesprächen der Erwachsenen genug über die politische Situation mit, um zu ahnen, dass ›meine Klasse‹ in ernsten Schwierigkeiten steckte. Große politische Erschütterungen standen an, und gesellschaftliche Veränderung würde fast unweigerlich folgen. Nur wie genau und mit welchen Konsequenzen sie rechnen mussten, das konnten sie – und ich – noch nicht wissen. Erst im Laufe der Jahre drängten mir die Arbeiteraufstände von 1938 und ihre Nachwirkungen die Frage auf, wer ich wirklich war und zu welchem der ›zwei Jamaikas‹ ich gehörte. Zunächst begriff ich nicht einmal die Bestrebungen dieser Rebellion. Meine diffusen Gefühle im Familienkreis zum Ausdruck zu bringen war unmöglich, selbst wenn ich sie besser verstanden hätte. Ich fand keine Sprache, mit der sich die Widersprüche entwirren ließen oder in der ich meine Familie mit meinen Zweifeln an ihren Werten, ihrer Etikette und ihren Ambitionen hätte konfrontieren können. Aber auf die eine oder andere Weise repräsentierte diese Zeit eine schwere Krise für Menschen wie meine Familie mit ihren Ansprüchen, Selbsttäuschungen und Vorspiegelungen.

Meine Familie, diese loyalen, mittelständischen, Braunen kolonialen Subjekte, leistete sich auch wohltätige Gesten. Meine Mutter pflegte den Armen gegenüber instinktiv eine herablassende Gönnerhaftigkeit, *de haut en bas*. In den festen Beziehungsstrukturen der alten Besitzstandswelt kannte jeder seinen und jede ihren Platz. Was sie nicht tolerieren konnte, war ›radikales‹ Gerede über eine Veränderung der gesellschaftlichen Verhältnisse, um die Armut zu bekämpfen. Stattdessen sah die zwischen einer Braunen Elite und den Schwarzen Massen eingezwängte Mittelklasse entsetzt zu, wie sich ein Schwarzes Selbstbewusstsein bildete, der Unmut der ausgebeuteten Klassen wuchs und das breite Spektrum der Armen und Arbeitslosen sich ›in Bewegung‹ setzte, wie sich gegenüber untergeordneten ›coloured people‹ wie uns Argwohn ausbreitete und Feindseligkeit gegen das ›Mutterland‹ spürbar wurde, die generelle Ablehnung der routinemäßigen Unterdrückung durch einen rassistischen Kolonialismus und das wachsende Verlangen nach Selbstbestimmung. Sie wussten, nichts würde bleiben wie zuvor. Die Wirkung war wie ein Todesurteil für unsere komplizenhafte, perverse Version der Unterordnung. In den Nachwehen von 1938 pflegte meine Mutter düster zu erklären: »Unser Jamaika schwindet dahin.« Unser Jamaika? Welches, so fragte ich mich, soll das sein?

Ich bin nicht sicher, ob meine Altersgenoss*innen diese Gefühle teilten. Wahrscheinlich schon. Aber viele Vertreter*innen meiner Generation, vermute ich, würden wahrscheinlich eine ganz andere Geschichte erzählen, von angenehmeren Erinnerungen an eine gütige, liebende und überaus nachsichtige Mutter und einen starken, eher autoritären, aber respektierten Vater. Meine Erfahrungen waren da sehr anders und krisenhafter.

Meine Schulkamerad*innen – intelligente junge Stipendiat*innen verschiedenster Hautfarbe und Herkunft – waren ebenfalls Mittelklasse, aber aus einem breiteren Spektrum, in dem sich schon das entstehende, weniger nach Hautfarbe hierarchisierte Jamaika zeigte. Die wenigsten von ihnen durfte ich nach Hause einladen, nur solche, die meine Familie als ebenbürtig erachtete und die die ›richtige‹ Hautfarbe hatten. »Nicht die Sorte Leute, mit denen du dich gemeinmachen solltest!« Nun, diesen Code begriff ich nur allzu gut.

»Emancipate yourselves from mental slavery«, forderte Bob Marley später seine Landsleute auf. In meinem Fall, in meiner speziellen kolonialisierten Familiensituation, war das gar nicht leicht. Ich erinnere mich an eine typische Situation, die das Durcheinander und die Verwirrung in mir ganz gut illustriert.

Ähnlich wie in Indien, wo die aus dem Ausland stammenden Familien die heißeste Zeit des Jahres in den Bergen zuzubringen pflegten, flohen auch meine Eltern jeden Sommer für zwei Wochen vor der drückenden Hitze von Kingston in ein Hotel in der kühleren, manchmal nebligen und regnerischen Region um Christiana, ein kleines Bergdorf in der Nähe von Mandeville, heutzutage bevorzugter Anlaufpunkt von Rückkehrenden – zweifellos weil das Wetter sie an England erinnert. Ich durfte nie mit, stattdessen fuhr ich mit meiner Großmutter nach Port Antonia zu meinem Patenonkel Mr. Geddes, dem Kustos der Gemeinde, der ein kleines Stück Land mit drei Gemüseparzellen besaß. Das Amt des Kustos – ein Überbleibsel des mittelalterlichen Englands, das irgendwie seinen Weg nach Jamaika fand – war ein bedeutender Posten in der Gemeinde und verlangte von seinem Inhaber die Übernahme bestimmter gesellschaftlicher Verpflichtungen. Dort streifte ich mit meiner selbstgebastelten Schleuder stundenlang durch die wildesten Teile des Grundstücks und schoss erfolglos – aber mit einer unerklärlichen Wut – auf Vögel und alles, was sich bewegte.

Manchmal wurde mir gestattet, meine Eltern für ein Wochenende in ihrem Feriendomizil im Savoy Hotel zu besuchen. Eines Tages spielte ich mit Peter, dem Sohn Weißer Auslandsbriten, die ebenfalls Gäste in dem Hotel waren, und war plötzlich unsicher, wie ich ihn ansprechen sollte. Ich konnte den Code von Klasse und Colour in diesem Zusammenhang nicht entschlüsseln. Zu Hause sprach die Dienerschaft mich als Sohn des Hauses mit dem respektvollen Zusatz ›Mas‹ (Abkürzung für Master) an: ›Mas Stuart‹; oder wenn es um meinen Vater ging: ›Mas Herman‹. Obwohl Peters Eltern mit meinen an der Bar saßen und tranken, hatte ich das Gefühl, da er klar einer höherstehenden Klasse oder Race angehörte, sollte ich ihn mit ›Mas Peter‹ ansprechen. Unschlüssig fragte ich meine Mutter danach. Sie erklärte mir vernichtend, was für ein sozialer Fauxpas das wäre. »Natürlich nicht«, sagte sie empört, »sie sind doch genau wie wir!« Aber mir war klar, dass das so nicht stimmte. Ich weiß noch, dass ich am liebsten im Boden versunken wäre. Es war eine Situation, die ich nie vergaß, weil sie für alles stand, was ich an dem mir vorgegebenen Leben irritierend und unverständlich fand.

Tatsächlich brauchte es keine besonderen Vorfälle, um daran erinnert zu werden, wie das System funktionierte. Man kam gar nicht daran vorbei. Jamaika ist ein sehr kleines Land, und auch wenn das Innere der Insel abgelegen wirkt, ist kein Winkel der Gesellschaft je ganz aus dem Sichtfeld der Öffentlichkeit verschwunden, außer vielleicht die entlegensten Nischen der Blue Mountains oder des unwirtlichen Cockpit Country. Insofern waren mir die Auswirkungen des rassistischen Kolonialismus auf das Leben gewöhnlicher Jamaikaner*innen durchaus vertraut. Aber ich wohnte in einer lebendigen kolonialen Metropole mit einem Kaleidoskop von Klassen und Hautfarben, wo sich die sozialen und räumlichen Grenzlinien überschnitten und das sorgsam konstruierte Gefälle verwischten. In den schäbigeren Vierteln der Stadt war die extreme Armut und die Arbeitslosigkeit der Schwarzen Mehrheit ständig präsent.

Von daher gelang es mir ganz allmählich, die wahre Vielfalt und historische Komplexität der Nation zu erfassen: ihre tiefgreifende ökonomische Spaltung und die Kluft zwischen den Klassen; ihre widerstreitenden kulturellen Orientierungen; die ausgeklügelte Struktur der Unterscheidung nach Race und Colour; die komplexen Muster sozialer und kultureller Kreolisierung, die sich in so vielen Bereichen unseres Lebens zeigten. Ich erinnere mich an die traditionellen Rituale der anglikanischen Kirche zur offiziellen Feier des Armistice Day in der Kathedrale von Kingston. Ein Trupp von Schülern aus meiner Schule, alle in Uniform, paradierte als Kadettenkorps mit mir als kommandierendem Sergeant Seite an Seite mit dem ansässigen Sherwood Forest Regiment, den Scouts und den Marinekadetten, und hinter uns her zockelten die barfüßigen Jungs der abtrünnigen Kirchen und des Pocomania-Kults, die gleich um die Ecke in den Armenvierteln lebten. Die gesellschaftlichen Brüche dieser Kostümierung prägten sich mir aus irgendeinem Grund ein.

Jamaika war ein Land der Spurrillen und Schlaglöcher, buchstäblich wie auch gesellschaftlich. Wie konnte man die sozialen Abgründe übersehen, die sich durch die jamaikanische Gesellschaft zogen und die Wohlhabenden von den Armen trennten, die regierte Mehrheit von den Vertretern der kolonialen Gouvernementalität, die Landbevölkerung von den großstädtischen Angestellten of Colour, die Slumsiedlungen in Downtown Kingston von den gemähten Rasenflächen und gepflegten Hügeln von Uptown St. Andrews? Die spätere Debatte, ob es zwei Jamaikas gab (Weiß und Schwarz) oder drei (Weiß, Braun, Schwarz), konnte ich nicht voraussehen. Aber ich spürte unvermeidlich die indigene Dynamik, identifizierte mich vage mit dem antikolonialen Engagement, das sich zuerst in den ausgegrenzten Klassen verbreitete, dessen Pulsschlag immer weitere gesellschaftliche Kreise zog und ein sympathisierendes Echo bei den intellektuellen, politisch interessierten älteren Schülern auch meiner Schule fand.

All das wurde einfacher für mich, als ich mein Gefühl der Entfremdung in die Praxis umsetzte und meiner Familie so wenig wie irgend möglich über mein Denken und Tun erzählte. Ich gab nur noch störrische, nörgelige, sehr knappe Antworten, wenn ich gefragt wurde. Ich zog mich immer mehr zurück, emotional wie körperlich, und verbrachte mehr Zeit außerhalb des Elternhauses, an dubiosen Orten mit dubiosen Beschäftigungen.

Ich vermute, ich sah in dieser Strategie emotionalen Rückzugs eine Möglichkeit, sie zu bestrafen. Ich legte mir die rebellische Attitüde eines Heranwachsenden zu und, ein noch größerer Verrat, griff die überall umhergeisternden neuen Ideen auf, identifizierte mich schließlich ganz mit den neuen gesellschaftlichen Kräften, die genau die Werte abzuschaffen suchten, für die meine Familie einstand und die sie verkörperte. Unter diesen Umständen wurde mein Fahrrad zum Mittel meiner Befreiung!

Ich denke nicht, dass ich zu kurz schließe, wenn ich meine familiäre Situation im Kontext der folgenschweren jamaikanischen Geschichte deute, die ja merkwürdige Auswirkungen auf meine private, häusliche Welt hatte. Aber manchmal frage ich mich, ob da nicht noch mehr im Gang war. Ob innerhalb meiner Familie die verdrängten historischen Zusammenhänge gewissermaßen nachgespielt wurden wie im Theater, mit ganz eigenen verstörenden psychischen Requisiten.

Vielleicht sind aber auch die beiden Prozesse – der im herkömmlichen Sinn historische und meine subjektive Entwicklung – in meiner Erinnerung nachträglich so verschränkt. Und doch kommt es mir rückblickend vor, als markierte das Jahr 1938 das erste Gefecht in meinem persönlichen Stellungskrieg gegen meine Familie, in dem ich unangenehm hin- und hergerissen war zwischen der Enklave der kolonialen Familie of Colour und der aufrührerischen Welt des Schwarzen Jamaikas, gegen das die Familienenklave mich abschotten wollte.

Diese Kindheitserfahrungen waren wie das Aufdröseln eines Seils, ein Prozess der Desillusionierung und Abspaltung, der mich auf einen radikal anderen Weg verwies: eine unangenehme Erfahrung voller Klüfte, Widersprüche, ausweichendem Schweigen, Schuldgefühlen und Wut. Aber es war auch eine Reise, die nur ein einziges Ziel haben konnte: raus da. James Joyce hatte in seiner eigenen speziellen Situation einmal »Schweigen, Exil und List«[4] empfohlen. Wie treffend.

Ich hatte das Gefühl, in einem inneren Exil zu leben. Natürlich hatte ich an vielen familiären Ereignissen Freude, auch wenn sie mir oft zu steif und kühl waren. Aber ich zog mich immer mehr aus dem familiären Alltag zurück. Mein soziales Milieu erfuhr ich zunehmend als sich selbst täuschend, übertrieben defensiv und krankhaft übersteigert, die Sicht auf die eigene gesellschaftliche Position reine Phantasterei. Das war nicht meine

4 Hier geht es um aktive Strategien der Handlungsfähigkeit bzw. um ›Waffen‹, die genutzt werden, um aus den Verhältnissen auszubrechen. In diesem Sinne werden die bisherigen deutschen Übersetzungen des Zitats »Schweigen, Verbannung und List« (Frankfurt/M. 1973, 278) bzw. »Schweigen, Exilierung und Raffinesse« (Zürich 2012, 303) aus James Joyce' Buch *Ein Porträt des Künstlers als junger Mann* überschrieben, da ›Verbannung‹ wie auch ›Exilierung‹ eher als auferlegte Bedingung verstanden wird, die nicht der Tatsache des selbstgewählten Exils entspricht.

Welt. Ich gehörte durch und durch nicht dazu. Ich konnte nicht daran glauben, und irgendwann wollte ich das auch nicht mehr.

Ich weiß noch, dass es gelegentlich offene Konfrontationen gab, die allerdings nie zu einem Ergebnis führten. Aber mir wurde bald schmerzhaft bewusst, dass ich der ganzen Bagage zutiefst kritisch gegenüberstand und mich von ihr löste. Einige Jahre später, nachdem ich Jamaika verlassen und mir eine unabhängige Existenz aufgebaut hatte, kam es zu einem bemerkenswerten Showdown. Doch ausgelöst wurde er von Catherine, nicht von mir.

Bei Catherines erstem schwierigem Besuch auf Jamaika im Jahr 1965, kurz nach unserer Heirat, wurde das kollektive Familienprojekt des ›Mithaltens‹ im Konkurrenzkampf der Klassen und Colours Anlass für einen wütenden, aber großartigen Schlagabtausch zwischen Catherine und meiner Mutter. Wir saßen beim Abendessen, das wie immer – ›Miss Jessie‹ bestand darauf – von einer Bediensteten mit weißer Schürze und Haube serviert wurde, die schweigend hinter ihrem Stuhl stand. Wie üblich taten sie, als würde sie gar nicht existieren. Meine Mutter klagte (mal wieder) über das »Problem mit den Hausangestellten« und (mal wieder) darüber, dass »die jungen Leute heutzutage nicht mehr arbeiten wollen« und sich »aufmüpfig« verhielten. Catherine explodierte: »Sie können doch so nicht über Menschen sprechen, die direkt hinter Ihnen stehen, Sie bedienen und zuhören müssen, wie Sie über sie reden!« Meine Mutter hatte noch nie erlebt, dass in ihrem Haus so mit ihr gesprochen wurde, schon gar nicht von einer Neunzehnjährigen, Tochter eines Weißen baptistischen Pfarrers, die gerade ihren heißgeliebten Sohn geheiratet hatte. Das Verhältnis der beiden verbesserte sich im Laufe der Zeit, konnte aber nie ganz gekittet werden.

Zu diesem Zeitpunkt hatte ich schon erkannt, dass mein Gesinnungswandel im Zusammenhang stand mit dem Prozess der umfassenden politischen Neuausrichtung im Jamaika vor der Unabhängigkeit, die zwar keine Gleichheit anstrebte, aber doch eine inklusivere Mixed-Race-Gesellschaft. Diese Transformation eröffnete einem cleveren, belesenen, isolierten kolonialen Mittelklassejüngling of Colour wie mir, der nach neuen Erfahrungen dürstete, aber ›in der Festung seiner Haut‹ gefangen und ortlos war, neue Horizonte.

Ich verstand, dass auch meine Welt eingezwängt war in dieses vielschichtige Raster von Klasse, Status, Colour, Unterordnung und Abhängigkeit, das die imaginierte Realität der subalternen Mittelschicht am Leben hielt. Nur fehlte mir noch der Blickwinkel, um zu erkennen, welchen psychischen Preis man dafür zahlte, im Augenblick historischen Wandels in einer Familie aufzuwachsen, die sich derartig an anachronistische, zutiefst widersprüchliche Ansprüche und Zugehörigkeiten klammerte. Nachträglich scheint es mir, als wurden die großen gesellschaftlichen Spannungen der Nation verschoben und im ›kleinen Theater‹ unserer Familie neu inszeniert.

Nach dem Zusammenbruch meiner Schwester besuchte ich sie im Krankenhaus, in der schrecklichen Zeit zwischen den Schocktherapien, sah ihre panische Angst vor der nächsten Behandlung und ihre Qual, als ihre Persönlichkeit danach runderneuert wurde. Später kümmerte sie sich nicht nur hingebungsvoll um meine Mutter, meinen Vater und meinen Bruder, sie ging so weit, unsere Familie zu idealisieren, sich völlig mit ihr und ihrer Vergangenheit zu identifizieren, und von diesen Erinnerungen zehrt sie bis heute. Leider hat das eine höchst problematische emotionale Barriere zwischen uns errichtet. Ich werde das Gefühl nicht los, sie sollte *es besser wissen.*

Zufällig las ich damals Freud und beschäftigte mich mit Psychoanalyse und kam auf die verrückte Idee, Medizin zu studieren, um Psychoanalytiker zu werden – ein verrücktes Unterfangen, da diese Richtung auf Jamaika praktisch unbekannt war. Mitzuerleben, wie meine Schwester ihrer Krankheit verfiel, erledigte diese Idee, hinzu kamen meine schlechten Schulnoten in naturwissenschaftlichen Fächern. Dennoch gelang es mir nicht nur, ihre spezielle Form einer neurotischen Zwangsstörung zu identifizieren, sondern ich bekam noch eine wesentlich tiefer gehende und sehr ernüchternde Lektion erteilt. Ich begann zu verstehen, dass sie ein Paradebeispiel dafür war, wie Opfer des rassistischen Kolonialsystems innerhalb der eigenen Familie und der eigenen kollabierenden Psyche das Trauma der kolonialen Kultur erleiden, das sich verdichtet und ausdrückt in den psychischen Intimitäten und der emotionalen Intensität der kolonialen Familie. Was sowohl Freud als auch R. D. Laing auf verschiedene Weisen erforscht haben.

Ein Ergebnis dieser Erfahrung war, dass ich der Differenzierung zwischen ›objektiven‹ und ›subjektiven‹ Aspekten gesellschaftlicher Prozesse, zwischen innerer und äußerer gesellschaftlicher Welt, auf der die konventionelle Sozialwissenschaft beruht, niemals habe folgen können. Anders ausgedrückt mag gerade dies der Grund für mein späteres intellektuelles Interesse am Zusammenhang zwischen dem Gesellschaftlichen und der Psychoanalyse sein. Sicherlich sind das verschiedene Forschungsgebiete mit je eigenen Regeln, Methoden und Bedingungen. Aber es sind auch zwei Seiten derselben Medaille.

Die wichtigste Lehre meiner Erziehung war die Erkenntnis, wie sehr die Spannungen, Ambivalenzen, Phantasien und Ängste einer kolonialen Kultur, zutiefst gespalten entlang der Grenzen von Race, Klasse, Colour und Geschlecht, in der penetranten, emotional aufgeladenen, kranken Welt einer kolonialen Familie subjektiv ausgelebt und verinnerlicht werden. Mein Leben stellt eine verzerrte Version dessen dar, was Françoise Vergès in Anlehnung an Freud den kolonialen Familienroman genannt hat. Hier phantasiert der kreolische Sohn oder Sohn of Colour, dass er ›in Wirklichkeit‹ das im wörtlichen oder übertragenen Sinn nicht anerkannte Kind nicht wie bei Freud einer königlichen oder fürstlichen Familie, sondern einer Plantokratie ist, vermittelt durch die Person eines Weißen Ersatzvaters. Meine Familie bestand aus willigen Opfern dieser hochgradig destruktiven, aber unbewussten strukturellen Selbsttäuschung.

Das war auch der Moment, in dem mir klar wurde, dass ich, sollte ich jemals die Chance haben, im Ausland zu studieren, gut daran täte, nicht nach Jamaika zurückzukehren, weil es mich aufzehren würde. Als ich in den 1940er Jahren ein Oxford-Stipendium bekam, wurde das von den Freunden meiner Eltern als Triumph und Rechtfertigung meiner Erziehung gewertet. Ich aber wusste bereits damals tief in meinem Innern, dass es der Anfang eines lebenslangen Fluchtversuchs war. Glaubte ich, dass ein Entkommen möglich war? Wohl eher nicht. Aber ich hatte keine andere Wahl als weiterzumachen, als ob es so wäre.

Stuart Hall zu Besuch bei den Eltern Jessie und Herman, Jamaika 1965

3.
Die Karibik denken: das Denken kreolisieren

Ich verstand schließlich, dass ich als koloniales Subjekt qua Negation in die Geschichte eingelassen war (oder in diesem Fall sogar in die Weltgeschichte), rückwärts und verkehrt herum – wie alle Bewohner*innen der Karibik, Enteignete und Enterbte einer Vergangenheit, die ohnehin nie wirklich die unsre war. Wir waren dazu verurteilt, fehl am Platz oder deplatziert zu sein, verschleppt zu einer phantasmatischen Zone des Globus, in der die Geschichte nie so stattfand wie sie sollte. Wir wurden als eigentümlich missratene Soldat*innen in die Moderne zwangsverpflichtet. Meine Familie war der Beweis dafür, in welchem Maße diese Missratenheit unser Innenleben organisierte.

Diese Existenzweise produzierte, wie ich bereits dargelegt habe, ein tiefgreifendes Konglomerat aus Verschweigen, Vermeiden und Verleugnen. Es war die psychische und emotionale Welt, in die ich hineingeboren wurde, und ich trage sie in mir, noch nach all den Jahren, wie eine unangenehme Erinnerung daran, was mir zugedacht war. In diesem Kapitel möchte ich unter anderem deutlich machen, dass diesem Vermeiden und Verleugnen, das dazu beitrug, Kolonisierten den Zugriff auf ihre eigene Geschichte vorzuenthalten, wiederum eine eigene Geschichte innewohnte. Unsere Empfindungsweisen leiten sich direkt aus der kolonialen Unterwerfung und der langen Geschichte der rassistischen Versklavung ab. Für mich ist es wichtig, selbst anzuerkennen, dass die Pathologien, die mein Heranwachsen flankierten, nicht speziell mir eigentümlich sind, sondern in einen breiteren Geschichtszusammenhang eingeordnet gehören.

Meine seelische Welt auf diese Art heraufzubeschwören bedeutet, wie Brecht vorschlug, die ›dunkle‹ Seite der Geschichte zu verfolgen, die Schmerzen ins Zentrum zu stellen, die sich in unserem Inneren eingenistet hatten. Dies ist die Geschichte der kolonialen Unterdrückung. Aber auch wenn sie wahr ist, fehlt ihr doch eine wichtige Dimension. Intellektuell betrachtet liegen auch Tugenden in unserem Vermögen, die Welt aus einer schiefen Perspektive wahrzunehmen, von unten oder verkehrt herum oder von unten *und* verkehrt herum, frei von dem Dominanzverlangen, das die Imperative der kolonialen Ordnung kennzeichnet. Dies bedeutete, W. E. B. Du Bois' ›doppeltes Bewusstsein‹ zu leben. Wir *konnten* uns nicht dem ›rationalen Wahn‹ (um Derek Walcotts Worte zu benutzen) anschließen, der Fortschritt als eine programmierte Abfolge begreift, die uns in eine

›zu beherrschende Zukunft‹ führt. Walcott glaubte, dass diese Denkweise ›das bittere Geheimnis des Apfels‹ darstellt. Wir wuchsen auf in Kenntnis der Kontingenzen, der Deplatziertheit von Geschichte. Für uns war die Geschichte nicht die Trägerin des Absoluten und ging nicht mit allumfassenden biblischen Gesetzen einher. Nichts war je so kodifiziert, dass es unverrückbar am richtigen Ort in der richtigen Zeit stand. Um eine passende paradoxe Formulierung zu benutzen: Die Deplatzierung hat uns ins Zentrum des Geschehens geführt. Diese Art zu denken ermöglichte es uns, die Welt in all ihren Unvorhersehbarkeiten zu erfassen. Aus unserer subalternen Position heraus tauchte die Möglichkeit auf, neu in die Geschichte einzugreifen. Dass der Kolonialismus uns sich selbst zum Trotz die Möglichkeit hinterließ, so hinzusehen, deutet darauf hin, dass innerhalb dessen, was ich als ›üble‹ Dynamik der Geschichte ausgemacht habe, auch widerstreitende und befreiende Kräfte erzeugt wurden. Wie der Lévi-Strauss-Anhänger in mir später erkannte, war das Karibische – jedenfalls für mich persönlich – ein guter Ansatz zum Denken. Mein Verständnis der Welt war von Anfang an kreolisiert.

An diesem Punkt meiner Geschichte muss der Blickwinkel geändert werden, wenn auch nur geringfügig. Im letzten Kapitel habe ich zu erklären versucht, wie ich spät in meinem Leben auf das Heranwachsen als Teil der aufstrebenden Braunen Mittelschicht im kolonialen Jamaika blicke. Als ich ein Junge war, gab es vieles, was ich nicht verstand, vieles, das mich verunsicherte. Ich habe mich bemüht zu verdeutlichen, wie es war, in einem bestimmten gesellschaftlichen Umfeld geprägt zu werden, besonders als sich nach den Ereignissen von 1938 drastisch zeigte, dass das Kolonialregime keine Zukunft hatte. So bin ich der Welt begegnet: zunächst instinktiv und spontan, dann, als ich älter wurde, bewusster und entschlossener. Als ich mich darauf einließ, diesen Teil meines Lebens zu erzählen, hoffte ich auch, einige der wesentlichen Beziehungen zwischen dem emotionalen Aufruhr bei mir und meiner Familie und den Triebkräften der Gesellschaft aufzuzeigen – einer Gesellschaft, die noch immer Objekt der kolonialen Jurisdiktion war, sich aber bereits auf dem Weg zum allgemeinen Wahlrecht und zur Unabhängigkeit befand. Doch in diesem Kapitel muss ich meinen Fokus noch auf etwas anderes richten: weg von meinen Erfahrungen als Heranwachsender in Jamaika und hin zu den theoretischen Überlegungen, die aus diesen Erfahrungen resultierten. Was ist mit den Gesellschaftstheorien, für die ich mich später einsetzte? Wie wurden meine analytischen Ansätze geformt und wo genau sind sie zu verorten?

Am Ende des vorigen Kapitels schrieb ich schon, dass ich der Trennung der orthodoxen Sozialwissenschaften zwischen ›Objektivem‹ und ›Subjektivem‹ nie folgen konnte. Mir schien immer, dass selbst die abstraktesten Theorien in variierendem Ausmaß von subjektiven Existenzbedingungen geprägt werden, nämlich von den verinnerlichten psychischen Dynamiken der Theoretiker*innen. Ich habe erfahren, dass dies auf mein Leben zutrifft. Und dieses Buch stellt den Versuch dar, alle mir möglichen Verbindungen zwischen meinem ›Leben‹ und meinem ›theoretischen Denken‹ zu umreißen, soweit beides überhaupt trennbar ist.

Einen Großteil meines beruflichen Lebens habe ich mich mit den Politiken um das Thema befasst, wer wir zu sein glauben. Ich war gefesselt von der Frage, wie wir das Durcheinander von Identifikationen verstehen können, die wir zusammensuchen, um uns durch die gesellschaftliche Welt zu navigieren, und auch, wie wir uns bemühen, ›wir selbst‹ zu werden. Natürlich können wir dieses Ziel nie erreichen: Wir werden nie wir selbst, was immer das bedeuten soll. Zu erkennen, dass dem so ist, macht diesen Versuch eines Lebensberichts zu einem kuriosen Unterfangen. Es erfordert Abschweifungen, Erklärungen und reflektierende Umwege, auf die Mainstream-Darstellungen verzichten können. Identität, im Singular, wird niemals abschließend erlangt. Identitäten, im Plural, sind die Mittel des Werdens. Die Erzählung, die ich hier in Gang setze, wird nie ihr Ziel erreichen, selbst wenn ich lange genug leben sollte, um sie abzuschließen und das Wort *Ende* unter die letzte Seite zu setzen. Was unwahrscheinlich ist. Deshalb werde ich mich in diesem Kapitel mit der Frage befassen, *wie wir denken*, ›woher wir kommen‹. Oder, um es genauer zu machen, ich will versuchen aufzuzeigen, wie ich denke, ›woher ich komme‹. Dies ist untrennbar ein historisches wie auch ein begriffliches Problem. Wir müssen berücksichtigen, wie wir in die gesellschaftlichen Prozesse der Geschichte eingelassen sind, und gleichzeitig über die gedanklichen Mittel nachdenken, die wir als Subjekte verwenden, um uns selbst zu erklären, wo wir uns in der Geschichte verorten.

Und dabei dürfen wir nicht aus dem Blick verlieren, dass das gesamte Gesellschaftssystem Jamaikas verbogen wurde durch die volle Wucht Weißen Vorurteils (*white bias*) – durch Anpassung der gesellschaftlichen Strukturen an eine tiefe Ehrfurcht vor – und Identifikation mit – allem, was irgendwie mit der ›alten Heimat‹ verbunden ist sowie mit ihren irdischen Vertretern auf karibischem Boden. Jamaika wurde imaginiert als etwas anderes, als es war. Diese dezentrierte Beziehung öffnete der Nachahmung der Weißen Metropole Tür und Tor, die sich wie ein Spannung führender Stromleiter durch unser Leben zieht. Dieses ›Andere‹ in all seinen Facetten konstituierte das abwesend-präsente koloniale Jamaika und formte sein ›konstitutives Außen‹ – eine Phantasie, erzeugt von einem größtenteils trügerischen Bild des *wirklichen* Lebens ›dort drüben‹, wo die

Zivilisation *wirklich* herkam. Dies bedeutete implizit, dass die westindischen Gesellschaften als zweitrangige Nachahmungen des ›Echten‹ angesehen wurden. Wir können nur darüber spekulieren, um welchen Preis die Menschen – wie Althusser sagen würde – ihr Verhältnis zu den realen Existenzbedingungen durch dieses abgespaltene imaginäre Verhältnis zur Weißen Welt ertrugen. Das Ausmaß des Schadens, den dies der Aussicht auf Entwicklung einer unabhängigen indigenen Kultur zugefügt hat, ist schwer zu überschätzen.

Die Struktur der jamaikanischen Gesellschaft des zwanzigsten Jahrhunderts entwickelte sich rund um die wesentlichen gesellschaftlichen Spaltungslinien – Klasse, Race, Colour und Geschlecht –, aber auf ihre eigentümlich koloniale Weise. Keine dieser Dimensionen behielt die Oberhand oder, wie Marxist*innen das über die Ökonomie sagen, keine bestimmte alles in letzter Instanz. Sie durchdrangen einander, verstärkten sich gegenseitig, genauso wie sie sich gegenseitig destabilisierten, produktiv wie kontraproduktiv und widersprüchlich: Faktoren, die überdeterminierend waren, ohne ihre spezifische Form oder Wirkung zu verlieren. Es gab keine wirkliche oder juristisch festgelegte Rivalität zwischen ihnen, aufgrund deren man sie gegeneinander in Stellung bringen oder aufrechnen konnte. Tatsächlich wurden die Merkmale sozialer Positionen auf dem komplexen Marktplatz des jamaikanischen Gesellschaftssystems als deutlich unterscheidbare soziale Güter ›gehandelt‹. Zum Beispiel konnten Schwarze Männer soziale Mobilität durch Heirat erreichen oder indem sie negative Attribute wie krauses Haar oder dunkle Hautfarbe durch positive Tugenden wie gute Ausbildung oder einen qualifizierten festen Job ausglichen. Als mein Vater ›nach oben heiratete‹ und in ›die gute Gesellschaft‹ von Port Antonio gelangte, verbesserte das seine Position und seine Möglichkeiten, auch wenn nichts belegt, dass dies je seine Absicht war.

Die Komplexität der karibischen Gesellschaft leitet sich von der spezifischen Entwicklung dieser Unterscheidungsfaktoren ab, die in der langen Periode der Kolonialisierung und in der Ära der Plantagengesellschaft gefestigt wurden. Sie spiegelten die verzerrenden Effekte der kolonialen Verhältnisse wider, genauso wie die widersprüchlichen Formen, in denen diese Hierarchien miteinander und gegeneinander funktionierten.

Über Klasse und Race/Colour sprachen alle, ob nun offen oder nicht. Jamaikaner*innen sind großartige Redner*innen, Selbstdarsteller*innen und Erzähler*innen. Sie können den ganzen Tag über Politik streiten und lieben den öffentlichen theatralischen und wortgewaltigen Schlagabtausch, aber auch Klatsch und Skandalgeschichten. Die Unwägbarkeiten und Missverhältnisse der sozialen Distinktionen waren oft entweder die Essenz des Skandals, das tragende Gerüst des Scherzes oder die nicht direkt benannte, aber pikante und allseits geschätzte Pointe der ganzen Geschichte. Nur konnte niemand tatsächlich aussprechen, dass dem so war.

Niemand von uns befand sich außerhalb dieser Empfindungsstruktur. Wir kannten das System instinktiv. Wir hatten es, wie man so sagt, mit der Muttermilch aufgesogen. Es lag in der Luft, die wir atmeten. Es lieferte die Brille, durch die alle gesellschaftlichen Beziehungen, Ereignisse oder Vorfälle betrachtet, interpretiert, gelebt, bedingt und für einleuchtend befunden wurden. Es verfasste die Landkarte der gesellschaftlichen Bedeutungen, auf die wir alle – sowohl als Subjekte wie als Objekte dieses Diskurses – angewiesen waren, um unsere Welt zu interpretieren. Jede*r ging davon aus, dass alle anderen genau so dachten und sprachen, dass die Gesellschaft so funktionierte, dass die Dinge so waren. Es hatte sich im Alltagsverstand der Jamaikaner*innen niedergeschlagen. Klassendiskriminierung und rassistische Unterscheidung waren allgegenwärtig. Ich möchte hier nicht darüber spekulieren, was so etwas im Kopf eines jungen Menschen anrichtet, wenn sein Bewusstsein auf diese bizarre, pathologische Weise geformt wird.

Ich will das koloniale und versklavte Jamaika nun deutlicher ausleuchten, damit die Leser*innen besser verstehen, was für eine Welt die tiefsitzende Desorientierung in mir erzeugte, die ich hier heraufbeschwöre. Die historischen Tatsachen des Kolonialismus und der Sklaverei entwickeln sich zu dominanten, wiederkehrenden Themen: nicht bloß als Ereignisse, die sich in der weit zurückliegenden Vergangenheit abspielten, sondern als Weltgeschichte, die sich in die Gegenwart einätzt und deren Nachleben unsere zeitgenössische postkoloniale Welt noch immer strukturiert.

Aber was genau meine ich damit, wenn ich sage, wir wurden rückwärts in die Geschichte eingelassen oder verkehrt herum? Denken Sie einfach an die Art, wie die koloniale Ordnung anfangs eingeführt wurde. Auf seiner unseligen Reise nach Westen entdeckte Kolumbus – wir müssen unbedingt mit Kolumbus beginnen! – die ›Indianer‹ der Neuen Welt *aus Versehen*, denn er dachte, er sei im Osten gelandet. Von Anfang an war die Karibik am falschen Ort.

Die Erschaffung der Neuen Welt war nicht nur eine Meisterleistung der Navigation, sondern ein epistemologisches Ereignis. Kolumbus redete sich ein, wie es später die Europäer in Nordamerika und in Australasien taten, dass das Land ›leer‹ gewesen sei. Tatsächlich strickten sich die Entdecker ein imaginäres Amerika – John Lockes ›new found land‹ – aus einem weit hergeholten Mischmasch von ›Fakten‹, Bildern und Erwartungen, die sich aus den verschiedensten, von Mythen getriebenen Quellen speisten wie Herodot, Plinius, Entdeckertagebüchern und unglaublichen Reiseerzählungen wie den Heldentaten von Sir John Mandeville, die sie lange vor ihrer

Ankunft gelesen hatten. Somit existierte die Neue Welt *längst* in der Vorstellung der Europäer*innen, bevor sie überhaupt entdeckt wurde, und war ebenso sehr ein Produkt dieser Vorstellung wie von wissenschaftlichen oder seefahrerischen Leistungen.

In diesem Zusammenhang fällt mir immer der Stich von Theodor Galle ein, der Amerigo Vespuccis ›Entdeckung‹ Amerikas darstellt. Vespucci erscheint als der alles erobernde Mann, während die weibliche ›Eingeborene‹ – die tatsächlich in genau diesem Moment zur *Eingeborenen* wird – in ihrer Hängematte faulenzt und teilnahmslos darauf wartet, erobert und besessen zu werden. Am Horizont nähert sich die Flotte der Konquistadoren drohend den ›leeren‹ Gefilden, bereit, das Territorium für Ferdinand und Isabella von Aragón und Kastilien in Besitz zu nehmen.

Karl V. – der seit 1520 sowohl Kaiser des Heiligen Römischen Reiches als auch König Karl I. von Spanien war – initiierte dann 1550 in Valladolid die berühmte theologische Debatte darüber, ob ›diese Eingeborenen‹ als menschliche Wesen aufgefasst oder doch zu einer ganz anderen Schöpfung gehörten. Ein wohlgesonnener Priester namens Bartolomé de las Casas diskutierte die Angelegenheit mit Juan Ginés de Sepúlveda, der – in Anlehnung an Aristoteles' *Politik* – die Auffassung vorschlug, die indigenen Amerindianer*innen seien ›naturgegebene Sklaven‹. Dies war ein verhängnisvoller Augenblick.

Locke sollte anschließend die Idee verfechten, Amerika sei eine Art Momentaufnahme der Menschheit, wie sie in der Vergangenheit gewesen war. Er nannte diese Welt »die Kindheit der Menschheit«. »Die ganze Welt«, fügte er mit atemberaubendem Schwung hinzu, »war einst Amerika«. Das war historisch von erstrangiger Bedeutung. Es stellte die philosophische Grundlage bereit, mit der die Deplatzierungen vorstellbar wurden, welche gleich zu Beginn der kolonialen Ordnung definierten, was die Karibik war.

Eine klare Weiterentwicklung dieser Denkweise fand später während der Aufklärung und danach statt, als die Vorstellung ausgearbeitet wurde, es gäbe eine feste Abfolge von Stufen, die die Menschheit durchmachen muss, um sich vom Stadium der Jäger und Sammler zu einer modernen Zivilisation zu entwickeln. Der Glaube, dass die Karibik ›noch nicht zivilisiert‹ war, leitete sich aus dem offenkundigen – geradezu hervorstechenden – Mangel an Zivilisation der Einheimischen ab. Wie *konnten* sie auch zivilisiert sein, wo sie doch keine Ahnung hatten von Privateigentum, Staat und fortgeschrittenen Formen der Nahrungsmittelerzeugung, von der Ehe, der Verfeinerung der Sitten, der sexuellen Zurückhaltung oder der Kleidung zur Verhüllung ihrer Nacktheit? Solche Auffassungen von Zivilisation, die eine herrschende, singuläre Erzählung der Modernisierung aufwerten, bekommt man heute noch zu hören; und jedes Mal, wenn sie wieder ausgegraben werden, was regelmäßig geschieht, sind sie – politisch – hochbrisant.

Als ich in Jamaika aufwuchs, existierten dort nur geisterhafte Spuren der seit langem ausgestorbenen indigenen Bewohner*innen. Die große Mehrheit, die anfangs zu Zwangsarbeit herangezogen wurde, erlag dem rohen Regime und den Krankheiten, die die frühen Kolonisatoren mitbrachten, und binnen weniger Jahrzehnte waren sie praktisch ausgelöscht. Peter Hulme, der unersättlich belesene und einsichtsvolle Erforscher der pan-karibischen Region, erzählt die Geschichte, dass nach der Unabhängigkeit Premierminister Alexander Bustamante erpicht darauf war, die nationalen Symbole mit ›amerindischen‹ Motiven zu verschönern – Figuren mit Federkopfschmuck, herumliegende Alligatoren und Unmengen von Ananas. Den Bürger*innen der neuen Nation war allerdings unklar, wen im modernen Jamaika ihrer Wirklichkeit diese Darstellungen wohl verkörpern sollten.

Jamaika wurde zuerst von den Spaniern erobert, die dann lange – wie im Großteil der Karibik – mit den Briten um das Raubgut kämpften. Die moderne Karibik entstand in ausgedehnten Schlachten zwischen Spanien, Frankreich, Britannien und den Niederlanden, natürlich mit reichlich Blutvergießen. Die Geschichte der Karibik ist eine Geschichte der Gewalt. Und zwangsläufig ist es auch meine Geschichte und die Geschichte meiner Familie, auch wenn – oder gerade weil – sie unausgesprochen blieb. Wir können uns unsere Geschichte nicht aussuchen.

Bis zum siebzehnten Jahrhundert waren die Spanier die einzigen Europäer, die die Inbesitznahme von Inseln aktiv betrieben, wenn auch nur der größeren. Für Spanien fungierte die Karibik als strategische Relais-Station zu den beiden Amerikas, und die gesamte Region erwies sich als militärisch bedeutsam. Die geopolitische Rolle der Region änderte sich, als Ende 1655 Jamaika von zwei von Cromwells militärischen Abenteurern erobert wurde, Admiral William Penn und Colonel Robert Venables. Die Briten hatten ab 1627 begonnen, sich auf Barbados anzusiedeln, und auf Jamaika überschnitt sich ihr Einzug mit dem Beginn von Zuckerrohranbau und dem System der Sklav*innenarbeit, von dem die Plantagen abhingen. Dies war der schicksalsträchtige historische Wendepunkt, auf jeden Fall für die Karibik, aber auch – weniger deutlich, weil ausgeblendet und ›weit weg‹ – für Britannien.

Eine Weile versuchten die Plantagenbesitzer erfolglos, ihren Arbeitskräftebedarf mit Straf- und Kriegsgefangenen zu bestreiten. Doch auch die gingen schnell am mörderischen Ausbeutungsregime oder an Krankheiten zugrunde. Als die Briten 1713 im Anschluss an den Frieden von Utrecht, der ihnen das Recht einräumte, Sklav*innen in die spanischen Kolonien zu verkaufen, das holländische Monopol im Sklav*innenhandel brachen, übernahmen sie die Vorherrschaft im transatlantischen Sklav*innenhandel. Das war der Beginn der atlantischen Welt, ein mächtiger Faktor in der Gestaltung dessen, was wir die Moderne nennen.

Gegen Ende des siebzehnten Jahrhunderts hatten die Plantagenbesitzer als aufstrebende gesellschaftliche Kraft ein komplexes merkantiles System entwickelt, das Jamaika und London miteinander verband und sich in politischen und finanziellen Kreisen der englischen Hauptstadt Einfluss verschaffte. Wie groß ihr Einfluss war, zeigte sich an der Entscheidung der metropolitanen Regierung – auf den starken Druck der Verfechter des Freihandels hin –, das Monopol der Royal African Company im Sklav*innenhandel aufzuheben, worauf sich die Zahl der nach Jamaika gebrachten Sklav*innen dramatisch erhöhte. Das jamaikanische Parlament erließ daraufhin einen umfassenden Sklav*innenerlass, der auf dem Modell von Barbados basierte und festlegte, dass die Verwaltung der Sklav*innenbevölkerung eine öffentliche Aufgabe war, weil sie die wirtschaftliche Grundlage der Insel betraf. Der Zuckerhandel versprach den Plantagenbesitzern schnelle Gewinne, auch wenn die hohe Empfindlichkeit der Pflanze und die Kosten der menschlichen Arbeitskräfte, die für den Anbau nötig waren, ein umfangreiches Kreditwesen erforderlich machten. Im frühen achtzehnten Jahrhundert gab es auf Jamaika achtmal so viele Sklav*innen wie Sklav*innenhalter. Als die europäischen Mächte den Frieden von Utrecht unterzeichneten, waren die britischen Plantagen auf Jamaika weit gediehen und bildeten den unverzichtbaren Kern der ökonomischen und gesellschaftlichen Struktur auf der Insel.

Die Klasse der Plantagenbesitzer setzte sich nicht nur aus denen zusammen, die Land und Sklav*innen besaßen. Sie wurden ihrerseits gestützt von einer ganzen sozialen Schicht, die in weniger hochstehenden Positionen auf den Plantagen beschäftigt war: Aufseher*innen, Gutsverwalter, Rechtsanwälte, Betriebsleiter und Buchhalter. Oft waren solche Funktionsträger in die Karibik geschickt worden, um ihr Glück zu machen, und die erfolgreichen unter ihnen kauften ihrerseits Land und vermieteten ihre Sklav*innen in der arbeitsreichen Zwischenfruchtsaison. Da ihre Bezugsgruppe aus Weißen bestand, vermischten sie sich in sozialer Hinsicht, sie identifizierten sich mit den Interessen ihrer reicheren Arbeitgebenden und beanspruchten die gleichen sozialen und sexuellen Privilegien gegenüber den Versklavten.

Der Arbeitsablauf auf einer Plantage war geprägt von dem unvermeidlichen Konflikt zwischen abstraktem Kapital – der Sklave und die Sklavin als Produktionseinheit – und den alltäglichen Realitäten des Lebens von Menschen, die ihr Leben in Sklaverei ertragen mussten.

Sklav*innen versuchten ständig, dem Plantagenregime zu entfliehen – wofür der Begriff *Marronage* geprägt wurde. Einigen, wie den ursprünglichen Maroons, gelang die Flucht in die entlegenen Berge, sie errichteten eigene Dörfer wie Maroon Town oder Accompong, wo sich Erinnerungen ans afrikanische Alltagsleben halten konnten und ziemlich lange nachklangen. Sie lieferten sich drei Kriege mit den Briten und erkämpften sich eine gewisse Autonomie. Flüchtige wurden ständig wieder eingefangen und auf die Plantagen zurückgeschafft, wo Peitsche und Brandzeichen auf sie warteten. Manchmal wurden sie sogar mit Hilfe der Maroons aufgespürt. Wenn die Bedingungen unerträglich wurden, stellten sich die Versklavten gegen ihre Herren oder flohen nach dem elementaren Prinzip, dass irgendwann Schluss sein musste. Es gab regelmäßig Aufstände. Rebellion wurde auf eine Art bestraft, die Schrecken verbreiten sollte, um jede Form von Widerstand im Keim zu ersticken. Als die Abschaffung der Sklaverei näherrückte, wurde der Widerstand immer besser organisiert, und die Revolte von 1831, angeführt von Sam Sharpe, war ein wichtiger Beitrag zur Emanzipation. Verweigerung, Aufruhr und Flucht interpunktierten den Plantagenalltag, während die gnadenlose Disziplinierung nochmals verstärkt wurde. So viel zur ›Wiederholungsdynamik‹ von Plantagen.

Die Betonung dieser Gewaltverhältnisse auf der Plantage erlaubt uns, die Besonderheiten einer Produktionsweise zu erfassen, die auf Sklaverei beruht. Zugleich ist klar, dass der Versuch, Menschen in Eigentum zu verwandeln, immer wiederkehrende, systematische und gewalttätige Kämpfe mit sich bringt, genau das war der Grund für die Einführung einer Fülle von Statuten und Regeln. Hier denke ich speziell an die Analyse des jamaikanischen Soziologen Orlando Patterson, dessen These von der ›genealogischen Entfremdung‹ der Versklavten ein Versuch war, die spezifische Struktur der Sklaverei in der Neuen Welt als gesellschaftliches Verhältnis zu fassen. Die breite Masse der Bevölkerung zur ›genealogischen Entfremdung‹ zu verurteilen, musste grundlegende Konsequenzen für spätere Generationen nach sich ziehen, noch lange nach Abschaffung der Sklaverei. Viele Aspekte der Verleugnung, die ich als Heranwachsender erfuhr, rühren daher, mit der traumatischen Spaltung in der Vergangenheit unseres Landes leben zu müssen – beziehungsweise nicht damit leben zu können.

Patterson beruft sich auf die *Grundrisse* von Marx, um die Eigentümlichkeiten der Gewalt im Sklav*innensystem genauer einzuordnen, während er zugleich anerkennt, dass Zwang ein grundlegendes Element aller Gesellschaften war. Er setzt sich mit der Tatsache auseinander, dass auf den Plantagen aus Nicht-Sklav*innen Sklav*innen gemacht werden mussten, worin die *Arbeit* – das vorausgesetzte Absolutum, die historische Mission – der Klasse der Plantagenbesitzer bestand. Es erwies sich als notwendig, den ursprünglichen Akt der Gewalt kontinuierlich zu wiederholen, wodurch das Verwandeln von freien Menschen in Sklav*innen zur tagtäglichen

Aufgabe wurde. All dies lief unter dem Banner von Race. Ungeachtet des sozialen Kodex verlor das Ausmaß des zugefügten Leids und der Erniedrigung jede gesellschaftliche Bedeutung und wurde auch nicht mehr thematisiert. Der eigentliche Zweck der ausgeübten Gewalt war es, den Versklavten einzutrichtern, dass es für sie nur eine Daseinsform gab: als Sklav*innen, mit keiner denkbaren Existenz, es sei denn als Anhängsel ihres Herrn. Die Gewalt war nicht in erster Linie Bestrafung, sondern sie folgte einer brutalen Kalkulation. Innerhalb dieser irrsinnigen Logik konnte das Quantum verübter Gewalt niemals zu groß sein.

Aus diesen Gründen fasst Patterson die Sklaverei als eine Form des sozialen Todes auf. Unter den Imperativen der Plantage konnten Sklave und Sklavin gar nicht *wahrgenommen* werden ohne die Anwesenheit eines Herrn. Er oder sie konnte nicht wirklich existieren. Sklaverei funktionierte als eine Art ›umgewandeltes Todesurteil‹, indem der Augenblick der Hinrichtung auf eine ganze Lebensspanne ausgedehnt wurde.

Das meint Patterson mit dem Begriff ›genealogische Entfremdung‹: dass die in Sklaverei Geborenen vom ersten Moment ihrer Existenz an um jedes Geburtsrecht geprellt wurden. Genealogische und historische Erinnerungen wurden aus dem Leben der Versklavten ausgebrannt, jedenfalls war das die Intention. Die Drohung einer gewaltsamen Trennung von den Eltern und Kindern, von Geliebten, vom Verwandtschafts- oder Freundschaftsverbund war ständig präsent. Ebenso die zwangsweise sexuelle Verkupplung, durch die die Macht des Herrn systematisch zur Geltung gebracht wurde. ›Genealogische Entfremdung‹ bezeichnet eine Situation, in der die elementarsten Bindungen gekappt und die Versklavten zwangsweise von den Dynamiken jener menschlichen Eigenschaften abgeschnitten werden, von denen wir sonst annehmen, dass sie uns qua Geburt zustehen.

So eine Welt zu durchschauen ist nicht leicht, auch wenn sie aus dem Herzen der englischen Zivilisation heraus erschaffen und erhalten wurde. Ähnlich schwierig ist es, die Frage zu ergründen, wie diese Vergangenheiten noch die historische Gegenwart besiedeln. Aufgrund der vielen Brüche – die Verbindungslinien abgerissen, eingeebnet, unterirdisch, unbewusst – bezieht die verschobene Existenz dieser Geschichte Stellung gegen unser Verstehen des eigenen historischen Standorts. Doch die gelebte Geschichte hallt nichtsdestotrotz ungebeten im heutigen kollektiven Bewusstsein nach. Das ist der Grund für die radikale Verwirrung während meiner Kindheit. Innerhalb der kolonialen Ordnung Jamaikas war das Chaos einer Störung deutlich zu erkennen. Aber was war mit der Störung in uns, in Eltern, Kindern, Familien und Freund*innen, die auf ihre Art spürbar war, aber nie thematisiert wurde?

Diese Störung wirkt besonders stark im Bereich von Geschlecht und Sexualität. Die Stereotypen von männlich und weiblich wurden in allen gesellschaftlichen Kategorien polarisiert. Reiche und mächtige Weiße Männer beherrschten die Plantagenwirtschaft, regierten über die Sklav*innenfamilie ebenso wie über die versklavten Arbeiter*innen, verteilten Belohnung und Bestrafung und organisierten die ihnen Unterworfenen so, dass ihre Arbeit Gewinn abwarf. Der Herr wurde im häuslichen Umfeld bedient von seiner Ehefrau und Dienerschaft, nahm sich nach seinem Geschmack Konkubinen und erfreute sich an der sexuellen Ausbeutung versklavter Frauen als Vorrecht des Eigentümers. Weiße Frauen waren ihm zwar untertan, herrschten aber ihrerseits über den Haushalt, die Bediensteten und Haussklav*innen, organisierten das Familienleben und die gesellschaftlichen Verpflichtungen und Vergnügungen.

Dass die sexuellen Sitten und Geschlechternormen der Plantagenbesitzerklasse die des Heimatlandes spiegelten, galt als selbstverständlich. Damit herrschte ein mitunter noch verschärftes gesellschaftliches System, das soziale Stereotypen verstärkte, die sexuelle Ausbeutung von Frauen legitimierte, männliche Aggressivität guthieß, patriarchalisches Verhalten als normal ansah, Frauen als zweitklassig betrachtete und ihnen die Familie und den Haushalt als Sphäre ihres Wirkens verordnete. Dies war eine Kultur, die innerhalb der Klassen und über ihre Grenzen hinweg heftige, verdrängte Gefühle von Verbitterung und Enttäuschung erzeugte, die kaum je direkten Ausdruck fanden. Diese Verhaltensmuster sind nicht bloß Spuren der Vergangenheit; sie bleiben wirksam, spaltend und prägend auch in den gegenwärtigen jamaikanischen Kulturen.

Doch selbst wenn zwischen Kolonie und Metropole gemeinsame Sitten existierten, genauer gesagt, obwohl es einen gemeinsamen ethischen Kodex – wenigstens in formaler Hinsicht – zwischen den kolonialen Plantagenbesitzern und ihren metropolen Gegenstücken im Heimatland gab, wurden in Britannien Stimmen laut, die beklagten, dass die westindischen Plantagenbesitzer sittlich über die Stränge schlugen, und mahnten, ihre Gepflogenheiten seien ausschweifend und verkommen und drohten den sozialen Zusammenhalt der Gesellschaft zu untergraben.

Ende des achtzehnten Jahrhunderts griff in England zunehmend die These um sich, das Leben in den Kolonien habe die Weißen Plantagenbesitzer verdorben, besonders in Sachen Sexualverhalten. Man beachte die paradoxe Drehung der Schlussfolgerung, damit liefen sie Gefahr, selbst ›zu Eingeborenen zu werden‹. Die Hoffnung, die Plantagenbesitzer könnten Jamaika in eine artige Version vom England des achtzehnten Jahrhunderts verwandeln, mit seiner Überbesorgnis in Sachen Geschmack und Distinktion, war, wie vielen in dieser Zeit bewusst wurde, ein schlechter Scherz ohne jeden Wahrheitsgehalt. Die Evangelikalen waren schockiert vom Verfall der sexuellen Moral in Jamaika und schrieben leidenschaftlich dagegen an. Tatsächlich waren die sexuellen Ausschweifungen der Plantagenbesitzer (verstärkt durch Berichte über ihren angeblichen unfassbaren Reichtum) ein wichtiger Anstoß für das Aufkommen der Abolitionisten-Bewegung.

In Jamaika stand die Klasse der Plantagenbesitzer im Ruf, schamlos und gemein zu sein. Sie und ihre Geschäftspartner bildeten den Kern der mächtigen Westindienlobby, die eine wichtige Triebkraft der Einflussnahme auf die öffentliche Meinung im Kampf um die Abschaffung der Sklaverei wurde.

In diesem Sinne lässt sich die Klasse der Plantagenbesitzer im frühen neunzehnten Jahrhundert trotz der Macht der Westindienlobby kaum als historische oder herrschende Klasse bezeichnen. Sie hatten weder den Willen noch die Autorität, das Volk nach ihrem Ebenbild zu formen, auch mangelte es ihnen moralisch wie intellektuell an Führungsqualitäten, auf die sie sich berufen konnten. Es war eine von Partikularinteressen geleitete Gruppierung, die rücksichtslos ihre eigenen Vorteile verfolgte. Sie verkörperte die innere Unordnung der Kolonie als Ganzes.

Ich habe bereits angedeutet, dass meine Mutter noch Überresten des kolonialen Ethos anhing, jener Welt ›von damals‹, als ›alles noch gut war‹. Ich bin mir sicher, dass sie damit nicht etwa bewusst die Sklaverei rechtfertigen wollte. Die Versklavten waren aus der Erinnerung verschwunden. Sie fühlte sich vielmehr zur Kultur des ›Gutsbesitzes‹ hingezogen, die auf die Plantagengesellschaft folgte und in der – so stellte sich meine Mutter das gerne vor – das tägliche Drunter und Drüber des kolonialen Jamaikas wie von Zauberhand beseitigt war, bis nur das Bild einer Zeit emotionaler Fülle und Ordnung übrigblieb. Das war eine Projektion bar jeder historischen Realität. Trotz ihrer gesellschaftlichen Ambitionen entstammten weder sie noch mein Vater der Klasse der Plantagenbesitzer. Moralisch war das Verhalten meiner Eltern immer von Anstand und Schicklichkeit geleitet, weit entfernt von der Verruchtheit und Obszönität, die man mit den Plantagenbesitzern verband. Ich weiß nicht, ob ihre Unfähigkeit, eine erotische Dimension in ihrem Leben oder auch im Leben ihrer Kinder zuzulassen, eine Art Reaktion auf das war, was sie von der jamaikanischen Plantagengesellschaft mitbekommen hatten. In unserer Familie (und ich bin mir sicher, dass wir damit nicht allein standen) wurde diese Vergangenheit verleugnet und stark zensiert. Man sprach nicht davon. Sie glich einer Nebelwand, die uns alle einhüllte, von der aber niemand zugeben durfte, dass sie da war.

Später in meinem intellektuellen Leben stellte ich fest, dass es einen Aspekt dieser Vergangenheit gab, auf den ich immer wieder zurückkam. Zu bestimmten Anlässen im Jahr erlaubte man den Versklavten zu tanzen, zu singen, sich zu verkleiden und zu feiern – beinahe so, als ob sie frei wären. Die Sklav*innen begrüßten dieses Schauspiel als einen Moment, um den Traum von Freiheit, an dem sie unermüdlich festhielten, auszuleben oder zu proben. Diese Feiern schufen das, was Bachtin als karnevaleske Vorwegnahme – in Maskerade – des Tages bezeichnete, an dem die Welt kopfsteht und alle Geknechteten frei werden. Durch diese Feste zogen sich, zelebriert in kunstvoll verborgener Mimikry, ganz klar Hohn, Spott und Verachtung der Versklavten für die über sie Herrschenden – außer Hörweite, aber durch die verzerrten Codes der Maskerade ›sprechend‹. Sie verkündeten auf Umwegen, was sie in Wahrheit über Sitten, Mätzchen, Kleidung, Manieren, Gewohnheiten und Dünkel ihrer Herren und Herrinnen dachten.

Das ist ein Paradebeispiel für Kreolisierung. Die subalternen Klassen ahmten die Ausdrucksweisen ihrer Herren nach und spielten die gewünschte Gehorsamsdarbietung vor, während sie *gleichzeitig* herrschaftliche Sprech-, Kleidungs- und Verhaltensweisen nachäfften, karikierten und einspannten, sie für ihre Zwecke und Bedeutungen bearbeiteten, um sich – wenn auch nur kurzfristig – vom täglichen Druck der Unterwerfung zu befreien. Dies ist der Geist des Karnevalesken: die Welt von ›unten‹ gesehen, dabei von innerhalb des Zeichensystems eine auf den Kopf gestellte Welt imaginierend. Durch Karikatur und Übertreibung waren die Versklavten imstande, ein gewisses Maß an Distanz zu errichten zwischen ihrem Leben und den symbolischen und faktischen Hierarchien, welche die Ordnung der kolonialen Plantagengesellschaft strukturierten.

Sich in Nachahmung der ›Höhergestellten‹ zu verkleiden war ein komplexer und brisanter Vorgang, doppelt verschlüsselt, da er auf der einen Ebene den geforderten ›Respekt‹ darbot, auf der anderen aber in exzessiver Manier die Imperative der Situation verhöhnte, in der die Versklavten steckten. Ihre Herren und Herrinnen konnten nie mit Sicherheit sagen, was genau was war. Und ebendas war der eigentliche Sinn dieser Übung. Skip Gates nannte diese Strategien die des »signifying monkey«, und das Parodieren und Umdeuten ist noch heute ein zentraler Impuls im afrikanisch-amerikanischen Humor, gut zu beobachten in Schwarzer Komödie, in der Straßensprache und im Jive Talk. Es ist auch das, was Kobena Mercer die Essenz der diskursiven Strategie der Diaspora genannt hat. Es ist die Quelle der komplexen ›double language‹, des Sprechens in verdeckten Andeutungen, die nach der Sklaverei gewöhnlich in Verhaltens- und Sprechmustern Schwarzer Kulturen der Neuen Welt zu beobachten war. Spuren dieser Strategien waren in meiner Jugend noch gegenwärtig, mehr als ein Jahrhundert nach dem Ende der Sklaverei, und sind es bis heute, wenn auch verlagert in andere Lebensumstände.

Den Versklavten wurde grundsätzlich verboten, ihre eigenen Sprachen zu sprechen, aus Angst, dies könnte kollektive Formen des Widerstands ermöglichen. Doch da sie immer in subalterner Beziehung zu Europäer*innen standen, mussten die versklavten Afrikaner*innen genug Englisch können, um Befehle zu befolgen und ihren Herren und Herrinnen zu dienen. Aber nur wenige wurden in Englisch unterrichtet, auch wenn die Missionar*innen bei ihrer Ankunft darauf bestanden, dass sie genug Kenntnisse haben sollten, um eigenständig die Bibel zu lesen. Was sie auch prompt taten, wenn auch nicht auf die Art, die den Missionaren vorgeschwebt hatte.

Ein Resultat der linguistischen Fragmentierung und ›erzwungenen Akkulturation‹ war das Aufkommen einer indigenen Sprache, des *creole* oder *patois* – ›nation-languages‹, um Kamau Brathwaites Formulierung zu benutzen –, eine Abwandlung davon wird heutzutage von allen verstanden, auch wenn die aufstrebende Mittelschicht noch lange darüber die Nase rümpfte. Der Sprachunterricht in meiner Schule bestand darin, die vorhandenen Spuren umgangssprachlicher Ausdrucksweise bei den Schüler*innen ›auszubügeln‹, eine Praktik, die meine Eltern ständig weiter vorantrieben. Nichtsdestotrotz sprachen wir alle ein gemäßigtes jamaikanisches Patois, vor allem wenn wir informell untereinander kommunizierten.

Das jamaikanische Patois war ein hybridisiertes Kompositum aus englischen und afrikanischen Wörtern und Phrasen, strukturiert durch syntaktische Regeln, die beiden grammatikalischen Systemen entstammten. Am besten wird das in J. J. Thomas' bahnbrechendem Werk *The Theory and Practice of Creole Grammar* beschrieben, das erstmals 1869 erschien und dank des Engagements von John La Rose und Sarah White und ihrem Verlag New Beacon Books heute wieder zugänglich ist. Das Ergebnis ist eine dynamische, höchst kreative, humorvolle, lebendige und geschmeidige sprachliche Ausdrucksform, die – im Unterschied zum sonstigen Englisch in all seinen lokalen Ausprägungen – in der Lage ist, das Leben vor Ort mit seinen emotionalen Schattierungen, seinem Humor und den feinen Nuancen zu erfassen. Kein Wunder, dass die Jamaikaner*innen sich zu überaus begabten Erzähler*innen von Geschichten und Anekdoten entwickelt haben.

In diesen älteren sozialen Formen liegen die Ursprünge spezifisch *karibischer* Ausdrucksweisen. Sprachsysteme prägten sich aus, in denen die notwendigen Wahrheiten ausgedrückt und kollektive Bestrebungen formuliert werden konnten.

Meine Erfahrung mit diesen jamaikanischen sprachlichen Praktiken prägte zweifellos mein späteres Verständnis davon, wie Kulturen *im Allgemeinen* funktionieren. Das vorherrschende akademische Konzept, das ich zunächst übernahm, betrachtete Kulturen als festgelegt, stabil, traditionell und kontinuierlich mit ihren Ursprüngen verknüpft: Wir können das als das ›Roots‹-Konzept bezeichnen. Besonders Paul Gilroy kritisierte, dass dies eine Denkweise hervorbringt, die seiner Ansicht nach unvermeidlich mit dem Bekenntnis zu einem kulturellen oder ethnischen Absolutismus einhergeht. Diese Kritik machte es möglich, Kulturen neu zu betrachten, nämlich als ›wandernde‹, wie James Clifford und andere es nannten: Kulturen ›in Bewegung‹, ständig neu konfiguriert durch ›Entdeckung‹, Eroberung, Migration, Adaption, erzwungene Anpassung, Widerstand und Umwandlung. Mit anderen Worten, eine Kultur nicht der ›Roots‹, sondern der ›Routes‹, nicht der Wurzeln, sondern der Wege, was zu einer Interpretationsweise einlädt, die ich hier als diasporisch eingeführt habe. Migrationen von Jamaikaner*innen – nach Kuba und Panama oder allgemeiner nach Mittel- und Südamerika, nach Britannien und Kontinentaleuropa, nach Kanada und in die USA – sind damit als weitere Stationen dieser ›Diasporaisierung‹ des kolonialen Projekts aufzufassen, auch wenn das ein hässliches Wort ist. Diese Perspektive provozierte nicht nur eine Verschiebung in meinem Denken, sondern wurde auch zu einem Problem, mit dem die Cultural Studies sich herumschlagen mussten.

Ich ging davon ab, Theorie als Suche nach der Gewissheit allumfassender Gesamtheiten zu denken (so fasste unsere Generation Marxismus ganz zu Anfang auf), und fand zur Notwendigkeit, die Macht der Kontingenz in allen historischen Prozessen und Erklärungsversuchen zu erkennen (so verstanden wir ihn später). Oder, anders ausgedrückt, zu erkennen, dass die Dynamiken der Deplatzierung sich unter alle gesellschaftlichen Verhältnisse schreiben.

Dahinter steht auch noch eine konzeptionelle Frage, die die historische Zeit der Sklaverei betrifft. Ihre Abschaffung markierte einen enormen sozialen Triumph. Aber die Erzählung wird wesentlich komplexer, wenn die Geschichte der Sklaverei nicht nur als besondere Form gesellschaftlicher Organisation angesehen wird, sondern als ein Beispiel unter vielen kollektiven Erfahrungen von ›Unfreiheit‹. Nicht nur koexistierte die Sklaverei mit anderen Formen unfreier Arbeit, ihre Abschaffung verursachte auch neue Ausprägungen von gesellschaftlicher Unfreiheit. Ich denke da an das befristete System von Lehrling und Lehrherr, das auf die Befreiung folgte und einen fein justierten Kodex der Unterdrückung etablierte, und ebenso – später – die Praktiken der Vertragsknechtschaft, die bis ins zwanzigste Jahrhundert hineinreichten. Anders gesprochen, die Befreiung der Arbeit brachte ein neues Weltbild mit sich, mit realen Auswirkungen, in denen die Zwangsmittel der sozialen Disziplinierung – weit entfernt davon, zu verschwinden – neu konfiguriert wurden, in der gesellschaftlichen Landschaft weniger leicht zu erkennen, aber machtvoll und hochwirksam.

Wenn es uns nicht nur um die Sklaverei selbst geht, sondern auch um ihre diversen weiterbestehenden Nachleben, dann erschüttert die Erkenntnis der Einführung anderer Systeme unfreier Arbeit und des Auftauchens neuer Formen von staatlich sanktionierter Disziplinierung die allgemein akzeptierte Erzählung der Befreiung wie auch ihres Nachspiels. Es ist nämlich nicht so, dass es einstmals die Schrecken der Plantagen gab, die am 1. August 1834 in die mildtätige Welt der freien Arbeit verwandelt wurden. Dieses ›Märchen‹ von der Sklav*innenbefreiung verschleiert mehr, als es erklärt, und produziert seine eigenen Mechanismen von Gedächtnisverlust – nach wie vor höchst wirksam in der britischen Öffentlichkeit, mit ›Wilberforce‹ als Erzengel der Freiheit.

Catherines Arbeit darüber, welchen Platz die Sklav*innenbefreiung in der Vorstellungswelt der Metropole einnimmt, zeigt, dass sie als Projektionsfläche diente (und noch dient), um Britanniens Verstrickung in und Verantwortung für die Sklaverei aus dem Gedächtnis zu streichen. Übrig bleibt nur die Jubelerzählung – das Märchen – der Sklav*innenbefreiung. Und was für Britannien gilt, gilt auch für Jamaika, nur mit unterschiedlichen Rhythmen.

Der eigentlichen Befreiung war ein schrittweiser Selbstfreikauf und eine portionierte Freilassung der Versklavten vorausgegangen. In der Periode nach der Sklaverei – oder genauer, in den letzten Dekaden der Existenz von Sklav*innenplantagen und den frühen Dekaden nach der Befreiung – kam es tatsächlich zum Aufbau eines ganzen Netzwerks von neuen Gefängnissen und anderen Einkerkerungseinrichtungen. Dies hat Diana Paton gut erläutert, die den größeren historischen Prozess von 1780 bis 1870 untersucht hat, statt nur den Moment der Befreiung zu betrachten. Sie richtete ihr Augenmerk auf den Zusammenhang zwischen den Praktiken der Bestrafung und der Zucht des Marktes oder, wie sie es ausdrückt, zwischen ›Peitsche, Lohn und Kerker‹. In ihrer Version gab es keine einfache Entwicklung von der ›Peitsche‹ zum ›Lohn‹.

Auch die zeitliche Dimension der Erinnerung ist von größter Bedeutung. Sie erlaubt es mir, meine eigene Geschichte des Heranwachsens in Kingston schärfer historisch zu kontextualisieren. Erinnerung bedeutet für mich hier ein Mittel, mit dem Geschichte gelebt wird. Von den 1920er und 1930er Jahren an war für die Garveyist*innen und die zunächst kleinen, verspotteten Splittergruppen der Rastafarians Knechtschaft die zentrale Erfahrung im sozialen Leben der Schwarzen Masse. Die langsame und vielschichtige Wandlung des kollektiven Schwarzen Bewusstseins ab den Arbeiter*innenunruhen der 1930er bis zu den Jahren der Black-Power-Bewegung in den späten 1960er und den 1970er Jahren stellte das Medium dar, durch das die gemeinsamen Erfahrungen von Sklaverei ins öffentliche und private Bewusstsein eindringen und in dem diese Erfahrungen benannt werden konnten.

Erst kürzlich, lange nach der Befreiung, wurde das Thema Wiedergutmachung in die Politik eingebracht. Das ist ein deutliches Zeichen für das lange verzögerte Durcharbeiten dessen, was man treffend als das Trauma der Sklaverei bezeichnen kann, was Freud als Dynamik der ›Nachträglichkeit‹ bezeichnet und was jedes simple ›vorher-nachher‹ in einem historischen Prozess aufhebt. Daher leben die Nachwirkungen der Sklaverei lange in der Mentalität der Menschen fort. Aber die Zeit der Sklaverei war auch in der Organisation der gesellschaftlichen Strukturen Jamaikas lange nach der Befreiung relevant; dies wiederum lag den sich ändernden politischen Vereinbarungen im späten neunzehnten und im zwanzigsten Jahrhundert zugrunde. Der unvollendete, verzögerte Prozess der Sklav*innenbefreiung kann uns helfen, den Aufstand in Morant Bay im Jahr 1865 zu verstehen, die Arbeiterunruhen in den 1930er Jahren und die spätere Black-Power-Bewegung. In Bezug auf die Ereignisse in Morant Bay stellte Michael Craton heraus, dass diese Rebellion »im Großen und Ganzen den späten Sklav*innenaufständen ähnelte, was deutlich macht, wie wenig sich die Bedingungen durch die formale Befreiung tatsächlich geändert hatten«.

Wie Robin Blackburn in seinem umfangreichen *The Overthrow of Colonial Slavery* eindeutig zeigt, war ein wesentlicher Faktor bei der langsamen Zerstörung des Systems der Sklaverei die gesellschaftliche Handlungsfähigkeit der Versklavten. In der Karibik, wenn nicht sogar in Britannien, hat die kollektive Erinnerung an die Auflehnung der Sklav*innen einen bleibenden Stellenwert im heutigen popularen Leben. Doch zugleich darf auch nicht vergessen werden, dass die britische Regierung bei der Abschaffung die gigantische Summe von 20 Millionen Pfund aufbrachte, um die Besitzenden für den Verlust ›ihres Eigentums‹, ›ihrer‹ Versklavten zu entschädigen. Ein sprechendes Beispiel für einen nicht-ausgehandelten historischen Kompromiss zwischen den zwei führenden der widerstreitenden politischen Kräfte: auf der einen Seite die Versklavten, denen die Freiheit zugestanden und gestattet wurde, als unbelastete Akteur*innen in den Arbeitsmarkt einzutreten, wo sie nichts anzubieten hatten als ihre Arbeitskraft, und auf der anderen Seite ihre bisherigen Herren und das ausgedehnte Netzwerk all jener, die in die Zuckerproduktion mit Sklav*innenarbeit investiert und sich ungeheuer bereichert hatten.

An dieser Stelle sollte ich ein persönliches Erlebnis einflechten. Eine kuriose Geschichte. Ich bin ein Jamaikaner, der seit über fünfzig Jahren in Britannien lebt. Als solcher habe ich die wechselseitigen Verschränkungen, die Jamaika und Britannien miteinander verknüpfen, mein Leben lang besonders wahrgenommen. Aber die tieferen, engeren Verbindungen über einen längeren geschichtlichen Zeitraum wurden mir erst vollständig bewusst, als Catherine die Beziehungen zwischen Jamaika und Britannien Mitte des neunzehnten Jahrhunderts zu erforschen begann, von der Sklav*innenbefreiung bis zur Rebellion in Morant Bay 1865. Im Vorwort zu ihrem Buch *Civilising Subjects*, das auf diesen Forschungen basiert, erklärt sie, wie die Entdeckung, dass es auf Jamaika einen nach ihrer englischen Geburtsstadt – Kettering in Northamptonshire – benannten Ort auf dem Land gibt, sie dazu animierte, diese traulichen Verwicklungen näher zu untersuchen.

Im Sommer 1988 waren wir mit unseren Kindern in den Sommerferien auf Jamaika, als sie in dem Alter waren, in dem man andere Dinge im Kopf hat. Es war einer dieser Urlaube, die sich trotz aller schönen und angenehmen Erlebnisse als problematisch ins Familiengedächtnis einschrieben. Ich fürchte, ich war daran nicht ganz unschuldig. Catherine liefert in ihrem Vorwort ein Indiz dafür. Sie erörtert den Umstand, dass ich, zurück in Jamaika, »große Mühe hatte zu akzeptieren, dass [meine] Lebensweise [mich] als einen dieser Migranten auswies, der länger in England gelebt hat als im Land seiner Geburt, einer, der in der Sprache Jamaikas ›von drüben kommt‹«. Wieder einmal war ich fehl am Platz, diesmal – erneut – in meinem Herkunftsland.

Wir fuhren an der Nordküste entlang und gelangten in ein Dorf namens Kettering, in dessen Mitte eine große Baptistenkirche stand. Das war, gelinde gesagt, eigenartig. Warum hieß dieses Dorf Kettering und warum nahm die Kirche den zentralen Platz ein? Als Catherine geboren wurde, war ihr Vater Pfarrer der hübschen Baptistenkirche im Zentrum des englischen Kettering. Das war der Ausgangspunkt ihrer Bemühungen, die vergessene Geschichte zutage zu fördern, die Jamaika und England verbindet, die Geschichte, die ihre enge – wiewohl immer ungleiche – Beziehung dokumentiert.

Mehrere der folgenden Sommer verbrachten wir damit, abseits der ausgetretenen Pfade zu stöbern, indem wir die Berge des ländlichen Jamaika auf der Suche nach den ›freien Dörfern‹ durchkämmten, die nach Abschaffung der Sklaverei von den Befreiten gegründet worden waren. Wir fuhren über steile Straßen voller Schlaglöcher, eine*r am Steuer, der oder die andere mühte sich mit den Landkarten ab, die nie zu stimmen schienen. Viele ausgedehnte Gespräche mit Vorübergehenden ergaben sich und führten mir das Bild eines Jamaikas vor Augen, dem ich seit einer Ewigkeit kaum noch begegnet war. Wir besuchten viele nonkonformistische Kapellen, die an den höchsten Punkten errichtet worden waren. Sie waren in der Regel von baptistischen oder methodistischen Missionaren begründet worden, die sich erhofften, so auffallende Gebäude der Gottesverehrung würden die frisch befreiten Sklav*innen dazu anspornen, arbeitsame, monogame und gottesfürchtige Gemeinden aufzubauen. Viele der ›freien Dörfer‹, die von Schwarzen Baptisten mitgegründet wurden, erhielten englische Namen, und ihre Kirchen, Schulen und Friedhöfe tragen Inschriften zum Gedenken an Dorfpastoren oder britische Missionare, die dort tätig waren.

Auf den verschiedenen Straßen des Hinterlands verfolgten wir Schritt für Schritt die Verflechtungsprozesse von Britannien und Jamaika durch Raum und Zeit. Unsere Erkundungen halfen uns, eine verschwundene Vergangenheit wiederzuentdecken, und sie stellten für uns ein aktives Erinnern dar, durch das wir vergessene Geschichte zutage förderten und damit arbeiteten. Je mehr wir erforschten, umso klarer wurde uns, wie wenige Jamaikaner*innen diese Orte besuchten oder sich ihrer historischen Bedeutung bewusst waren. Die verbliebenen materiellen Hinterlassenschaften dieser Geschichte wurden von den Bewohner*innen der Dörfer entweder ignoriert oder waren in Vergessenheit geraten, vielleicht gehörten sie auch zu einem lokal verankerten anderen Gedächtnis, zu dem wir keinen Zugang hatten. Aber für uns waren sie aufrüttelnd. Das war eine bewegende gemeinsame Erfahrung. Mit ihr begann Catherine sich in die Geschichte der Karibik zu vertiefen. Aber auch für mich war sie wichtig, da sie mir eine Geschichte direkt vor Augen führte, die in meinem Denken bis dahin fern und verschwommen war. Eine ganze Dimension von Jamaikas Vergangenheit schob sich mit voller Wucht in mein Bewusstsein. Es waren nicht nur die Beziehungen zwischen Jamaika und Britannien, die sich mir einprägten. Ich kam auch auf Tuchfühlung mit der Geschichte jenes anderen Jamaika, von dem ich immer gewusst hatte, das ich aber nur ungenügend kannte.

Es ist eine Tatsache unseres Lebens, dass Catherine über die Geschichte Jamaikas mehr weiß als ich und mir geholfen hat, die Geschichte meines Herkunftslandes besser zu verstehen. Ihr aktuelles Projekt ist vorbildlich darin, die tiefen inneren Beziehungen zwischen Kolonie und Metropole zu veranschaulichen, und bringt die Prozesse ans Licht, durch die beide im jeweils anderen existieren.

Zur Zeit der Sklav*innenbefreiung, das habe ich bereits angesprochen, konnten alle, die ins Sklav*innensystem investiert hatten, sich an den britischen Staat wenden, um finanzielle Kompensation zu erhalten, von in Maßen wohlhabenden Witwen mit nur, sagen wir mal, einem Sklaven oder einer Sklavin bis zu den Superreichen. Die wirtschaftlichen Aspekte dieser gesellschaftlichen Transformation sind anschaulich in *The Price of Emancipation* von Nicholas Draper beschrieben. Die Aufzeichnungen über die Antragsteller*innen bieten unschätzbare Momentaufnahmen der Investor*innen – wer sie waren und was sie mit ihren finanziellen Kompensationen anfingen. Die Website der Gruppe Legacies of British Slave Ownership (LBS, www.ucl.ac.uk/lbs) – Catherine, Nicholas Draper, Keith

McClelland und ihre Mitarbeiter*innen – liefert einen außergewöhnlichen Einblick in diese Welt, die mitten im Herzen des ökonomisch und sozial dynamischen Britanniens des neunzehnten Jahrhunderts angesiedelt war. Ein guter Teil des zugeflossenen Kapitals wurde reinvestiert, entweder zu Hause oder anderswo im Empire, vor allem in Schifffahrt, Transportwesen, Eisenbahn, Handelsbanken und Seefrachtversicherungen. Kleinere Kompensationen gingen zum Beispiel an Witwen mit einem ererbten Pensionsanspruch, der auf Sklav*innenarbeit basierte, was eindrucksvoll zeigt, wie weit der Einfluss der Ökonomie der Sklaverei reichte. Bedeutende Reinvestitionen flossen in neue Geschäftszweige, die der Industrialisierung Britanniens den Weg bereiteten, eine erstmals 1944 von Eric Williams in *Capitalism and Slavery* formulierte These. Wie die Arbeit des LBS jetzt zeigt, blieb der durch die Sklaverei erzielte Reichtum bis Ende des neunzehnten Jahrhunderts eine wirtschaftlich relevante Größe.

Das war auch nicht das einzige Erbe der Macht der Sklav*innenhalter. Sie und ihre Nachkommen betrieben mit Fleiß die Neukonfiguration des fortgesetzten Glaubens an die ›Wahrheit‹ von Race, der sich im späteren neunzehnten Jahrhunderts im gesamten Empire noch verstärkte.

Jamaikas verklausulierte soziale Hierarchien waren charakteristisch für das, was Mary Louise Pratt die koloniale ›Kontaktzone‹ nennt, in der das Herrschaftssystem unterschiedliche nationale, soziale, ökonomische, ethnische, geschlechtliche und rassisierte Gruppen zwingt, ein und denselben Raum zu bevölkern. Aber die Entwicklung dieser Systeme verlief im zutiefst ungleichen Verhältnis zueinander. Édouard Glissant, der Philosoph aus Martinique, hat bewusst den Begriff ›Verflechtung‹ [entanglement] gewählt, um diese historischen Realitäten zu erfassen. Jamaika und Britannien waren ohne Zweifel ›verflochten‹. Aber wenn wir nicht aufpassen, können solche Begriffe die Gewalt, den Zwang und die Ungleichheit herunterspielen, die mit dem Prozess der ›Verflechtung‹ einhergingen. Begegnungen in der kolonialen ›Kontaktzone‹ basieren – wie ich an anderer Stelle dargelegt habe – stets auf »Ungleichheit, Hierarchisierung, Dominanz und Subalternität, Herrschaft und Knechtschaft, Unterdrückung und Widerstand. Fragen der Macht und Formen von Verflechtung stehen immer auf der Tagesordnung«.

Ich denke, von dieser Warte aus betrachtet nimmt das Bild meiner eigenen gesellschaftlichen Situation als Angehöriger der Braunen Mittelschicht in den 1930er und 1940er Jahre langsam Form an. Die sozialen Hierarchien blieben nach der Sklav*innenbefreiung weitgehend wie zuvor. Die Re-Formierung der Plantokratie bei ihrem zögerlichen und unvollendeten Rückzug aus der Geschichte dominierte das politische Leben nach der Befreiung noch ein volles Jahrhundert hindurch.

Jamaikas Weiße und mixed-race-kreolische Bevölkerung war vollständig anglisiert in puncto Orientierung, Denkgewohnheiten, Benehmen und – mit lokalen Flexionen – Sprache. Seit jeher wurden sie häufig auf Verwandtenbesuch nach Britannien geschickt, auch wenn diese Maßnahme dort nicht unbedingt willkommen geheißen wurde. In Wahrheit fühlten sich viele von ihnen als Kolonisierte in der Londoner Gesellschaft fehl am Platz. In Jamaika jedoch repräsentierten sie die Spitze der Macht und den Gipfel der Zivilisation. Sie blieben weiter die ›Bukras‹: die koloniale Führungsschicht, die am oberen Ende der sozialen Hierarchie stand. Es traf sie schwer, als nach der Sklav*innenbefreiung der Zuckerpreis drastisch abstürzte. Die Bananenindustrie half dann, den Wohlstand Jamaikas wieder zu festigen, aber nur für eine Minderheit. Die Insel und die Region als Ganzes gerieten ökonomisch ins Hintertreffen und blieben das auch für die restliche Zeit des Kolonialregimes. Sie waren von der Wirtschaftskrise besonders schlimm betroffen; Armut und Arbeitslosigkeit grassierten. Trotz alledem blieben die Nachfahren der Klasse der Plantagenbesitzer unter sich, begründeten hinsichtlich Wohlstand, Machtausübung, Lebensstil, Habitus und Status einen eigenen exklusiven gesellschaftlichen Club und nahmen nur minimal am jamaikanischen Leben teil. In den 1940er Jahren waren sie zwar noch sichtbar, aber als gesellschaftliche Kraft im Niedergang begriffen.

Ihre Reihen wurden erweitert durch die Eingliederung weniger wohlhabender, aufgestiegener ›free coloured‹ Kreol*innen, die teilweise auch Land besaßen. Also von hellhäutigen illegitimen Sprösslingen sexueller Verhältnisse zwischen Weißen Plantagenbesitzern und versklavten Frauen of Colour. Manchmal wurden die direkten Nachkommen solcher – normalerweise erzwungenen – Verbindungen von ihren Weißen Vätern anerkannt, erhielten Land und schafften sich ihrerseits Sklav*innen an. Tatsächlich wurden in der Karibik mehr als 40 Prozent der Anträge auf Kompensation von Frauen gestellt, die Mehrheit davon aus ›Mixed‹-Abstammung. Manche wurden nach England geschickt, um eine gute Ausbildung zu bekommen, manche als Personal in den Haushalt aufgenommen. Einer beträchtlichen Anzahl von Frauen of Colour gelang es, sich unabhängig in den Städten niederzulassen, wo sie Hotels, Pensionen, Bars, Bordelle oder Saloons betrieben. Die ›free coloureds‹ wurden nach und nach zum führenden Element der Braunen Mittelschicht, jener ethnischen und sozialen Schicht, in die ich hineingeboren wurde. Das politische Wahlsystem basierte auf Grundeigentum, nicht auf Ethnizität oder Race, und nach den Reformen von 1829 erlangten die ›free coloureds‹ nach langen Auseinandersetzungen bedeutende Bürger*innenrechte und Privilegien innerhalb des Systems, darunter das Recht auf Vertretung im Parlament.

Einige ›free coloureds‹ brachten es weit. Sie stiegen in sozialer und ökonomischer Hinsicht auf, häuften Wohlstand an, kauften oder erbten Land, konnten in angesehenen Berufen, zum Beispiel als Ärzt*innen oder Jurist*innen, Fuß fassen und bauten sich großzügige Stadtresidenzen. Als die lokale Wirtschaft sich mehr und mehr aufgliederte, ergriffen die oberen Elemente dieser Schicht die neuen Gelegenheiten, um kleinere kapitalistische Unternehmen aufzuziehen. Sie gründeten mittelgroße landwirtschaftliche Betriebe, traten in lokale – und schließlich auch ausländische – Märkte ein. Oder gingen in die verschiedensten Branchen: Baugewerbe, Geschäfte für (importierte) Mode, Handel und Gewerbe, dann zunehmend auch kleine Fabriken, übernahmen Posten in der Verwaltung oder im öffentlichen Dienst. Über die Jahre gelang es den Erfolgreichsten, sich bis fast an die Spitze der jamaikanischen Gesellschaft hochzuarbeiten. Ihre Nachkommen gehören heute zum Kern der Elite in Wirtschaft und Verwaltung.

Die unteren Mittelschichten besetzten die niedrigeren Ränge in der Hierarchie der Berufe – als Angestellte, Krankenschwestern, Lehrer*innen, Pfarrer, Verkäufer*innen, Sekretär*innen und Vorarbeiter. Auch wenn sie oftmals finanziell zu kämpfen hatten, stellten sie das moralische Rückgrat der respektablen jamaikanischen Gesellschaft dar. Ein kleiner Anteil Schwarzer Familien wurde in diesen Sektor aufgenommen, wodurch die Mixed-Colour-Zusammensetzung noch mehr Nuancen bekam. Das spirituelle Zentrum der lokalen Gesellschaft wurde von diesen unteren Mittelschichten verkörpert. Sie waren religiös – vor allem die Frauen – und damit die Hüterinnen des moralischen Bewusstseins, die Wächterinnen über die sprachlichen Sitten und Gebräuche und außerdem Expertinnen des Kulinarischen.

Diese Mittelklasse wuchs noch an durch weitere kleine, aber wichtige ethnische Minoritäten, die sich zu verschiedenen Zeitpunkten auf der Insel niedergelassen hatten, auf Arbeitssuche oder auf der Flucht vor religiöser oder politischer Verfolgung. Viele dieser Minderheiten wie Syrer*innen, Libanes*innen und Hongkong-Chines*innen zog es in Handel, Bankwesen und letztlich in hochqualifizierte Berufe. Andere, wie die Ostinder*innen – Nachkommen jener angeworbenen Vertragsarbeiter*innen, die nach der Sklav*innenbefreiung ins Land geholt worden waren, um die Sklav*innen zu ersetzen – fingen als arme Straßenhändler*innen an, arbeiteten sich aber zu Ladenbesitzer*innen hoch und später zu Inhaber*innen größerer Geschäfte besonders im Einzelhandel.

Als Kind nahm meine Mutter mich mit in die King's Street in der Innenstadt von Kingston, um Kleidung und Gebrauchsgegenstände zu kaufen, und wir gingen immer in eins der großen libanesischen oder syrischen

Geschäfte von Leuten mit bekannten Namen wie Hanna, Issa, Zaidie und Seaga – Letzteres der Familienname des späteren Premierministers der Insel, Edward Seaga. Den Ostinder*innen gehörten einige der größten Einzelhandelsgeschäfte. Hingegen nannte man die Lebensmittelläden bei uns in der Nähe und in ähnlichen Gegenden wegen ihrer chinesischen Eigentümer*innen damals umgangssprachlich ›Chinee shops‹.

Aus jeder dieser ethnischen Gruppen gab es in meiner Schulklasse in den 1940er Jahren mindestens eine Person. Dick Mahfood, der aus einer libanesischen Familie stammte, besaß ein tolles Motorrad, auf dessen Sozius ich viele Exkursionen ins Nachtleben von Kingston unternahm. Wir wurden gute Freunde. Er kam oft bei mir zu Hause vorbei, um mich zu weiteren Abenteuern (an ungenannten Orten) abzuholen, aber ich wurde nie zu ihm eingeladen und habe seine Familie nie kennengelernt. Was immer seine Herkunft war, bei den Halls ging er als ›Weißer ehrenhalber‹ durch.

Ethnisch vielfältig und auf dem Vormarsch ins gehobene Bürgertum, den öffentlichen Sektor und den Handel, übernahm der obere Rand der Mittelklassen langsam die führende Rolle in der jamaikanischen Wirtschaft, Kultur und Gesellschaft. Damit einher ging eine allmähliche Verlagerung der Macht vom Ländlichen ins Urbane und von Weißen zu People of Colour, wodurch die gesellschaftliche und kulturelle Führung eine eigentümlich subalterne Komponente erhielt.

Diese kurze Reprise umreißt ansatzweise den einen Pol der beiden Jamaikas, die ich beschrieben habe. Dann war da noch das andere Jamaika.

Als ich jung war, nahm man an, es sei die populare Gesellschaftsschicht, die das ›echte‹ Jamaika ausmachte, vielleicht auch im Sinne eines kosmopolitischen, wiewohl fadenscheinigen Romantizismus, um die Erniedrigung auszugleichen, die das Leben der besitzlosen Schwarzen bestimmte. Natürlich steckte diese Zuweisung voller Vereinfachungen. Und die popularen Klassen trotzen jeder Vereinfachung. In den Städten zum Beispiel umspannte dieser amorphe Sektor so unterschiedliche Gruppierungen wie die ganz Armen, die urbane Unterklasse, die Arbeitslosen, Hafenarbeiter, Gelegenheits-Handwerksleute, die vor ihrer Einraumwerkstatt Kleider oder Schuhe flickten, ungelernte Mechaniker und die zahllosen von Ausbesserungsarbeiten lebenden Leute, die ich schon erwähnt habe. Und fraglos noch viele weitere.

Der Begriff ›echte Jamaikaner*innen‹ umfasste auch die ›Landbevölkerung‹ und die Kleinbauern und Kleinbäuerinnen, die auf schmalen Äckern oder in abgelegenen Bergdörfern ums Überleben kämpften, oder jene, die den Alltagsbedarf der Armen deckten: Inhaber*innen von Lebensmittelgeschäften, Kramläden und Rumbuden. Manche verrichteten niedere Tätigkeiten in dem kleinen industriellen Sektor, schnitten als Tagelöhner*innen Zuckerrohr, pflanzten Bananen und malochten in den Bauxitminen. Eine erhebliche Anzahl dieser Männer und Frauen, ob auf dem Land oder in der Stadt, lebte von Handarbeit oder beackerte den Boden, zog auf kleinen Parzellen Produkte, die die Familie ernährten oder auf dem Wochenmarkt verkauft werden konnten. Die überwiegende Mehrheit war direkt oder auf Umwegen Schwarzafrikanischer Herkunft. Allerdings war der Begriff ›afrikanisch‹ zur Selbstbeschreibung kaum gebräuchlich. Um kulturell und politisch verwendet zu werden, wie das heute der Fall ist, hätte er ein breites Spektrum von Hautfarben abdecken und auf die kulturellen, politischen und religiösen Bräuche verweisen müssen, die für die verschiedenen Gegenden Afrikas charakteristisch waren, aus denen die ursprünglichen Gefangenen in die Sklaverei verschleppt worden waren.

Allgemeiner ausgedrückt bildeten die Gewohnheiten, Sitten, täglichen Rituale, sozioökonomischen Bedingungen, religiösen und kulturellen Praktiken, die Freuden und Leiden dieser vielfältigen Klasse am unteren Ende der gesellschaftlichen Pyramide die Basis des jamaikanischen Lebens. Ihre Arbeit garantierte den Erhalt des gesamten sozioökonomischen Gefüges. Die Massen lebten größtenteils tief in ständiger Armut. Kulturell jedoch konnten sie – in unterschiedlichem Ausmaß, in diversen Bereichen des Alltagslebens – aus dem ungewöhnlich vielfältigen Repertoire afrikanischen und europäischen Ursprungs schöpfen und auch Gegensätzliches zu Neuem verschmelzen. Dieser Synkretismus war so umfassend, dass ab dem zwanzigsten Jahrhundert niemand mehr genau sagen konnte, wo und wie die Linien kulturellen Erbes verliefen, die sich kreuz und quer durchs ganze Land zogen. Doch trotz dieser grundlegenden und lang anhaltenden Erfahrung von *métissage* wurde nach der Unabhängigkeit der Panafrikanismus die vorherrschende politische Kraft im kollektiven Bewusstsein und im Freiheitskampf der Schwarzen Bevölkerung der Karibik wie auch der Neuen Welt im Allgemeineren.

In diesem Sinn hat Ansehen als gesellschaftlicher Wert auch seine Kehrseite: eine Einstellung aus unterschwelligem Groll, Widerspenstigkeit und Aufbegehren, die dicht unter der Oberfläche brodelt. Die im popularen Alltagsleben gebräuchlichen Zuschreibungen ›Haltung‹ und ›Schlaffheit‹ sind verwandelte Manifestationen dieses älteren historischen Erbes. Ich muss noch einmal darauf zurückkommen, dass in meiner Jugend die Mehrheit der Schwarzen Bevölkerung sich selbst nicht als Schwarz bezeichnet hätte. Trotzdem waren sie sich vollkommen bewusst, dass ihre Herkunft rassisiert und sie als minderwertig konstruiert wurden. Schwarzsein war so erbarmungslos stereotypisiert worden – so degradiert und erniedrigt, seine Negativität so tief in die gesellschaftlichen Verhaltensweisen eingelassen, so sehr eingepflanzt ins Alltagsbewusstsein und negativ verstärkt im Unbewussten, so sehr verknüpft mit ungelösten psychischen Knoten und Abwehrmechanismen –, dass es ununterbrochen sichtbar war. Aber gleichzeitig blieb es innerhalb der in der herrschenden gesellschaftlichen Matrix vorgeschriebenen Begriffe unsagbar.

Der Triumph der Befreiung hatte mächtige ideologische Nachwehen: Ihre ehrbaren nonkonformistischen Befürworter*innen machten es sich zur Aufgabe, für die *Restauration* der anständigen, tugendhaften Geschlechterrollen einzutreten, welche die Plantage im Verlauf ihrer langen Geschichte in den Schmutz gezogen hatte. Ein weit verbreiteter Glaube beruhte auf der Annahme, die Sklaverei hätte das Frausein entwürdigt und es gäbe daher keine Möglichkeit für eine aufgeklärte Beziehung zwischen den Geschlechtern – ein Glaube, der, als es zur Befreiung kam, nur allzu deutlich Wirkung zeigte. Die Gender-Norm – die idealisierte Gender-Norm – verherrlichte die Tugend patriarchaler Autorität innerhalb der Familie. Das setzte voraus, dass Männer ihre Familien und Kinder ernähren konnten, was kaum je der Fall war, und trug noch weiter zur Unsichtbarkeit der Arbeit von Frauen außerhalb des Haushalts bei.

Nach der Befreiung arbeiteten Männer oft saisonweise fern von daheim. Tatsächlich trugen Frauen nicht nur die Hauptlast familiärer Verantwortung, sondern wurden zur notwendigen stabilen Kraft der heimischen Binnenwirtschaft sowie zum Mittelpunkt ländlichen Familienlebens. Sie arbeiteten für das Überleben der Familie, indem sie die Parzellen beackerten und die Früchte ihrer Mühen auf dem Kopf zum oft viele Meilen entfernten Markt trugen – in der Regel ihr einziges Einkommen. Diese Arbeitsteilung der Geschlechter bildete die Basis dafür, was die Anthropologen die ›matrifokale‹ Orientierung des Familienlebens in Jamaika nennen, mit der Frau in allen praktischen Angelegenheiten im Mittelpunkt. Wenn der Mann anwesend war, machte er gewöhnlich seine Autorität geltend, erhielt den Löwenanteil des Essens und erzwang sexuellen Gehorsam.

In seltsamer Wiederholung dieser gewohnten Praxis ist es heute noch üblich, dass in Familien der Mittelschicht Frauen außer Haus berufstätig sind – womöglich sind sie besser ausgebildet als die Männer, unabhängiger, erreichen hohe Positionen in ihrem Beruf oder übernehmen verantwortungsvollere Jobs als die Männer –, aber daheim und in der häuslichen Sphäre fügen sie sich noch immer in die dienende ›feminine‹ Rolle.

Karibische Männer sind berüchtigt dafür, sich ihren Pflichten gegenüber den Frauen, mit denen sie zusammenleben, und ihrer Verantwortung für die von ihnen gezeugten Kinder zu entziehen. Diese kollektive Wahrnehmung und ihre Verankerung in der alltäglichen Vorstellungswelt kann nicht überraschen. In der Zeit der Sklaverei brachte Vaterschaft keinerlei soziale Rechte und Pflichten mit sich. Generell wurden versklavte und kolonisierte Schwarze Männer vom sogenannten ›abwesenden Weißen Vater‹ psychisch infantilisiert und symbolisch deplatziert. Eine These lautet, dass, da ihre Selbstachtung im weiteren gesellschaftlichen Umfeld beeinträchtigt wurde, die Männer – manche Männer – dies vielleicht in der Sphäre von Geschlecht und sexuellen Beziehungen kompensierten, einem der wenigen Bereiche, die ihnen vom sogenannten ›abwesenden Weißen Vater‹ als Spielfeld für ersatzweise und umgekehrte Autoritätsmuster zugestanden wurden. Diese Spekulation mag uns bis zu einem gewissen Grad dabei helfen, die latente Aggression und gelegentlich hervorbrechende Gewalt gegenüber Frauen und Homosexuellen in der jamaikanischen Gesellschaft wie auch die kalkulierte Demonstration männlicher Macht durch Vergewaltigung zu verstehen – womit nichts davon bagatellisiert werden soll. Dieses entwürdigte Erbe hat sich tief in der sexuellen Kultur des Landes festgesetzt – und ist gelegentlich sogar Anlass zu Prahlereien.

Die religiösen Anschauungen, die sich während der Sklaverei ausformten, haben auf die Mehrheit der Bevölkerung noch immer großen Einfluss. Die unterschwellige Geschichte dieser unausgegorenen, gebrochenen, aber nichtsdestotrotz beständigen symbolischen Bezüge ist von enormer Bedeutung. Das passt zu Antonio Gramscis Überlegungen, wie politische Ideologien konstruiert und im Alltagsleben verankert werden. Nach Gramsci gelingt dies, wenn eine Ideologie »als konkrete ›Phantasie‹« dargestellt wird, »die auf ein verstreutes und zersplittertes Volk einwirkt, um seinen Kollektivwillen zu wecken und zu organisieren«.

Bestimmte Muster, geschmiedet während der Sklaverei, verbunden mit der zweideutigen Rolle und dem Einfluss der abtrünnigen Kirchen und getragen von der gesamten Zeit der Kolonisierung, haben auf die jamaikanische Gesellschaft eine signifikante, breit wirksame Hebelkraft ausgeübt. Sie lassen sich auch in anderen Gesellschaften aufspüren, welche durch Kolonialisierung ähnlich ihrer traditionellen Kulturen und religiösen Praktiken beraubt und von einer bestimmten evangelikalen Version des Christentums erzogen wurden. Die abtrünnigen, evangelikalen, spalterischen Kirchen und besonders die Pfingstbewegung übermittelten Jamaikaner*innen, vor allem den Frauen, nicht nur ein tiefes religiöses Empfinden, sondern auch die Entschlossenheit, sich selbst unter ungünstigsten Bedingungen ihre moralische Ehrbarkeit zu bewahren. Unnötig zu sagen, dass religiös geprägte Ehrbarkeit schon immer ein Doppelleben geführt hat, in engster Tuchfühlung mit dem sinnlichen, erdverbundenen, diesseitigen Charakter popularen Alltagslebens.

Die Missionar*innen der abtrünnigen Kirchen, vor allem die Methodisten und Baptisten, stellten sich häufig auf die Seite der Versklavten, auch wenn sie schwören mussten, jeden Eingriff in politische Angelegenheiten zu unterlassen. Sie mischten sich jedoch kräftig in die Erziehung der Sklav*innen ein und förderten Schulen sowie Institute zur Lehrer*innenausbildung. Ihre religiöse Botschaft wurde durchaus allgemein als Aufforderung zur politischen, aber auch anderweitigen Bekehrung aufgefasst. Die Spannungen zwischen den etablierten Konfessionen mit ihren auswärtigen Wurzeln und den abtrünnigen Kirchen vor Ort waren sehr stark und trugen viel zur Kreolisierung der lokalen Ableger bei, die ihre Wurzeln in den lokalen Verhältnissen hatten. Die Rebellion von 1831, bei der der Schwarze baptistische Diakon Sam Sharpe eine führende Rolle spielte – und die die Briten davon überzeugte, dass die Befreiung der Sklav*innen eine Notwendigkeit war –, ging als ›Baptistenkrieg‹ ins öffentliche Bewusstsein ein. Die Aktivitäten der Schwarzen ›einheimischen Baptistenpriester‹ waren besonders einflussreich und verstärkten den allgemeinen Trend der Sektengründung, der sich weiter fortgesetzt hat. Die Vision der Missionar*innen vom unabhängigen, arbeitsamen und religiösen ›freien Mann‹, die in den ›freien Dörfern‹ verbreitet wurde, hatte anhaltende Wirkung.

Religiöse Ausdrucksweisen und Metaphern sind noch immer tief in der jamaikanischen Kultur verankert. In meiner Kindheit versetzten die ekstatischeren Kirchengemeinden ihre Mitglieder durch strikte moralische Überwachung in Angst und Schrecken und drohten mit Höllenfeuer und Schwefel. Aber die erklärte Doktrin und die alltäglichen Verhaltensmuster klafften mitunter weit auseinander. Eheschließungen nach dem Gewohnheitsrecht und außereheliche sexuelle Beziehungen zum Beispiel waren die Regel bei einem Großteil der ärmeren Klassen, und so ist es bis heute. Die meisten Kinder der Armen waren – und sind es noch – in formeller oder juristischer Hinsicht illegitim. Trotzdem, und obwohl die meisten Menschen ein angeblich lasterhaftes Leben führen, gelten die moralischen Vorgaben der Bibel noch immer als klare Richtlinien im Alltag. Gewiefte Politiker*innen, die sich um ein öffentliches Amt bewerben, legen sich einen Zitatenschatz biblischer Phrasen und einen entsprechenden rhythmischen Tonfall zu, denn die Welt des moralischen Urteils ist davon bis heute tief durchdrungen.

Dieser symbolische Kosmos bezog Elemente des Äthiopismus ein, der religiösen Bewegung für die Befreiung und Christianisierung Afrikas; der Erweckungsbewegung und ihrer zahlreichen Sekten und abtrünnigen Kirchen der ›Gotteszeugen‹-Variante, die Jamaika Anfang des zwanzigsten Jahrhunderts überschwemmten; und des Zionismus, der sich darauf spezialisierte, historische Ereignisse mit Hilfe passender Texte aus biblischen Quellen zu deuten. Auf diese Weise wurden die Massen der Schwarzen Bevölkerung in den Grundlagen einer neuartigen Hermeneutik geschult, also in einem analogen Code für das Deuten, Diskutieren und Interpretieren – wie die Vorliebe der Rastafarians fürs ›Räsonnieren‹. Andere Elemente umfassten traditionelle afrikanische religiöse Praktiken, Verehrung der Natur, Sprechen in Zungen, spirituelle Heilung und gemeinsames Tanzen, um einen Trance-Zustand oder körperliche Besessenheit durch Geister herbeizuführen. All das wurde den jamaikanischen Ausprägungen kreolischer Kultur einverleibt, wie Myall (›weiße Magie‹), Obeah (›schwarze Magie‹) und Pocomania, die disparate und gegensätzliche Strömungen auf spontane Weise in einen einheitlichen symbolischen Zusammenhang brachten.

Es ist ein Klischee, dass der christliche Kolonialismus die ursprünglichen Glaubensformen zerstört hat und bestrebt war, die jeweilige Bevölkerung an europäische Modelle der Kirchenorganisation und des christlichen Glaubens anzupassen. Gleichwohl impfte das jamaikanische Christentum der Bevölkerung eine eschatologische Erlösungslehre ein, die es ermöglichte, selbst unter brutalsten Umständen darauf zu beharren, dass das Leben zwar ein Jammertal, die Befreiung daraus aber schon hinter der nächsten Straßenecke zu finden sei. Gleichzeitig stellte das Christentum die Pflicht zur gesellschaftlichen Wohlanständigkeit als mit die wichtigste Grundlage eines ›guten Lebens‹ dar. Dieser Einfluss könnte erklären helfen, warum die christlichen Kirchen überall im ehemaligen britischen Empire eine dermaßen konservative Haltung zu Frauen in Kirchenfunktionen und zur gleichgeschlechtlichen Ehe einnehmen.

Jahrhunderte des Kolonialismus und der Sklaverei haben das Leben der Unterdrückten ›zersplittert‹, um einen Begriff von Gramsci zu verwenden. Das Bemühen, heterodoxe Religionen als Mittel zu benutzen, um in *dieser* Welt bestehen zu können, hat bis zu einem gewissen Grad eine ›konkrete Phantasie‹ geliefert. Eher ›phantasmagorisch‹, gewiss, aber doch mit beträchtlicher Hebelwirkung auf die politischen Realitäten und angetrieben von der Hoffnung, ein gewisses Maß an menschlicher Freiheit in dieser Welt realisieren zu können.

Lassen Sie mich meine Argumentationsstränge zusammenführen. Ich habe den besonderen Charakter der Plantagengesellschaft in Jamaika skizziert und welche historische Last dieses Erbe hinterlassen hat. Um das zu verstehen, ist es notwendig, die Vielfalt der sozialen Bestimmtheiten, die hier im Spiel sind, zu erfassen – und die Tatsache, dass sie sich im Zusammenhang auswirken, als Anordnung verschiedener Kräfte. Anders gesagt, sie sind überdeterminiert. Doch dass sie überdeterminiert sind, verweist zugleich auf die ständigen Abweichungen dieser Bestimmtheiten: Kein Element passt zum anderen oder kann auf eindeutige, klar choreografierte

Weise aus einem anderen abgeleitet werden. In diesem Szenario sind ständig Verschiebungen am Werk.

Ein Vorteil dieses Ansatzes ist, dass er ein gewisses Maß gesellschaftlicher Bestimmtheit zulässt: Genau so war (und ist) zum Beispiel das Konzept von Race in Jamaika aufgebaut. Es funktioniert nie als etwas Gegebenes oder Absolutes; es ist die Folge von situationsbedingten diskursiven Kämpfen. Und als solches kann Race als ein entscheidender Faktor beim Vorgang der Bestimmung verstanden werden, trotz der diversen Ungewissheiten, die mit im Spiel sind. Race, Colour und Klasse ließen sich nicht nahtlos ineinander übersetzen. Es war eher ein Fall von dem, was feministische Theoretikerinnen wie Kimberlé Crenshaw, Avtar Brah, Gail Lewis und andere Intersektionalität nennen, um den engen Zusammenhang der Elemente zu betonen, die einander gleichzeitig aber nicht entsprechen, nicht vergleichbar sind und nicht zusammengefügt werden können. Im Unterschied zur rassistischen Segregation in den Sklav*innenhalterstaaten des US-amerikanischen Südens oder im Südafrika der Apartheid war die rassisierte Differenz in der Karibik nie gesetzlich festgeschrieben. Das Wahlrecht hing nicht von der Zugehörigkeit zu Race, sondern vom Besitz ab. Race fungierte als Teil eines informellen Systems und als Quelle unausgesprochenen gesellschaftlichen Wissens. Informelle Bedeutungssysteme lassen viel Raum für Mehrdeutigkeit und Verhandlung. Trotzdem darf man nicht schlussfolgern, dass es wegen dieser Informalität bei Regelverstößen keine sozialen und psychischen Strafen gegeben hätte. Die Situation in der Karibik war zwar eindeutig und vom Alltagsverstand legitimiert, in der Praxis aber aufgeladen mit Ausnahmen, Abweichungen und Fehldeutungen. Die diskursiven Verhandlungen, die diese Abweichungen in Gang setzten, waren Gegenstand der sozialen Transaktionen im Alltagsleben der kolonialen Gesellschaft und befeuerten alles Mögliche von geflüsterten Schmähungen bis zu lautstarken öffentlichen Kommentaren.

Ich begann dieses Kapitel mit der Behauptung, dass aufgrund meiner karibischen Herkunft mein Eintritt in die Geschichte nicht mit den großen europäischen Geschichtsphilosophien konform gehen konnte. Ich deutete auch an, dass – innerhalb dieser intellektuellen Schemata – der karibischen Welt im Besonderen und der kolonialen Welt im Allgemeinen phantasmatische Qualitäten zugeschrieben wurden, aufgrund der Tatsache, dass das koloniale Leben sich jener Art von Ordnung und Fortschritt entzog, die sonst als Kennzeichen der Zivilisation gelten. Dieses Denken war nicht nur hochgradig ideologisch belastet, ich musste auch lernen, dass es *keine* Geschichte gibt, die frei von Unordnung und Deplatzierung ist, weder in der Karibik *noch in der Metropole*. Jede andere Vorstellung ist reine Phantasie, wenn auch eine vom Kolonialismus erzeugte Phantasie, die ihre eigene lange

Geschichte hat. So gesehen hat mir die Karibik wiederum Mittel erschlossen, um über die Bedingungen von Geschichte *im Allgemeinen* nachzudenken.

Und wie ich in diesem Buch immer wieder erkläre, entdeckte meine Generation, dass es nicht notwendig war, sich zwischen dem Blickwinkel der Kolonie und dem der Metropole zu entscheiden. Neue Räume – dritte Räume – waren im Prozess sich zu öffnen und wurden zu einem Rettungsring für uns. So war es jedenfalls für mich.

Die Praktiken der gesellschaftlichen Verleugnung, die ich aufgezeigt habe, besaßen, denke ich, besondere karibische Merkmale. Sie waren gleichzeitig real – real genug, um dagegenzuprallen – und merkwürdig unfassbar. Die traditionelle Wissenschaft hat sich hartnäckig geweigert, diese Dimension jamaikanischen gesellschaftlichen Lebens einer Revision zu unterziehen. In letzter Zeit frage ich mich nach der Tiefe und der Form dieses Schweigens, dieser Unaussprechlichkeit. Wenn sie denn ihrem Wesen nach so eindeutig karibisch ist, warum sollte das so sein?

Ich bin mir noch immer nicht sicher. Aber ich glaube, das Ausmaß der Zerstörung der karibischen Vergangenheit in zeitgenössischen Vorstellungen hat so einiges damit zu tun. Jedenfalls hat der Einfall des Kolonialismus lokales Wissen und indigene Lebensweisen auf Jamaika vollständiger vernichtet, als es in vielen anderen kolonialen Begegnungen der Fall war – in Afrika zum Beispiel oder in Südasien. Dort hatten die nationalistischen Bewegungen den Vorteil einer längeren vorkolonialen Geschichte, was es ihren Unabhängigkeitsbewegungen ermöglichte, sich auf ein tief bewahrtes Konzept von ›Volk‹ zu berufen. Doch in Jamaika war das nicht so. ›Die Vergangenheit‹ war schon ›verschollen‹, ›der Ursprung‹ dauerhaft ausgesetzt, die Zukunft ungewiss. Das begünstigte eine akute gesellschaftliche Vergesslichkeit.

Dieser Verlust der Vergangenheit war kein Pech. Er war zum Teil der bewussten Strategie geschuldet, bei Sklav*innenauktionen die tribalen, geografischen, sprachlichen, religiösen und familiären Loyalitäten zu kappen und historische Bindungen und Erinnerungen zu zerstören, um die Versklavten gefügiger zu machen und ›reif‹ für die Zwangsarbeit. Die Gewalt dieser sozialen Fragmentierung war eine der vielen Folgen des albtraumhaften Terrors auf der Middle Passage. Die Tatsache, dass es der erzwungenen Akkulturation nicht vollständig gelang, bei den Versklavten die Erinnerungen an ihre Traditionen auszulöschen, ist eher ein Beleg für die Widerspenstigkeit und enorme Anpassungsfähigkeit von kulturellen Formen und Traditionen als für ihre Unwandelbarkeit. Tatsächlich passten sich die Versklavten wahrscheinlich im Moment der Kreolisierung am besten an. Kulturelle Übersetzung war der Preis, der für ein zumindest teilweises Überleben zu zahlen war. Nur ›*in der Übersetzung*‹ ergibt eine Behauptung wie ›Africa is Alive and Well in the Diaspora‹ überhaupt Sinn. Aber solche Aussagen werden bewusst erfunden, um in das noch immer vorherrschende Schweigen einzubrechen und die größere Stille zu verdrängen.

Eines sollte ich deutlich machen. Wenn ich vom Verlust der Vergangenheit spreche, dann beziehe ich mich auf ein Element des Zusammenbruchs im zeitgenössischen System der gesellschaftlichen Erinnerung. Ich denke dabei an die Hemmnisse, die die Fähigkeit beeinträchtigen, die Vergangenheit in der Vorstellung produktiv mit der Gegenwart in Beziehung zu setzen. Die karibische Literatur der vergangenen fünf oder auch mehr Jahrzehnte bezieht ihre Kraft aus der Entschlossenheit der Schriftsteller*innen, für die Gegenwart nützliche vergangene Geschehnisse zu dramatisieren, um etwas zu erschaffen, das im Leben der Karibik sonst fehlt. Meine Argumentation zielt auf das, was imaginiert werden kann und was nicht. Und darauf, wo die Vergangenheit so ins Bewusstsein eintritt, dass sie anschließend die historische Gegenwart durchdringen und welthaft werden kann. Anders ausgedrückt geht es darum, ein kollektives Denken und Fühlen zu erzeugen, das nicht gelähmt ist von den Verleugnungen der Vergangenheit, sondern neuen Generationen erlaubt, sich strategisch mit dieser Vergangenheit auseinanderzusetzen, um eine wirkliche historische Kraft zu werden und der Welt offen zu begegnen.

Zu sagen, dass der Karibik ihre Vergangenheit fehlt, ist nicht dasselbe wie zu sagen, die Karibik habe keine Geschichte, was immer das heißen soll. So etwas zu behaupten brächte uns direkt zurück ins Zentrum des kolonialen Denkens. In *Auf der Sklavenroute* bezeichnete V.S. Naipaul die Karibik polemisch – wie es seine Art ist – als Ort ohne Geschichte. Das ist nicht meine Sichtweise. Mir kommt es eher so vor, als wäre die Bürde der Geschichte den Menschen zu schwer, um sie zu tragen.

4.
Race und ihre Verleugnung

Im vorigen Kapitel verlagerte sich der Schwerpunkt von meiner gelebten Erfahrung in Jamaika hin zu den Formen mentaler Repräsentationen der kolonialisierten Situation; ich versuchte aus meiner persönlichen Entwicklungsgeschichte klug zu werden. Wie ich erklärt habe, kreiste vieles um meine Überlegungen, wie man auf die unschuldige – oder gar nicht so unschuldige – Frage antwortet: »Woher kommst du?« So einfach sie vordergründig zu sein scheint, ist sie doch schwer mit zusätzlichen Bedeutungen aufgeladen. Ich erinnere mich in diesem Zusammenhang an James Baldwins Begegnung mit einem Westinder im British Museum in den 1960er Jahren, wo er mit ebendieser Frage konfrontiert wurde. »Woher kommen Sie?« Selbst nachdem Baldwin seine Herkunft in aller Deutlichkeit dargelegt hatte – »Ich wurde im Harlem General Hospital geboren« –, ließ sein Gesprächspartner nicht locker, bis er Baldwin schließlich fragte: »Aber wo wurden Sie *davor* geboren?« Ganz genau! In dieser Frage kann es von versteckten, tückischen Voorannahmen nur so wimmeln.

Um mich einer Antwort zu nähern, musste ich deutlich machen, wie ich zu einem bestimmten Verständnis davon erzogen wurde, auf welche Weise ich Teil der Geschichte war; und dann, wie ich gelernt habe, mich von dieser Sichtweise zu befreien, und mit welchen Konsequenzen. Gewiss, das sind Meta-Fragen: Es geht weniger um mein Leben als darum, wie ein Leben erzählt werden sollte. Aber wie ich immer betone, lässt sich mein Leben von meinem Denken nicht trennen. Wenn man die Geschichte von jemandem erzählt, der am falschen Ort geboren wurde, abseits der herrschenden Strömungen der Geschichte, ist nichts selbstverständlich. Schon gar nicht das Erzählen eines Lebens.

Ich fühle mich verpflichtet, noch einen weiteren Umweg zu machen, bevor ich den Bericht mit meiner Reise von Jamaika nach England an die Oxford University fortsetze. Immer wieder komme ich auf das Thema Verleugnung und die Beziehung zwischen Verleugnung und Race auf Jamaika zurück. Als ich zu schreiben begann, habe ich das ständig aufs Neue durchdacht, vermutlich schon leicht zwanghaft. Am Beginn meines Lebens haben mich die Ausweichmanöver und Verleugnungen verblüfft und später viel Leid verursacht. Was war das für eine kollektive Psyche, die so viel Energie in die Aufrechterhaltung von rassisierter Dominanz investierte und gleichzeitig die Wirkmächtigkeit von Race kategorisch leugnete? Verleugnung ist kein ungewöhnliches historisches Phänomen, gerade in Fragen von Race. Als ich in England ankam, begegneten mir diese psychischen Reflexe erneut, aber mit einer anderen Stimmung, als ich es gewohnt war. In diesem kurzen Kapitel befasse ich mich mit diesem Thema. Es war für mein Leben von ebenso zentraler Bedeutung wie für meine intellektuelle Entwicklung.

Frantz Fanon glaubte, dass koloniale Gesellschaften durch Race funktionieren. Damit meinte er, dass die gesellschaftlichen Race-Verhältnisse – die den ursprünglichen Antagonismus zwischen Siedler und Einheimischen prägten – besonders rigoros das Gewicht kolonialer Herrschaft stützten. Ich vermute, dass Fanon, als er dies schrieb, eher an Algerien dachte als an sein Geburtsland Martinique, auch wenn wir das nicht mit Sicherheit wissen können. Vieles von dem, was ich erörtert habe, vor allem die Art und Weise, wie die rassisierte Unterordnung meiner Familie ihren Stempel aufgedrückt hat, scheint dies zu bestätigen. Gleichzeitig jedoch wurde das Thema Race selten als das benannt, was es war, oder auch nur zur Kenntnis genommen. Race war überall und in jeder Hinsicht gegenwärtig, aber konnte nie wirklich lokalisiert oder artikuliert werden. Auf Schritt und Tritt begegneten uns Formen der Verleugnung mit ihren tiefgreifenden, verunsichernden Mehrdeutigkeiten und Widersprüchen. Um die Dynamiken meiner karibischen Formierung aufzudecken, sehe ich mich gezwungen, diesen Widerspruch direkt anzugehen, der, so ungreifbar er auch war, das gesamte Alltagsleben durchzog. Ich muss diese Koexistenz von absoluter Herrschaft der rassisierten Ordnung auf der einen und ihrer beständigen Verleugnung auf der anderen Seite zu fassen kriegen, so gut ich kann.

Wenn man in der Karibik Race erforscht, ist Colour der Joker im Spiel. Gail Lewis hat die Komplexität der »Sprache der Haut und ihrer gesellschaftlichen Bewertung« untersucht. Ein wichtiger Aspekt bei der Bedeutung von Haut(farbe) in der Karibik war das Versteckspiel, das Race und Colour im Gesellschaftssystem nach der Sklaverei spielten, das sich im Laufe von drei Jahrhunderten aus den starren Kategorien des versklavten Jamaika entwickelt hatte. In dieser Gesellschaft arbeitete das Bewusstsein von Race und Colour ständig auf Hochtouren. Feine Unterscheidungen bezüglich Race oder Colour wie auch hinsichtlich Wohlstand und gesellschaftlicher Stellung waren von enormer Bedeutung. Es existierte eine gesellschaftliche Obsession im Sinne von Freuds ›Narzissmus der kleinen Differenzen‹. Um ein Individuum innerhalb eines Race/Colour-Systems zu verorten, ist es ideal, wenn man auf einen Unterscheidungscode zurückgreifen kann, der auf Anhieb sichtbar ist und mit einem Blick gelesen werden kann. Unter diesen Umständen wird Sichtbarkeit selbst zu einer Art Wahrheit. Man muss imstande sein abzubilden, was man sieht, es zu strukturieren und einzuordnen. Dies erreicht man, indem man ein Unterscheidungsmerkmal (zum Beispiel Hautfarbe) mit einem anderen (zum Beispiel Race) korreliert. Durch diese Strategie des ›gesellschaftlichen Lesens‹ wird die Position jedes Individuums kartografierbar und Race oder Colour als entscheidendes Bestimmungsmerkmal bestätigt. Schließlich darf es auf keinen Fall passieren, dass man der falschen Race zugeordnet wird!

Lévi-Strauss nennt diese Art des Denkens – diese Form von mentalem Raster – »kombinatorisch«, eine lebendige Matrix zum Zweck der sozialen Verortung. Meine Großmutter mütterlicherseits behauptete immer, sie könne bei allen, die sich besonders anstrengten, als Weiße ›durchzugehen‹, die verräterischen Zeichen erkennen, die sie treffend »den Ansatz des Teerpinsels« nannte.

Die Gliederungen aus Race, Colour und Klasse stützten die gesamte soziale Hierarchie. Wie ich dargelegt habe, fanden sich die nahezu Weißen oder ›hiesigen Weißen‹ an der Spitze der Pyramide der kolonialen Klassenordnung. Darunter bildeten die Coloureds, genauer gesagt: die Braune oder kreolische Mittel- und untere Mittelschicht eine Art Pufferklasse im Herrschaftssystem, die von der kolonialen Ordnung ›Zwangsverpflichteten‹. Ganz unten war die breite Masse der überwiegend Schwarzen, armen Vertreter*innen der Klasse der Arbeiter*innen oder Bauern und Bäuerinnen, die in der Stadt oder auf dem Land lebten oder ständig dazwischen hin und her pendelten. Sie bildeten eine separate soziale Welt. Als weitere, unabhängige Trennlinie zog sich das Geschlecht mit eigenen, spezifisch kolonialen Merkmalen durch diese Kategorien.

Diese Gliederungen waren charakteristisch für eine Gesellschaft dieses Typs und brachten unzählige mögliche Identitätspositionen hervor. Die Situation erzeugte eine schädliche doppelte Spaltung zwischen dem Selbst und dem Anderen, zwischen einem Hier und einem Dort. Der direkte Zugang der Versklavten zu ihren früheren afrikanischen kulturellen Wurzeln war durch gewaltsame Eroberung und Verpflanzung in die Sklaverei der Neuen Welt brutal und entschieden gekappt worden. Gleichzeitig war der Zugang zu allem, was für ›authentisch britisch‹ hätte stehen können, grundlegend umkonfiguriert worden, nicht nur durch seine Verpflanzung in koloniale Bedingungen, sondern durch seine Funktion als Teil eines Systems von Macht und Unterwerfung. Auf dem Palimpsest der jamaikanischen Kultur, wie sie mir beim Eintritt ins Erwachsenenalter vertraut war, hinterließen diese symbolischen Repertoires zwar Spuren, aber keins davon konnte Vollständigkeit, Autonomie oder eigenständige Authentizität für sich beanspruchen. Sie waren weder intakt noch autark oder autonom. Sie hatten das produziert, was Salman Rushdie einmal polemisch kulturelle ›Bastarde‹ nannte. Ihre gegensätzlichen Elemente waren im kolonialen Kochtopf zusammengerührt und unwiederbringlich kreolisiert worden. Die Kultur konnte nie mehr auf die Summe ihrer Einzelteile reduziert werden. Die Kontaktzone – der ›dritte Raum‹, die ›Urszene‹ ihres erzwungenen Miteinanders – erwies sich als der schlagkräftigste und einflussreichste Ort der Veränderung.

Zu meiner Zeit waren die Elemente dieses Prozesses der Indigenisierung längst miteinander verschmolzen und verdichtet worden zu dem, was wir ganz selbstverständlich als das Fundament des popularen Lebens auf Jamaika betrachteten. Dies habe ich das ›charakteristisch Jamaikanische‹ genannt. So unterschiedliche Sachverständige der jamaikanischen Geschichte wie Tom Holt und Erna Brodber bezeichnen das Ergebnis schlicht als ›Afro-Jamaika‹. Jamaikas Moderne begann genau da, egal welche Mythen sich um seinen Ursprung ranken.

Daraus ergibt sich, dass auch auf diesem Feld, so wie auf jedem anderen, die Authentizität der Herkünfte problematisch ist. Nur wenig von den ursprünglichen Kulturen hat überlebt; ihre Träger*innen erlagen den extrem harten Arbeitsbedingungen, denen sie unterworfen wurden. Niemand von denen, die nachfolgten, stammte aus der Region, alle kamen von woanders. Das mag auch die Quelle der Verwirrung um diesen anderen umstrittenen Begriff sein – Hybridität –, mit dem die karibische Kultur beschrieben wird. Hybridität bekommt zwar einige Aspekte zu fassen, kann aber auch in die Irre führen, wo sie auf die vielfältigen Anfänge der Gesellschaft verweist, auf ihren ›Resultat‹-Charakter. Zu oft wirkt Hybridität mehr wie eine Anspielung auf ›Blutvermischung‹ als wie ein Hinweis auf ein Zusammenspiel historischer und kultureller Faktoren. Für meinen Geschmack liegt dies zu nahe an einer gewissen Spielart von biologischem Reduktionismus.

Ab den 1930er Jahren, also etwa zum Zeitpunkt meiner Geburt, begann die überlieferte rassisierte Ordnung auf Jamaika zu bröckeln, ihre gesellschaftliche Macht lockerte sich – was sich zum Teil in den Ereignissen von 1938 und den damit einhergehenden Veränderungen manifestiert. Vollziehen wir nur mal nach, wie der Begriff ›Schwarz‹ in den öffentlichen Wortschatz einging und wie er zur Triebkraft kollektiver Anstrengungen wurde, ein neues Selbst zu konzipieren. Die lange und komplexe Geschichte des Garveyismus ist in diesem Zusammenhang von entscheidender Bedeutung, da er eine neue, aufstrebende symbolische Ordnung von großer Wirkkraft repräsentierte. Aber am sichtbarsten wurde der Bruch in dem Moment, der sekundäre Entkolonisierung genannt wird, als in den späten 1960er Jahren die pan-karibische Ausprägung von Black Power entstand.

In meiner Jugend benutzte die Mittelschicht den Begriff Schwarz zur Selbstbeschreibung absolut nicht. Man zog das Wort coloured vor. Schwarz galt als zu unhöflich, selbst gegenüber Leuten, die ganz offensichtlich Schwarz waren. Ich sah mich damals nie als Schwarz, obwohl ich wusste, dass ich dort, wo ich war, nicht hingehörte. Und keine*r meiner Freund*innen hätte mich oder sich selbst als Schwarz bezeichnet. Dabei war einer überwältigenden Mehrheit der Schwarzen Jamaikaner*innen ihre rassistische Inferiorisierung sehr wohl bewusst: von erniedrigenden Alltagserfahrungen bis zu den rassisierten Hierarchien, die das Ordnungsprinzip der Gesellschaft darstellten. Sehr genau kannten sie den Umfang und die Tiefe der Vorurteile, die Weiße und People of Colour ihnen gegenüber hegten. Nur war zu diesem Zeitpunkt Schwarzsein noch kein positiver Begriff, den man für sich reklamierte, auch keine Leitkategorie für eine Gruppenidentifikation oder kollektive politische Organisation – wobei sich das rasch änderte, vor allem innerhalb der aufstrebenden panafrikanischen Minorität. Die Idee des Schwarzseins war erbarmungslos stereotypisiert und abgewertet worden; Ängste gegenüber dem Schwarzsein gehörten zu den unhinterfragten Selbstverständlichkeiten des Alltagsverstands, seine Negativität noch verstärkt durch unbewusste feindselige Gefühle und verkompliziert durch unaufgelöste psychische Knoten und Abwehrmechanismen, über die nicht gesprochen wurde, obgleich man sie hätte erkennen können. All dies ist gemeint, wenn man sagt, was eigentlich absurd klingt: dass Jamaika sich bis zur kulturellen Revolution der 1960er und 1970er Jahre nicht als Schwarze Gesellschaft sah.

Erst in dieser Periode, also nach gewaltigen historischen Herausforderungen an die existierende rassisierte Ordnung, wurde dieses Tabu gebrochen. Das war nicht nur eine Angelegenheit der Karibik, sondern der ganzen Welt. Die Entkolonisierung und die Entstehung neuer nicht-Weißer – ›blockfreier‹ – Staaten läuteten eine neue historische Epoche ein. Sie umfasste die Bürger*innenrechtsbewegung und die Black-Power-Bewegung in den Vereinigten Staaten; den Garveyismus in der Karibik (gleichwohl nicht nur dort) in Kombination mit Rastafarianismus und Reggae; den langen Kampf gegen die Apartheid; den ›Kulturkampf‹ der Schwarzen in Britannien und die Mobilisierung antirassistischer Bewegungen in den 1970er Jahren. Und vieles mehr. In der Zeit nach den 1960er Jahren errang das Wort Schwarz seine heutigen positiven Konnotationen und veränderte die Möglichkeiten des popularen Lebens grundlegend. Dieser Bedeutungsumbruch und das Entstehen neuer Schwarzer Identitäten wurde von Tag zu Tag in alternativen kulturellen Formen wie Musik, Street-Styles und Tanz sichtbar, in denen das Neue artikuliert, verkörpert und vorgeführt wurde. Durch Rastafarianismus und Reggae spielte Jamaika eine überproportionale Rolle bei den weltweit entstehenden neuen Vorstellungen davon, was die Emanzipation von rassistischer Unterdrückung versprechen mochte.

Wie ich zu erklären versucht habe, verdeckte für meine Generation Brauner Mittelschicht-Jamaikaner*innen die Repression ein beredtes Schweigen, sie blendete das Unübersehbare aus, das (wiederum) gehört werden wollte und – aus ebendiesem Grund – unaussprechlich blieb. Das Wesen der Verleugnung besteht gerade darin, gleichzeitig zu wissen und nicht zu wissen. Foucault hat dargelegt, dass Verbote, weit davon entfernt, das Unaussprechliche erfolgreich zu unterdrücken, eine produktive Zunahme des Darüber-Sprechens erzeugen, was paradoxerweise das endgültige Scheitern des Verbots signalisiert. Wenn uns verboten wird, etwas zu sagen, so Foucault, finden wir andere Wege – indirekte, verschobene, aber zugleich nachdrücklichere Wege, *es zu sagen*. So hatte laut Foucault die repressive viktorianische Sexualmoral den Effekt, eine gewaltige Flut von neuartiger erotischer Literatur, Pornografie und Gerede über dieses angeblich Unaussprechliche, nämlich Sex, auszulösen. Jamaika war kein Fall von Repression an sich, sondern einer von kollektiver psychischer Verleugnung. Da das Sprechen über die bedrohliche Existenz von Race zensiert war, produzierte Jamaika – speziell seine Mittelschicht – angesichts dieser nicht manifesten und doch vorhandenen Leerstelle nicht nur eine Fülle an Redeweisen, sondern tausend Euphemismen, Ausweichmanöver und Umschreibungen. Je mehr die Gesellschaft versuchte, das Thema zu vermeiden, desto ausufernder und raffinierter wurde die Terminologie und desto wirkungsvoller öffnete dies die Tür für das rassisierte Unbewusste in der Umgangssprache. In ihrer Studie zu Lord Macaulay hat Catherine Hall gezeigt, dass dieses Vergessen im kolonialen Diskurs eine Form von ›Rassisierung ohne Rasse‹ darstellt.

In diesem Zusammenhang mag es nützlich sein, sich die Unterschiede zwischen den Funktionsweisen von Race in der Karibik und in den Vereinigten Staaten zu vergegenwärtigen.

In Jamaika stellten die Weißen eine kleine Minderheit dar, die den versklavten und befreiten Schwarzen zahlenmäßig weit unterlegen waren. In den meisten nordamerikanischen Staaten, in denen Sklaverei herrschte, lebten mehr Weiße als Schwarze, die – wie Brodber und andere dargelegt haben – folglich versuchten, sich innerhalb der dominanten Weißen Welt einen eigenen Raum zu schaffen. In Jamaika hingegen und in der Karibik generell drehten sich die Ideen von Freiheit zunehmend darum, einen Raum anderswo oder außerhalb zu imaginieren, was sich beispielsweise in der wachsenden Identifikation mit Afrika zeigte.

In den USA war das Gefälle der Rassisierung steiler und stützte sich scheinwissenschaftlich auf das genaue Verhältnis von Weißem und Schwarzem Blut in den Adern einer Person: Quadroon, Octoroon und so weiter. Entsprechend wurden in den Südstaaten rassistische Unterscheidungen juristisch schärfer definiert und gesellschaftlich wirksamer durchgesetzt als in der Karibik. Der Amerikanische Bürgerkrieg hat trotz seiner Versprechungen die rassistischen Spaltungen nur ansatz- und zeitweise gelockert. Die Reconstruction, der ambivalente Versuch des Nordens, nach dem Krieg im Süden ein neues gesellschaftliches Regime zu etablieren, wurde von den tonangebenden Geschäftemacher*innen und Karrierist*innen rasch kompromittiert. Die Staaten erhielten das Recht, eigenständig gesetzlich zu regeln, welche Freiheiten und Einschränkungen für befreite Schwarze gelten sollten. Die organisierte Opposition gegen die Emanzipation wurde schon bald offensichtlich in den Bestrebungen, die Jim-Crow-Gesetze einzuführen, welche die Linien rassistischer Diskriminierung festigten und formalisierten und faktisch eine neue Trennung nach Hautfarben herstellten. Eine extremistische Fraktion – der KuKluxKlan – griff nach seinen weißen Kapuzen und Stricken. Letztlich wurde die gesellschaftliche Apartheid der Plantagen-Ära nach der Sklav*innenbefreiung reinstalliert.

In Jamaika existierte ein solches rassistisches Gefüge nicht, und die Trennung zwischen den Hautfarben war weniger stark institutionalisiert. Sie funktionierte nicht qua Gesetz, sondern durch Sitte und Gewohnheit. Man denke, was die karibische Situation betrifft, nur an die Enklaven der Weißen, repräsentiert durch ihre Jachtclubs, wo es keine Zugangsverbote gibt. Das ist auch gar nicht notwendig. Diese Clubs *sind* einfach traditionell Weiß. In der Praxis war Race in Jamaika ein gleitender Signifikant. Die soziale Abweichung – das Gleiten des Signifikanten – war beträchtlich und konstitutiv für das gesellschaftliche Leben selbst. Es gab eine breite Variation von Hautfarben, selbst innerhalb einer Familie, so wie in meiner eigenen. In der jamaikanischen Gesellschaft war die fortwährende, verwirrende Fluidität der körperlichen Erscheinung Gegenstand von Tratsch, intensiver Überwachung und zügelloser Spekulation. Diese Fluidität, das *war* das Jamaika meiner Kindheit.

Ein solches Gesellschaftssystem erfordert, dass wir nicht nur über die gesellschaftlichen Verhältnisse nachdenken, die es stützen, sondern auch darüber, wie es tagtäglich reproduziert wird. Dies wiederum bringt uns zu Fragen nach der geschlechtlichen Konstruktion von Körpern, von Sexualitäten und nach den mannigfaltigen Transaktionen zwischen den Variationen ›epidermischer Schemata‹ auf der einen Seite und erotischem Begehren auf der anderen. Es führt uns zur Verbindung von Race und Sexualität. Ich habe bereits darauf angespielt, als ich die Situation in meiner eigenen Familie diskutierte: mein Schicksal als junger (dunkel-)Brauner Angehöriger der Mittelschicht und die beherrschende Präsenz meiner Mutter. Gail Lewis bezieht sich auf den Psychoanalytiker Wilfred Bion, um über die Natur der »mütterlichen Phantasien« nachzudenken, die sich auf das Baby übertragen, und führt dann weiter aus, dass die Haut selbst als mysteriöse Trägerin von »Geheimnissen, Begehren und Wissen« fungieren kann.

Das Verleugnen derer, die für die Elendsten gehalten werden, ist nicht nur an Race oder Colour gebunden. Es zieht sich durch die gesellschaftlichen Verhältnisse von Klasse, Geschlecht, Sexualität und Intimität. In dieser Hinsicht ist die Bürde der Vergangenheit im heutigen Jamaika unmittelbar präsent. Die gegen queere Männer verübte Gewalt, um das prominenteste Beispiel zu nennen, bestätigt dies. Früher ergingen sich die Anständigen in wortreichen Umschreibungen. Es war ja nicht so, dass die ehrenwerte Gesellschaft nicht über Homosexualität sprach; sie wurde ständig thematisiert, auch wenn sie niemals als das benannt wurde, ›was sie war‹. Als ein dunkler Unterstrom war sie immer vorhanden. Heute bilden Race, Sex und Macht einen dynamischen erotischen Cocktail. Der Albtraum Weißer Männer scheint zu sein, dass Schwarze Männer ihnen sexuell – in Größe oder Performance – überlegen sein und sie bei Weißen Frauen ausbooten könnten. Die Angst, von einem sexuell rebellischen ›Niederen‹ übertrumpft zu werden, lieferte die Zutaten für machtvolle Weiße Phantasmen. In *Schwarze Haut, weiße Masken* beobachtet Frantz Fanon, dass Weiße oft davon phantasieren, Schwarze Männer hätten Penisse von den ›Ausmaßen einer Kathedrale‹. In Reaktion auf solche weit verbreiteten Phantasmen ist eine übertriebene Schwarze Maskulinität zu einem der Terrains geworden, auf denen gestohlene Freiheiten umkämpft und kompensiert und historische Kämpfe symbolisch ausgefochten werden. Dieser tiefsitzende, gestörte Zug eines männlichen Chauvinismus in der jamaikanischen Gesellschaft, gepaart mit der entsprechenden Homophobie, ist ein entstellendes zeitgenössisches Erbe der rassistischen Vergangenheit. Die ungenierte Gewalt gegen Frauen ist ein weiteres. Sexuelle Leistungsfähigkeit ist für Schwarze Männer ein Weg, sich in einer Welt der Abhängigkeiten ihrer Maskulinität zu versichern; eine der wenigen Sphären von Freiheit und Macht, die noch nicht außer Kraft gesetzt wurden.

Für eine beträchtliche Anzahl Schwarzer Frauen ist Sexualität in der populären Kultur ebenfalls zu einem hoch aufgeladenen Schauspiel geworden, in dem sie ihre Unabhängigkeit behaupten und inszenieren, vor allem als Freude am Sex. Diese Elemente prägen nachhaltig die heutige urbane Kultur der ›slackness‹, in der sowohl Männer als auch Frauen aktive und hoch sexualisierte Rollen spielen. Auch wie jungen Schwarzen Briten in der Diaspora typischerweise unterstellt wird, sie würden mit verschiedenen ›baby mothers‹ Kinder in die Welt setzen, steht in Beziehung zu dieser ideologischen Rhetorik. Jedoch stehen am Ende dieser phantasmatischen Kette des Begehrens immer jene, die Objekte und Opfer dieser Prozesse sind – vor allem Frauen und schwule Männer.

Das heißt, Race/Colour funktioniert tatsächlich als Artikulationsprinzip, das sich durch die ganze Gesellschaft zieht: als Mittel, durch das multiple

Formen von Unterdrückung ineinandergreifen und Bedeutung erlangen. Race, was immer dieser Begriff bedeuten mag, kann ausschließlich in ihren Erscheinungsformen gesehen werden, während Hautfarbe nur allzu sichtbar ist. Also ist man versucht, das eine zu benutzen, um das andere zu *repräsentieren*.

Von diesen beiden Begriffen – Race und Colour – war und ist Race die ursprüngliche Kategorie. Man ging davon aus, dass Race-Unterschiede biologisch und genetisch vererbt werden. Tatsächlich hat Skip Gates schon vor langer Zeit dargelegt, dass ›Rasse‹ »zu einem bildlichen Ausdruck irreduzibler Unterschiede zwischen Kulturen, Sprachgruppen oder Anhängern besonderer Glaubenssysteme geworden ist, die oft auch fundamental gegensätzliche ökonomische Interessen haben«. Daraus ergibt sich das Problem, dass rassisierte Vererbung nicht mit bloßem Auge erkennbar ist. Deshalb ist es schwierig, genetische Verschiedenheit als eine dem Alltagsverstand einleuchtende – in Alltagssprache ausdrückbare – Abgrenzung zu konstruieren, wenn die Bezugsgrößen nicht sichtbar, eindeutig und leicht verfügbar sind. Die Farbe der Haut wiederum ist nur allzu deutlich sichtbar. Ihre Sichtbarkeit war und ist ihr größter diskursiver Wert. Sie ermöglicht ein sofortiges Erkennen. Sichtbarkeit wird somit zum Synonym für Wahrheit. In Anlehnung an Jacqueline Roses wunderbares Buch *Sexualität im Feld der Anschauung* kann man sagen, dass diese Manöver Race im ›Feld der Anschauung‹ verorten. So lieferte die Ersetzung von Race durch Colour einen lesbaren *Code*, innerhalb dessen sich ein Begriff durch den anderen ersetzen ließ. Ernesto Laclau und Chantal Mouffe nennen diese Denkstruktur »System der Äquivalenz«.

In diesem diskursiven System war biologische ›Rasse‹ die primäre Unterscheidungskategorie. Hautfarbe aber war die offensichtlichste visuelle Grenzmarkierung. Sie ermöglichte es uns, Vorgänge zu erfassen, die mit bloßem Auge nicht zu sehen waren, von denen wir aber wussten, dass sie unsichtbar im Körper wirkten. Diese Äquivalenzen sind von herausragender Bedeutung: nicht weil, wie deren Kritiker behaupten, »es dabei nur um Sprache geht«, sondern weil solche diskursiven Systeme die sozialen Praxen formen und steuern und umgekehrt.

Der Prozess der gesellschaftlichen Kartografierung beinhaltete nicht nur die Stereotypisierung von ›Blut‹, sondern auch von kulturellen Merkmalen. Im kolonialen Diskurs wurden Nicht-Weiße generell als qua Geburt faul, unzuverlässig, aggressiv, über-emotional, über-sexualisiert, irrational, intellektuell minderbemittelt kategorisiert und daher als von der Natur dazu bestimmt, in der Rangordnung der zivilisierten Gesellschaften für immer ganz unten zu rangieren. Als der Sklav*innenhandel im Gange war und man die grundsätzliche Menschlichkeit der Sklav*innen schließlich widerwillig anerkannte, wurden sie in der Regel als Angehörige der ›Negro Race‹ wahrgenommen und damit als vollkommen separate und tiefer stehende Kategorie von Menschen, die dauerhaft auf eine niedrigere soziale Entwicklungsstufe beschränkt blieben. Kulturelle Stereotype ließen sich damit *wie* Colour denken: stabil und unveränderlich, weil sie sich – scheinbar – nicht aus der Geschichte ableiteten, sondern aus der Natur. Das ließ sich auch so darstellen, dass rassisierte kulturelle Merkmale sich, wenn überhaupt, dann nur im Zeitlupentempo natürlicher Evolution verändern. Im Alltag hingegen werden sie als dauerhaft, gesichert und ewig unveränderbar erfahren, sind also kein Gegenstand für Reformen oder Veränderungen.

Der Effekt war, rassisierte Unterschiede zu fixieren, zu naturalisieren und zu normalisieren, indem physische Erscheinungsformen in soziale Bedeutungen übersetzt wurden. In *Mythen des Alltags* hat Roland Barthes in seiner Erörterung zum Titelbild von *Paris Match*, auf dem ein Schwarzer Soldat vor der französischen Flagge salutiert, diese Argumentation benutzt. Er bezeichnete den zugrunde liegenden ideologischen Prozess, die Praxis, Geschichte auf Natur zu reduzieren, als ›Naturalisierung‹. Damit folgte Barthes Marx, der beobachtet hatte, mit welchen Mitteln die bürgerliche Ideologie die Mechanismen des kapitalistischen Marktes normalisiert: indem er dargestellt wird, als sei er ein von der Natur selbst ermächtigtes ökonomisches System.

Der Begriff Naturalisierung erinnert auch an Fanon, der ein auf Hautfarbe basierendes System rassisierter gesellschaftlicher Distinktion als »epidermisches Schema« bezeichnet. Aus dieser Perspektive wird der Körper zu einem Ding, mittels dessen »Unterschiede gedacht« werden und das unmittelbar Furcht und Angst auslöst. »*Tiens, Maman! Un nègre!*«, ruft das Kind in Fanons berühmtem Zitat. In diesen wenigen Worten ist das Bedrohliche von *Race* verdichtet. Und wie Fanon anhand solcher scheinbar unbedeutenden Praxen demonstriert, wird die Weiße Angst vor dem Schwarzen selbst normalisiert.

Das Herausarbeiten dieses ›Artikulationssystems‹ brachte mich zu der in meiner Eröffnungsvorlesung im Du Bois Institute for African-American Research in Harvard gestellten Frage: »Ist Race nichts weiter als ein gleitender Signifikant?« Meine kurze Antwort lautete: Race ist *beides*, eine sozioökonomische ›Tatsache‹ *und* ein gesellschaftliches Konstrukt oder diskursives ›Ereignis‹ – auch wenn sie natürlich niemals ein unveränderliches, beweisbares, objektives wissenschaftliches Gesetz bezeichnet, das außerhalb des Diskurses wirkt und ein Garant für ihre Gültigkeit sein kann.

Der Stellenwert von Race/Colour als diskursiver Signifikant, der gesellschaftliche Bedeutung organisiert, impliziert nicht (wie die Skeptiker*innen meinten), dass Diskurs in der ›realen Welt‹ (wie sie sagen) keine Rolle spielt, weil es sich ›nur um Sprache‹ handelt. Diskurs und Praxis sind keine fundamentalen Gegensätze. Praxen haben immer eine Bedeutung, und Bedeutungen organisieren Praxen und haben reale Auswirkungen. Innerhalb eines Systems der Repräsentation dieser Art, argumentierte ich, müssen wir keine prinzipielle analytische Unterscheidung zwischen körperlichen und kulturellen Faktoren treffen, um Rassismus zu erklären. Vielmehr wurden die beiden, wie ich es damals ausdrückte, »die zwei Register des Rassismus«.

Der Entkolonisierungsprozess in Jamaika musste sich an vielen verschiedenen Fronten auf die heimische Kultur einlassen. Dabei war es entscheidend, das zuvor fortwährend Verleugnete ins Zentrum des bewussten Denkens und Sprechens zu rücken. Dies ist eine Möglichkeit, die periodisch wiederkehrende Dynamik der kulturellen Revolutionen der späten 1960er und der 1970er Jahre zu verstehen, die versprachen, uns von der gesellschaftlichen Gewohnheit des Verleugnens zu befreien, die die Funktionsweise des modernen Jamaika garantiert hatte.

Als ich heranwuchs, war es noch nicht so weit. Es gab keinen solchen kollektiven Willen abseits der verschiedenen Unterströmungen dieses anderen Jamaika, das die Angehörigen meiner Klasse und Colour kaum kennen konnten. Dies führte zu einer nerven- und kräftezehrenden Erfahrung: Wir fühlten, dass keine Sprache zur Verfügung stand, mit der sich verstehen ließ, was tief in uns allen steckte und brannte. Die Abreise aus Jamaika musste eine Reise zu etwas Neuem sein, das uns ermöglichen würde auszusprechen, was in uns war.

Teil II

Jamaika verlassen

5.
Rekruten der Moderne

Ich hoffe, es ist mir gelungen, das Unbehagen eines Heranwachsenden im kolonialen Jamaika zu verdeutlichen, das mich und viele meiner Generation dazu brachte, das Land zu verlassen. Ich möchte nicht über die zahlreichen Menschen sprechen, für die Migration zuallererst eine ökonomische Notwendigkeit war. Ich befasse mich hier mit jenen vielen, die wie ich eine gute Ausbildung genossen und ganz bestimmte Lebensentwürfe im Kopf hatten, von denen sie glaubten, sie würden sich in der Karibik nicht erfüllen lassen, jedenfalls nicht zu diesem Zeitpunkt.

Wir waren die Generation der Unabhängigkeit; 1938 hatte stattgefunden, und in den darauffolgenden Jahren hatte sich die gesamte politische Konfiguration von Jamaika – und der Karibik überhaupt – stark verändert und die formalen Strukturen für ein demokratisches Nationalbewusstsein geschaffen. In den frühen 1950er Jahren waren die Unabhängigkeit und die Perspektive einer karibischen Föderation nicht mehr ferne Träume, sondern zunehmend machbare politische Möglichkeiten. Inmitten der Klaustrophobie der kolonialen Situation wurden diese Hoffnungen auf eine andere Gesellschaft, eine andere Welt, ein Teil von mir selbst.

Das habe ich schon erörtert. Aber um den mir verfügbaren ausgleichenden politischen und kulturellen Ressourcen nachzuspüren, möchte ich den Blickwinkel leicht ändern: weg von meiner privaten, familiären Welt und hin zur öffentlichen Sphäre meiner Ausbildung. Tatsache ist, dass ausgerechnet das koloniale Erziehungssystem mich wohl oder übel für die Moderne rekrutiert hat.

Die Schule repräsentierte für mich den Übergang von der relativ geschlossenen Enklave meiner Familie in eine Welt, die sozial offener war und racially mixed – eher üblich für Jamaika – und die mich grundlegend prägte, persönlich wie intellektuell. Sie eröffnete mir historische Zusammenhänge, weitete meinen Horizont und entließ mich langsam aus dem Schraubstock eines beklemmenden kulturellen Kolonialismus. Das Erstaunliche daran ist, dass Schulen wie die von mir besuchte in Anspruch und Überzeugung zutiefst dem ›Aufklärungs‹-Element des kolonialen Projekts anhingen. Und doch stellte ich fest, dass mich genau dies von dem ›kleinen Theater‹ aus unmöglichen kolonialen und rassistisierten Zwängen befreite, auf deren Inszenierung meine Familie bestand.

Nach 1938 und den davon ausgelösten Reformen verschoben sich die alten Trennungslinien zwischen Klasse und Colour, die ererbten sozialen Strukturen und Gewohnheiten gerieten in einen Prozess der Umgestaltung. Weiterführende Schulen wie das Jamaica College (JC), auf das ich ging, nahmen ein breiteres gesellschaftliches Spektrum auf, was mehr gesellschaftlichen Aufstieg ermöglichte. Für die Reformer*innen war Bildung immer schon der Königsweg zu sozialer Mobilität und moralischem Fortschritt der ›cleveren Schwarzen Minderheit‹, sofern diese ihren Vorteil nutzte. Das Wachsen Schwarzen Selbstbewusstseins, die Herausbildung einer Politik für die breite Masse in der Kolonie und diverse Berichte über die gesellschaftlichen Verhältnisse im Gefolge der ›Unruhen‹ lieferten weitere Impulse. Ich glaube nicht, dass Schulen wie das Jamaica College bewusst mehr soziale Ambitionen und Erwartungen wecken wollten, aber das war der Effekt, obwohl noch gar keine allgemeine Sekundarschulbildung existierte. Natürlich hat die Schule mich nicht befreit, was immer das zu der Zeit hätte bedeuten sollen. Aber schon mit der Einschreibung lockerte sie den Zugriff des kolonialen Bewusstseins, das doch für meine Altersgruppe zuallererst im formalen Bildungssystem verankert schien.

Der Rhodes-Stipendiat Stuart Hall

Nicht einmal die Eliteschulen, typische koloniale Institutionen nach dem Modell der englischen Privatschule, konnten der Flut historischer Veränderungen widerstehen. Ich glaube, es war in meinem ersten Schuljahr am Jamaica College, als Michael Manley, der ein Mitglied der sechsten Jahrgangsstufe (der obersten Klasse) war, sich mit einem Lehrer ein Wortgefecht lieferte und des Ungehorsams bezichtigt wurde. Michael, der später die PNP führen und Premierminister werden sollte, war ein couragierter Kritiker der Rolle der USA in der Karibik, ein großer Bewunderer von Fidel Castro und entwickelte sich in den 1970er Jahren zu einer führenden Figur der sich radikalisierenden Dritte-Welt-Politik. In der Schule hieß es damals, er habe ein Buch nach dem berüchtigt arroganten englischen Geschichtslehrer geworfen, der, wie ich annehme, im Unterricht hanebüchene kolonialistische Ansichten von sich gegeben hatte. Michael wurde daraufhin vom Unterricht ausgeschlossen. Sein Vater Norman Manley – ein herausragender Kronanwalt, Mitglied des *Legislative Council* und faktisch Premierminister – raste im Dienstwagen herbei, um seinen Sohn abzuholen und über eine Lösung zu verhandeln. Solche Ereignisse trieben die draußen immer lebhafter brodelnde antiimperialistische Politik ins Herz des Klassenzimmers. Wir fingen an, auf jamaikanische Art lebhaft über Politik zu diskutieren. Das wenige, was meine Familie davon mitbekam, machte mich bei ihnen nicht beliebt. Mein Vater äußerte zu Hause nur selten eine politische Meinung, obwohl ich vermute, seine Loyalitäten waren wesentlich gespaltener, als er durchblicken ließ. Aber das Sagen hatte meine Mutter, für die so vieles wie das Ende der Welt aussah. Trotzdem hatten junge Jamaikaner wie ich schon seit den 1940er Jahren aus dem allgemeinen Ethos die Forderung übernommen, dass dem Kolonialregime ein Ende bereitet werden musste, auch wenn das nicht notwendig politisches Engagement bedeutete.

In der Folge sollte diese Generation zur neuen Elite werden, im Unabhängigkeitsprozess und danach. Sie sollte die Minister und leitenden Verwaltungsbeamten des zukünftigen unabhängigen Landes stellen und wichtige Funktionen in Wirtschaft und Gesellschaft übernehmen. Aus ihren Reihen würde das Führungspersonal des neu gegründeten University College of the West Indies, der Fachhochschulen und der Institute für die Lehrer*innenausbildung kommen; sie würden die Dichter*innen, Schriftsteller*innen, Journalist*innen und Historiker*innen der neuen Nation werden. Anschließend, mit einer weiteren neuen Wendung, wurde die wiederum nächste politische Generation in den 1970er Jahren zu den Radikalen der Student*innenbewegung. Aus der späteren Perspektive lässt sich erkennen, dass dies ein Schritt des langwierigen, hochgradig von Widersprüchen geprägten Aufstiegs der Braunen wie auch der minderheitlich Schwarzen Mittelschicht zu sozioökonomischer, politischer und kultureller Macht war und zu ihrer Assimilation an eine bestimmte Version der Nation. Für kleine Jungs wie mich waren diese klugen, fordernden, zunehmend selbstsicheren, athletischen jungen Männer, die verbotenerweise die Veranda vor dem Aufsichtsschülerraum okkupierten und oft radikale politische Ansichten über Kolonialismus und Unabhängigkeit vertraten, die ›Herren der Schöpfung‹. Als ich älter wurde, lernte ich einige von ihnen persönlich kennen.

Einer, den ich aus der Ferne besonders verehrte, war Neville Dawes, ein großer Dichter (wie später sein Sohn Kwame) und radikaler Intellektueller, der in Afrika lehrte und den ich wegen meiner musikalischen Ambitionen vor allem für sein Können als Jazz-Pianist bewunderte. Seine Schriften, die kürzlich von Kwame herausgegeben wurden, sind eine Offenbarung, da sie das Ästhetische und das Politische brillant miteinander verweben. Es gab noch viele weitere solcher Persönlichkeiten. Diese älteren Schüler am Jamaica College schienen bereits zu wissen, dass sie dazu bestimmt waren, die Macht von den Kolonisatoren zu erben, eine neue politische und ökonomische Klasse zu werden und den führenden gesellschaftlichen Kader des neuen unabhängigen Jamaikas zu bilden. Und das taten sie auch.

Wer *Beyond a Boundary* von C.L.R. James gelesen hat, weiß, was für prägende Institutionen diese großen, nach Geschlecht getrennten weiterführenden Schulen für die begabten westindischen Jungen und Mädchen waren, die aus dem kostenlosen Grundschulsystem aufstiegen, wo die große Mehrheit der Kinder ausgebildet wurde und über das nur die wenigsten hinauskamen. Auch wenn die Schulzeit von C. L. R. James rund dreißig Jahre vor meiner und in Trinidad stattfand, nicht in Jamaika, erkannte ich die soziale Welt, die er heraufbeschwor, auf Anhieb wieder. Zu meiner Zeit mussten manche Schüler des Jamaica College für ihren Schulbesuch bezahlen, andere hatten Stipendien. Diese Schulen fungierten als zentraler Motor zur Formierung und Reproduktion der gesellschaftlichen Elite. In der Karibik und überall sonst im Empire spielten sie eine entscheidende Rolle bei der Hervorbringung einer postkolonialen Kaste von Entscheidungsträgern. Edward Said beschreibt in seiner sprachgewaltigen Autobiografie *Am falschen Ort* ähnliche Erfahrungen an seiner Schule in Kairo.

Auf Jamaika pflegten die sieben oder acht führenden Schulen für Jungen und die fünf oder sechs für Mädchen einen ungemein akademischen Ethos mit einem ausgefeilten kolonialen Lehrplan, der durch externe Examen von Britannien aus überprüft wurde. Zwischen ihnen herrschte heftige Konkurrenz, im Sport wie auch im Fachlichen, und sie monopolisierten die Auslandsstipendien der ganzen Insel. Für die karibische Elite hatten sie die gleiche Funktion wie die Privatschulen in England. Noch heute wird man gefragt, auf welche Schule man gegangen ist, in Erwartung einer Antwort wie: »Ich war am Jamaica College« oder »Ich bin ein St. Georges-Mann«, oder in Barbados: »Ich war am Harrison College«, oder in Trinidad »am Queen's Royal College«. Trotz der Unabhängigkeit fungieren diese Schulen weiterhin als Abzeichen gesellschaftlicher Zugehörigkeit. Gleiches galt für die Mädchenschulen. Meine Mutter war auf das exklusive Hampton College gegangen, meine Schwester Pat auf die St. Andrews Girls School. Ich habe schon erwähnt, dass meine geliebte Cousine Schwester Maureen Clare Schülerin (und später herausragende Schulleiterin) an der katholischen Immaculate Conception High School war, der renommiertesten Mädchenschule dieser Zeit, wobei sie das Ethos und die Weltanschauung der Schule grundlegend veränderte.

Der Lehrplan war überwältigend anglozentrisch, in Inhalt wie Gewichtung, mit einem beharrlichen Hang zur viktorianischen Weltsicht: formale Grammatik, Interpunktion und genaue Sprachkenntnis, englische Literatur, britische (eigentlich englische) Geschichte, die Klassiker der Antike (lateinische, nicht griechische), Französisch (obwohl Jamaikas karibische Nachbarn spanischsprachig sind), Mathematik, Naturwissenschaften, die Geografie der entwickelten Welt. Ich erinnere mich, wie ich endlos Landkarten der Weizenanbaugebiete des westlichen Kanadas kolorierte: Alberta, Saskatchewan und Manitoba. Solche Inhalte standen im Zentrum der gemäß Cambridge Ordinary and Higher Level vereinheitlichten Lehrpläne.

Doch in der Mitte meiner Schullaufbahn lagen Veränderungen in der Luft. Ich bekam die erste vorsichtige Einführung karibischer Elemente ins formale Curriculum mit, wirklich in Gang kam der Prozess erst nach der Unabhängigkeit. Eine schmale Broschüre, herausgegeben von Jamaikas bedeutender Tageszeitung *Gleaner* (mein Vater löste tagtäglich das Kreuzworträtsel), lieferte eine kurze Einführung in die Geografie und Geschichte Jamaikas. Milde ausgedrückt war dies eine wechselhafte Geschichte, die – angemessen erzählt – die Aufmerksamkeit junger Jamaikaner*innen hätte fesseln können: die ›Entdeckung‹ der Neuen Welt durch Kolumbus; die Kämpfe der europäischen Großmächte um ihren Einfluss in der Karibik; die englischen Piraten, die mit Silber beladene spanische Galeonen auf dem Weg nach Europa überfielen und in Port Royal ihren Stützpunkt hatten; die Vertreibung der Spanier durch die Briten, die Übernahme der Insel und die Verlegung der Hauptstadt von Spanish Town nach Kingston; das regionale Wachstum auf Grundlage der Sklav*innenhaltung auf den Plantagen und die Etablierung einer langen Periode britischer Kolonialherrschaft über die Insel. Doch viele spannende Punkte und kritische Aspekte dieser Geschichte wurden kaum erwähnt. Genannt wurde jeder der vielen vom Colonial Office eingesetzten britischen Gouverneure, von denen einer –

Sir Anthony Musgrave – mit der Gründung meiner Schule in Verbindung gebracht wurde, weshalb mein ›Haus‹ nach ihm hieß. Soweit ich mich erinnere, stand da nicht viel über Gouverneur Eyre und seine brutalen Maßnahmen nach dem Aufstand in Morant Bay.

Unser Direktor Hugo Chambers, ein Geografielehrer, verteilte das *Gleaner*-Heftchen in unserer Klasse – ich sehe immer noch den dünnen Pappeinband mit dem ungelenken Layout vor mir –, obwohl es kein abgesegnetes Lehrmaterial war. Wir wussten noch so gut wie nichts über die anderen Teile des Empire, über die Rolle der europäischen Eroberungen bei der Gestaltung der Neuen Welt oder über das System der Sklaverei. Ich weiß noch, wie ich 1947 Inder*innen an unserem Haus vorbeimarschieren und mit Fahnen und Trommeln die indische Unabhängigkeit feiern sah. Was das mit uns zu tun haben könnte, war mir nicht klar. Wir lasen keine karibische Literatur. Die große Blüte des westindischen Romans kam erst später, in den 1950er Jahren, zufällig genau die Zeit, als ich nach England ging. Es überrascht nicht, dass diese literarische Renaissance von Autor*innen eingeläutet wurde, deren ästhetische Bildung von Einrichtungen geprägt war, wie ich sie hier beschrieben habe, und die sich dann – aus heutiger Sicht zwangsläufig – für eine gewisse Zeit im Ausland entschieden.

Auch wenn wir an einen strengen Lehrplan gebunden waren, schlichen sich mitunter subversive Elemente ein. Eine Fachpublikation zur Zeitgeschichte und Gegenwartskunde wurde als optionale Oberstufenlektüre für Cambridge Higher Schools eingeführt, und ich wählte sie beide Male für meine Abiturprüfung. Ich musste die Prüfung zweimal ablegen, weil ich beim ersten Mal für ein Auslandsstipendium noch zu jung war. In dieser optionalen Fachpublikation ging es um ›zeitgeschichtliche Ereignisse‹ wie den Aufstieg des Faschismus, die Gründe für den Ausbruch des Zweiten Weltkriegs, Lenin und die Russische Revolution, den Aufstieg des Kommunismus und den Ausbruch des Kalten Kriegs. Kenntnisse darüber wurden vorausgesetzt. Wir hatten keine anderen Texte, aber wir verfolgten die aktuellen Ereignisse in den wöchentlichen Ausgaben von *Keesing's Contemporary Archives* und lasen neben anderem die vom British Council herausgegebenen Merkblätter, darunter auch eins über Lenin.

Diese Lektüre wurde von unserem Fachbereichsleiter für Geschichte unterrichtet, einem Engländer, der ursprünglich als Begleiter der Londoner Fußballmannschaft Corinthian FC nach Jamaika gekommen war und als Lehrer und Fußballtrainer dablieb. Ich glaube, ihm ging es darum, uns die Geschichte Russlands als abschreckendes Beispiel nahezubringen, um uns gegen den Virus des Marxismus und Antiimperialismus zu immunisieren. Wir hingegen fanden, hier wurde Geschichte lebendig. Dieser Vorstoß weckte unser Interesse an der zeitgenössischen Welt, machte auf Dinge aufmerksam, über die wir mehr erfahren wollten, und verschaffte uns eine Ruhepause von Walpole, den beiden Pitts und dem Age of Reform. Derlei Standardthemen des Geschichtsunterrichts hatten nicht das Geringste mit Unabhängigkeit oder dem Kampf ums allgemeine Wahlrecht zu tun, was doch auf Jamaika unverzichtbare, drängende Themen waren, und auch nicht mit der Industrialisierung, die ohnehin nie im Kontext von Fragen der modernen Sklaverei betrachtet wurde.

Wir eigneten uns das nötige Wissen aus unerwarteten Quellen an, auf unvorhersehbare Weise. Ich weiß noch, wie ich in der Bibliothek auf eine Taschenbuchausgabe des *Kommunistischen Manifests* stieß, meine erste Begegnung mit der faszinierenden Prosa von Karl Marx. Je mehr das British Council in seinen Pamphleten gegen die Gräueltaten der Russischen Revolution oder Lenins Imperialismustheorie wetterte, desto mehr faszinierten mich diese Themen. Verstörende Elemente durchdrangen und unterliefen immerzu den Schutzpanzer meiner kolonialen Erziehung, die sich immer weniger dagegen abschotten konnte.

Der Zweite Weltkrieg brachte eine zeitweilige Unterbrechung des Unabhängigkeitsprozesses mit sich. Eine Zeitlang schien der Kampf um eine eigene Regierung von einer patriotischen Welle beruhigt, denn viele Jamaikaner meldeten sich freiwillig – wie schon im Ersten Weltkrieg –, um in der Britischen Armee zu dienen und Britannien zu unterstützen. Zu Beginn des Krieges war uns erklärt worden, Hitler sei ein wahnsinniger Diktator, der die Welt erobern und das britische Empire und ›die Demokratien‹ vernichten wolle, deren unselbständiger Teil auch wir waren! Vom Faschismus oder den Umständen, die zum Ausbruch des Krieges führten, wussten wir allerdings rein gar nichts. Erst wesentlich später in meiner Schullaufbahn änderte sich das. George Lammings Beschreibung seiner Schulzeit auf Barbados in dem großartigen Roman *In The Castle of My Skin* spielt zwar einige Jahre früher, ist aber nie weit entfernt von meiner Erinnerung an die Situation auf Jamaika.

Dennoch verfolgte ich mit großem Interesse die Kriegsentwicklungen, und das wurde für mich wie für viele andere zu einer Art Lernprozess. Ich suchte die Orte der Kampfhandlungen im Atlas und entdeckte so nebenbei viel von der Welt. Bald wusste ich von Dünkirchen, vom Blitzkrieg, von Rommels und Montgomerys Feldzügen in Nordafrika, der Invasion Italiens, der sowjetischen Forderung nach einer Westfront und der Invasion in der Normandie am D-Day. Das alles ergriff meine Vorstellungskraft. Ich schrieb Geschichten übers Anlanden an französischen Stränden mit fremdartigen Namen und spielte Krieg mit meinen Freunden. Ohne uns große Gedanken über Recht und Unrecht zu machen, nahmen wir die Kriegsszenarien in unser Spiel auf. Wir spielten nach, wie wir uns Luftkämpfe von Piloten in Spitfires und Messerschmitts vorstellten, starteten zu kühnen Einsätzen (Chocks away!), setzten uns ans Lenkrad (unser Steuerknüppelersatz) des geparkten Familienautos und bemühten uns, nicht die Aufmerksamkeit meiner Eltern zu erregen, indem wir zu eifrig die Hupe oder die Gangschaltung (Maschinengewehr und Bombenabwurfhebel) betätigten.

Es gab ständig Gerüchte über deutsche Kriegsschiffe und U-Boote, die angeblich in der Karibik gesichtet worden waren. Die Schlacht am Rio de la Plata und die spektakuläre Versenkung des deutschen Panzerschiffs *Graf Spee* im Hafen von Montevideo gaben diesen Gerüchten neue Nahrung. In Jamaika wurden ein paar Deutsche und Italiener sehr höflich in einem Lager interniert, das später zum Campus der heutigen Universität wurde. Aber vom leibhaftigen Feind war weit und breit nichts zu sehen. Wir waren selbstverständlich auf Seiten der Alliierten, obwohl ich mich dunkel erinnere, dass ich eine heimliche Leidenschaft für die zugeknöpften Uniformen, die hohen schwarzen Stiefel und spitzen Helme der Wehrmacht hegte! Aber da sahen wir ständig Movietone-Wochenschauen und Kriegsberichte …

Es schien keine Garantie zu geben, dass die Unabhängigkeitsbewegung nach dem Krieg wieder Fahrt aufnehmen würde. Doch in Wahrheit gab es keinen Weg zurück in die alten Zeiten des Kolonialismus. Wir waren in die letzte Phase der Kolonisierung eingetreten, und der Krieg diente als Beschleuniger. Als ich 1951 Jamaika verließ, wussten wir alle, dass die Unabhängigkeit nur noch wenige Jahre entfernt war.

Paradoxerweise half mir der Krieg dabei, die Ereignisse in Jamaika nach und nach als Teil eines größeren Ganzen zu begreifen, insbesondere den Rückzug des Kolonialismus und die Nachkriegs-Entkolonisierungswelle. In Jamaika lief dieser Prozess anders ab als in anderen Ländern des Empire, wo die Entkolonisierung auf heftigeren Widerstand traf und mit in die Länge gezogenen Notständen, einer Flut britischer Truppen, Internierungslagern und Folterungen beantwortet wurde, was heftige Befreiungskriege nach sich zog. Die Erfahrung von Britisch-Guayana im Oktober 1953, als frische Bataillone aus Britannien eingriffen und die Verfassung außer Kraft gesetzt wurde, zeigte, dass solche Entwicklungen auch der Karibik nicht per se fremd waren.

Ich will keinesfalls behaupten, dass meine Schulbildung jemals *unmittelbar* subversiv war, das war sie nicht. Aber damals begannen Ideen zu kursieren, die das solide Gebäude kolonialen Wissens und uns eingeimpfter Identifikation nach englischem kulturellem Schema nach und nach erschütterten. Die Schulen waren einer der zentralen Standorte der Produktion des kolonialen Subjekts, eine bis ins Detail ausgearbeiteten Formung kolonialer Subjektivität. Und doch spielten sie eine nicht vorgesehene Rolle darin, diese zu stören.

Es steht außer Frage, dass abgesehen von dem, *was* gelehrt wurde, Schulen wie das Jamaica College dazu gedacht waren, eine britisch orientierte, subalterne ›einheimische‹ Elite zu züchten und zu verpflichten. In diesem Umfeld Geschulte wurden von innen ›subjektiviert‹, indem man ihnen eine Auffassung von Zivilisation eintrichterte, der sie sich dann, so hoffte man, hochmotiviert anschlossen. Das war eine Form der ›Erziehung der Gefühle‹ ebenso wie des Verstandes, und das Ziel sah man sowohl an den Fächern, die gelehrt, als auch an der Art, wie wir unterrichtet wurden. Beides huldigte britischen Vorstellungswelten, Lebensweisen und Gewohnheiten, von denen die kolonialen Autoritäten glaubten, sie seien eingelassen in die Literatur, die politischen Institutionen, die gesellschaftlichen Konventionen, Werte und Ideale des ›Mutterlands‹.

Die Paradoxien und widersprüchlichen Kräfte in einem solchen Unterfangen waren offenkundig. Mitten in der schlimmsten Sommerhitze plante meine Schule das Pflanzen von Efeu, der die Mauern der Kapelle begrünen sollte. Unser englischer Direktor führte den Schulkiosk ein. An Tagen mit vorgeschriebener Kleidung schwitzten wir in Blazern. In Bussen und Straßenbahnen rangen Aufsichtsschüler darum, dass die Schulmützen irgendwie auf den wolligen Köpfen der kleinen Jungs blieben, und mühten sich, die eigenen Mützen weiß und frei vom umherwirbelnden Staub zu halten. Dass diese ›Gewohnheiten und Tugenden‹ eigentlich zu einem anderen Volk gehörten und sich nur an einem Ort, der sich von unserem sehr unterschied, gut und sinnvoll praktizieren ließen, war ein ungelöstes Rätsel, eine quälende Sorge. Musste man wie sie werden, um zu lernen, was sie wussten?

Gleichwohl waren, wie ich schon erwähnt habe, Schulen wie meine *sozial* durchaus subversiv. Es waren natürlich Elite-Institutionen, dominiert von der Mittelschicht of Colour (wenn auch nicht ausschließlich von ihr bevölkert) sowie eingewanderten oder lokalen Weißen, die sich die Schulgebühren leisten konnten. Aber als Stipendiat*innen rekrutierten sie mehrheitlich begabte Schüler*innen eines breiteren Spektrums sozialer Herkunft und Colour aus der jamaikanischen Gesellschaft und repräsentierten folglich die soziale und rassisierte Wirklichkeit von Jamaika umfassender als viele andere koloniale Institutionen. Meine Schulfreunde entstammten diesem breiteren Spektrum, mehr als das gesamte Umfeld meiner Familie. Tatsächlich durfte ich viele von ihnen nicht mit nach Hause bringen.

Die Schule war also in jener Zeit unvermeidlich heterogen in puncto Race und Colour und kulturell enorm vielfältig, womit sie als Ort möglicher Abweichung und des Widerstands in Frage kam. Für mich war sie zudem ein Ort der Zuflucht, wo ich mich unsichtbar machen und entrinnen konnte, ein Tor zu einem anderen – unterirdischen – Leben. Nach einer Weile scherte ich einfach aus und teilte meinen Eltern nicht mehr mit, wo ich war oder was ich in dieser anderen Welt im Schilde führte. Ich durfte meine Freund*innen nicht mit nach Hause bringen, aber ich konnte sie aufsuchen. Und das tat ich. Ich lebte in zwei separaten Welten. Sie so weit auseinanderzuhalten, wie ich nur konnte, war meine wichtigste Überlebensstrategie.

Darüber hinaus gab es viele Impulse aus informellen Lehrveranstaltungen der Schule, die uns, manchmal auch nur indirekt, auch andere Kenntnisse und Lebensweisen vorstellten. Mehr und mehr sah ich darin alternative Zugänge zu einer anderen *Art* von Wissen. In der Oberstufe waren meine Hauptfächer Literatur, Latein und römische Geschichte. Letzteres, so erklärte man mir, würde mir Zugang zur ›Wiege der westlichen Zivilisation‹ eröffnen. Die naheliegenden Quellen einheimischer Geschichte für Schüler der sechsten Klasse mit historischem Schwerpunkt waren von jamaikanischen Historikern bislang im Großen und Ganzen noch gar nicht erschlossen oder auch nur als relevant für die erst allmählich sichtbar werdende Landesgeschichte ausgemacht. Andererseits wurde die britische Geschichte ohne ernsthafte historische Auseinandersetzung mit dem Empire gelehrt. Das britische Kolonialreich war einfach da, eine Angelegenheit von Glaube und Vorsehung statt Ergebnis eines geschichtlichen Prozesses. Als hätte Britannien sich, wie Sir John Seeley es einmal ausdrückte, ›in einem Anfall von Selbstvergessenheit‹ ein Empire zugelegt. Schlüsselereignisse der jamaikanischen Geschichte tauchten ebenfalls nicht auf, dabei fuhr ich im Stadtzentrum oft an der Statue von Paul Bogle, dem Anführer des Morant-Bay-Aufstands, vorbei.

Viele Bücher, die ich privat las, waren mir eher zufällig in die Hände gefallen oder hatten entfernt mit dem Unterricht in der Schule zu tun. Ein Verwandter von mir hatte im Sonderangebot eine Wanderbibliothek mit Klassikern der englischen Literatur des neunzehnten Jahrhunderts erstanden, und nach und nach las ich sie alle: *Emma* sowie *Stolz und Vorurteil* von Jane Austen, *Ivanhoe* von Scott, *Henry Esmond* von Thackeray, *The Way We Live Now* von Trollope, *Der Bürgermeister von Casterbridge* von Hardy und sehr viel von Dickens. Ich kann mich nicht erinnern, etwas von den Brontë-Schwestern gelesen zu haben oder von George Eliot, aber die könnten auch dabei gewesen sein. C. L. R. James sagte einmal, er würde *Jahrmarkt der Eitelkeiten* jedes Jahr wiederlesen. Aber die rebellische, unabhängige Becky Sharp hat sich nie in unseren Familienkanon eingeschlichen.

Spätabends, wenn die anderen Familienmitglieder schlafen gegangen waren und ich noch aufblieb, um Hausaufgaben für den nächsten Tag zu erledigen, hockte ich oft stattdessen allein auf der vorderen Veranda und fiel schier vom Stuhl vor Lachen, während ich *Die Pickwickier* las. (Da fällt mir auf, wie die Zeiten sich ändern. Heutzutage würde keine vernünftige jamaikanische Mittelschichtsperson nachts auf der Veranda sitzen ohne ein Metallgitter, eine verriegelte Tür und einen Wachhund zwischen sich und der bedrohlichen Dunkelheit da draußen.) Wie seltsam, die jugendliche Vorstellungskraft in so inniger Verbundenheit mit der Erzählkultur einer ganz anderen Welt zu prägen, fast wie ein fremder Planet. Viele Jahre später führte ich ein Interview mit Darcus Howe, dem antirassistischen Aktivisten und Gründer der Zeitschrift *Race Today*, über den großen Einfluss, den die Lektüre von *Große Erwartungen* auf uns beide gehabt hatte!

Tatsächlich aber kam der informelle Lehrplan aus ganz anderen Quellen. Trotz der stählernen Bande, die die anglophone Karibik an Britannien fesselten, gab es schon viele Verbindungen zwischen Jamaika und den USA. Nach dem Ersten Weltkrieg war eine erhebliche Anzahl von Menschen aus der Karibik nach Nordamerika ausgewandert, vor allem Intellektuelle und Schriftsteller*innen – zum Beispiel Claude McKay oder Eric Walrond, um nur zwei Namen unter vielen zu nennen –, die in den politischen, künstlerischen und religiösen Bewegungen rund um Harlem in den 1920ern bekannt wurden. Menschen aus Westindien gehörten zum Kern der panafrikanischen Bewegung von Marcus Garvey. Ihr Einfluss wirkte indirekt auf die Karibik zurück und erlaubte uns einen Blick auf eine gefühlt weniger hierarchische, offenere Gesellschaft, die es trotz des tiefsitzenden Rassismus in den Vereinigten Staaten zumindest im Norden für uns gab. Wir entdeckten, dass seit dem Bürgerkrieg in afrikanisch-amerikanischen Lebenswelten ein Schwarzes Bewusstsein herangewachsen war, auch wenn ich nicht glaube, dass ich in dieser Phase schon von Vertreter*innen der Harlem Renaissance wie Langston Hughes, Alain Locke, Countee Cullen, Aaron Douglas oder James Van Der Zee gehört hatte. Ich nehme an, hätte ich die Zeitschriften der Garvey-Bewegung gelesen, so hätte ich mehr erfahren, aber diese Entwicklungen in den Staaten drangen nicht bis zu uns vor. Natürlich durchzog das Thema Race die jamaikanische Gesellschaft in Form endlosen ›Geredes‹ über Hautfarbe, aber die vorherrschende Frage dieser Zeit war Antikolonialismus, nicht Race, und bis in die 1970er Jahre unterschied sich die Karibik darin wesentlich von den USA.

Das Institute of Jamaica, die zentrale Präsenzbibliothek in Kingston, eröffnete eine Jugendabteilung, in der ich samstagmorgens Zeit verbrachte und alle möglichen Bücher überflog oder auslieh. Viel später, nach seiner Rückkehr aus Afrika, war Neville Dawes eine Zeitlang Direktor dieses Instituts. Dort begegnete ich zum ersten Mal, als ich etwas älter war, moderner westlicher Literatur, Malerei und zeitgenössischen philosophischen Ideen. Ich erinnere mich gut, wie ich als aufstrebender junger Dichter romantischen Stils erstmals mit der erkennbar gegenwärtigen, umgangssprachlichen, dialogorientierten Ausdrucksweise und den Rhythmen von T.S. Eliots

Das wüste Land konfrontiert wurde. Ein magischer Moment! Eliot war das große Vorbild von John La Rose, Schriftsteller, Dichter, Denker und Aktivist, der den Verlag New Beacon Books gründete, die Third World Book Fair, das Alliance of Black Parents Movement und das Black Youth Movement, einer der bedeutendsten emigrierten politischen Intellektuellen der Nachkriegszeit. Er erinnert sich an eine ganz ähnliche Erfahrung.

Die Fußnoten zu *Das wüste Land* verwiesen auf anthropologische Rituale und die Literatur der großen Mythen. Ein Ergebnis meiner Eliot-Lektüre war, dass ich mir, als ich im ersten Jahr auf dem Merton College in Oxford einen Preis gewann, *Der goldene Zweig* von James Frazer wünschte. Aber wer war Frazer und was ging in seinem Kopf vor? Was um Himmels willen hatte Poesie mit Fruchtbarkeitsmythen zu tun? Oder genauer gefragt: Wer *waren* die Menschen, die dort über die London Bridge strömten? Wieso war die Vielzahl der Personen, die auf der King Street herumliefen, der Haupteinkaufsstraße in Downtown Kingston, es nicht genauso wert, Thema von Dichtung zu werden? Warum wirkte Eliots Menschenmenge so deprimiert? Warum war das Poem so zerbrochen, so sprunghaft und fragmentarisch? Wieso hatte Eliot erlaubt, dass Ezra Pound es umfassend redigierte? Und wer war dieser Pound überhaupt und was hatte *er* geschrieben? Vor allem aber: Was davon hatte irgendetwas mit Jamaika und meinem Leben zu tun?

Jede Zeile dieser modernen Dichtung schien absichtlich in einer radikal unwohnlichen Sprache verfasst. Trotzdem eröffnete sie mir Einblicke in Empfindungsweisen, von denen ich nichts wusste. Perverserweise, so könnte man sagen, wollte ich unbedingt mehr darüber erfahren, obwohl – oder gerade weil – ich mich davon ausgeschlossen fühlte. Trotz meiner guten Bildung war es, als wäre mir das Wissen, das ich brauchte, um die zeitgenössische Welt zu verstehen, irgendwie verloren gegangen.

Die Moderne, wie auch immer wir sie verstehen wollen, war eine Quelle, die es mir erlaubte, ein anderes Leben aufzubauen und mich dem Diktat der kolonialen Ordnung, wie ich sie erfahren hatte, zu entziehen. Natürlich ging das nicht ohne Widersprüche vonstatten, und gelegentlich landete ich auch in einer Sackgasse.

Ich will damit nicht sagen, dass ich etwa eine exklusive Neigung zum ›modernen‹ künstlerischen oder literarischen Stil hätte, denn so ist es keineswegs. Trotzdem haben solche Idiome eine Resonanz für mich, die damit zusammenhängt, wann und wie ich ihnen zum ersten Mal begegnet bin.

Die Idee der Moderne als Selbstzweck interessiert mich nicht, auch wenn ich festgestellt habe, dass ich ohne eigentliche Absicht geworden bin, was Foucault einen ›Historiker der Gegenwart‹ nennt. Ich bin gebannt von der Frage: ›Wie sind wir dahin gekommen, wo wir uns *jetzt* befinden?‹ Mein Interesse an der Moderne wurde dadurch angeregt, dass deutlich sichtbare neue Strömungen die Welt der Intellektuellen veränderten und dass Schreibende, Maler*innen, Dichter*innen, Literat*innen und Filmemacher*innen auf die neue Situation experimentell und kreativ reagierten.

Mein Freund David Scott hat eine Abhandlung über das Buch *Die schwarzen Jakobiner* von C. L. R. James geschrieben, in der er Toussaint L'Ouverture, den Anführer der Sklav*innenrebellion in San Domingo, als einen ›Rekruten der Moderne‹ bezeichnete. Von David habe ich die Überschrift für dieses Kapitel entlehnt. Ich glaube, er meinte damit, dass Toussaint während der haitianischen Revolution Freiheit nur – oder vor allem – im Rahmen des vorgefundenen ›Problemfeldes‹ ›denken‹ konnte sowie innerhalb der begrenzten Konzepte, die er aus Frankreich und der französischen revolutionären Tradition übernommen hatte, von der er sein Land doch befreien wollte. Dieser Widerspruch wird personifiziert von Anführern der ehemaligen Schwarzen Sklav*innen wie Toussaint und Dessalines, die letztendlich die französischen Plantagenbesitzer ins Meer warfen, nachdem sie als *Schwarze* die Uniformen der Jakobiner übernommen hatten, also die Kleidung der *Pariser*.

Auch ich wollte irgendwie eintauchen in die historische Zeit, in der ich lebte. Doch zumal ich woanders hingehörte, führte mich der Weg dorthin durch ein Empfinden, welches meine Marginalisierung noch bestätigte. Tatsächlich wurden die neuartigen modernen Ausdrucksweisen in Literatur und Kunst für mich so bedeutsam nicht obwohl, sondern *weil* sie von und zu etwas ›Anderem‹ sprachen. Das war die Rache des Kolonialismus. Die Moderne, so unterstellte er, stand Leuten wie uns nicht zu. Entfremdung ist ein oft gebrauchter und missbrauchter Begriff. Aber in diesem Zusammenhang scheint er angebracht.

Die moderne Dichtung hatte überhaupt nichts mit der englischen Poesie zu tun, die uns in der Schule beigebracht wurde und die ich begreifen, kritisieren, rezitieren und sogar imitieren konnte. Ich kannte Keats' *Oden* auswendig und hatte versucht, Gedichte in seinem Stil zu schreiben. Die modernen Rhythmen, mit denen ich nun konfrontiert wurde, waren hektisch und gebrochen. Sie wollten einem neuartigen, emotional aufgeladenen und zugleich geistig herausfordernden zeitgenössischen Bewusstsein Ausdruck verleihen und die Krisen der Zeit widerspiegeln, die dieses Bewusstsein erzeugt hatten. Erst später lernte ich den Umstand zu würdigen, dass sie von einem grundlegenden Trauma und einer sozialen Krise der westlichen Gesellschaft erzählten, die sich vor, während und nach dem Ersten Weltkrieg ereignet hatte – eine Agonie, so verstand es der Kunstkritiker T. J. Clark, die ›in erster Linie‹ zum Aufstieg der Moderne geführt habe. Rückblickend sehe ich natürlich, dass man darauf hätte kommen können angesichts des merklich pessimistischen Grundtons, den Eliot anschlug. An den Ersten Weltkrieg – dessen Ikonografie sich durch einen Band der Enzyklopädie *The Book of Knowledge*, den ich immer wieder von vorne gelesen habe, in mein Gehirn eingebrannt hat – dachte ich als einen Krieg, den ›wir‹, ›die Demokratien‹, gewonnen hatten. Aber wie ich noch herausfinden sollte, stellte er auch das Ende einer Ära und den Beginn dieses weitreichenden erkenntnistheoretischen Umsturzes dar, der die moderne Geschichte in allen Wissensbereichen erfasste – angefangen bei der Abstraktion und der Fotografie in den visuellen Künsten und der Atonalität in der Musik bis hin zur Psychoanalyse, der Relativitätstheorie, der Quantenphysik, der Linguistik und dem logischen Empirismus.

Tatsächlich verstand ich erst nach und nach, dass vieles, womit ich mich beschäftigte, mit ›der modernen Bewegung‹ in Wissenschaft, Philosophie und Kunst oder, noch mysteriöser, mit ›der Moderne‹ zu tun hatte. Heute wissen wir sehr viel über die Moderne. Aber wie sie von der Peripherie her wahrgenommen wurde, ist noch immer nicht näher erforscht. Es gab in diesem Zusammenhang nicht nur Dichter*innen und Romanciers, es gab auch einflussreiche Maler*innen: der ständig seinen Stil wechselnde Picasso, Braque, die durchscheinenden Farben von Matisse, Miró, Klee und Duchamp. Wenn man allerdings damals die Namen von Diego Rivera und Frida Kahlo hinzugefügt hätte, hätte ich damit nichts anzufangen gewusst. Ich erinnere mich noch, wie ich dachte, dass Paul Klees Arbeiten mit ihren verzerrten Linien, karikierten Figuren und komischen Übertreibungen, ihrem Sinn für das Absurde absolut neuartig seien und eine große intellektuelle Herausforderung darstellten – ein erstaunlicher, radikaler Bruch mit der repräsentativen Funktion der Kunst, die ich immer für selbstverständlich gehalten hatte. Ich war sehr angetan von Klees Bereitschaft, wie Philip Hensher es ausdrückte, der Unterdrückung und Gewalt ›mit Gelächter‹ zu begegnen. So etwas hatte ich noch nie zuvor gesehen. Doch diese visuelle Moderne verband sich mit der unmelodischen Musik von Komponisten wie Strawinsky und Prokofjew und den sprachlichen Experimenten von Schriftsteller*innen wie James Joyce, Dorothy Richardson und Virginia Woolf.

Kein Wunder, dass ich in meinen ersten Sommerurlaub im Jahr 1953 – eine lange Fahrradtour durch Nordfrankreich, die Niederlande und Deutschland mit meinem amerikanischen Freund Don Bell – nur drei Bücher mitnahm: *Ulysses* von Joyce, die *Odyssee* von Homer und Stuart Gilberts Handbuch *Das Rätsel Ulysses*, um die Verbindungen zwischen beiden Werken zu verstehen.

Mit diesen Ideen in der tropischen Nachmittagshitze in einer Kolonialstadt konfrontiert zu werden, war so schockierend, wie im karibischen Sommer in einen Schneesturm zu geraten. Mit welcher Art von Leben hingen diese eigenartigen, unkonventionellen Dinge zusammen? Welche

Umstände hatten zu ihrer Existenz geführt? Hatten die Sprachexperimente von Joyce etwas damit zu tun, dass er Ire war? Oder schlossen sich Weltläufigkeit und Irisch-Sein wechselseitig aus? Und wenn das so wäre, warum wurde *Ulysses* dann in Triest geschrieben? Könnte man in Kingston ›moderne Poesie‹ erschaffen oder ein abstraktes Kunstwerk malen oder *Ulysses* schreiben, und was würde *das* dann bedeuten? Tatsächlich, das wissen wir mittlerweile, sind Kingston und viele ähnliche Städte wohlfeile Orte, die auf ihre homerische Wiedergeburt warten. Wir müssen uns in diesem Zusammenhang nur Derek Walcotts *Omeros* ins Gedächtnis rufen. Heute ist mir klar, dass die Karibik eine geradezu prototypische *mise en scène* für eine solche Odyssee darstellt. Aber damals lag mir das völlig fern.

War es nicht ein Widerspruch in sich, ein Anhänger der Moderne in Jamaika zu sein? Die Frage, auch wenn sie auf einem grundlegenden Missverständnis meinerseits beruhte, war nicht völlig aus der Luft gegriffen. Die Idee der Moderne war ja tatsächlich auf vielfältige Weise entwendet und in die triumphale teleologische Geschichte des Westens eingewebt worden, in der alles ›fortschritt‹ in Richtung auf den Gipfelpunkt der westlichen Aufklärung und ihrer künstlerischen und philosophischen Errungenschaften. In Anbetracht dessen musste die Idee von Modernität umgeformt werden, doch nicht auf unvoreingenommene Weise, sondern als eine Übung, die Foucault, indem er einen Begriff von Nietzsche entlieh, ›den Willen zur Macht‹ nannte. Das Konzept ›der Moderne‹ war als Erzählung nie unangefochten und auch nie unanfechtbar: Wir müssen auch darüber nachdenken, welche Rolle das, was als *nicht*-modern bezeichnet wurde – das sogenannte ›primitive Andere‹ – dabei spielte, die Gussform zeitgenössischen Denkens und Repräsentierens zu zerbrechen, damit die Moderne aus den Beschränkungen des neunzehnten Jahrhunderts zu neuen Weisen der Wahrnehmung und Bezugnahme aufbrechen konnte. Picasso war hierbei der *locus classicus*, auch wenn es noch ein halbes Jahrhundert dauerte, bis die Idee Fuß fassen konnte, dass ›viele Modernitäten‹ nebeneinander existieren.

Das alles verstand ich einige Jahrzehnte später viel besser, als ich in den 1970ern zum ersten Mal die Gemälde des guayanischen Abstraktionisten Frank Bowling sah, der den größten Teil seines Erwachsenenlebens in Britannien und den Vereinigten Staaten verbracht hat. Sein überwältigendes Werk wurde lange Zeit in Britannien nicht richtig gewürdigt. Zum Erstaunen der radikalen jungen Schwarzen Künstler*innen im Publikum hat Bowling einmal den denkwürdigen Satz gesagt, dass »die Schwarze Seele, falls es so etwas überhaupt gibt, mit der Moderne beginnt«. Was für eine wunderbare Art zu denken! Ich glaube, etwas im Sinne von Bowlings Erkenntnis hat mich auch als junger Mensch am Jamaica Institute in den 1940er Jahren berührt.

Aber noch viel wegweisender für den rapiden Wandel in meiner Selbstwahrnehmung war meine Identifikation mit moderner afrikanisch-amerikanischer Musik. Als junges koloniales Subjekt of Colour – der sich aber natürlich noch nicht selbstbewusst als Schwarz definierte – konnte ich mich mit der Musik direkt und emotional verbinden, was mir bei anderen Kunstformen nicht ganz so leicht gelang. In der Poesie stellten unser komplexes Verhältnis zum britischen Standardenglisch und seiner Aussprache, die Verschleifungen des Patois und die verschiedenen Dialekte, die wir sprachen, eine knifflige linguistische Barriere dar. Bevor ich meine dichterischen Versuche ein für alle Mal aufgab, bemühte ich mich, Poesie in einer jamaikanischen Mundart zu verfassen – eine Variante von *König Lear* um einen engstirnig patriarchalen jamaikanischen Vater und seine drei Töchter – also bitte! Bis dahin standen uns weder Edward Kamau Brathwaites gelungene Experimente mit der ›Muttersprache‹ zur Verfügung noch – sozusagen die andere Seite der Medaille – Derek Walcotts meisterhafte Anwendung komplexer metrischer Formen der europäischen Literatur. Patois schien als kreatives Medium ungeeignet, außer in erfinderischen lustigen Versen von Leuten wie Louise Bennett und als Spielart volkstümlichen Theaters wie bei der englischen Pantomime, die urkomisch regionalisiert worden war und populares Leben in die Gefilde von Dichtung und Darbietung einbrachte. Die jamaikanische Musik der 1940er war sehr anders als die Musik, die heute mit dem Land assoziiert wird. Jamaikas Mento war im Prinzip afrikanische Volksmusik, gespielt in Form von Balladen auf Patois oder als Tanzmusik in Kombination mit afrikanischen Rhythmen, lateinamerikanischen Synkopen und europäischen Melodien. Wir kannten die Texte der Mento-Songs auswendig, in denen es meist um Alltagssituationen ging, angereichert mit sexuellen Zweideutigkeiten. Die Titel sprachen oft Bände: »Carry Mi' Donkey Down Dere«, »Come Back, Liza«, »Brown Skin Girl«, der Song der Bananenpacker »Daylight Come an' Mi Wan' Go Home« und »Carry Mi Ackee Go-a Linstead Market / Not a Quattie Wort' Sell«. Einige davon wurden später von Harry Belafonte weit über die Grenzen Jamaikas hinaus bekannt gemacht.

Wir tanzten zu dieser vergleichsweise harmlosen Musik. Sicher hatte sie eine besondere rhythmische Intensität, die augenblicklich zu körperlicher Bewegung animierte. Wir bewegten uns dazu auf eine Art, die Menschen heutzutage als typisch ›karibisch‹ beschreiben würden: ›lockere‹ Körperhaltung und jede Menge Schulterschütteln, Hüftdrehungen und Andeutungen von erotischen Bewegungen, die von den popularen jamaikanischen Tänzen übernommen und von uns Teenagern möglichst geschmackvoll dargeboten wurden, um unsere Eltern nicht zu verunsichern. Von der unverblümten, eindeutigen Erotik, der sexuellen Stimulation und der demonstrativen

Trägheit des zeitgenössischen Dancehall und anderer jamaikanischer Musik, die sogar den Reggae anständig und zurückhaltend wirken lassen, waren wir noch Lichtjahre entfernt.

Allerdings wurde der Mento bald als zu vertraut, zu geziert und gezähmt angesehen: trotz seiner scheinbaren Weltläufigkeit und seinen deutlichen sexuellen Anspielungen viel zu zahm im Vergleich zu der Explosion neuer jamaikanischer Musiken wie Ska, Blue Beat und schließlich Reggae, die nach der Unabhängigkeit aufkamen und viel stärker politisch und sexuell aufgeladen waren.

Wichtig waren auch Gospel und ›Jump Blues‹, die von kleinen Radiosendern verbreitet wurden. Viel von dieser ›Race Music‹ wurde von unabhängigen Plattenfirmen extra für ein Schwarzes Publikum produziert.

In den 1940ern hörte nur ein kleiner Teil der gebildeten jamaikanischen Mittelschicht of Colour überhaupt Schallplatten, wobei es eine Phase gab, in der eine Mischung aus sentimentalen englischen Balladen, Music-Hall-Liedern und Negro-Spirituals aus der Sklav*innenzeit der US-amerikanischen Südstaaten irgendwie ihren Weg in die Wohnzimmer der Mittelklasse of Colour fand. Ich glaube, damals habe ich zum ersten Mal Paul Robesons ›Old Man River‹ gehört. Es gab auch Live-Konzerte von einer Handvoll guter klassischer Musiker*innen. Ich versuchte mich einmal an einer Konzertkritik nach der Vorstellung eines jamaikanischen Pianisten. Aber die meisten Musiker*innen, die in der Klassik etwas erreichen wollten, mussten ins Ausland gehen, um eine fortgeschrittene Ausbildung zu erhalten.

Die andere von weit entfernt lebenden begabten Schwarzen Musiker*innen gespielte Musik – Modern Jazz – stellte für einen kolonialisierten jungen aufstrebenden Intellektuellen wie mich eine besondere Herausforderung dar. Wenn ich schon nicht an Ezra Pounds Gedichte herankam, konnte ich mich immerhin mit Jazz beschäftigen. Ich spielte Piano in verschiedenen kleinen Amateur-Jazzbands, während meiner Schulzeit und bis zum Ende meines Studiums in Oxford. Wir konnten US-amerikanische Sender im Radio empfangen, und jeden Samstagabend hörte ich in der wöchentlichen *Hit Parade* den frühen Frank Sinatra – mit seiner perfekt intonierten, eindringlichen, eleganten, weltmännisch-Weißen Stimme und der makellosen Aussprache –, lange bevor er zum Schwarm der Weißen Popkultur wurde. Mein Bruder hatte einen Haufen Jazzplatten, größtenteils Bigband-Swing: Artie Shaw, Glenn Miller wie auch Count Basie und Duke Ellington. Einmal setzte ich mich aus Protest in der King Street aufs Pflaster und weigerte mich weiterzugehen, weil er an Weihnachten eine Swingplatte kaufte, obwohl ich etwas anderes wollte.

Manche meiner engeren Schulfreunde waren ernsthafte Jazz-Aficionados, und ein paar von uns fingen an, frühe Modern Jazz-Platten zu hören und sie sich gegenseitig auszuleihen. Zuerst entdeckten wir Musiker wie Coleman Hawkins, Teddy Wilson, Mary Lou Williams und Louis Armstrong, die zur Übergangsphase zwischen traditionellem und modernem Jazz gehörten. Dann machte mich ein Freund (der mit Vornamen Franklin Delano hieß, nach Franklin Delano Roosevelt) mit den Meistern des Bebop bekannt, mit Charlie Parker, Dizzy Gillespie, Thelonious Monk, Miles Davis, Kenny Clarke, J. J. Johnson, Max Roach, Horace Silver, Red Garland, Django Reinhardt und so weiter. Ich erinnere mich noch an das erste Mal, als ich Bird ›I Can't Get Started‹ und ›Lover Man‹ spielen hörte, und Monks Interpretation von ›Round Midnight‹. Es war verblüffend, wie Parker die Melodien dieser Standards auseinandernahm und in einem lyrischen Höhenflug improvisatorisch wieder zusammenfügte. In den 1950er Jahren habe ich unheimlich viel Jazz gehört, und ich tue es immer noch.

Mir gefiel die formale Komplexität. Ich verliebte mich in die Kühnheit und technische Meisterschaft dieser Musiker, das Fließende, das Tempo und die Brillanz der Melodielinien, die abenteuerlichen Akkordfolgen, die frei improvisierten verzwickten Girlanden, die sich um Standardballaden und Musicalmelodien von Mainstream-Komponisten wie Cole Porter, Rodgers and Hart und Johnny Mercer woben, deren sentimentale Phrasen dadurch in ausgeklügelte urbane Musik übersetzt wurden. Ich ergötzte mich an den kryptischen ›Bop‹-Figuren, die kunstvoll in längere Improvisationen eingearbeitet wurden. Woher diese Musiker wussten, an welcher Stelle des Stücks sie gerade waren, war mir ein Rätsel. Einmal, als ich am Klavier saß und mit einem wesentlich erfahreneren E-Gitarristen improvisierte und er merkte, dass ich den Überblick verlor, rief er: »Zählen!« Aber ich hatte keine Ahnung, was er damit meinte.

Schon als kleiner Junge war ich ein guter Tänzer und besaß ein Gefühl für Rhythmus. Aber die Art, wie mein Körper auf die coolen Beats des Modern Jazz reagierte, fühlte sich ganz anders an und begeisterte mich auf neue Art. ›Sich dem Groove hingeben‹ ist die einzige Art, wie ich das beschreiben kann. Diese Musik gehorchte vollkommen anderen Regeln als die rhythmusorientierte jamaikanische Musik, die im Uptempo und mit harten Beats gespielt wurde. Die Lässigkeit des Modern Jazz und seine kühl schrittmachende Art packten mich genauso wie das perfekt kontrollierte, rasende Tempo bei den schnelleren Stücken mit ihren virtuosen freischwebenden Soli. Durch die Improvisationen fühlte sich die Musik unglaublich frei an und wurde dabei doch geerdet und zusammengehalten vom Drive der Rhythmusgruppe (Schlagzeug, Bass und Piano in einer seiner Funktionen), die sich unter das Ganze schob und es abfing.

Musikalisch schienen die beschwingten, fröhlichen Rhythmen traditioneller Spielweisen im Modern Jazz auf einmal gleichberechtigter verteilt, so dass wir alles gleich akzentuiert über das Taktschema hinweg hörten. Der konservative Schwarze Jazzkritiker Stanley Crouch sagt, im Modern Jazz würde »der gleichmäßige Taktschlag [...], so unerlässlich beim Swing, ersetzt durch die Abgrenzung der Form [...] Figuren statt Metren.« Gleichwohl hatte ich trotz dieser grundlegenden Architektur immer das Gefühl, dass diese Musik es schaffte, völlig frei zu erkunden.

Modern Jazz war ein ausgezeichnetes Beispiel für die Artikulation von Struktur und Freiheit. Später sollte ich erfahren, dass der strukturalistische Sprachwissenschaftler Ferdinand de Saussure, der die strukturalistischen und poststrukturalistischen Theorien wesentlich beeinflusst hat, die Beziehung zwischen dem sprachlichen System (*langue*), und dem Akt des Sprechens (*parole*) untersuchte.

Wenn man wie ich in musikalischer Hinsicht quasi ein Analphabet war, wusste man nie, wohin sich die Akkordfolge eines Modern Jazz-Stücks im nächsten Moment entwickeln würde und auf welcher inneren Logik sie beruhte. Als Jazzmusiker war man frei, seine Kreativität auszuleben, weil es eine Struktur gab, die eine stabile Grundlage lieferte. Ich liebte diese Spannung zwischen Struktur und Freiheit. Ich reagierte auf die kontrapunktische Art und Weise, wie Edward Said es ausgedrückt hätte, in der diese Elemente mit- und gegeneinander spielten.

Ich versuchte die tiefere Struktur von verminderten und übermäßigen Akkorden nachzuvollziehen, die Intervallsprünge und die verzogene und verzögerte Phrasierung, die das musikalische Korsett in eine biegsame, groovende, bluesige Ausdrucksform umwandelten. Gleichzeitig war ich fasziniert von etwas, das man dem modernen Jazz normalerweise nicht zuschreibt und das von den Kritikern nicht sehr eingehend diskutiert wurde, nämlich von den beeindruckenden emotionalen Tiefen, die diese Musik auslotete, ohne in Sentimentalitäten abzugleiten. Nehmen wir zum Beispiel Miles Davis' Interpretation von ›I Waited For You‹. Daran mochte ich die harte, polierte Oberfläche *und* die ›Seele‹.

Menschen von heute, die diese Musik vielleicht als arg verkopft empfinden, wären sicher überrascht zu hören, dass mein zurückhaltendes, eher verklemmtes Selbst, in dem sich viel angestaut hatte, vor allem von der emotionalen Intensität dieses Stücks fasziniert war. Ich erinnere mich noch, wie ich in der BBC-Sendung *Desert Island Discs* erklärte, dass Miles Davis mich tief in meiner Seele berührt hätte.

Der irische Romancier Colm Tóibín zitierte einmal James Baldwin, der sagte: »Ich möchte mich nicht mit Künstlern vergleichen, die ich uneingeschränkt bewundere, wie Miles Davis und Ray Charles – aber es würde mir gefallen, wenn einige der Leute, die mein Buch *Eine andere Welt* mögen, sich davon auf ähnliche Weise angesprochen fühlen wie ich mich von Miles und Ray. Diese Künstler haben ganz unterschiedlich eine Art universellen Blues angestimmt […] Sie erzählen uns davon, was es bedeutet, am Leben zu sein. Es ist nicht Selbstmitleid, was bei ihnen zu hören ist, sondern Mitgefühl […] Ich strebe das an, was Henry James ›Empfindung durch höchste Leidenschaft‹ genannt hat.« Ich glaube, Baldwin hat das richtig erkannt. Allerdings muss ich zugeben und schäme ich mich auch ein wenig dafür, dass ich in einer perversen Verdrehung den Modern Jazz auch deshalb so mochte, weil seine Syntax nicht leicht zu entschlüsseln war. Man musste hart daran arbeiten, auch wenn die Belohnung keineswegs nur intellektuell war. Ich fürchte, es war mehr als nur ein Hauch von Überheblichkeit, der mich als jungen Intellektuellen dazu brachte, diese Musik wertzuschätzen.

Als ich in Jamaika lebte, hatte ich noch nichts von den klassischen Schwarzen Bluesmusiker*innen gehört, etwa Bessie Smith oder Ma Rainey oder Gospel-Sänger*innen wie Mahalia Jackson. Ich kannte weder Buddy Bolden noch Jelly Roll Morton, die häufig als ›Erfinder‹ des Jazz gepriesen werden. Für mich kamen sie erst später an die Reihe, musikhistorisch in verkehrter Reihenfolge, als ich anfing, Rhythm and Blues zu hören und mich für das Soul- und Blues-Revival der 1960er und 1970er Jahre zu interessieren. Nichtsdestoweniger wurde mir – teilweise gerade durch den Modern Jazz, auch wenn das paradox klingen mag – allmählich bewusst, dass sich hier ein neues Reservoir an Gefühlen und Identifikationsmöglichkeiten eröffnete. Ich fühlte mich dem schwelenden Aufkommen einer neuen Form von Schwarzem Selbstbewusstsein verbunden, das uns Jamaikaner*innen vielleicht eines Tages befähigen mochte, unsere Erfahrungen zu benennen und auszusprechen – nach all den Vermeidungsstrategien, Verharmlosungen, Verschleierungen, Verleugnungen und Selbsttäuschungen – in einer Sprache, die bewusst *Race* thematisiert.

Ich liebte auch einige der Weißen Jazzer: Chet Baker, Gerry Mulligan, Lee Konitz, Dave Brubeck, Paul Desmond. Aber ich war immer sicher, dass der Modern Jazz im Kern eine Schwarze Stimme ist. Worin genau die besteht, ist schwer zu erklären, und mir fehlen die musikalischen Kenntnisse, um das formulieren zu können. Es hat etwas damit zu tun, die Musik loszueisen von der Reinheit der Notenlinie, dem präzisen Treffen des sauberen Tons im richtigen Moment oder dem peniblen Respektieren der Intervalle, was alles typisch für die große klassische westliche Konzertmusik ist. Populäre Schwarze Musik verwirft vorsätzlich diese Reinheit oder kehrt sich von ihr ab – verbiegt und versaut sie, finden manche vielleicht. Die Stimme der Schwarzen Sängerin umspielt absichtlich die vorgesehene Note, als ob sie ihre Skala danach abtastet, dehnt sie, deutet auf dem Weg etliche Alternativen an oder bezieht andere aus den Begleitakkorden abgeleitete Töne in die Melodie ein, die sie nebenbei darunter weiterlaufen lässt. In diesen

Zwischenräumen wird die Emotion erzeugt. Schwarz muss man hier nicht wortwörtlich nehmen. Es ist auch die stilistische Bandbreite zwischen Ella Fitzgerald in voller lyrischer Schönheit – einem Wohlklang ganz eigener Art – und der späten Billie Holiday, als ihre Stimme verwüstet war von Alkohol und Drogen.

Es ging nicht nur darum, dass die führenden Vertreter*innen des Jazz Schwarze Amerikaner*innen waren. Für mich war dies die Stimme, in der die ganze historische Erfahrung von Unterdrückung und Leid aufgegriffen, hörbar gemacht, in Klang ausgedrückt wurde. Trotz seiner modernen Intonation und Komplexität half mir der Modern Jazz, die starken historischen Wurzeln des Jazz wiederzuentdecken, bis zu den religiösen und säkularen Formen des Blues, zum Gospel, den Gesängen der Sklav*innen und den Arbeitsliedern mit ihrem typischen Frage-Antwort-Schema. Wie James Baldwin gesagt hat, ist Blues nicht bloß eine Art von Musik: Es ist der Name für eine grundlegende musikalische Form, die in vielen Arten Schwarzer Musik verborgen – und ihre Essenz – ist, auch in vielen, die von der klassischen Blues-Tradition weit entfernt sind. Es ist eine Gefühlsstruktur. Es geht um Verlust und Trauer, Leiden und Klage, den Aufschrei von Kummer und Drangsal. Aber in seinen Kadenzen trägt er auch das Versprechen von Freiheit und den Jubelruf des Feierns. Der Blues führt uns oft in dunkle Gefilde, aber auf mysteriöse Weise und ohne billigen Trost lässt er uns nie dort zurück. Er half mir dabei, meinen Weg zu finden, eine alternative Route zu beschreiten, um das zu erfahren, was Fanon in seinem Buch *Schwarze Haut, weiße Masken* die »erlebte Erfahrung des Schwarzen« nennt.

Tatsächlich sind meine musikalischen Vorlieben ziemlich eklektisch und breit gestreut, mir fehlen das rigoros kritische Feingefühl und der ›gute Geschmack‹ des Jazz-Gelehrten. Ich mag Rhythm and Blues, Soul, Funk, Motown, Reggae, Schmuserock, einiges an Rap. Ich erfreue mich an unmöglichen Gestalten wie James Brown, Grace Jones, Gladys Knight, Ray Charles, Stevie Wonder, George Benson, The Supremes, Dionne Warwick. Ich bin ein Fan von genreübergreifenden High-Life-Vertretern wie Gilberto Gil, Hugh Masekela, Fela Kuti. Marley natürlich, Jimmy Cliff und die Skatalites, dazu ein bisschen Hip-Hop, Drum-and-Bass, gelegentlich House, um eine entlarvende Zufallsauswahl zu nennen. Auch hatte ich enorm Freude an klassischem Weißen Pop und Rock (obwohl ich nicht sicher bin, dass ich mich sonderlich damit identifiziert habe), darunter den Beatles, den Stones, The Clash. Nur mancher aktuelle Weiße Rock strapaziert meine musikalische Geduld so weit, dass ich ausschalte oder leise drehe. Meine Liebe zur Musik umfasst auch Klassik: Beethoven und Brahms, aber vor allem Vivaldi, Bach, Mozart, Händel. Ich schätze Fugen und Barockmusik, gregorianische Gesänge, manche modernen Komponisten (Bartók und Strawinsky, sogar

Boulez, jedenfalls lieber als Stockhausen und Philip Glass). Und überraschenderweise mag ich eine ganze Menge englischer Musik, darunter Elgar, wenn er sich nicht ganz so chauvinistisch gebärdet, und auch – was ich erst spät entdeckt habe – die Oper: Mozart, Verdi, Puccini und Britten.

Früh gebildete Vorlieben halten sich am stärksten, weil sie viele Resonanzen auslösen und kostbare Erinnerungen wachrufen. In den 1960er und 1970er Jahren hörte ich weiterhin Modern Jazz – als die Entwicklung einen Höhepunkt erreichte mit Miles Davis, Freddie Hubbard, John Coltrane, Cannonball Adderley, J. J. Johnson, Milt Jackson, Eric Dolphy, Wes Montgomery, Paul Chambers, Herbie Hancock, Sonny Rollins und vielen anderen. Damit habe ich nie aufgehört, und ich erlebe dabei immer wieder diese Augenblicke des Erwachens, die irgendwo tief in der Erfahrung des Hörens vergraben sind.

Ich vermute, dieses frühe Interesse an Musik und Literatur neben vielem anderen entsprang einem dringenden Verlangen, neue Welten zu entdecken, abseits des beschränkten Ethos einer provinziellen kolonialen Metropole. Wahrscheinlich entsprachen sie einer unklaren Sehnsucht nach Erweiterung des Horizonts, auch wenn ich bestimmt nicht wusste, was genau das bedeuten sollte. Die modernen Künstler*innen und Musiker*innen, die ich mochte, schienen auf eine Art mit ihrer Zeit verbunden, die mir fehlte. Insbesondere wollte ich auch gern wissen, wie das Leben ›dort drüben‹ *wirklich* war, für die, die uns so lange beherrscht hatten, deren Tage aber nun gezählt schienen. Ich vermute, mir ging es um so etwas wie eine letzte Abrechnung, einen Showdown.

Mein Wunsch, die Karibik zu verlassen, rührte auch aus dem Bedürfnis, einen Rahmen zu finden, um meine periphere Existenz in einen größeren Zusammenhang einzufügen, in dem sie dann unwiderruflich *platziert* wäre. Wie Michelle Stephens anmerkt, »war die Reise in die Metropole auch eine Reise, um jenes größere Bild betrachten und erforschen zu können, in das man selbst eingegliedert ist, und die Strukturen zu benennen, in denen die eigenen Erfahrungen als koloniales Subjekt artikuliert wurden«.

Als ich im London der frühen 1960er Jahre ernsthaft eine Rückkehr nach Hause erwog, überdachte ich erneut diese widersprüchlichen Gefühle. Sie hatten den Status eines Prüfsteins bekommen, wenn ich über mein Leben reflektierte. Ich hatte inzwischen die Idee aufgegeben, Schriftsteller zu werden, und auch über Musik wusste ich nicht genug und spielte nicht gut genug, um Musiker zu werden. Aus solchem ›Scheitern‹ werden Kritiker*innen und Theoretiker*innen gemacht!

Derartige Ambitionen, das ist die Tragödie, stellten für uns in den 1940er Jahren noch etwas Unerreichbares dar. Sie wurden damit zu uneinlösbaren Objekten einer deplatzierten Sehnsucht, zu einem entfremdeten Begehren.

Erst die reale Begegnung mit dieser anderen Welt zerstörte die Illusion. Damals wollte ich nicht englisch sein oder britisch oder europäisch oder Weiß. Ich spürte jedoch, dass der Unterschied zwischen hier und dort eine für mich wesentlich komplexere Angelegenheit war, als ich angenommen hatte, und das hatte *sowohl* mit meinem Widerstand gegen die Schranken der Kolonisation *als auch* mit dem Öffnen von Fenstern zu anderen Welten zu tun. Die Herausforderung lag darin, wie beides miteinander zu verbinden war.

Die unmittelbaren Umstände meiner Abreise aus Jamaika waren folgende: In der Schule war ich gut genug, um Gelegenheit zur weiteren Ausbildung zu erhalten. Ich konnte entweder ein Stipendium in Anspruch nehmen und im Ausland studieren, der traditionelle Weg, da meine Eltern das ganz sicher nicht finanzieren konnten. Oder ich konnte auf das neue University College of the West Indies gehen, dessen Schwerpunkt zwar auf der medizinischen Fakultät lag, wo es aber auch kleine, aufstrebende Fachbereiche für Kunst, Sozial- und Geisteswissenschaften gab. Ich entschied mich schon sehr früh dafür, es mit dem Ausland zu versuchen. Als ich die Schule fertig hatte, war ich zur Causa der Unabhängigkeit konvertiert. Ich war antikolonial eingestellt, aber in puncto politisches Bewusstsein nicht weit darüber hinausgekommen. Ich brachte das auch nicht mit der Person in Zusammenhang, die ich gemäß den Erwartungen meiner Familie zu sein hatte. Keine*r meiner Elternteile hatte eine Universität besucht, aber sie hofften, ich würde nach England gehen, um an ihrer Stelle dort zu studieren und ihre Ambitionen im Nachhinein zu erfüllen.

Nach meinem zweiten Durchgang zum Abitur bekam ich ein Jamaica Scholarship-Stipendium und wurde später als Rhodes-Stipendiat des Jahres auserwählt. In der Zeit zwischen der Bewilligung meines Stipendiums und der Abreise nach England unterrichtete ich an einer kleinen experimentellen Gemeindeschule am Knox College in der Nähe von Spalding in Clarendon im gebirgigen Landesinnern. Das Knox College folgte einer fortschrittlichen Philosophie und war von einem charismatischen, visionären presbyterianischen Pädagogen namens Lewis Davison ins Leben gerufen worden. Mir gefielen die Schule wie auch all die Erfahrungen, die ich dort machte, und ich fühlte mich dort sehr zu Hause. Endlich weg von ›zu Hause‹! Die Vision der Schule bestand darin, ein Bildungskonzept zu entwickeln, das den Jungen und Mädchen aus der ländlichen Umgebung entsprach: gescheite, helle Köpfchen voller Streiche, lebhaft und humorvoll, aber ungebildet und aus den unteren Gesellschaftsschichten mit entsprechenden Colour- und Familien-Hintergründen. Ich lernte rasch, mich in dieser Umgebung frei zu bewegen, sobald ich mein häusliches Umfeld verlassen hatte. Das war ein entscheidender Moment bei meiner Loslösung vom Lebensstil meiner Familie: Zum ersten Mal lebte ich in einer ländlichen Gegend, zum ersten Mal verliebte ich mich ernstlich. Ich glaube, das war der Augenblick, in dem mir klar wurde, dass ich am allerliebsten Lehrer werden wollte.

Ich fühlte mich nie aus Jamaika exiliert. Das mag eigenartig klingen, da ich doch über sechzig Jahre in England verbracht habe und nach meiner Abreise zwar oft zu Besuch nach Jamaika fuhr, aber nie mehr für längere Zeit dort lebte. Trotzdem kann ich aufrichtig sagen, dass ich mein Leben nie als dauerhaftes Exil betrachtet habe. Ein ›strategisches Exil‹ ist etwas völlig anderes, genauso die Auffassung eines selbst gewählten Exils. In Bezug auf James Baldwin, der (wie die Leser*innen bemerkt haben dürften) für mich ein sehr wichtiger Einfluss war, bemerkte Kevin Gaines einmal, ihm sei es »häufig aus dem Abstand des selbst gewählten Exils gelungen, das ›Eigenleben‹ der rassisierten Vorstellungswelt in den USA zu erhellen«, was meiner Ansicht nach ein interessanter Ansatz ist.

Meine Entscheidung, nicht nach Jamaika zurückzukehren, traf ich in den 1960ern, auch wenn sie in Wahrheit vermutlich schon einige Jahre zuvor gefallen war, ohne dass es mir richtig bewusst wurde. Ich werde darauf später noch genauer eingehen. Aber an dieser Stelle kann ich sagen, dass der Hauptgrund amüsanterweise ebenfalls ein ›privater‹ war, auch wenn es wesentlich mehr umfasste als das. Ich wusste instinktiv, dass die Rückkehr ins nähere Umfeld und die erstickende Umarmung meiner Familie mich emotional zugrunde richten würde. Das wurde mir während der schweren Krankheit meiner Schwester mit brutaler Klarheit deutlich. Damals schwor ich mir, dem zu entfliehen, wenn ich nur irgend die Chance dazu bekäme. Es gab keinen Weg zurück. Im tieferen Sinne kannst du niemals wieder nach Hause zurück.

Aber schon damals fühlte es sich nicht wie ein Exil an, und ich muss ergänzen, das tut es auch jetzt nicht. Ich würde eher sagen, dass ich mich dafür entschied, mein Verhältnis zu dem Ort, wo ich geboren wurde, zu meiner Vergangenheit, zu meinen Existenzbedingungen und den mit ihnen verbundenen Dilemmata *in der Diaspora und durch sie zu leben*: diese meine Verhältnisse durch ihre vielfältigen Transformationen und Deplatzierungen zu verfolgen, welches die Formen sind, in denen sie für mich aktiv und lebendig wurden – und nach wie vor sind.

Natürlich muss ich in diesem Zusammenhang an C. L. R. James denken. Seine 1932 getroffene Entscheidung zu emigrieren; seine kreative Arbeit als Autor von Romanen und Kurzgeschichten; seine journalistische Karriere als Kricket-Korrespondent beim *Manchester Guardian*. Dann sein Engagement im antikolonialen Kampf in Britannien; seine Arbeit mit der Independent Labour Party; seine Konversion zum Marxismus und, als

Bestandteil seiner Kritik am Sowjetkommunismus, seine Hinwendung zum Trotzkismus; sein Besuch bei Trotzki in Coyoacán, um über Race zu diskutieren und den alten Herrn über seine Ansichten zum Sport zu befragen. Anschließend folgte die Zeit in den USA, aufgezeichnet in *American Civilisation*, einem ungeheuer beeindruckenden, aber in Britannien wenig beachteten Werk; die Gründung der Johnson-Forest-Tendency, die ihn dazu brachte, sich eingehend mit Fragen der politischen Organisierung zu beschäftigen; seine Analyse der Ungarischen Revolution; seine Ausweisung aus den Vereinigten Staaten und der höchst wortgewandte Protest dagegen – verfasst als Hommage an Herman Melville mit dem Titel *Mariners, Renegades and Castaways*. Dann seine Rückkehr nach Trinidad, seine Mitwirkung in den Gewerkschaften, die Zusammenarbeit mit Eric Williams und dem People's National Movement; die Katastrophe von Chaguaramas und den amerikanischen Stützpunkten, die seinen politischen Bruch mit Williams noch verschärften. Schließlich seine Rückkehr nach London, wo er seine letzten Tage als hochverehrte Persönlichkeit in seiner Wohnung in Brixton verbrachte. Hinsichtlich der Frage des Exils ist es zweifellos lohnend, sich die provokanten Gedanken in Erinnerung zu rufen, die er im Anhang zu *Die schwarzen Jakobiner* formulierte: »Der erste Schritt in die Freiheit war, ins Ausland zu gehen.« Obwohl er im Nachhinein als Schwarzer Nationalist hingestellt wurde, als der große anglophone westindische Historiker (auf Haiti!) und als ›Race man‹, war sein Verhältnis zu ›Heimat‹ und ›Ausland‹ immer wesentlich komplexer, als jede dieser Einordnungen erahnen lässt. Tatsächlich war er in dieser Hinsicht so etwas wie ein paradigmatischer karibischer Denker des zwanzigsten Jahrhunderts.

Für viele karibische Künstler*innen und Intellektuelle war nach dem Krieg der Schritt ins Ausland ein wesentlicher Bestandteil des Prozesses, in dem sie auf je eigene Weise zu unabhängigen Persönlichkeiten und eigenständigen Künstler*innen werden konnten. Für die letzte Generation kolonialer Subjekte wurde es sozusagen zum *rite de passage*, ein Übergangsritual oder Erwachsenwerden. Und es handelte sich um ein transkaribisches, transnationales Phänomen. Viele Schlüsselfiguren der nationalen Unabhängigkeits- und Befreiungsbewegungen haben einige Zeit in Paris oder London verbracht. Aimé Césaire, der große Poet der Antillen und ›Vater‹ der *Négritude*-Bewegung, wie auch Frantz Fanon, beide aus Martinique, gingen nach Paris, wo sie schrieben und mit bedeutenden Vertretern des frankophonen Afrikas wie Leopold Senghor und Alioune Diop debattierten. Die Gründung der Zeitschrift *Présence africaine* nach dem Krieg stellte einen Schlüsselmoment dar. Nicht nur als Dreh- und Angelpunkt der *Paris noir*-Szene, sondern auch als Medium, in dem philosophische Tendenzen wie Phänomenologie und Existenzialismus entlang der Achse des Schwarzseins neu betrachtet wurden. In dieser intellektuellen Umgebung hat sich Édouard Glissant engagiert. Von den 1930ern bis in die 1950er Jahre entwickelte sich dort eine Denkrichtung, die sich von der des Panafrikanismus des Schwarzen Londons deutlich unterschied.

Interessanterweise näherten sich die beiden Strömungen beim Congress of Negro Writers and Artists in Paris 1956 einander an. Die zwei jüngsten Delegierten waren Frantz Fanon und George Lamming, den Vorsitz führte der nordamerikanische Schriftsteller Richard Wright. Ihre Teilnahme trug dazu bei, die Funktion der Metropolen neu zu definieren. In den letzten Dekaden der europäischen Kolonialreiche fand ein großer Teil der Arbeit an der Entkolonisierung in den Metropolen selbst statt.

In einem Interview für meine von der BBC produzierte TV-Serie *Redemption Song* Ende der 1980er Jahre erinnerte mich Césaire freundlich daran, dass er, politisch betrachtet, ein Kind der Französischen Revolution sei und es auch geblieben war, stets verbunden mit den zentralen Begriffen *Freiheit, Gleichheit, Brüderlichkeit.*

Fanon wiederum gehörte mindestens drei verschiedenen Welten an. Er wurde in Martinique in das ›neue‹ französische Imperium geboren und besuchte dort ein Lycée, wo Césaire einer seiner Lehrer war. Im Krieg meldete er sich freiwillig zu den Streitkräften von *France libre*, studierte psychiatrische Medizin in Paris und diskutierte mit Jean-Paul Sartre und Simone de Beauvoir über das Thema Race. Er dachte sich durch die Widersprüche von ›schwarze Haut, weiße Masken‹ hindurch und beschrieb auf lebendige Weise, was es bedeutet, durch den Blick der Anderen von außen definiert zu werden, und er verfasste eine scharfe Anklageschrift gegen die Kräfte, die »die Verdammten dieser Erde« hervorgebracht haben. Er arbeitete als Psychiater in einer psychiatrischen Klinik in Algerien, hörte sich die verzweifelten Geständnisse französischer Soldaten über Folter an, beschwor die ›reinigende Kraft‹ antikolonialer Gewalt und identifizierte sich leidenschaftlich mit dem Kampf des algerischen Volkes gegen die französischen Kolonisatoren. Er führte ein erstaunliches Leben, in dem jeder Moment dem Blick auf die Achsenverschiebungen der kolonialen Macht gewidmet war.

In Britannien fanden diese Verschiebungen ihren Ausdruck vorwiegend in einer anderen kulturellen Sphäre: der fiktionalen Literatur. George Lamming bezog sich auf die Generation anglophoner westindischer Schriftsteller*innen, die den westindischen Roman hervorbrachte – Edgar Mittelholzer, Vic Reid, Roger Mais, Sam Selvon, John Hearne, Wilson Harris, Jan Carew, Sylvia Wynter, V.S. Naipaul und natürlich Lamming selbst, als er feststellte: Wir »alle trafen unabhängig von irgendwelchen Absprachen dieselbe Entscheidung [zu emigrieren].« Und weiter: »Alle verspürten den

Drang, *rauszukommen.*« Was er so erklärte: »Der direkte Zusammenhang unserer Existenz mit den wichtigen Themen der Zeit hat uns allen unweigerlich irgendein Engagement abverlangt [... Dennoch] gibt man uns das Gefühl, in einer Art Exil zu leben, nämlich aufgrund unserer Unzulänglichkeiten und unserer belanglosen Funktion in einer Gesellschaft, deren Vergangenheit wir nicht ändern können und deren Zukunft immer jenseits von uns liegt [...] früher oder später unterschreiben wir diesen Vertrag, rhetorisch oder stillschweigend, dessen Nachsatz lautet: ›Im Exil sein heißt am Leben sein.‹« »Gleichwohl«, fügte er hinzu, »wenn der Exilierte einer kolonialen Welt entstammt und sich als Aufenthaltsort das Land erwählt, das seine eigene Geschichte kolonisiert hat, gibt es gewisse Komplikationen.« Die gibt es mit Sicherheit!

Von den westindischen Schriftsteller*innen, die in den 1950er Jahren auswanderten, entwickelten manche den außergewöhnlich kühnen Ehrgeiz, eine neue indigene Literatur zu erschaffen, indem sie den großen englischen Roman oder allgemeiner die englische Literatur aus karibischer Perspektive neu schrieben. Lamming selbst zum Beispiel interpretierte Shakespeares *Der Sturm* radikal anders. Zu beachten ist, dass diese Ambition gekennzeichnet ist von der *Verinnerlichung* und zugleich der *Entfremdung* von einer fremden Kultur: der Leidenschaft zur Übersetzung, der Suche nach einer anderen Sprache, der Wut der Aneignung, die das Erbe des Kolonialismus von innen nach außen drehen will, um es mit anderen Geschichten und Erzählungen aufladen zu können, die das große Projekt der Kreolisierung ermöglichen oder überhaupt erst denkbar machen. Man beachte das komplexe Verhältnis dieser Generation zu ihrer eigenen kolonialen Formierung, das sich in diesem ambitionierten Unterfangen zeigte. Und man bedenke, welch verwegenen Mut es brauchte, von der Peripherie her Shakespeare gegen den Strich der Historie zu lesen und auf diese Weise eine ›Entkolonisierung des Bewusstseins‹ in Gang zu setzen.

Wirklich verblüffend ist das Selbstvertrauen, mit dem diese ›Kinder des Empire‹ sich im Moment der Entkolonisierung daranmachten, das ›Mutterland‹ *auf dem heimischen Territorium der Kolonisatoren selbst* anzugreifen. Sie kamen nicht als Bettler*innen oder aus Dankbarkeit oder um Auskunft zu erhalten, sondern um ihm ins Gesicht zu blicken, um es, wenn möglich, zu überwinden! In diesem Zusammenhang muss ich auch an Lord Beginner denken, den Calypso-Musiker aus Trinidad, der 1950 anlässlich der Feier des Sieges über die englische Kricket-Mannschaft bei einem Testspiel im Lord's Cricket Ground-Stadion sang: »Cricket, Lovely Cricket«. Alle wussten, dass dies ein triumphaler Augenblick der Rache war. Projekte wie dieses erforderten außerordentliche intellektuelle Kühnheit oder vielmehr reine, vorsätzliche, starrsinnige Unverfrorenheit. Dies war das der Mentalität des ›Exiliertseins‹ genau entgegengesetzte Ende des Spektrums. Lord Kitchener, ein anderer Calypso-Musiker, dessen Name schon ein Affront gegenüber Englands geheiligter Vergangenheit war, verkündete damals spöttisch-trocken, in voller Besitzergreifung und mit seinem trällerndsten, betörendsten Trinidad-Akzent: »London is the Place for Me!«

Die Ambition zu schreiben, zu singen, sich künstlerisch zu betätigen, erwies sich als an sich schon subversiv. Sie resultierte nicht nur aus dem Wunsch, eine alternative Kultur aufzubauen, die sich eher auf indigene, volkstümliche oder afrikanische Ursprünge bezog – damit befassten sich die, die später kamen –, sondern aus dem Bedürfnis, das kulturelle koloniale Erbe, das uns geformt und verformt hatte, aus seinem Innersten heraus umzustürzen. Und auf diese Weise den Anspruch zu erheben, als moderne Schwarze Individuen einer Zukunft anzugehören, die wir als unsere eigene beanspruchten. Diese Haltung hat der Kunstkritiker Kobena Mercer als Quintessenz der Strategie in der ›Diaspora‹ bezeichnet: »In einem weiten Feld der kulturellen Ausdrucksformen gibt es eine ›synkretische‹ Dynamik, die sich Elemente des vorherrschenden Codes der dominanten Kultur aneignet und sie ›kreolisiert‹, indem sie vorgegebene Zeichen entartikuliert und ihre Bedeutung auf andere Art reartikuliert. Die subversive Form dieser hybridisierenden Tendenz ist am deutlichsten in der Sprache selbst zu beobachten.«

In einem Essay über die »Three Moments in the Black Diaspora Arts« habe ich dargelegt, dass diese Schriftsteller*innen und Künstler*innen nicht das Gefühl hatten, ihre antikolonialen Anliegen würden durch ein Bekenntnis zum Universalismus beeinträchtigt. Vielmehr setzten sie an die Stelle der erzwungenen Rückwärtsgewandtheit des Kolonialismus und seiner Institutionen eine Politik, die sich an den Idealen der Entwicklung, des Fortschritts und der Moderne orientierte. Demgegenüber trafen die nationalistisch orientierten ›indigenen‹ Trends in Kunst und Kultur in ihrem Anliegen, ihrem Geist und ihrer Praxis genau den Punkt der antikolonialen Freiheits- und Unabhängigkeitsbewegungen und waren nicht etwa – wie heute vielleicht manchmal angenommen wird – ihr Gegenteil. Es war möglich, zugleich eine internationale und leidenschaftlich nationale Position einzunehmen: Es handelte sich um eine Generation, die in diesen beiden Haltungen keinen Gegensatz sah. Ihr modernes Bekenntnis dazu, neue künstlerische Formen zu finden und zu kreieren, die »eher dem Empfinden und dem Geist des neuen Zeitalters entsprechen« – wie es Herbert Read, der so ungeheuer englische Meister der modernen Kunst, einmal ausgedrückt hat –, war für sie aktiver Bestandteil ihres Antikolonialismus. Dieser Moment der Bestärkung wird mittlerweile als operatives Element bei der Erschaffung eines erweiterten Schwarzen Transnationalismus in der Diaspora begriffen.

In diesem kulturellen Gärungsprozess lag ein großes politisches Versprechen, das, glaube ich, in Gefahr ist, vergessen zu werden.

Zu der Zeit existierten in den antikolonialen Bewegungen der Karibik sehr viele radikale, politisch-kulturelle – mit Raymond Williams' Begriff ›emergente‹ – Impulse dieser Art. Sie wurden im Anschluss an die Unabhängigkeit marginalisiert, kaputtgemacht oder ausgelöscht vom Triumphzug dessen, was später das nationalistische Projekt genannt wurde. Innerhalb dieses Projekts lag das Hauptaugenmerk auf dem Aufbau des Staates und auf vorgegebener Institutionenpolitik, die ›von oben‹ betrieben wurde; den politischen Horizont bestimmte die Mobilmachung des Staates auf Kosten kollektiver popularer Energien und aller Bürger*innen der neuen Nation.

Eine Grundbedingung für den Aufbau postkolonialer Gesellschaften ist das, was als das Bemühen bezeichnet wurde, ›Europa zu provinzialisieren‹. Und das kam keine Minute zu früh. Die Entdeckung der indigenen kulturellen Wurzeln war ungeheuer befreiend für die Nation und das nationale Selbstwertgefühl. Nationalismus kann erstaunlich kreative Energien freisetzen, und die Entkolonisierung hätte ohne ihn nicht funktioniert. Aber wir sind uns seiner Grenzen und Verkürzungen mehr und mehr bewusst geworden. Eine davon ist die Versuchung, einer manichäischen Weltsicht zu verfallen, indem man das, was vorher war, einfach umkehrt, ohne es einer notwendigen Transformation zu unterziehen. Nach dem Motto, dort, wo der europäische Kolonisator einst stand, dort sollten wir an seiner statt stehen.

Doch der globale Kapitalismus erlaubt es neuen Nationen nicht, ihren Weg zu gehen, so gut sie können. An entscheidenden Wendepunkten – insbesondere angesichts gegenwärtiger Formen der Globalisierung – kamen neue Formen der Macht, der Subjektivierung, neue wechselseitige Abhängigkeiten, neue Weisen der Gouvernementalität und neue Widersprüche ins Spiel. Wie David Scott in seinem Essay über die ›koloniale Gouvernementalität‹ schrieb, liegt die Herausforderung nicht in der Dezentrierung Europas als solcher, so wichtig sie auch ist, sondern in »einer kritischen Infragestellung der Praktiken, Modalitäten und Projekte, die durch das Einbringen Europas in das Leben der Kolonisierten konstruiert und organisiert wurden«.

Dies erinnert uns unweigerlich an die paradoxe Wahrheit, dass die Bewohner*innen der Westindischen Inseln, auch wenn sie lange Zeit in die ›Rückwärtsgewandtheit‹ der Plantagenwirtschaft eingebunden waren, dabei schon lange Rekrut*innen der Moderne waren. Diese erzwungene Verkupplung war besonders in der Karibik wirksam, weil – wie C. L. R. James es ausdrückte – die Sklav*innenplantagen, die auf einer vorkapitalistischen Ausbeutung durch Zwangsarbeit basierten, direkt in die fortschrittlichste Form der (sogenannten) ›freien Arbeit‹ eingespannt werden konnten, wie sie der agrarische und industrielle Kapitalismus in den metropolitanen Ländern hervorgebracht hatte. Von daher war ›die Moderne‹ tatsächlich nie so weit von uns entfernt, wie wir geglaubt hatten. Diese historischen Zusammenhänge müssen für die Gegenwart wieder exhumiert werden. Eine Vergangenheit, die vergessen oder nicht konsequent aufgearbeitet wurde, wird ihre historische Vergeltung fordern.

Die diasporische Erfahrung kann, so behaupte ich, als ein privilegierter, fruchtbarer Ansatz genutzt werden, um sich die komplexen inneren Verhältnisse dieser späten Phase des Kolonialismus wie auch unserer eigenen postkolonialen Situation zu erklären. Ich empfinde sie als hilfreich dabei, mir die Dynamiken meiner eigenen geschichtlichen Formierung, meines eigenen Lebens zu erschließen.

Die moderne Idee des Diasporischen mit ihren zeitgenössischen Referenzpunkten wurde noch nicht verwendet, als ich meine Reise von Jamaika nach England antrat. Natürlich ist die Herausbildung einer Diaspora an sich ein uralter Prozess. Diasporen entstanden immer dann – aus welchem Grund auch immer –, wenn sesshafte Gesellschaften Gemeinschaften von signifikanter Größe hervorbrachten, die aus ihren eigenen Angehörigen bestanden und über eine gewisse Zeit woanders lebten, dabei eine enge Verbindung zu Ort und Kulturen ihrer Vorfahren aufrechterhielten und ihre Lebenspraxis an dem orientierten, was sie als die sozialen Codes, Sitten und Gebräuche und die Überzeugungen ihrer Vorfahren ansahen.

Im Kern der diasporischen Erfahrung befindet sich eine Variante dessen, was W. E. B. Du Bois das ›doppelte Bewusstsein‹ nannte: Demnach gehört man zu mehr als einer Welt; man existiert zugleich ›hier‹ und ›dort‹; man denkt das ›Dort‹ vom ›Hier‹ aus und umgekehrt; man ist an beiden Orten – aber niemals zur Gänze – ›zu Hause‹; sie sind weder grundsätzlich dieselben noch vollkommen verschieden. Dies führt zu einer ganz anderen Konzeption von Identität im Verhältnis zu kulturellen Traditionen, als der konventionelle Identitätsbegriff es vorsieht, der dazu neigt, die Verbundenheit mit den Ursprüngen besonders zu betonen und Kontinuität, Beständigkeit und unveränderliche Verwurzelung unterstellt. Hier sind die ›Routes‹, die man einschlägt (Veränderung, Bewegung, Transformation, Adaption, ständige ›Fortentwicklung‹), genauso wichtig wie die ›Roots‹, wenn nicht sogar wichtiger. Dies ist ein Beispiel dafür, wie Paul Gilroy Kultur als das ›sich verändernde Selbe‹ versteht.

In der jüngsten Geschichte wurde der Begriff der Diaspora besonders eng mit der Zerstreuung der Jüd*innen in Verbindung gebracht, mit ihrer Unterdrückung in fremden Ländern und ihrem jahrhundertelangen Leiden unter antisemitischen Genoziden bis hin zum Holocaust, vor allem in Europa. Der Hass auf Jüd*innen ist in vielen europäischen Kulturen tief verankert und grassiert dort mindestens seit der Zeit der Kreuzzüge. Die historische jüdische Erfahrung der Katastrophe gipfelte im Gegenzug in einer Konzeption der Diaspora, deren Essenz ist, dass das Leiden der Jüd*innen erst beendet sein wird, wenn sie sich wieder in ihrem ursprünglichen Heimatland vereint haben. Die Zerstreuung ist nicht endgültig, die Nabelschnur zur geheiligten Heimaterde und zu den kulturellen und religiösen Traditionen kann nie ganz durchschnitten werden. Es wird immer einen Anspruch auf Erlösung geben, eines Tages wird der Traum der lange erwarteten Rückkehr verwirklicht und der zerrissene Faden der Geschichte wieder aufgenommen. Gottes Versprechen wird sich erfüllen, der Tempel wird wieder aufgebaut und das auserwählte Volk mit seinem Heimatland vereint.

Dies ist eine starke und historisch bedeutsame, eigenständige Idee, die als solche tiefgreifende Konsequenzen gehabt hat. Man kann sich schwerlich Fälle von gewaltsamer Gefangenschaft, erzwungener Umsiedlung, Sklaverei oder Vertreibung von Völkern vorstellen, in denen es nicht auch Aspekte eines tröstenden Traumes – wie der Freiheit als Rückkehr – gegeben hätte. Für die Jüd*innen stellt die Rückkehr ins Gelobte Land die Erfüllung eines uralten Versprechens dar. Unter den versklavten Afrikaner*innen in der Neuen Welt war diese Vision eines Freiheitsideals auch immer präsent. Später wurde sie zu einer wichtigen Inspirationsquelle der Black Independence- und ›Back to Africa‹-Bewegungen in Amerika, insbesondere des Garveyismus. Aber sie findet sich auch in einigen Versionen des Panafrikanismus und besonders ausdrucksstark formuliert in der Beschwörung des ›Leidens in Babylon‹ der Rastafarians. Für alle diese Glaubensrichtungen lieferten die verschlüsselten Botschaften des Alten Testaments einen reichhaltigen Nährboden. Sie alle sind Beispiele für alte Diasporen, die bis in die heutige Zeit hinein existieren und gerade in der Gegenwart neue Resonanz erhalten.

Nach wie vor problematisch sind allerdings die ahistorischen, mythologischen und eschatologischen Elemente in diesen Versionen einer Erzählung der Diaspora, einer Variante, die eine ihrer heftigsten politischen Formen im Zionismus findet. In diesem Fall wurde die metaphorische göttliche Offenbarung wortwörtlich auf die Realität übertragen, wie es in vielen Ausprägungen des Fundamentalismus der Fall ist. In seinem Namen wird das Recht aller Jüd*innen auf der ganzen Welt auf Rückkehr in ›das Land Israel‹ in die Tat umgesetzt. Unter der Strahlkraft dieses Motivs wurde der neue Staat Israel gegründet – mit britischer Duldung im Gefolge der Balfour-Deklaration –, explizit als ethnisch und religiös definierter Nationalstaat. Das lieferte den legitimierenden Rahmen für die Rekolonisierung Palästinas, in deren Verlauf die Palästinenser*innen zu Staatsbürger*innen zweiter Klasse oder vertrieben wurden und ihr Land in zwei voneinander getrennte Enklaven aufgeteilt wurde. Ihr Land wurde enteignet und anschließend mussten ganze Generationen ihr Leben in Flüchtlingslagern verbringen. Der Staat Israel hat als gesetzmäßiges Mittel zur Wiedergutmachung eines historischen Unrechts extreme Gewalt ausgeübt – Krieg, Okkupation, Invasion, Unterwerfung der Zivilbevölkerung, kollektive Bestrafungen – und sich selbst in diesem Prozess zu einem willfährigen Partner des Westens gemacht.

In Wahrheit ist dieses entstellte Konzept von Diaspora die Quelle einer der schrecklichsten historischen Ironien geworden: Die sorgfältig konstruierten Selbsttäuschungen haben es Israel ermöglicht, sein Vorgehen zu legitimieren, zum Beispiel die schamlose Okkupation von palästinensischem Territorium, die Erklärung des alleinigen Anspruchs auf Jerusalem – eine Stadt, die eindeutig die ›Heimat‹ mehrerer religiöser Traditionen ist –, den Einsatz seiner Streitkräfte in gewaltsamen, aggressiven und unverhältnismäßigen Aktionen gegen Protestierende im Westjordanland und dem Gazastreifen, das Abwürgen der palästinensischen Ökonomie durch Seeblockaden, was eine massive Verarmung der Bevölkerung zur Folge hat. Solche Aktionen finden ihre Rechtfertigung in der Leidensgeschichte des jüdischen Volkes, aber auch in einem allumfassenden Anspruch auf eine Opferrolle, die keine Grenzen kennt. Europa hat seine Schuld für den Jahrhunderte vorherrschenden Antisemitismus gemindert, indem es mit dem Staat Israel bei seinem Rachefeldzug gemeinsame Sache machte – nicht etwa gegen den westlichen Antisemitismus, der unglaubliche Gräuel verursacht hat, sondern gegen das palästinensische Volk, das sich jahrhundertelang das Land mit den Jüd*innen teilte. Daraus entwickelte sich das aktuelle politische Klima, in dem alle, die diese Situation in Frage stellen, sofort als Antisemit*innen abgestempelt werden! Hier handelt es sich um eine Wiederaufführung des ursprünglichen verbrecherischen Tathergangs, mit einer brutalen Wendung.

Das Konzept der Diaspora ist erwiesenermaßen theoretisch keineswegs harmlos! Es muss vielmehr aus seinem philosophischen Umfeld freigelegt und neu gedacht werden. Der Begriff wird heute zumeist benutzt, um bestimmte Strukturen der Deplatzierung zu benennen, die durch die Migration in der Nachkriegszeit eine historisch spezifische Bedeutung erlangt haben. Avtar Brah führt an, dass dieses Konzept inzwischen als naheliegendster Bezugsrahmen für die Analyse der ökonomischen, politischen und kulturellen Modalitäten der zeitgenössischen Formen und Ausmaße von Migration dient.

Zeitgenössische Diasporen bilden sich nicht im schlicht chronologischen Sinn ›nach‹, sondern *in der Nachwirkung* der Kolonialisierung, das heißt postkolonial. Ihre gegenwärtigen Formen ergeben sich aus den Veränderungen der Machtverhältnisse zwischen ›dem Westen‹ und ›der restlichen

Welt‹, die lange die Ausgestaltung des globalen Systems bestimmt haben. Der Begriff Diaspora bezieht sich auf den Prozess, in dem Gesellschaften und Gemeinschaften in den armen zwei Dritteln der Welt der Macht und den Interessen des reichen Drittels ausgeliefert waren. Viele dieser Gesellschaften wurden noch weiter verwüstet durch Armut, Hunger, Krankheiten, Arbeitslosigkeit, Umweltkatastrophen, Bürgerkriege und ungelöste ethnische Feindseligkeiten, deren Folgen die Militarisierung von Kindern und Jugendlichen, Korruption und Bestechlichkeit mancher ihrer Führungseliten, die Degeneration des Staats zum Einparteiensystem, räuberische Aneignungen transnationaler Konzerne, systematische Ungleichheiten durch den sogenannten ›Freihandel‹ und Unterentwicklung sind: genauso, wie die armen Nationen einst durch Eroberung und Versklavung, durch das Plantagensystem und die Ausbeutung der Bodenschätze wie auch der billigen Lohnarbeit ›zerstreut‹ wurden – mit einem Wort: durch Kolonialisierung. Dies ist das Terrain, auf dem zeitgenössische Diasporen verortet sind.

Diaspora kann aber auch zu einem entstehenden Forschungsfeld werden. Im heutigen kritischen Denken dient die moderne Idee der Diaspora dazu, die gegenwärtigen Dynamiken zu analysieren, welche bewirken, dass verschiedene kulturelle Formationen nebeneinander existieren, sich verbinden und Dinge und Gebräuche voneinander entlehnen. Kurzum alles, was geschieht, wenn Menschen mit unterschiedlichen geschichtlichen Hintergründen, Kulturen, Sprachen, Religionen, Ressourcen und Zugängen zu Macht und Wohlstand nun durch Migration gezwungen sind, denselben Raum einzunehmen wie jene, die völlig verschieden von ihnen sind, und manchmal mit ihnen ein gemeinsames Leben aufzubauen.

Sich selbst als diasporisch zu definieren, wie ich es inzwischen tue, ist insofern zu einer Art Ersatz für ›Identität‹ geworden. Doch der Begriff diasporisch reagiert auf die einengenden Grenzen dessen, was als ›Identitätspolitik‹ bezeichnet wird, und führt darüber hinaus. Identitäten werden im Rahmen dieses Prozesses tatsächlich rekonstruiert, transformiert, problematisiert, pluralisiert, mobilisiert und antagonistisch gegeneinander gesetzt. Das Diasporische fordert die Idee einer einheitlichen, integralen, traditionell unveränderbaren kulturellen Identität heraus. Keine Identität kann den diasporischen Prozess intakt und unverändert überstehen oder ihre Verbindungen mit der Vergangenheit unbeschadet aufrechterhalten. Die Suche nach oder gar die sogenannte ›Entdeckung‹ einer essenziellen Identität ist zumeist das Ergebnis dessen, was Eric Hobsbawm ›erfundene Tradition‹ nennt: nicht das Produkt einer lange zurückliegenden Vergangenheit, sondern von vorgestern. Die Vereinheitlichung von Identitäten verspricht, all die diasporischen Linien von Zerstreuung und Gegensätzen zusammenzufassen und eine transhistorische Authentizität herzustellen.

Aber in der modernen Welt sind diese Bemühungen zum Scheitern verurteilt. In dem Versuch, diese Realität zu erfassen, habe ich einmal gesagt: »Das essenzielle Schwarze Subjekt ist am Ende.«

Das Diasporische ist der Moment einer doppelten Einschreibung von Identität, von Kreolisierung und von multiplen Zugehörigkeiten. Die neuen Konzepte der Diaspora lieferten den Kontext, in dem erkennbar wurde, dass keine einzelne soziale Spaltung genügt, um alle Strukturen und Machtverhältnisse einer gesellschaftlichen Totalität zu erklären oder zu erfassen. Das Diasporische stellte den Moment dar, in dem Politiken von Klasse, Race und Geschlecht zusammenkamen, aber eine neue, instabile, unaufhaltbare, explosive Artikulation bildeten, in der einzelne Politiken einander verdrängten und sich gegenseitig verkomplizierten. Es hat unser Verständnis von der Natur sozialer Kräfte und gesellschaftlicher Bewegungen verändert. Dementsprechend liefert es uns keine vorgefertigten Antworten und Programme, sondern stellt uns vor neue Fragen, welche ältere Denkmuster, Formen sozialen Engagements und politische Praxen durchwuchern und verrücken: tatsächlich ein ganz neues ›Problemfeld‹.

Aus diesen Gedankengängen ergibt sich der Blickwinkel, von dem aus ich meinen eigenen ›Standortwechsel‹ von der Karibik nach Britannien verstehen kann. Er ermöglicht es mir, jene Erfahrungen und Empfindungen zutage zu fördern, die ich als junger Mann nicht artikulieren konnte, und ihnen eine Bedeutung zu verleihen. Mit Bezug auf Gramsci könnte man sagen, dass dies für mich ein Weg war, mir meine eigenen ›Weltauffassungen‹ zu erschließen.

In *The Pleasures of Exile* zitiert George Lamming James Baldwins Aussage in dem Buch *Notes of a Native Son*: »Ich war eine Art Bastard des Westens«, und doch waren die Errungenschaften der europäischen Kultur »nicht meine Schöpfung, sie enthielten nicht meine Geschichte«. Darauf weist auch C. L. R. James hin, wenn er erklärt, dass die Schwarzen Migrant*innen »zwar in, aber nicht aus Europa« waren. Diese Empfindungen deuten auf eine Ambivalenz hin, die, wie Lamming schreibt, »nicht nur den Kolonialen gegenüber England, sondern auch den Amerikaner und Negro angesichts der monolithischen Autorität europäischer Kultur« heimsucht. In der Karibik war unser Wissen von der größeren Welt verengt, verzerrt und oft fehlgeleitet. Für uns als Angehörige der britischen Karibik verliefen die Identifikationslinien unerbittlich zur imperialen Metropole hin. Aber dorthin zu gehen war, als bekäme man – endlich – die Chance, die phantasmatischen Dimensionen der kolonialen Beziehungen zu demaskieren.

Teil III

Reise in eine Illusion

6.

Begegnung mit Oxford: Die Herstellung eines diasporischen Selbst

Es ist auf unheimliche Art irritierend, wenn ich zurückschaue auf mein jüngeres Ich, wie es 1951 im Hafen von Avonmouth ankommt, bereit für ein neues Leben, aber ohne die geringste Ahnung, ob und wie es dazu kommen oder wie es dann aussehen würde. Ich war wirklich ganz woanders! Allerdings hatte mich die koloniale Erfahrung durchaus auf England vorbereitet. Ich konnte die Gelegenheit, mich auf etwas Neues einzulassen, keineswegs sorglos und unschuldig ergreifen. Diese Begegnung war mächtig überdeterminiert.

Meine Ankunft fand drei Monate vor den Parlamentswahlen im Oktober statt, bei denen die Konservativen die Labour Party besiegten und Winston Churchill sein Amt als Premierminister zurückgewann. Nach einem kurzen Aufenthalt in London machte ich mich auf den Weg zur Oxford University, mitten hinein in das kulturelle Herz Englands.

Aber diese Begegnung ist immer noch nicht zu Ende. Sie dauert an. Es war, wie Donald Hinds es vor langer Zeit formuliert hat, ›eine Reise in eine Illusion‹ – oder besser noch: eine Reise in zerbrechende Illusionen, die einen langwierigen Entzauberungsprozess in Gang setzte. Ich wusste nicht, was ich finden würde oder was ich ›damit‹ anfangen würde, wenn ich ›es‹ fand. Ich wusste nur, dass ich nicht ›es‹ sein wollte, was immer das war. Aber ich wollte ihm sozusagen leibhaftig gegenübertreten, diesem Phantasma ›anderer Welten‹, aufgeblasen von – wie sich erwies – falschen Versprechungen. Mein Wissen über Britannien stellte sich als bestürzender Mischmasch aus Wirklichkeit und Phantasie heraus. Allerdings blieben manche Illusionen, die ich vielleicht im Gepäck hatte, unerfüllt, weil sie zum Glück unerfüllbar waren. Diese Phase war schmerzhaft, aber gleichzeitig auch aufregend. Sie veränderte mich für immer, und keine dieser Veränderungen hätte ich zuvor auch nur im Entferntesten erwartet.

Diese ganze Erfahrung war mir gruselig vertraut und zugleich irritierend fremd. Man kann dies einem gewissen Déja-vu-Gefühl zuschreiben, das alle kolonialen Reisenden bei ihrer ersten unmittelbaren Begegnung mit der imperialen Metropole überfällt, die sie tatsächlich nur in ihrer übersetzten Form durch einen kolonialen Nebel hindurch kennen, die aber stets als ihr ›konstitutives Außen‹ fungiert hat: Die Metropole konstituierte sie, oder uns, durch ihre Abwesenheit, weil sie das ist, was sie – *wir* – nicht sind. Das ist eine Methode, wie man von jenseits definiert wird!

Auf der Zugreise vom Schiff nach London hatte ich das Gefühl, diesen Ort schon irgendwo gesehen zu haben, als hätte ich ein Abbild davon im Gedächtnis. Er rief ein Wiedererkennen tief drinnen hervor, ein illusionäres Nachbild. War ich schon einmal hier gewesen? Ja und nein. Ich hatte nicht vorhergesehen, wie die englische Landschaft aussehen würde, aber als ich sie durchs Zugfenster vorbeifliegen sah, wusste ich, genau so *sollte* sie aussehen: Diese properen, wohlgenährten schwarz-weißen Kühe, zufrieden wiederkäuend auf ihren ordentlich mit Hecken unterteilten Weiden, umgeben von riesigen, ausladenden Bergahornbäumen. Alles, was ich gelesen hatte, hatte mich darauf vorbereitet. Schließlich kannte ich die Romane von Thomas Hardy. Nichts hingegen hatte mich auf den krassen Kontrast vorbereitet zwischen der strengen Monotonie der düsteren Straßen von London mit ihren tristen Backstein-und-Beton-Fassaden und dem chaotischen Gewimmel des Straßenlebens von Kingston, wo die Menschen sich auf überfüllten Bürgersteigen aneinander vorbeidrängten, mit Bollerwagen und Eiskarren voller Sirupflaschen, das lärmende Tohuwabohu, die wuselnde Lebendigkeit, provinziell hin oder her.

London wirkte, als wir ankamen, abweisend und bedrohlich. Ich nehme an, meine Erinnerungen sind von späteren Erlebnissen infiltriert, denn was mir sofort in den Sinn kommt, ist der schwere, bleierne Herbsthimmel; das Licht, das sich ständig auf halbem Weg zur Dämmerung befand; der ständige dünne Nieselregen (wo blieb nur der richtige Regen, der tropische Wolkenbruch?); die blinden Fenster der eckigen schwarzen Taxis; die Anonymität der Gesichter in den roten Doppeldeckerbussen; die gelben Scheinwerfer, deren Licht vom nassen Asphalt der Bayswater Road reflektiert wird. Es war eine dunkle, abweisende, anonyme Großstadt mit hohen herrschaftlichen Wohnblöcken, die das Leben unten in den Straßen hochnäsig ignorierten. Alle steckten in zugeknöpften dunklen Anzügen mit Mänteln und Hüten, viele mit dem sprichwörtlichen Schirm, und hasteten gesenkten Blickes durch die hereinbrechende Finsternis zu unbekannten Zielen. Es war das asketische London der Nachkriegszeit mit seinen zerbombten Gegenden, Trümmern und klaffenden Stellen wie Zahnlücken in einem Gebiss. Durch den Hyde Park, ständig im Nebel, ritten frühmorgens Frauen in Reithosen mit starren Kappen im Trab; in den Kaufhäusern in der Oxford Street gleißte um drei Uhr nachmittags elektrisches Licht. Es muss auch sonnige Tage gegeben haben, denn es war Spätsommer. Aber an die erinnere ich mich nicht.

Wir hatten erst etwas Zeit in London, bevor es nach Oxford ging und meine neue Lebensphase begann. Meine Mutter begleitete mich; sie und ein gigantischer Überseekoffer, ein Filzhut und ein karierter Mantel. Wir waren Passagiere zweiter Klasse auf einem Bananendampfer der britischen Reederei Elders and Fyffes, die mit der Firma meines Vaters geschäftlich verbunden war. Er fuhr um die ganze Insel, um an verschiedenen Orten Bananen zu laden, und wir gingen in Port Antonio an Bord, seiner letzten Station in Jamaika, bevor er sich auf die ›Heim‹-Reise machte. Ich erinnere mich, wie das Schiff in der sinkenden Sonne ablegte und durch den langen Kanal zwischen Navy Island und Titchfield Hill glitt, wo früher das alte Hotel gestanden hatte. Wir fuhren so dicht am Ufer entlang, dass ich die Gesichter meiner Verwandten erkennen konnte, die auf der Landspitze standen, um die Abfahrt zu sehen und zum Abschied zu winken.

1951 auf dem Schiff nach England

Es war eine stürmische Überfahrt. Auf See gerieten wir in den schlimmen Orkan, der, wie wir später erfuhren, auch Jamaika heimgesucht hatte. Ich besitze noch Fotos, die zeigen, wie das Schiff tief nach unten stürzte und sein Bug ins aufgewühlte Wasser des Wellentals tauchte. Wir starrten in den Abgrund, überzeugt, uns nie mehr aus diesen Tiefen emporkämpfen zu können. Aber im nächsten Moment, während das Schiff sich aufrichtete, türmte sich die See über uns auf wie eine Wand und verdeckte den Himmel. Die Tische im Speisesaal samt Geschirr rutschten über den Fußboden hin und her, je nachdem, in welche Richtung das Schiff sich neigte. Es war entsetzlich aufregend. Aber da wussten wir noch nicht, was für

Verwüstungen der Sturm zu Hause angerichtet hatte. Im Geist dessen, was Literaturkritiker*innen den ›Trugschluss der imitatorischen Form‹ nennen, wenn Naturgewalten auftauchen, um die Stimmung der Erzählung widerzuspiegeln, schien die Natur eine unheilvolle Botschaft über die Reise zu meinem Ziel beizusteuern, auch wenn ich mich nicht bemühte herauszufinden, was sie bedeuten könnte.

Wir kamen im August an, und da die Vorlesungen in Oxford erst im Oktober begannen, verbrachten wir ein paar Wochen als Touristen in London. Wir stiegen im Methodist International House ab, eine Art Hostel in Bayswater für Student*innen aus Übersee. Zu den ersten Menschen, die ich dort traf, gehörten A. N. R. Robinson, späterer Premierminister und dann Präsident von Trinidad und Tobago, der am Inns of Court Jura studierte und bald Gründungsmitglied des People's National Movement werden sollte, und Doris Wellcome aus Britisch-Guayana, später die erste Ehefrau des berühmten Dichters Edward Kamau Brathwaite aus Barbados. Das Haus war voller afrikanischer, asiatischer und karibischer Student*innen, die Sitten befangen international: ›heimatliche Kleidung‹ (was immer das war) am Wochenende, Essen aus verschiedensten Regionen, viele Sprachen. Es herrschte eine religiösere Atmosphäre, als ich und meine Mutter gewöhnt waren: Tischgebet, abends Hymnen zu Klavierbegleitung, sonntagmorgens Kirche. Aber immerhin konnte ich mich dort langsam in London akklimatisieren, an einem Ort, der nicht ganz so undurchdringlich englisch war.

Und eines Tages entdeckte ich, dass das ›undurchdringliche England‹ ganz und gar nicht undurchdringlich war. Als wir an der Paddington Station vorbeikamen, die nicht weit von der Bayswater Terrace entfernt war, sah ich, wie sich ein Strom Schwarzer Menschen in den Londoner Nachmittag ergoss. Sie waren zu ärmlich gekleidet für Tourist*innen. Wer waren sie und was taten sie hier? Dies war meine erste Begegnung mit der Vorhut der Schwarzen karibischen Nachkriegs- und Post-*Windrush*-Migration, die Britannien über die Jahre verändert hat. Eine Welt drängte in eine andere. Dies war ein Schlüsselerlebnis für mich. Auf einmal sah alles anders aus.

Es ist schwer zu rekonstruieren, welchen Eindruck der Anblick dieser Schwarzen westindischen Arbeiter*innen in London auf mich machte, die mit ihren strippenverschnürten Koffern und berstenden Strohkörben eindeutig aussahen, als planten sie, länger zu bleiben. Sie hatten innerhalb ihrer Möglichkeiten alles gegeben, um sich in Schale zu werfen, wie das Westinder*innen damals immer taten, wenn sie auf Reisen oder in die Kirche gingen: die Männer mit weichen Filzhüten, die sie verwegen schräg trugen, die Frauen in dünnen farbenfrohen Baumwollkleidern. Sie traten unsicher in den kalten Wind oder warteten auf Verwandte oder Bekannte, die sie aus der bedrängenden Fremdheit ringsum retten sollten. Sie zögerten vor den Fahrkartenschaltern, suchten herauszufinden, wie sie mit einem anderen Zug weiterfahren konnten zu einem genauso unvertrauten Ort, um Leute zu finden, die sie kannten und die vor ihnen hergekommen waren. Sie wirkten in Anspruch genommen, nicht von irgendeiner mythischen ›Romantik des Reisens‹ oder der genauso wenig stichhaltigen Kaprize eines ›beginnenden Abenteuers‹, sondern von unmittelbaren Notwendigkeiten: ein Ort zum Schlafen, ein Zimmer mieten, Arbeit finden.

Für sie wie für mich war es ein schicksalhafter Moment des Übergangs.

Der Anblick all dieser Schwarzen Menschen mitten in London war überwältigend. Was ich als ungelöstes Dilemma gerade hinter mir gelassen glaubte – die mit meinem familiären Hintergrund geerbten Schwierigkeiten, dass ich mich weder mit meiner sozialen Schicht identifizieren wollte, noch fähig war, mich in meinem Heimatland zu Hause zu fühlen, weil mir die Kluft bewusst war, die mich von der Mehrheit trennte –, hatte mich auf der anderen Seite des Atlantiks eingeholt. Mir war, als würde ich vorwärts in die Vergangenheit reisen!

Das war noch ganz am Anfang, und die Migration beinhaltete das Versprechen, die Verhältnisse auf dem kolonialen Spielfeld könnten ausgeglichen werden. Hier endlich waren wir *alle*, was Sheila Patterson in ihren frühen Studien zur Nachkriegsmigration ›dunkle Fremde‹ nannte: Reisende auf unbekanntem Territorium, mit ungewisser Zukunft, voller Angst, ob wir überleben würden, verstört davon, wie anders alles wirkte, und besorgt darüber, wie sehr die Erfahrung uns verändern würde.

Ich hatte mir alle möglichen Neubeginn-Szenarien ausgemalt, aber wäre nie auf den Gedanken gekommen, dass London diese brisante kleine Zeitbombe aus der Vergangenheit bereithielt. Natürlich war die Idee von einem völligen Neustart ein Hirngespinst, und ich glaube nicht, dass ich ihr je wirklich erlag. Ich ging davon aus, Jamaika nur für eine gewisse Zeit zu verlassen, und hatte fest vor, in absehbarer Zukunft zurückzukehren und mein Leben dort zu verbringen. Auf jeden Fall, das stellte ich bald fest, ist die Hoffnung auf einen kompletten Neustart – die Stunde Null – oft die erste Illusion, die verschwindet. Außerdem war es eigentlich gar kein Anfang, nur ein weiteres Kapitel einer langen Geschichte, die Jahrhunderte zuvor begonnen hatte.

Wir hakten das touristische Programm ab – Westminster Abbey, St. Paul's, Houses of Parliament, Buckingham Palace, die Wachablösung, die Festival of Britain-Nationalausstellung auf der South Bank. Ich erinnere mich an eine der ersten Theateraufführungen der *Mausefalle*, aber das muss wohl später gewesen sein. Kurz vor Beginn des Studiums lieferte meine Mutter mich und meinen riesigen Überseekoffer im Merton College in Oxford ab. Durch einen mysteriösen Zufall hieß unser Haus in Kingston ebenfalls

Merton; ich konnte allerdings keine Verbindung entdecken. Meine Mutter beharrte beredt darauf, dass es sich um schicksalhafte Fügung handeln musste.

Wir gingen zu einem Vorbereitungsbesuch ins College. Bei meiner Unterkunft wurden wir von einem College-Angestellten begrüßt, der sich »um die Studenten auf Ihrem Stockwerk kümmert, Sir«. Bert, mein ›Scout‹, war im Ersten Weltkrieg verwundet worden und hinkte. Er war ein nervöser Mensch und starrte den unsäglich schweren Überseekoffer an, als wäre er die ertrunkene Leiche aus einem Ruth Rendell-Krimi, die zur allgemeinen Irritation plötzlich wieder aufgetaucht war. Was sollten wir damit anfangen, mit diesem Gepäckstück aus der Vergangenheit? Nicht mal zu dritt konnten wir es nach oben schleppen, also wurde beschlossen, dass es in den Keller kam. Irgendwann brachte ich noch etwas Kleidung und ein paar andere Dinge nach oben in mein Zimmer im ersten Stock mit Blick auf das großartige mittelalterliche Bauwerk der College-Kapelle. Aber danach habe ich den Koffer nie wieder geöffnet, ich gab ihn der Vergangenheit zurück.

Manchmal frage ich mich, was wohl aus ihm geworden ist. Mit seinem abgerundeten Deckel und den Stahlbändern war er ein Relikt all dessen, was ich hinter mir ließ. Er gehörte zu den importierten Dingen, auf deren Benutzung meine Mutter großen Wert legte, um ihre Loyalität zur kolonialen Version von Moderne und Kultiviertheit zu demonstrieren. Der Koffer erinnerte an die protzigen Gepäckstücke, mit denen glamouröse Filmstars in den 1940er Jahren auf Dampfschiffen den Atlantik überquerten, um ›Paris zu sehen‹. Aufgeladen mit widersprüchlichen Bedeutungen, befrachtet mit Dünkel und Größenwahn, war er für mich ein Symbol jenes anderen Lebens. Obwohl neu gekauft, war er schon ein Anachronismus, gehörte nicht in diese Zeit noch an diesen Ort. Mit Erleichterung gab ich ihn auf. Soweit ich weiß, steht er immer noch da.

Oxford war meine erste echte Begegnung mit der britischen herrschenden Klasse auf ihrem Territorium und mit den Institutionen, durch die eine hegemoniale Kultur geschaffen wird. Das Merton, gegründet im dreizehnten Jahrhundert, ist eins der ältesten Colleges in Oxford, seine prachtvolle klassische Architektur strahlt mittelalterliche Ernsthaftigkeit, Gediegenheit und Düsternis aus. Ich las Chaucer in der Bibliothek, wo manche Bücher immer noch an die Pulte gekettet waren. Das College war wie ein Kopfsprung in die eisigen Tiefen und geheimnisvollen Komplexitäten der Englishness, unerwartet selbst für Leute, die England gut zu kennen glaubten. Ein Viertel meiner Kurse war in Sprachen wie Angelsächsisch und Mittelenglisch, die ich überhaupt nicht verstand. Hochdeutsch und Altnordisch, zwei weitere Wurzeln der englischen Sprache, wirkten unglaublich fremd. Einige der Gedichte mochte ich tatsächlich sehr gern – *Beowulf*,

Sir Gawain und der grüne Ritter, *The Wanderer*, *The Seafarer* – und irgendwann überlegte ich sogar, ob ich meine Abschlussarbeit über Longlands *Piers Plowman* schreiben sollte. Aber als ich versuchte, zeitgenössische Literaturkritik darauf anzuwenden, erklärte mir mein asketischer südafrikanischer Professor in genervtem Ton, dass dies nicht der Zweck der Übung sei. Als ich Latein abgewählt hatte, hatte ich mir geschworen, mich nie mehr mit einer altertümlichen Sprache herumzuschlagen. Und doch saß ich hier in weiteren dieser altsprachlichen Kurse.

Es gab auch so etwas wie ein ›College-Leben‹, dem man sich stellen musste. Ich erinnere mich noch an mein erstes Abendessen in der Speisehalle: weißer Fisch auf einem weißen Teller mit gekochten Kartoffeln und Blumenkohl in einer weißen Sauce! Die Überlebenschancen standen nicht gut. Zu Beginn des Semesters musste ich mein Lebensmittelmarkenheft abgeben – es herrschte noch immer die Rationierung der Nachkriegszeit – und bekam im Gegenzug vom College ein Viertelpfund Butter auf einem Blechteller und täglich einen Krug Milch, die ich mit aufs Zimmer nehmen und in meinen Tee tun durfte, zu dem ich auf der Gasflamme Teekuchen toasten lernte. Diese war übrigens die einzige Heizmöglichkeit in meiner ansonsten wunderbaren Zwei-Zimmer-Unterkunft.

Merton ist ein verführerisch schöner Ort. Die Gärten und Rasenflächen wurden akribisch gepflegt und stellten Oasen der Ruhe dar, egal wie hektisch es in anderen Bereichen des Colleges zuging. Von dem erhöhten Gehweg, der an der hinteren Mauer entlangführte, überblickte man die gesamte Parkfläche des Christ Church Meadow. Aber es gab auch viele dunkle Ecken und Winkel. Von meiner Unterkunft im Gebäude gegenüber der mittelalterlichen Kapelle musste ich durch den feuchtkalten Nebel überm Christ Church Meadow und die Steinstufen am Fluss hoch laufen, um die eisigen, weiß gekachelten Katakomben zu erreichen, die als ›Bäder‹ dienten. Unerklärlicherweise schienen manche auf meiner Etage ihnen nie einen Besuch abzustatten. Aber die von uns, die regelmäßig hingingen, empfanden sich als verschworene Gemeinde. Niemand machte sich allein dorthin auf. Es war eine Gemeinschaftsaktion. Und niemand wäre auf den Gedanken gekommen, ohne ein Buch in die eisige Dunkelheit hinauszuziehen, um die Zeit zu überbrücken, bis sich das Bad auf eine erträgliche Temperatur erwärmt hatte.

Am Tag meiner Ankunft hatte Bert meiner Mutter versichert, es sei seine Aufgabe, sich um mich zu kümmern. Allerdings hätte er es auch dringend gebrauchen können, sich um sich selbst zu kümmern. Er erklärte mir eine Reihe von Regeln und Sitten, die am College beachtet werden mussten. Wenn man zum Beispiel ungestört bleiben wollte, konnte man die äußere Tür seiner Wohnung abschließen. Dieser reizende Oxford-Brauch für junge

Herren wurde »sporting the oak« (für Besucher nicht zu sprechen, wörtlich: mit der Eiche protzen) genannt, die Doppeldeutigkeit war natürlich Absicht. Das Problem war, wenn Bert eine verschlossene Tür bemerkte, geriet er derart in Aufregung, dass er von seinem Privileg Gebrauch machte und den Generalschlüssel holte, gegen die Tür hämmerte und in der Erwartung hereinplatzte, den Studenten mindestens in flagranti mit einer Freundin zu erwischen oder gar an einem Seil unter der Decke baumelnd vorzufinden. Ich hatte *Tom Brown's Schooldays* und *Wiedersehen mit Brideshead* gelesen, aber dies hier war, milde ausgedrückt, etwas anderes. Das erste Mal, als Bert mich an einem Wintermorgen weckte, hatten sich Eiszapfen auf der Innenseite meiner Fenster gebildet. Das ganze Oxford-Spektakel entfaltete sich vor mir wie ein Film, und immer war klar, dass es sich um eine Parodie seiner selbst handeln musste.

Oxford University 1953

Oxford mag nicht der naheliegendste Ort sein, um mit dem eigenen ›Anderssein‹ klarzukommen. Aber ich erinnere mich gut an Nachmittage im Cardena, einem höhlenartigen Teesalon, und an diese Stimmen, die sich in gellender Lautstärke und mit diesen gequetschten Oxford-Vokalen an die ganze Welt wandten, als wären ihre Angelegenheiten unweigerlich von atemberaubendem Interesse für den Rest des Universums.

Und doch frage ich mich heute manchmal, wie weit meine Reaktion einem kolonialen Komplex geschuldet war, die Replik des ›illegitimen‹ Sohns, erzogen im Schatten des Empire und nun konfrontiert mit seiner Entfremdung von dem, was ihm als wahre – ›elterliche‹– Abkunft und Heimat vorgegaukelt worden war.

Oxford selbst – als Ort, Institution und vor allem als Signifikant – wurde für mich zum Inbegriff des englischen Gefühls, immer und überall ›am rechten Ort‹ zu sein, das vor allem in den herrschenden Klassen verbreitet war, denn dies war nicht nur der Gipfel des universitären Bildungssystems, sondern auch ein Destillat des hierarchischen englischen Klassensystems selbst.

Oft war ich die einzige Schwarze Person im Raum. Ich versuchte das zu ignorieren. Ich trat mit Freunden lässig in einen Pub oder ein Café, scheinbar ohne mit der Wimper zu zucken, denn das hätte Klassenbewusstsein verraten. Indessen war mein Körper immer angespannt, als wollte er sich gegen die heimlichen Blicke wappnen, die mich trafen, auch wenn sie nicht bewusst feindselig waren. Ich wusste, warum man mich anstarrte, es war die peinliche Gegenwart von *Differenz*. Im Gegenzug übte ich den Verschwindetrick, mit festem Blick durch die anderen hindurchzusehen. Mein Gefühl, ständig auf dem Präsentierteller zu sein, vertrieb das allerdings nicht.

Doch nach außen hin war Oxford sehr höflich zu uns Schwarzen Studenten – wir waren ja so wenige, dass wir als Kuriositäten angesehen wurden, eher malerisch als irgendwie bedrohlich. Außerdem ging man davon aus, dass wir unser Studium abschließen und dann wieder abreisen würden. »Und wann fahren Sie wieder nach Hause?«, lautete eine oft gestellte Frage. Mein Tutor, dem ich drei Jahre lang Woche für Woche im Zwiegespräch meine ausgeklügeltsten Gedanken vorlegte, hatte so wenig Ahnung davon, wer ich war und woher ich kam, dass er oft sagte: »Stuart, wenn Sie hier fertig sind, gehen Sie natürlich nach Jamaika zurück und werden Gouverneur oder so«! Und dabei rieb er sich entzückt die Hände über dieses völlig undenkbare Szenario, das er sich in den Kopf gesetzt hatte.

Das war kein offener Rassismus. Den bekam ich als Student der unteren Semester in Oxford nicht zu spüren, erst während meiner Promotion, als immer mehr Westinder*innen in der Fahrzeugproduktion bei Oxford arbeiteten, und nach der Universität, als ich in London lebte und arbeitete.

Aber mir war die ganze Zeit bewusst, dass ich durch Race und Colour sehr, sehr *anders* war. Und im Diskurs der Englishness herrschte über Race und Colour unbeschreibliches Schweigen.

Für die Mehrheit der englischen Studenten, Männer, die aus dem Krieg zurückkamen oder kürzlich ihren Wehrdienst abgeleistet hatten, bevor sie ›auf die Uni‹ kamen, muss sich das alles ganz natürlich angefühlt haben: ein erhabeneres Abbild ihrer Familienkultur und ein Playback der altehrwürdigen Gebräuche, auf die sie die Privatschule mit ihrem gefälschten Oxbridge-Akzent bestens vorbereitet hatte.

Ich war der einzige Schwarze Student auf meinem College, wobei es noch ein paar Studenten aus Südasien gab. Die größte nicht-englische Gruppe in Merton bestand aus Amerikanern, und da ich ebenfalls Außenseiter war, tat ich mich mit ihnen zusammen. Auch sie machten einen Bogen um den englischen Ruderclub-Ethos am College, sofern sie nicht völlig verunsichert und benebelt davon waren. Viele studierten englische Literatur, aber mein Tutorium hatte ich mit einem brillanten, gescheiten Arbeiterklasse-Geordie[5], Tom Coulson. Den Amerikaner Don Bell habe ich schon erwähnt. Der überragend kluge Walt Litz aus Tennessee, Rhodes-Stipendiat wie ich, bereitete seine Dissertation über Joyce' *Finnegans Wake* vor. Was ihm Oxford bedeutet hat, weiß ich nicht, aber danach und nach seinem Militärdienst ging er nach Princeton, wo er als einer der angesehensten Experten für moderne englische und amerikanische Literatur vierzig Jahre blieb.

Ich weiß noch, wie unser ganzes Seminar von meinem Tutor als besonderes Privileg in Helen Gardners Seminar über Metaphysische Dichtung geschickt wurde. Ein unschuldiger Amerikaner stellte ernsthafte, aber naive Fragen zu den Wortspielen mit sexueller Bedeutung bei John Donne. Sie verwies ihn erst auf eine Ovid-Ausgabe aus ihrem obersten Regalbrett, die er sich nahm, aber er verstand kein Latein. Nach dem Seminar schickte sie uns eine stahlharte, leicht entnervte Notiz, die noch vor uns im College ankam: »Wenn Sie bei Shakespeare oder Donne auf das Wort ›quainte‹ stoßen, werden Sie wohl feststellen, dass es als sexuelle Anspielung oder doppeldeutig zu verstehen ist, im Sinne von …« Später lernte ich sie gut kennen. Sie war überhaupt nicht furchteinflößend und eine kluge frühe Spezialistin für ›Mr. Eliot's poetry‹. Einmal ging ich zum May Ball mit einer Gruppe, zu der ihre Freundin Dorothy Bednarowska gehörte, die später eine Galaxie bedeutender Intellektueller und Persönlichkeiten des öffentlichen Lebens ausbildete.

Die meisten Rhodes-Stipendiaten waren älter als ich, hatten schon einen Abschluss an einer amerikanischen Elite-Universität und wollten in Oxford

5 Bezeichnung für die Einwohner*innen von Newcastle

ein Zweitstudium absolvieren. Nach dem ersten Jahr mietete ich mich mit einigen von ihnen in einer Pension im Norden der Stadt ein, eine unvergessliche Erfahrung. Die meisten dort Wohnenden waren ältere oder pensionierte Oxforder, auf die dieser Haufen Eindringlinge (ich, Walt Litz, der künftige amerikanische Shakespeare-Experte Charles Forker und andere) genauso schräg gewirkt haben dürfte wie sie auf uns. Unsere Vermieterin wachte unerbittlich über den Zähler, in den wir Münzen einwerfen mussten, um Heißwasser zu bekommen. Wir freundeten uns mit einer alten Dame an, die regelmäßig Marmelade aus dem Frühstücksraum abzweigte, indem sie klammheimlich etwas aus dem Gemeinschaftsglas in ein Töpfchen löffelte, das sie in der offenen Handtasche auf ihrem Schoß verbarg. Das ist wohl gang und gäbe in solchen Pensionen. Ich sage ›klammheimlich‹, aber in Wirklichkeit wussten es alle und schauten gebannt zu, ob die Mission zu einem erfolgreichen Abschluss kam oder nicht. Ich bin sicher, sie glaubte sich unbemerkt.

Mit dieser amerikanischen Gruppe las und diskutierte ich in meinen ersten beiden Jahren sehr viel, vor allem über Literatur und Literaturkritik. Unter ihrer Anleitung las ich zum ersten Mal große Teile der amerikanischen Klassiker: Hawthorne, Melville, Whitman, Thoreau, moderne Autoren wie Hemingway, Faulkner und Fitzgerald, als Vertreter des New Criticism Cleanth Brooks, Allen Tate, Yvor Winters und Lionel Trilling. Die Amerikaner hatten mehr Geld als ich, aber davon abgesehen lebten wir ein, zwei Jahre ein unterhaltsames gesellschaftliches Leben. Sie kamen schneller als ich mit den Eigenarten des englischen Alltags klar, da sie nicht so viel historischen Ballast mit sich herumschleppten. Manchmal luden wir meinen Tutor – ein Experte für die Geschichte des achtzehnten Jahrhunderts mit Namen Hugo Dyson Dyson (genau so) – in den Pub ein oder sonntags zum Lunch in eins der umliegenden Dörfer.

Es gab in den unteren Semestern in Oxford ein paar wenige Westinder, darunter V.S. Naipaul, der am Christ Church College studierte, sich aber kaum für uns interessierte. Er studierte englische Literatur wie ich. Die meisten anderen waren für PPE eingeschrieben – Philosophie, Politik und Ökonomie.

Ich kannte Naipaul, aber nicht sehr gut. Schon damals fand ich ihn nicht freundlich oder einnehmend. Er wollte mit anderen Westindern nichts zu tun haben, schon gar nicht mit Schwarzen. Die Zusammenkünfte der West Indian Society besuchte er nie. Mit Sicherheit hätte er unsere nationalen Ambitionen und die antikoloniale Einstellung nicht gutgeheißen. Ich wusste, dass er Schriftsteller werden wollte, und diskutierte später mit ihm in ein paar wenig erinnerungswürdigen öffentlichen Veranstaltungen über Literatur. Für mich sind seine frühen Romane und Kurzgeschichten –

Blaue Karren im Calypsoland, Der mystische Masseur, Wahlkampf auf karibisch, Ein Haus für Mr. Biswas – seine besten literarischen Beiträge, sie zeigen sympathisch, einfühlsam und witzig die Situation der indischen Gemeinschaft von Trinidad im Augenblick des Zusammenbruchs der ländlichen Hindu-Tradition. Hingegen gehört *An der Biegung des großen Flusses*, um es vorsichtig auszudrücken, nicht zu meinen Lieblingsromanen. Ich finde, seine zutiefst ambivalente und herablassende Haltung zur Karibik – kombiniert mit Feindseligkeit gegenüber nationalen Bewegungen, unkritischem Anglozentrismus und mit dem, was Derek Walcott seine ›vornehme Abscheu vor Negroes‹ genannt hat – verunstaltet sein späteres Werk und seine großen literarischen Fähigkeiten. All das war schon in Oxford fest in seiner Persönlichkeit verwurzelt. Anscheinend trieb ihn eine ambivalente Aggression an, vielleicht Selbsthass, trotz aller einstudierten Selbstachtung, Überheblichkeit und der mitunter tief verletzenden Sticheleien. Bei einer öffentlichen South Bank-Vorlesung hörte ich einmal, wie er C. L. R. James als »dieser eitle alte Schwarze Mann« bezeichnete. Wenn ich gekonnt hätte, wäre ich aufgestanden und gegangen.

Seine späteren sogenannten Reisebücher über Indien, Pakistan, die islamischen Länder und Afrika sind offen gesagt infame Machwerke, durchtränkt mit hemmungslos galliger Bitterkeit und mutwillig beleidigend, wiewohl zweifellos gut geschrieben. Für mich war seine – vorgetäuschte? – Unfähigkeit zu merken, wie sehr sich das alles gegen ihn selbst und seine Herkunft richtete, irgendwie das Unverzeihlichste daran. Für uns alle gab es ›Das Rätsel der Ankunft‹ (was der zugegeben großartige Titel eines seiner späteren Bücher war). Aber seine Version schien sich nur darum zu drehen, wie schwer England sich damit tat, ihn als großen englischen Literaten und authentisch englischen Landedelmann anzuerkennen. Was immer sein Rätsel war, es war jedenfalls nicht meins.

In Oxford traf ich noch andere Menschen aus Trinidad, die ich wesentlich angenehmer fand. Sie stellten den größten Anteil der karibischen Studenten und wurden meine engsten Freunde und meine Bezugsgruppe. Ich legte mir sogar einen leichten Trinidad-Akzent zu und wurde oft für einer von ihnen gehalten. Eine Abteilung sehr aufgeweckter junger Verwaltungsbeamter war von ihrer Regierung nach Oxford geschickt worden, um in Vorbereitung der anstehenden Unabhängigkeit Entwicklungsökonomie zu studieren. Darunter waren J. O'Neil (Scottie) Lewis, später der Vorsitzende des Handelsgerichts, und Doddridge Alleyne, mit dem ich Squash spielte und der später eng mit Eric Williams zusammenarbeitete, dem ersten Premierminister des unabhängigen Staates Trinidad und Tobago; er wurde der ranghöchste und zuverlässigste Regierungsbeamte in Williams' neuer Regierung. Mit ihm feierte ich in einem chinesischen Restaurant den Sieg der Vietnamesen in der Schlacht um Dien Bien Phu und den anschließenden Rauswurf der Franzosen. Auch Willie Demas gehörte dazu, ein brillanter Student, der in Oxford lebte, seine Doktorarbeit aber in Cambridge schrieb und später entscheidenden Einfluss auf die wirtschaftliche Neuordnung des Landes hatte. Max Ifil wurde später unabhängiger Wirtschaftsberichterstatter, und Eldon Warner, ein Meister der Karnevalkunst, nahm einen hohen Posten bei den British West Indian Airways an. Eric Williams, protegiert von C. L. R. James, bis der mit ihm brach, fand später einen strengen Kritiker und politischen Gegner in dem enorm belesenen und hochgebildeten, politisch vorausschauenden, herzlichen und hochgradig kreativen Lloyd Best, der zur gleichen Zeit in Cambridge studierte. Ihn lernte ich auf der Rückfahrt von meiner ersten Reise nach Hause kennen. Sie alle waren Angehörige der Generation der Unabhängigkeit und bereit, bedeutende Rollen in der karibischen Politik zu übernehmen.

Die Diskussionen in dieser Gruppe über Politik und die Zukunft der unabhängigen Staaten der Region waren ausufernd, leidenschaftlich, unendlich stimulierend und wurden mit typisch karibischem Enthusiasmus geführt. Die meisten der Gruppe sollten die Koryphäen von Eric Williams' Regierungen werden: Sie waren Absolventen der Eliteschulen und hatten an den öffentlichen Kundgebungen auf dem University of Woodford Square teilgenommen, dem großen Platz in Port of Spain, wo Williams mit seinen ersten Reden die Menge aufrüttelte und seine Absicht demonstrierte, in der karibischen Politik aktiv zu werden.

Gemeinsam bildeten wir in Oxford einen engagierten Verbund von Westindern, die erwartungsvoll und ein bisschen berauscht der baldigen Unabhängigkeit entgegenfieberten, aufgeregt Pläne für eine selbstverwaltete Regierung schmiedeten, ungeduldig über den uns schneckenlangsam erscheinenden Prozess der Entkolonisierung, wachsam und kritisch gegenüber den Manövern des Colonial Office, häufig verzweifelt über den Zustand der offiziellen Politik auf den Inseln. Wir verfolgten alle Entwicklungen akribisch.

Zur Gruppe gehörte auch Noel Henwood, ein Tausendsassa aus Trinidad, der sich trotz fragwürdiger akademischer Qualifikationen mit Engelszungen ans St. Catherine's College geredet hatte. Er behauptete sowohl Mitglied der Kommunistischen Partei als auch Priester einer obskuren afrikanischen Sekte zu sein und konnte beides sehr amüsant ausschmücken, auch wenn wie immer bei ihm schwer zu sagen war, was dahintersteckte. Er war unter dubiosen Umständen aus der Kolonialverwaltung entlassen worden, und viele Jahre später, wohl im Glauben, dass Rache ein Gericht sei, welches am besten kalt serviert wird, leitete er die Übernahme von Russel and Palmerston in die Wege, einem politischen Dinnerclub und Herz des Liberalismus in Oxford, den ein paar von uns Westindern, natürlich immer perfekt in Schale geworfen, mit Hintergedanken unterwanderten. Noel lud Arthur Creech Jones, den ehemaligen Labour-Kolonialminister, als Gastredner ein. Und zwar ausdrücklich um des Vergnügens willen, ihn am Bahnhof von Oxford mit den Worten begrüßen zu können: »Ich glaube, Sie sind derjenige, der meine Entlassung aus dem Kolonialdienst unterschrieben hat.« Danach aßen wir schweigend in einem privaten Zimmer im Balliol College zu Abend.

Henwood war ein Witzbold und Provokateur. Er tauchte mitten in der Nacht unter meinem Fenster auf und rief »Nigger!«, um meine Aufmerksamkeit zu erregen. Das war rund zwei Jahrzehnte, bevor dieser Begriff als liebevolle Begrüßung unter Black Brothers in Umlauf kam. Bei meinen Nachbarn, respektablen Arbeiterfamilien, gingen jedes Mal die Lichter an. Einmal erzählte er uns, er sei wegen dieser rassistischen Praxis von der Kommunistischen Partei abgemahnt worden, aber ich glaube nicht, dass er das sehr ernst nahm. Jedenfalls hielt es ihn nicht davon ab, so weiterzumachen. Später heiratete er die Verwandte eines reichen Bankiers, zog in die Schweiz und engagierte sich wegen seiner Freundschaft mit einem Nigerianer auf der falschen Seite im Biafra-Krieg.

Diese ›fest verschworene Gruppe politisch motivierter Männer‹ (wie Premierminister Harold Wilson später streikende Seeleute nannte) war das Rückgrat aller Aktivitäten der Oxford West Indian Society. Wenn wir nach London fuhren, übernachteten wir mit den anderen ›bärtigen Radikalen‹, vor denen meine Eltern mich gewarnt hatten, im Studentenheim der Westinder am Hans Crescent und verbrachten die meiste Zeit im West Indian Students' Center, einer radikalen Organisation, die die westindischen Studenten im Vereinigten Königreich repräsentierte. Durch ihre Aktivitäten hielten wir das Feuer der Unabhängigkeitsbestrebungen am Leben und diskutierten mit vielen karibischen Politikern und westindischen Schriftstellern wie Edgar Mittelholzer, George Lamming, Sam Selvon, V.S. Naipaul, Andrew Salkey, Jan Carew sowie etwas später Wilson Harris. Sie alle schrieben für die BBC-Sendung *Caribbean Voices* und wirkten darin mit. Dieses Hörfunkprogramm wurde von dem brillanten engagierten Produzenten Henry Swanzy betreut, es wurde in die Karibik übertragen und war so etwas wie der Geburtshelfer der westindischen Literatur in diesen entscheidenden Jahren.

Ich sah mich immer noch ein bisschen als Dichter und Romancier wie auch als Kritiker und schrieb Beiträge für diese Sendung. Später stieß ich zum von Kamau Brathwaite, Andrew Salkey und John La Rose gegründeten Caribbean Artists' Movement, dessen wichtiges Wirken Anne Walmsley in ihrem großherzigen und aufklärerischen Buch beschrieben hat. So blieb ich in Kontakt mit den Texten und dem intellektuellen Leben der Karibik, verfolgte die Politik und die aktuellen Entwicklungen, las kleinere literarische Publikationen wie *Bim* oder *Savacou*, zu denen ich gelegentlich etwas beisteuerte. Außerdem las ich karibische Historiker*innen (Elsa Goveia, Douglas Hall, Roy Augier und Brathwaite), Anthropologen (M. G. Smith), Ökonomen der neuen Generation (Lloyd Best) und Veteranen wie W. Arthur Lewis, dem Nobelpreisträger aus St. Lucia. In diesem Milieu pflegte ich meine Verbundenheit mit der Karibik und praktizierte zum ersten Mal eine diasporische westindische Identität – davon später mehr.

Es ist schon eigenartig. Nicht nur wurden viele von uns erst in der Metropole zu *Westindern* und verstanden sich nicht mehr als Jamaikaner, Barbadianer oder St. Lucianer. Darüber hinaus war ich nie auf anderen karibischen Inseln gewesen und kannte sie nicht besonders gut. Die Kolonisation hatte ihr Teile-und-herrsche-Werk getan. Orte mit ähnlicher Geschichte waren gründlich voneinander getrennt aufgrund von Siedlungsmustern, ethnischer Zusammensetzung, verschiedenen Herkunftsländern der europäischen Kolonisator*innen sowie Sprache und Kultur. Diese Distanz bewirkte, dass alle Verbindungslinien über London und das Colonial Office liefen – besonders für Jamaika, das von den anderen anglophonen Inseln der südlichen Karibik relativ weit entfernt lag. Meine Unvertrautheit mit der übrigen Karibik war also ebenso eine Folge der Macht wie der Geografie. Im Ergebnis wusste ich so gut wie nichts über die Karibik.

In der südlichen Karibik fanden größere Migrationsbewegungen zwischen den Inseln statt. Menschen aus Trinidad, Barbados, St. Lucia, Grenada oder Antigua hatten unter Umständen Verwandte oder Bekannte, die ausgewandert waren oder regelmäßig zwischen den Inseln wechselten. Jamaika, das sich am oberen Ende der Inselkette befindet, war in dieser Hinsicht eine Ausnahme. Es lag geografisch näher an Kuba, Haiti, der Dominikanischen Republik und natürlich Florida. Damals bereisten nur relativ wenige Jamaikaner*innen die Region, wobei etliche, darunter ein Onkel, den wir nie mehr zu Gesicht bekamen, Anfang des zwanzigsten Jahrhunderts die historische Reise antraten, um am Bau des Panamakanals mitzuarbeiten. Andere verbrachten eine gewisse Zeit in Kuba, und später zog es wegen seiner Verbindungen zu den USA einige Intellektuelle nach Puerto Rico. Kaum jemand auf Jamaika wusste, dass das Patois auf St. Lucia eine auf dem Französischen basierende kreolische Sprache war oder dass wir von Überresten eines spanischen Imperiums umgeben waren, das auch in Jamaika geherrscht hatte. Meine Generation hatte kaum Kenntnis vom Kampf jamaikanischer Nachbarländer wie der Dominikanischen Republik oder Kubas gegen die spanische Herrschaft. Kein Mensch, den ich auf Jamaika kannte, sprach auch nur ein Wort Spanisch.

Als ich nach England kam, hatte ich also kein nennenswertes westindisches Bewusstsein. Aber in den folgenden Jahren traf ich in Brixton, Notting Hill, Tottenham und im Umkreis des Marble Arch auf Gegenden, die mit kürzlich angekommenen Migrant*innen aus der gesamten Karibik bevölkert waren – die zu ihrer großen Irritation von den Brit*innen allesamt einfach als Jamaikaner*innen bezeichnet wurden. Das war nur ein Beispiel für die Verkennungen, die hier im Spiel waren. Mike und Trevor Philips meinen, dies sei der Moment gewesen, als den Westinder*innen klar wurde, dass sie für die Brit*innen alle dieselbe rassisierte/ethnische Identität hatten. Jetzt, da wir ›woanders‹ waren, schienen die Unterschiede weniger zu bedeuten. Ungeachtet dieser Verkennungen schritt die Kreolisierung der englischen Städte rasch voran. North Kensington zum Beispiel – Schauplatz Weißer Krawalle im Spätsommer 1958, wo sich später der Karneval etablierte, der trinidadisch-katholische Mardi Gras, neu inszeniert für die ganze karibische Community Londons – wurde zum Inbegriff der neuartigen gemischt-karibischen ›Kolonie‹ in Britannien, die neue Zentren für eine erwachende diasporisch westindische Identität schuf.

Wir alle lasen *In the Castle of My Skin* von George Lamming und *Die Taugenichtse* von Sam Selvon sofort nach dem Erscheinen. Diese Romane handelten von *uns*. Ich schrieb prompt eine selvoneske Kurzgeschichte mit dem Titel »Kreuzungen im Nirgendwo« über meine zufällige Begegnung mit einem jungen Mann aus Trinidad, der auf der Edgware Road herumhing. Andrew Salkey war so freundlich, sie in seine Sammlung *West Indian Stories* aufzunehmen, die 1960 erschien und einen echt *karibischen* Moment in der Diaspora markierte.

Abgesehen von Jamaica wurde Barbados meine erste karibische Anlaufstation, als ich mit Catherine 1965 nach unserer Heirat zum Sommerurlaub nach Hause fuhr. Es war eine wunderbare Reise, unvergesslich schon durch die dreizehntägige Schifffahrt in die Sonne, in einen sanften Schleier von Rum Punch gehüllt, mit Wurfring-Duellen an Deck, Schwimmen im Pool, Kartenspielen, viergängigen Menüs und Liebe am Nachmittag, während wir an der afrikanischen Küste entlang nach Süden schipperten, bis wir scharf nach Westen ausscherten und über den Atlantik Richtung Karibik fuhren.

Barbados war anglisierter, als ich es gewohnt war. Früher nannte man es Little England. Bajaner*innen galten als sehr ordentlich, konservativ und loyal zur Krone. Sie waren zu Recht stolz auf ihre zahlreichen Errungenschaften. Barbados hat eine der höchsten Alphabetisierungsraten der Welt.

Es ist bis heute eins der beliebtesten (und sichersten) karibischen Urlaubsziele für ausländische Tourist*innen und hat noch immer eine nennenswerte Anzahl von Expatriates, dazu gibt es eine beachtliche arme Weiße Minderheit, die von den Gefangenen abstammt, die ganz zu Beginn der Kolonisierung dorthin geschickt wurden. Als ich Jahre später mal den Bridgetown Yacht Club aufsuchte, am späten Nachmittag und lange nach der Unabhängigkeit, erinnerte er mich frappierend an ein fürchterliches koloniales Feldlager. Es heißt, als die Briten Deutschland den Krieg erklärten, bekamen sie von den Bürgern von Barbados eine anfeuernde Botschaft des Inhalts: »Weiter so, Britannien! Barbados steht hinter euch!«

Tatsächlich hat Barbados eine der dichtesten Weißen Besiedlungen der ganzen anglophonen Karibik erlebt, was sich schon an der Topografie zeigt. Wenn man auf einer Anhöhe steht – was nicht ganz einfach ist, denn die Insel ist flach –, sieht man überall die Schornsteine der verschiedenen Zuckerraffinerien aus dem Boden sprießen, Zeugnisse von dem Ausmaß, in dem sich die alte Plantagengesellschaft übers ganze Land ausgebreitet hat. Jeder Winkel wurde kolonisiert, während im gebirgigen Landesinneren von Jamaika weite Bereiche von Niemandsland existieren, die herrenlos blieben und wo geflüchtete Sklav*innen sich verbergen konnten. Auch auf Barbados dürften viele Sklav*innen geflüchtet sein, aber es ist schwer zu sagen, wo sie Unterschlupf gefunden haben.

Meiner Erinnerung nach war Carl Jackman der erste Barbadier, den ich kennenlernte. Er kam vom Codrington College auf Barbados an meine Schule, um Latein zu unterrichten. Das Codrington war vom All Souls (wohl in einem Augenblick der Geistesabwesenheit?) als College für die Lehrerausbildung gegründet worden. Das All Souls war das prestigeträchtigste und exklusivste der Oxforder Colleges, hier wurden nur höhere Semester aufgenommen und zu den Mitgliedern zählten enorm einflussreiche Akademiker, ehemalige Premierminister, Parlamentarier, oberste Richter, Generäle und hochrangige Beamte. Auf Jamaika hatten mich neben einheimischen auch englische, schottische, walisische, irische Lehrer unterrichtet. Ich weiß noch, wie unsere Klasse sich vor dem Wohnsitz des makellos englischen Schuldirektors aufstellen und im Chor französische Vokale wiederholen musste, die ich nicht aussprechen konnte: ›ai‹, ›é‹ mit ›accent aigu‹ und das absolut unaussprechliche ›eu‹. – »Versucht das englische ›i‹ mit der Zunge hinter den Zähnen auszusprechen«, verlangte der Direktor. *Bitte was?* – Aber Latein bei einem Lehrer aus Barbados, das war etwas Neues. So etwas hatten wir noch nie gesehen oder vielmehr gehört. Wir äfften seinen Akzent nach, behaupteten, wir könnten Barbados nicht auf der Landkarte finden, erklärten, es sei so klein, dass die ganze Insel gerade mal aus einem Kricketfeld bestehen könnte, und stichelten, dass der

Schlagmann den Ball dort ins Meer schlagen müsste, um vier Punkte zu holen. Tatsächlich gab es auf Barbados viele exzellente Kricketspieler. Wir machten uns gnadenlos über ihn lustig. Es ist klar, dass wir skandalös provinziell waren und uns mit unserer beschränkten Inselmentalität schwer danebenbenahmen.

Und so kam es paradoxerweise dazu, dass Anfang der 1950er Jahre London der maßgebliche Stützpunkt meines Wandels zum Westinder wurde. Meine Erfahrungen deckten sich mit George Lammings berühmter Beobachtung in *The Pleasures of Exile*, nämlich dass »die meisten Westinder meiner Generation in England geboren wurden«. Der Begriff ›Westinder‹, fügt er hinzu, »der bisher im geografischen Sinn benutzt wurde, erhält nun eine kulturelle Bedeutung«. In der Tat. Und um die Ironie auf die Spitze zu treiben, bot nicht nur London den Rahmen für diese Umwandlung. Sondern auch die University of Oxford! Verrückte Zeiten.

In den gesamten 1950er Jahren gab es unter den in Britannien lebenden Menschen aus der Karibik starke Unterstützung für die Westindische Föderation, die 1958 gegründet wurde. Der Gedanke der Föderation wurde nicht in der Diaspora geboren, aber deutlich von ihr befördert. Zu Beginn war es eine eher unausgegorene Idee, mehr eine Hoffnung, ein Zukunftstraum, als ein konkreter Plan. Aber mit Sicherheit war die Oxforder Unterstützung dafür Ergebnis einer weniger vom Inseldenken als von einer interregionalen Perspektive geleiteten Denkweise, die in unserer Gruppe vorherrschte. Viele von uns waren der Ansicht, dass die einzelnen Inseln ökonomisch nicht stark genug waren, um sich gegenüber den USA, Britannien oder anderen ausländischen Interessen behaupten zu können; dass die politische Unabhängigkeit besser verteidigt werden konnte, wenn Kräfte und Ressourcen gebündelt wurden; und dass unser gemeinsamer historischer Hintergrund die Integration erleichtern würde, trotz der Entfernungen zwischen uns. Uns erschien es vernünftiger, unseren starken regionalen Zusammenhang zu nutzen, um die Herausforderungen des Aufbaus unabhängiger Nationen zu meistern, die koloniale Abhängigkeit zu überwinden, unsere Ökonomien zu diversifizieren, das nationale Bewusstsein zu entwickeln, Institutionen in Politik und Verwaltung herauszubilden, die Geißeln der Arbeitslosigkeit, des Rassismus und der Armut zu bekämpfen und egalitärere, demokratischere und weniger klassen- und Colour-gespaltene, postkoloniale Gesellschaften aufzubauen. Diesbezüglich herrschte zwischen denen, die bereits auserkoren waren, offizielle Funktionen in ihrer Heimat zu übernehmen, und jenen, die weiter links angesiedelte Positionen vertraten, wenig Uneinigkeit, auch wenn Letztere die Pläne, die zur Unabhängigkeit führen sollten, kritischer betrachteten. Wir waren uns klar darüber, dass viele in unserer Gruppe im Rahmen des Unabhängigkeitsprozesses über kurz oder lang Verantwortung übernehmen würden und dass sie damit den Kurs und die Form der Ereignisse beeinflussen konnten. Das war der Nährboden, auf dem die Idee einer Westindischen Föderation unter uns gedieh.

Es gab auch noch andere, weniger greifbare oder zweckorientierte Gründe für eine Föderation. Die Immigration selbst hatte uns zusammengebracht und davon überzeugt, dass die Ähnlichkeiten in unserer Geschichte wesentlich bedeutsamer waren als unsere Unterschiede. Wir teilten ein starkes Gefühl westindischer Zusammengehörigkeit und Identifikation. Wir hingen weniger als andere an unseren Inselmentalitäten. Von Britannien aus waren wir in der Lage, die Karibik als ein Ganzes zu betrachten. Manche von uns träumten sogar davon, sich mit den französischen, spanischen und holländischen Gebieten zusammenzuschließen, vielleicht sogar mit den Ländern Mittelamerikas, die am Rand des Karibischen Meers lagen. Dadurch wäre eine große, vielsprachige, postkoloniale Konföderation entstanden, die eine größere Einheit gebildet hätte, um es mit dem mächtigen Nachbarn im Norden aufzunehmen zu können. In jener Zeit waren das alles Vorzeichen eines sich entwickelnden transkaribischen Bewusstseins.

Die Föderation war ein wichtiger und edler Traum. Aber schon bald unterlag er dem Inselnationalismus. Wir hatten die starken partikularistischen Tendenzen und die Rivalitäten zwischen den Inseln bei weitem unterschätzt. Der endgültige Zusammenbruch der Föderation hatte heftigen, anhaltenden Einfluss auf meine politische Perspektive und dämpfte meine Hoffnungen für die Karibik. Trotz aller Bemühungen, die transkaribischen Institutionen wiederzubeleben, blieb diese Idee doch eine weitgehend unrealisierte Möglichkeit in der postkolonialen Geschichte der Region.

Ich unterbreche hier kurz die Geschichte. Im vorigen Kapitel habe ich jene Phase in meinem Leben behandelt, als ich mich wie viele meiner Generation dazu entschloss, die Karibik zu verlassen, um nach Britannien zu gehen. Als ich dann in England lebte, blieben meine emotionalen und politischen Bindungen an die Karibik bestehen. In mancher Hinsicht vertieften sie sich, in anderen Bereichen ließen sie natürlich auch nach. Die karibische Diaspora stellte eine entscheidende intellektuelle Formierung dar. Wie beschrieben war ein großer Bereich meiner intellektuellen Tätigkeit politischen und ästhetischen Themen der Karibik gewidmet. Mich als diasporisch zu identifizieren, ist eine andere Möglichkeit zu zeigen, wie sehr die Karibik noch in mir steckte und meine Sicht auf die Welt formte. Manche meiner Kritiker*innen glauben, ich hätte mich erst ab den 1970er Jahren mit der Karibik, der Schwarzen Kultur und Politik beschäftigt. Es trifft zu, dass meine vorherigen Publikationen sich nicht direkt mit karibischen oder Schwarzen Themen beschäftigten. Aber beides zieht sich doch wie ein roter Faden durch meine theoretischen Forschungen, und zwar von den 1950er Jahren bis heute. Als ich kürzlich meine Unterlagen durchsah, war ich verblüfft, wie viel Material über die Karibik dort vorhanden war, das ich nie für eine Publikation geeignet fand oder das nur in marginalen, wenig bekannten Zeitschriften erschien. Meine diasporischen Identifikationen gründeten darauf, dass ich diese Dimension meines intellektuellen Werdegangs lebendig hielt. Und in dieser Hinsicht stand ich nicht allein da. Egal ob man als Westinder*in in England blieb oder in die Heimat zurückkehrte, diese intellektuelle Verbindung ließ uns weitermachen. Sie hielt uns am Leben. Während manche Aspekte von Jamaika notwendigerweise aus meinem Bewusstsein verschwanden, waren gleichzeitig auch starke Gegenkräfte am Werk, für die ich sehr dankbar bin.

Von dem Moment an, als ich die Küste von Port Antonio in der Ferne verschwinden sah, lastete die Frage auf mir, ob ich je zurückkehren würde. Ich glaube, ich wusste von Anfang an, dass eine Rückkehr zu dem, was ich verlassen hatte, nicht möglich war. Dieser Selbsttäuschung bin ich nie erlegen. Das lag zum Teil vermutlich daran, dass ich keinerlei Wunsch hegte, mein früheres Leben wieder aufzunehmen. Aber dieses komplexe Gemenge von Fragen zu meiner Identität prägte mich stark; sowohl mein Inneres wie auch sukzessive, später, meine mehr akademischen theoretischen Forschungen. Die Trennungslinie zwischen beiden Bereichen war nie sehr stark. Ich hoffe, dieses Buch erklärt, warum das so ist.

Der Kern des begrifflichen Problems, mit dem wir es hier zu tun haben, ist folgendes: Sollten wir die Positionen, die wir hinsichtlich des Problems einer Rückkehr zu den eigenen Ursprüngen einnehmen, eher als Ergebnis unserer psychischen Formierung verstehen und der Art, wie innere Konflikte ›gelöst‹ werden? Anders ausgedrückt: Bestimmt die psychische Formierung letztendlich, wo wir im Verhältnis zu einem solchen Diskurs der Wiederherstellung stehen? Oder alternativ: Werden wir vielmehr durch Diskurs und Macht positioniert, wie Foucault meint? Das ist das theoretische Dilemma, in dem ich stecke, wenn ich auf der einen Seite dem psychischen Prozess und auf der anderen Seite dem Diskurs Erklärungskraft beimesse: dem ›Subjektiven‹ und dem ›Objektiven‹.

Von der Frage, ob ich zurückkehren sollte oder nicht, war ich damals sicherlich besessen. Auch wenn ich noch nicht das Vokabular besaß, das mir heute zur Verfügung steht, bezweifle ich nicht, dass ich mir dieser beiden in mir arbeitenden Register bewusst war. Insofern hat die Erfahrung der

Migration, und dann die Konfrontation mit all den Unwägbarkeiten einer Rückkehrentscheidung, in der Tat meine späteren Versuche einer Theoretisierung der psychischen Dynamiken des subjektiven Lebens beeinflusst. Andererseits bin ich (selbstverständlich!) an den gesellschaftlich-diskursiven Dynamiken genauso interessiert wie an den psychischen. Bei meiner Kindheit und Jugend in Jamaika konnte mir nicht verborgen bleiben, wie sehr das Psychische und das Diskursive miteinander verwoben sind. Mir war nur allzu bewusst, dass das gesellschaftliche System kolonialer Herrschaft auch seine materiellen und psychischen Existenzbedingungen in sich trug. Das versuchte ich zu erklären, als ich von den Reaktionen innerhalb meiner Familie auf die Arbeiterunruhen von 1938 sprach und der daraus resultierenden Inszenierung eines kolonialen Familienromans.

Es ist zweifellos wahr, dass das Dilemma der Heimkehr alle anderen Dilemmata in eigentümlich konzentrierter Form enthielt. Aber ich möchte nicht allzu sehr darauf herumreiten. Es war keine so ungewöhnliche Erfahrung. Das Problem, mit dem ich es zu tun hatte, kann wohl nicht erklärt, aber doch erhellt werden, wenn wir beide Ebenen in Betracht ziehen, die psychische und die diskursive.

Ein letzter Punkt noch. Auch wenn ich es produktiv finde, mit dem Begriff der Diaspora zu denken, kann er natürlich auch zu genau gegenteiligen Zwecken benutzt werden: nicht um sich damit auseinanderzusetzen, sondern um solche inneren emotionalen Dynamiken und die daraus resultierenden Traumata zu verschleiern, zu vermeiden oder zu unterdrücken.

Der große Wert des Diaspora-Gedankens, wie ich ihn verstehe, liegt darin, dass er keineswegs alles beseitigt, was nicht säuberlich in die Erzählung passt – die Deplatzierungen –, sondern vielmehr das Dysfunktionale in den Vordergrund stellt. Im Imaginären ist es möglich, verschiedene Individuen in einer Gestalt zu verdichten, Orte abzuwandeln, Zeitrahmen auszutauschen oder ›irrational‹ zwischen ihnen hin und her zu wandern, so wie es in Träumen häufig geschieht. Das Lebenselixier der Diaspora ist die Montage. Wir müssen lernen, *mit* solchen Formen des Sprechens und Erzählens zu arbeiten, ohne zu versuchen, die Brüche einzuebnen. Es gibt keine anderen, direkten Wege zum Ziel. In der Realität der Geschichte können wir den ständig vorwärtsweisenden Flug des Zeitpfeils nicht umkehren. Wir können nie mehr nach Hause zurück, und wir müssen narrative Formen fertigen, die in der Lage sind, die ganze Komplexität – auch hier wieder die Deplatzierungen – dieses kollektiven Dilemmas zu erfassen.

Im Laufe der Zeit habe ich in diesem Moment der direkten Konfrontation mit der Zivilisation der Metropole, erst in Oxford, dann in London, meine erste diasporische Erfahrung erkannt. Vielleicht meine ›Wiedergeburt‹ als diasporisches Subjekt.

Ich war gefangen zwischen meiner kolonialen Formierung, vor der ich geflüchtet war, und meiner antikolonialen Gesinnung, die in die Praxis umzusetzen ich noch nicht gelernt hatte. Damals fand ich es unmöglich, beides in Einklang zu bringen. Aber ich war bereits ein rastloser Wanderer zwischen widersprüchlichen symbolischen Heimaten. Es wurde klar, dass Jamaika zu verlassen meine Ambivalenzen beim Thema Zugehörigkeit nicht aufgelöst hatte. Zweifellos drängte es mich deshalb dazu, so viel nachzudenken und zu schreiben, nicht nur über die Gemeinsamkeiten, Kontinuitäten und die vielen Wiederholungen von ›dort‹, die man ›hier‹ findet, sondern auch über die Entfernungen, die Unterschiede, die Kluften zwischen diesen beiden Diasporas; und darüber, warum ich meine spezifische Variante des ›Fehl-am-Platz-Seins‹ als Produkt einer ›diasporischen‹ Deplatzierung charakterisiere. Dies ist die Innen/Außen-Perspektive des ›Fremden‹ bei Georg Simmel, das ›Da-zwischen‹ bei Homi K. Bhabha, die kontrollierte Verdoppelung von Ashis Nandys ›Intimfeinden‹, W.E.B. Du Bois' ›doppeltes Bewusstsein‹ und Edward Saids ›fehl am Platz‹. Ich glaube, was heute als Black British bezeichnet wird, drückt diese komplizierte doppelte Zugehörigkeit in einer zeitgemäßeren Form aus und passt perfekt auf die neuen, in Britannien geborenen Generationen karibischer Herkunft. Aber ich kann mir das nicht aneignen. Ich gehöre zu einer anderen Generation.

Die diasporische Perspektive lieferte einen neuen Blickwinkel, da der Diaspora per Definition mehr als eine Positionierung innewohnt. Diasporen sind zwangsläufig kreolische oder ›hybride‹ Kontaktzonen und damit unrein. Dadurch wurde zwar mein Problem nicht gleich gelöst, aber immerhin gewann ich etwas Abstand zu der unverarbeiteten Erschütterung meiner Abkehr von der kolonialen familiären Formierung und zu dem unvermeidlichen Gefühl von Bruch, Ablehnung und Verlust, der damit einherging. Auf einer anderen Ebene bot sie mir, was neue ›Problemfelder‹ immer mit sich bringen: eine Gelegenheit, wie David Scott es nennt, nicht die Antworten, sondern die Fragen zu verändern. Damit fand ich nicht nur ein Zuhause weit weg von zu Hause, sondern auch einen neuen Ort der Erkenntnisgewinnung. Wenn ich nun aus der Nähe auf die Massenmigration blickte, vom Standpunkt der Diaspora aus, hatte ich das Privileg zu sehen, wie eine Vergangenheit, die ich gut kannte, sich auflöste und eine Zukunft auftauchte, deren Konturen ich nicht vorhersehen konnte, aber an der ich teilnehmen würde. Jetzt endlich konnte ich diese Themen in einen größeren historischen und persönlichen Zusammenhang stellen.

7. Karibische Migration: Die Windrush-Generation

»*Auf einmal sah alles anders aus.*« So habe ich weiter vorn beschrieben, was mit mir geschah, als ich wenige Tage nach meiner Ankunft in London sah, wie Westinder*innen, die meisten Besitzlose, aus der Paddington Station strömten. Alles Vorgefasste in mir wurde auf den Kopf gestellt. Die Voraussetzungen der kolonialen Ordnung hatten uns *hier* und sie *dort* platziert. Das war die vorherbestimmte Ordnung der Dinge. Und doch konnte ich jetzt – in London, direkt vor meiner Nase – sehen, wie sich in diesem Augenblick die Welt umkrempelte. Ich war fasziniert. Das war, als wäre die ›echte‹ Karibik, die zu Hause außerhalb meiner Reichweite geblieben war, hergekommen, um mich zu treffen – ausgerechnet in England. Auch wenn mir noch die intellektuellen Mittel fehlten, um zu erklären, wovon ich gerade Zeuge geworden war, wusste ich irgendwie, dass das, was ich da gesehen hatte, alles veränderte. Damit begann meine instinktive und noch nicht durchgearbeitete Verantwortung für das, was später eine diasporische Konzeption genannt wurde. Es war, als hätte sich die Szene buchstäblich auf meiner mentalen Netzhaut eingebrannt. Ich erinnere mich bis heute an jede Einzelheit. Es veränderte die Möglichkeiten, die ich hatte, zu verstehen, wer ich war und wer ich werden könnte.

In unserem Hausflur hängt ein riesiger Abzug eines Nachrichtenfotos von drei jamaikanischen Migranten auf der *Windrush* – zwei ältere Männer, Schreiner, und ein jüngerer, ein angehender Boxer – in formeller schicker Kleidung, bereit, von Bord zu gehen und das Mutterland zu betreten. Die beiden Älteren tragen zweireihige Nadelstreifenanzüge und verwegen sitzende Filzhüte. Der Jüngere trägt schwere Salt-and-Pepper-Hosen – Bundfalten, der letzte Schrei – mit weit geschnittenen Beinen, aber unten schmal mit übertriebenen Aufschlägen, und einen Hut mit rundum hochgeklappter Krempe. Das war *Style.* Sie waren auf einer Mission, entschlossen, als Angehörige der modernen Welt anerkannt zu werden und sie zu ihrer zu machen. Ich schaue dieses Foto jeden Morgen an, bevor ich selbst in diese Welt hinaustrete.

Vor einiger Zeit, zur Eröffnung einer Ausstellung von *Windrush*-Fotografien in der Pitshanger Gallery, bat mich der Leiter der Wohlfahrtsorganisation Autograph ABP, Mark Sealy, ein paar einleitende Worte zu sprechen. Ich war überwältigt von der emotionalen Wucht der Bilder ringsum und auch von den Erinnerungen an die vielfältigen Schicksale meiner Migrant*innengeneration. Wir alle hatten uns auf die Reise zu unseren zahlreichen Illusionen begeben. Peinlicherweise kamen mir die Tränen.

Drei jamaikanische Migranten auf der *Windrush*
(mit freundlicher Genehmigung von Hulton Archives/Getty Images)

Zu erleben, wie Differenzen sich entwickeln, prägte mich: Ich verstand, dass der Differenz nicht zu entkommen war. Seitdem habe ich nicht aufgehört, darüber nachzudenken. Am Knotenpunkt zwischen einem Jamaika, in dem ich nicht wusste, wie ich dazugehören könnte, und einem England, von dem ich wusste, dass ich nicht dazugehörte, gaben mir diese diasporische Szene und ihre gelebten Nichtübereinstimmungen einen Raum, in dem ich denken, und einen Ort, an dem ich stehen konnte.

In der Rückschau auf diese Jahre bin ich verblüfft, welch bedeutsame Rolle der *Blick* für die Funktionsweise und Theoretisierung von Race spielt.

Für mich besitzen die visuellen Komponenten dieser Erinnerungen große Kraft. Ich habe schon früher über die emotionale Wertigkeit geschrieben, die im Archiv der Fotografien steckt, auf denen solche Erinnerungen festgehalten sind und ihnen eine Form gegeben wurde. Ich bin sicher, dass ich da nicht der Einzige bin. Das hat damit zu tun, dass wir, die Migrant*innen, die koloniale Welt durchquert haben. Ich habe schon erklärt, wie die rassisierende Klassifizierung in Jamaika ein überaus differenziertes Denksystem gestaltete, das es jedem ermöglichte, durch die soziale Welt zu navigieren und das vorgefundene Chaos zu ordnen, das durch die zufälligen, unverbundenen Wahrnehmungen derer entsteht, die vor unseren Augen vorbeigehen. Auf diese Weise wurden andere zu ›den Anderen‹. Das erzeugte eine spezifische soziale Sehweise mit machtvollen Auswirkungen.

Aber im Übergang von der Kolonie zur Metropole existierte diese rassisierende Sehweise – die den Sehenden und den Gesehenen in einer gegenseitigen, aber höchst ungleichen Beziehung verband – unter neuen Lebensbedingungen, in denen sie nicht mehr so funktionieren konnte wie zuvor. Zunächst wurden wir alle gleichermaßen als ›Schwarz‹ definiert, was selbst schon eine Verkennung der karibischen Wirklichkeit war. Und weil nun zweitens das Schwarze Andere *hier* in der Metropole war, in intimer und unmittelbarer Nähe präsent, mussten die übernommenen rassisierten Hierarchien erneuert werden, wenn sie weiterhin brauchbar sein sollten. Das Blickfeld änderte sich. In der Metropole wurde die ihm zugrunde liegende Syntax einer Neuordnung unterzogen, und der rassisierte Andere trat sehr viel deutlicher hervor. Es entstanden neue Sehweisen – und zwar von dem Moment an, als wir das Schiff betreten hatten. Sie entstanden tagtäglich in unserem neuen Alltag: auf der Straße, bei der Arbeit, in der Nachbarschaft. Und sie drangen in unsere Gefühlswelt ein, die wir abends mit nach Hause nahmen, befreit vom unmittelbaren Blick, der – gewollt oder ungewollt – uns außerhalb des in Britannien geteilten Habitus positionierte.

Man denke nur an Frantz Fanon, der eine Straße in Lyon entlanggeht und hört, wie ein Weißes Kind ausruft: »*Tiens, Maman! Un nègre!*«, und an den Riss, der daraufhin durch sein Selbst ging. Dies war ein *metropolitaner*, diasporischer Augenblick. Fanons Weiße Maske – das Französisch-Sein, das er sich angewöhnt hatte, und seine Gewandtheit im Französischen – wurde von seiner Schwarzen Haut zunichte gemacht. Nach diesem Erlebnis war Fanon gezwungen, seine eigene rassisierte Existenz neu zu bewerten. So entstand sein Buch *Schwarze Haut, weiße Masken*. Die Begegnung zwischen Fanon und dem Kind ereignete sich zur *Windrush*-Zeit. Die Beschäftigung mit dem rassisierenden Blick verläuft auch wie ein roter Faden durch die Literatur der anglophonen Diaspora. Ähnliche Erlebnisse wie das von Fanon beschreibt Sam Selvon in *Die Taugenichtse*. Der Gedanke taucht auch in George Lammings Roman *Mit dem Golfstrom* auf, und er widmet ihm ein eigenes Kapitel mit dem Titel ›Ways of Seeing‹ in seinem Essay *The Pleasures of Exile*.

Die zentrale Bedeutung der Metropole für diese Begegnungen erinnert an den philosophischen Einfluss der Phänomenologie oder, um es weniger akademisch auszudrücken, an den Existenzialismus, der in diesen Jahren eine maßgebliche intellektuelle Strömung war. Wir müssen uns aber auch in Erinnerung rufen, dass allein die historische Erfahrung, als Schwarze*r in Europa zu sein, eine Wiederbelebung des phänomenologischen Erbes bewirkte im Sinne einer ›Philosophie in der ersten Person‹ (wie David Macey es ausdrückte). Es stellte sich heraus, dass der Existenzialismus auf unerwarteten Umwegen eine Ressource darstellte, die es ermöglichte, das abgespaltene Schwarze Selbst, das Kolonialismus und Sklaverei hinterlassen hatten, wiederherzustellen. Auf diese Weise wurde der rassisierende *Blick* zu einem bedeutsamen Vektor, durch den verschiedene konkurrierende Geschichten verschmelzen und in ein kollektives Bewusstsein Eingang finden konnten.

Inzwischen sind dies historische Angelegenheiten geworden. Es ist Teil des Phänomens, dass ich inzwischen Geschichte geworden bin! Es gibt immer mehr historische Literatur über die karibische Migration nach Großbritannien in der Mitte des letzten Jahrhunderts. Wir lernen immer wieder Neues hinzu. Aber wir fangen gerade erst an, die tieferen Zusammenhänge zwischen den Strukturen der Migration und den großen historischen Transformationen zu begreifen, die sich in diesem Zeitraum ereigneten: der Ausbruch des Faschismus; die erdrutschartigen geopolitischen Auswirkungen des Zweiten Weltkriegs, umgehend gefolgt vom Einsetzen des Kalten Krieges; die Schwächung der europäischen Kolonialmächte und die rasche Eskalation antikolonialer Kämpfe sowie die Entstehung sozialdemokratischer Regierungen, was sich in Großbritannien symbolträchtig am Sieg der Labour Party 1945 und der Abwahl von Winston Churchill festmachte. Als ich C. L. R. James las, rang ich wie er darum zu verstehen, wie diese historischen Verflechtungen funktionierten.

Die Migration in die Metropole während der 1940er und 1950er Jahre kehrte die Fluten der Kolonialzeit um und war ein Vorzeichen der Nachkriegsmigration von der Peripherie ins Zentrum. Die Formierung der Schwarzen britischen Diaspora selbst war Bestandteil des umkämpften Entkolonisierungsprozesses. Eine Zeitlang wurden die Menschen aus der Karibik und anderen Kolonien als exemplarische Beispiele für die Erfahrung der modernen Migration betrachtet. Der britische Journalist Gary Younge wies darauf hin, dass es in dieser Zeit immer noch eine gewisse Entsprechung zwischen ›Race‹ und ›Ort‹ gab. Dem folgten unmittelbar die sich beschleunigenden Gegenbewegungen der Globalisierung. Tatsächlich brachte die Migration meiner Generation zwei Epochen – die postkoloniale und die globalisierte – auf explosive Art zusammen. Jedoch während dies geschah, weigerten sich die alten kolonialen Mentalitäten zu verschwinden. Die alten Formen existierten innerhalb der neuen weiter.

Die Geschichte der Migration kann nicht ohne den imperialen Zusammenhang verstanden werden. Die Jamaikaner*innen kamen als koloniale Subjekte, angezogen von einer unsichtbaren Gravitationskraft, zum ›abwesenden Zentrum‹, das ihr Leben in der Kolonie jahrhundertelang geprägt hatte. Sie kamen als ›Intimfeinde‹, wie Ashis Nandy es treffend nannte. Die ungleiche Verteilung von Macht, Wohlstand und Einfluss trennte die Kolonisierten von den Brit*innen. Aber die Kolonisator*innen und die Kolonisierten waren wie in einem Reenactment der Hegel'schen Herr/Knecht-Dialektik im Kampf aneinandergekettet. Dieses Verhältnis konnte nicht überwunden werden. Es konnte nur bis zum Tod ausgefochten werden.

Die Migration aus der Karibik kann als symbolischer Akt einer dritten, lange aufgeschobenen und finalen Etappe des historischen Prozesses des ungleichen Tausches verstanden werden, bekannt als ›atlantischer Dreieckshandel‹. Dieser brachte britische Händler und Krämer nach Afrika, worauf die Deportation der Versklavten in die Karibik folgte und schließlich die Verschiffung von Zucker, Rum und Profiten, produziert durch die Zwangsarbeit der Sklav*innen, zurück in die englischen Häfen. Die neue Generation karibischer Migrant*innen, die auf der *Windrush* und anderen Schiffen den Atlantik überquerten, ›vervollständigten‹ die zersplitternde Middle Passage und brachten alles ›nach Hause‹, wo es hingehörte. So verkehrte die Geschichte sich plötzlich in ihr Gegenteil.

Ich war völlig gebannt von Andrea Levys Roman *Eine englische Art von Glück* [*Small Island*], wo diese historischen Themen – der rasante Anstieg der karibischen Migration nach England, der Zweite Weltkrieg und das Ende von Indiens ›subalternem Empire‹ 1947 – alle in einem Kontext verortet werden. Zugleich erzählt *Eine englische Art von Glück* eine Geschichte der Integration Schwarzer Westinder*innen ins häusliche, weibliche England auf eine Weise, wie es sich die frühere Schriftstellergeneration, die Selvons und Lammings, nie hätten ausdenken können. Levys Geschichte ist zudem ein mit Mehrdeutigkeiten getränktes Märchen, bei dem die metropolitanen Auswirkungen von Race auf hochdramatische Weise unbestimmt bleiben. Hoffnung und Niederlage sind ineinander verschlungen. In derselben Verschlingung existieren gegensätzliche, unähnliche und ungelöste Historien nebeneinander.

Um die Verwicklungen zwischen Britannien und der Karibik im Augenblick der Nachkriegsmigration zu verstehen, müssen wir den Zweiten

Weltkrieg selbst als einen globalen imperialen Knotenpunkt verschiedener historischer Ereignisse begreifen. Es ist zu einfach, die üblichen Bilder eines bedrohten Englands zu beschwören, das sich ganz alleine der grausamen entfesselten Macht eines militarisierten Deutschland entgegenstellte. Das kommt mir vor wie die *Dad's Army*[6]-Version der nationalen Erzählung. Aus dieser Perspektive ergibt die Geschichte der karibischen Migration überhaupt keinen Sinn. Der Zweite Weltkrieg war von Anfang bis Ende eine imperiale Angelegenheit und zog nach und nach alle kolonisierten Regionen in die Katastrophe hinein. Die Rivalität zwischen dem britischen und dem deutschen Imperium führte zum Ausbruch der Feindseligkeiten, wie um die Rechnungen des Ersten Weltkriegs zu begleichen. Während des gesamten Krieges wurden alle strategischen Entscheidungen von imperialen Interessen geleitet. In den unmittelbaren Nachkriegsjahren erkannte kaum ein Politiker in Britannien, dass dieser gewaltige globale Konflikt die strukturellen Bedingungen grundlegend verändert hatte, auf denen das britische Empire gediehen war, und allgemeiner die Macht Britanniens. Diese ernste, allerdings auch weit verbreitete Verkennung der geschichtlichen Zusammenhänge hat viel Leid nach sich gezogen.

Es besteht kein Zweifel, dass die während des Zweiten Weltkriegs gestärkte nationale Einheit die britische Nation bis zu einem gewissen Grad ideologisch festigte. Das war ein Ergebnis der Konfrontation mit dem Szenario einer möglichen Niederlage, der Gefahr angesichts der Stärke des Gegners, der deutschen Kriegsmaschinerie; der wie ein Sieg gefeierten Evakuierung während der Schlacht von Dünkirchen, womit man einer katastrophalen militärischen Niederlage von der Schippe gesprungen war; und der Angst vor einer drohenden Invasion. In Churchills politischer Rhetorik – »wir sind auf uns allein gestellt« … »wir stehen das gemeinsam durch« … »wir werden niemals besiegt werden« … »ihre Sternstunde« – kristallisierte sich eine nationale Krise. Sie antwortete auf die historische Realität einer Nation, die der Zerstörung nur um Haaresbreite entronnen war. Auch wenn man die politische Entschlossenheit und die populare heldenhafte Stimmung durchaus würdigen kann, darf man nicht vergessen, dass letztlich der Einsatz militärischer Mittel entscheidend war. Im Nachhinein betrachtet kam es weniger auf die Tapferkeit Englands an als auf die überwältigenden Ressourcen der USA und der Sowjetunion – und nicht zuletzt auf die des britischen kolonialen Empire.

Der Krieg wird vor allem als ein Erfolg der einfachen Menschen gewertet, die alle mit angepackt hatten: der Krieg des ganzen Volkes, die Heimatfront,

6 Britische Sitcom über die Heimatverteidigung im Zweiten Weltkrieg, ausgestrahlt zwischen 1968 und 1977. Charaktere und Sprüche der Serie waren so populär, dass sie Bestandteil der britischen Popkultur wurden.

die egalitäre Erfahrung des Blitzkriegs, die Women's Land Army, die Frauen in den Munitionsfabriken, Familien, die in U-Bahn-Tunneln schlafen, die gemeinsam genutzten Luftschutzräume, die Verdunklungswächter, Evakuierung, Rationierung und die mit Heiterkeit hingenommenen Einschränkungen im Alltagsleben. Der Krieg bleibt die nachwirkende Trennungslinie, die Kluft im britischen Imaginären, welches die Vorstellung von damals und heute nach wie vor mobilisiert, jedenfalls für meine Generation. Er hat sich eingebrannt ins historische Gedächtnis eines Britanniens, das sich nun als siegreiche, zusammengeschweißte Gemeinschaft empfand. Auch wenn vieles an dieser Version der nationalen Geschichte unwahr sein mag und überprüft werden muss, hat sie doch den Vorzug, die Verschiebungen der gesellschaftlichen Machtverhältnisse im Kielwasser des Kriegs zu artikulieren.

Der Krieg war immerhin der entscheidende Faktor bei der sozialdemokratischen Erneuerung der Nation. Dem Sieg der Labour Party folgten ein Umverteilungsprogramm, das keynesianische Engagement für Vollbeschäftigung, ein öffentlich finanziertes System universaler Sozialleistungen und egalitäre Experimente wie das allgemeine Schulsystem und die stolze britische Institution des Nationalen Gesundheitsdienstes. Alles zusammen kam einer sozialen Revolution gleich. Man muss sich nur die soziale Kluft zwischen Churchill und Clement Attlee vergegenwärtigen: Hier die unbewegliche, imperialistisch denkende britische Bulldoge und der hochverehrte Kriegsheld, dort der zurückhaltende, Pfeife rauchende, tiefstapelnde Sozialdemokrat aus der Mittelschicht.

Die Erfahrungen der Kriegszeit sorgten auch für Lockerungen in den hierarchischen Klassen- und Geschlechterverhältnissen. Diese gesellschaftlichen Veränderungen beschleunigten sich während der 1950er und 1960er Jahre, und sie entwickelten sich zu tief empfundenen Generationsfragen. Dieses gesellschaftlich integrierende Encoding der Nation, sowohl im offiziellen Programm der Labour-Regierung wie auch in den gelebten Beziehungen des Alltagslebens, stand in deutlichem Gegensatz zu den dominanten Tendenzen der ererbten kolonialen Denkgewohnheiten. Aber diese konfligierenden Konzepte der Welt wurden in den Nachkriegsjahren nie miteinander in Einklang gebracht, vor allem nicht, was die Frage von Race betraf.

Obwohl emphatisch verleugnet, hat Race eine historisch bedeutende Rolle im nationalen Selbstverständnis Britanniens gespielt. Es gibt eine lange Geschichte und viele diskursiv gleitende Übergänge zwischen Race und Nation im imperialen Diskurs. Der liberale Imperialismus lebt von diesen Widersprüchen. So gab es auf der einen Ebene die endlosen Beschwörungen der zivilisierenden Mission und der Verpflichtung, das

Empire in moderatem, gentlemanhaftem Tempo voranzutreiben bis hin zu seiner transzendentalen Aufhebung. Und auf einer davon getrennten Ebene wiederholten die Kolonialherren immer wieder ihre Überzeugung, dass es ihre Pflicht war, hart durchzugreifen, wann immer sie es für nötig erachteten. Scheinbar gegensätzlich, verbanden sich diese Stimmen im Lauf der Zeit und existierten schließlich eine in der anderen.

Dies waren Elemente einer sich entfaltenden Dynamik, in der versucht wurde, Nation-Empire systematisch zu ordnen. In jeder historischen Phase verschmolzen die diskursiven Elemente zu verschiedenartigen, mitunter widersprüchlichen Kombinationen. Race funktionierte in diesem Prozess als stiller Teilhaber. Wann immer die Brit*innen sich selbst als Freund*innen der Freiheit definierten, sahen sie sich zugleich in der Rolle der imperialen Herrscher der Menschheit.

Schwarze koloniale Subjekte, die sich freiwillig zur Armee gemeldet oder an der Heimatfront letztendlich zum Kriegserfolg beigetragen hatten, stellten für die Brit*innen ein unwillkommenes Dilemma dar. Die Kolonisierten hatten sich schließlich loyal dazu bereit erklärt, ihr Leben für ›das Mutterland‹ zu opfern – eine bemerkenswerte Tatsache, wenn man darüber nachdenkt. Auf der anderen Seite empfand man, dass diesen Schwarzen ›Waffenbrüdern‹ doch ›unsere‹ Lebensweise fremd sei. Während des gesamten Krieges existierten formelle und informelle Farbschranken in allen Bereichen des britischen Lebens. Sie waren eher willkürlich als systematisch und selten die Folge klarer, zentraler Anweisungen. Die institutionellen Trennungslinien zwischen Menschen verschiedener Hautfarbe waren gleichzeitig allgegenwärtig und konnten dennoch – je nach der Weitschweifigkeit der Formulierung, die ihre Einsetzung bestimmte – offiziell jederzeit dementiert werden. Schwarzen, egal ob sie aus den Kolonien kamen oder GIs der US-amerikanischen Truppen waren, wurde generell die Bedienung in Cafés, Hotels und Restaurants verweigert. Es gab eine frei fluktuierende Feindseligkeit und sporadische, rassistisch motivierte Auseinandersetzungen zwischen Weißen und Schwarzen. Zu Schlägereien auf der Straße oder in den Pubs und Clubs kam es vor allem, wenn man sah, dass Weiße Frauen mit Schwarzen Männern fraternisierten.

Die vermeintliche Gefahr, die von Beziehungen zwischen Schwarzen Männern und Weißen Frauen ausging, bringt Race in den 1940er und 1950er Jahren in Britannien auf den Punkt. Das Erotische entzündete das rassistische Imaginäre. Das Schwarze, so die allgemeine Vorstellung, bedrohte das Weibliche, das Häusliche und das Sexuelle, es gefährdete das private Allerheiligste des englischen Mannes. Rassisierte und sexuelle Ängste verbanden sich, verstärkten sich gegenseitig, und so entstand das Phantasiebild des Weißen *Mannes* als sichere Bastion gegen unterschwellige gefährliche Strömungen des Chaos. Wie Sonya Rose in *Which People's War?* darlegt, wurden die Weißen Frauen mit ›lockerer Moral‹ – sogenannte ›Lebedamen‹ – regelmäßig ebenso schändlichen Verhaltens bezichtigt wie die Schwarzen Männer, mit denen sie sich einließen. Frauen wurden angewiesen, sich einen anderen Platz zu suchen, falls sie im abgedunkelten Kinosaal neben einem Schwarzen Mann zu sitzen kamen. Wenn ein Mann of Colour den Laden betrat, sollte die anwesende Frau »ihre Einkäufe rasch erledigen und sofort gehen«. Falls ihr auf der Straße »so einer« entgegenkam, sollte sie auf die andere Seite wechseln. Wurde ein Bruch der gesellschaftlichen Tabus bemerkt, konnte es passieren, dass Staatsgewalt und der Ausbruch von Gewalt ›von unten‹ entfesselt wurden und sich verbanden; das stellte eine entscheidende, dabei spontane und unausgesprochene Verdichtung von Staat und Volk dar.

Derartigen Empfindlichkeiten wohnte eine Art pathologischer Extremismus inne, der genährt wurde von einer ganzen Palette eingebildeter Ungerechtigkeiten. Sie wurden angetrieben von der düsteren Ahnung, dass einheimischen Weißen jeden Augenblick die Identität selbst gestohlen werden könnte, ein Prozess, der sie wundersamerweise in ›Opfer‹ verwandelte. Die Auslöschung des Selbst – des Weißen Selbst – stand unmittelbar bevor. Dies wurde offenkundig in den Ängsten der rassistischen Imagination der ›Rassenmischung‹. Aus solchen Denkweisen entsprang das Gefühl, dass den ›Gemischtrassigen‹ die Auslöschung ihrer Identität *als solcher* bevorstand.

Die Folgen waren schwerwiegend. Das Weiße England war, selbstverständlich, reich gesegnet mit seiner Geschichte, Tradition und Zivilisation: Aus diesen Quellen speisten sich ihre Identitäten quasi natürlich. Doch innerhalb der rassisierenden Logik waren die nicht-Weißen Migrant*innen in den Metropolen fehl am Platz und konnten deshalb immer nur mit Mühe an ihrer Identität festhalten. In diesem Denkmuster wurde die ›Rassenmischung‹ zum überdeterminierenden Element, das ältere Empfindungsstrukturen wachrief, in denen der ›Rassenmakel‹ wie eine Verseuchung wirkte, wie ›böses Blut‹. In diesem Mischmasch aus Phantasien war es leicht, sich einzubilden, dass die Weißen in Gefahr waren, beraubt zu werden, nicht dieser oder jener Identität, sondern sogar ihres Anspruchs, menschliche Subjekte zu sein. In einer kuriosen paradoxen Umkehr schienen sie nun Gefahr zu laufen, auf den Status von Kolonisierten reduziert zu werden.

In diesen Bedingungen der unmittelbaren Nachkriegszeit kam im Juni 1948 die *Windrush* von Kingston nach England, mit fünfhundert karibischen Migrant*innen an Bord. Das markierte einen symbolischen Wendepunkt in der Geschichte der Schwarzen Diaspora, auch wenn es nicht, wie heute oft dargestellt, der Ursprungsmoment der Schwarzen Präsenz in Britannien war. Schwarze lebten bereits seit Jahrhunderten im Land, angespült von den Fluten des Empire, wie Peter Fryer in *Staying Power* eindringlich und mit

Sympathie beschreibt. Die Präsenz von Schwarzen war sowohl vielgestaltiger als auch im britischen Alltag und im politischen Leben einflussreicher, als die späteren Geschichtsschreibungen über die Niederlassung Schwarzer zugeben wollten. Lange Zeit fungierte vor allem London als Drehscheibe für alle Art von Migrant*innen aus den Kolonien. Das Besondere an der Geschichte der *Windrush* ist, dass die mit ihr eintreffenden Migrant*innen als das erkannt wurden, was sie waren: Einwander*innen, die nicht auf begrenzte Zeit, sondern für immer nach Britannien kamen. Dies bedeutete die alarmierende Aussicht auf eine permanente Anwesenheit von Schwarzen im Land.

Viele der Westinder*innen, die Kriegsdienst geleistet hatten und in ihre karibische Heimat zurückgekehrt waren, fanden dort derart desolate ökonomische und soziale Bedingungen vor, dass sie sich entschlossen, die Rückkehr nach Britannien anzutreten. Trotz der harten Bedingungen, denen sie bei ihrem ersten Aufenthalt ausgesetzt gewesen waren, hofften sie dort doch bessere Möglichkeiten zu finden. Rund ein Drittel der Passagiere der *Windrush* hatte in der britischen Armee gedient und sich nun zum zweiten Mal auf die Reise ins ›Mutterland‹ gemacht.

Als ich ankam, war ich nicht darauf gefasst, so viele einfache Schwarze Menschen zu sehen, die Arbeit suchten, im Gepäck ihre wenigen Besitztümer und Träume von einer besseren Zukunft für ihre Kinder. Viele kamen aus ländlichen Gegenden, auch wenn die Behauptungen, sie seien unqualifiziert gewesen, übertrieben sind. Peter Fryer vermutet, dass ein Viertel von ihnen vorher Kopfarbeiter waren. Auf die eine oder andere Weise hatten sie genügend Geld zusammenkratzen können, um sich eine einfache Fahrkarte zu kaufen. Sie suchten Arbeit, die, wie viele herausgefunden hatten, zu Hause nicht zu bekommen war. Sie fanden Jobs an Orten, die in nichts dem glichen, was sie kannten: in Fabriken, in Stahlwerken und Gießereien, am Fließband, auf Baustellen, in Krankenhäusern, an Bord von Bussen oder Eisenbahnen.

Viele Arbeitsplätze in den Betrieben des neu gegründeten öffentlichen Sektors wurden mit Migrant*innen aus der Karibik besetzt, vor allem im Nationalen Gesundheitsdienst und in den Transportunternehmen. Innerhalb des Wohlfahrtsstaats wurden auf diese Weise die bekannten kolonialen Hierarchien reproduziert. Das geriet zur Ironie der Geschichte, als spätere Generationen von Migrant*innen regelmäßig beschuldigt wurden, die einheimischen Brit*innen auszuplündern. Wo würde der Wohlfahrtsstaat heute stehen ohne seine eingewanderten Arbeitskräfte?

Am deutlichsten erinnere ich mich an den spürbaren Überlebenswillen der Neuankömmlinge. Ich stellte mir immer wieder vor, wie sie sich jahrelang abgeplagt, Armut und koloniale Erniedrigung erduldet hatten, bis sie sich gezwungen sahen, ihre Koffer zu packen und fortzugehen. Fragen überschlugen sich in mir: Was für Träume und Ziele hatten sie motiviert, ihre Wurzeln zu kappen? Welche Zukunft malten sie sich aus? Würde das Leben in der Metropole sie zu anderen Menschen machen? Wie würde *ihre* Anwesenheit Britannien verändern? Wie standen sie dem Empire gegenüber nach dieser langen Geschichte der Unterordnung und Abhängigkeit, mit der sie nun radikal gebrochen hatten? Was würden sie von der jamaikanischen oder karibischen Kultur bewahren oder reproduzieren, wie viel würde verloren gehen? Würden sie neuen Formen der Unterwerfung widerstehen? Hatten sie sich jemals ausgemalt, wie *anders* sie wirken würden? Würden sie sich anpassen oder aufbegehren oder beides? Was für neue Lebensmuster würden sie entwickeln? Diese Fragen beschäftigten mich fortan. Sie richteten sich an *mich* genau wie an *sie*. Und so eröffnete sich für mich ein neues ›Problemfeld‹.

Die Zeitungen waren voll mit Artikeln zur Migrations-›Krise‹, und seit dem Ende der 1940er nahm die Figur des Schwarzen Migranten unmittelbar erkennbaren gesellschaftlichen Charakter an. Die seriöseren Zeitungen beobachteten die Situation mit diffusem Widerwillen. Die Staatsmänner und Moralist*innen murmelten ihre ›Besorgnis‹. Die Boulevardpresse verbreitete eine populistische Version der Empörung. Die abgedruckten Fotos waren wie eine kalte Dusche. Metaphern wurden ausgebreitet, die ›moral panic‹ nahm ihren Lauf. Eine nicht aufzuhaltende Flutwelle Schwarzer Einwanderer steuert auf uns zu, prophezeiten die Kommentatoren. Der britische Lebensstil würde diesen Zustrom niemals überleben! Die Brit*innen würden zu einer ›khakifarbenen Mischlingsrasse‹ verkommen! Man spürte, wie die Luft immer dicker wurde, wie beiläufige rassistische Äußerungen, Vorurteile, feindliche Blicke, bösartige Anspielungen, lautstarke Beleidigungen und halblaute Beschimpfungen zunahmen. Wie um das Übel abzuwenden, tauchten nun Schilder mit der Aufschrift »No Coloureds« in den Fenstern der Zimmervermieter auf. England verschanzte sich hinter seinen Netzgardinen.

Ich hatte zunächst den Eindruck, dass viele Neuankömmlinge aus der Karibik die Öffentlichkeit scheuten, sich bei ihrer gewohnten Geselligkeit zurückhielten und lieber unter sich blieben. Aber das konnte nicht lange so bleiben. Ob sie wollten oder nicht, sie waren nun mal in der Welt. Und sie waren ohnehin deutlich sichtbar. Sie lebten in Weißen Vierteln, hatten Weiße Nachbar*innen und Weiße Kolleg*innen, sie nutzten dieselben Bürgersteige, Pubs und Geschäfte. Das war keine Situation, in der man eine informelle Apartheid hätte organisieren können.

Dies waren die Jahre, in denen die Farbschranke als Bestandteil britischen Alltagslebens offener verhandelt wurde, sowohl von ihren Befürworter*innen als auch von ihren Kritiker*innen. Die Unsichtbarkeiten und die ›Unaussprechlichkeit‹ der Existenz einer solchen rassistischen Schranke begannen langsam nachzulassen. Was nicht heißen soll, dass die Verbote abnahmen, die der nicht-Weißen Bevölkerung aufgezwungen wurden. In mancher Hinsicht taten sie das, in anderer gerade nicht, da rigorose neue Farbschranken erfunden wurden, die die gesellschaftliche Landkarte entstellten. Die Situation war von Paradoxien beherrscht. Als die internationale öffentliche Meinung sich immer vehementer gegen die koloniale Herrschaft wandte, wurden die Farbschranken in den britischen Überseegebieten allmählich und ungleichzeitig abgebaut, gegen wechselnd starken Widerstand. Während dies geschah, zeigte sich im ›Mutterland‹ selbst die Farbschranke als immer deutlicher sichtbares Merkmal des urbanen Raums.

Die Saat rassistischer Ressentiments in der Weißen Arbeiterklasse spross im Antagonismus zwischen zwei Gruppierungen derselben benachteiligten Unterschicht, die sich aufgrund rassisierter Differenzierung gegenseitig für ihr Unglück verantwortlich machten. Viele der unterprivilegierten Weißen kamen zu dem Schluss, dass es ihnen nicht wegen ihrer Armut und Ausbeutung schlecht ging, sondern »weil die Schwarzen da sind«.

Diese neuen Konfigurationen von Rassismus sind auch Teil der *Windrush*-Geschichte. In den 1940er Jahren erlangte die alte Behauptung einer sozialen Bindung an rassisierte Whiteness erneut Gültigkeit im öffentlichen Leben. Mit der Zeit führte dies zu schärferen gesellschaftlichen Verwerfungen, zum Beispiel zu den Weißen Krawallen von 1958 und dem populistischen Anschwellen des Powellismus Ende der 1960er und Anfang der 1970er Jahre. Aber das ist natürlich nur ein Teil der Geschichte. Der Grund, warum sich zum Beispiel die Verbote erotischer Cross-Racial-Begegnungen verdoppelten, lag darin, nun ja, dass sie vorkamen oder vorkommen konnten, wo man auch hinsah. Aber man darf die Ankunft der *Windrush* auch nicht als Zeichen der Annäherung der Nation an eine großartige multikulturelle Gesellschaft werten, die rassistische Diskriminierungen in die Finsternis einer längst vergangenen Ära verwies, als man noch Kinder zum Schornsteinfegen ausbeutete.

Wie ich schon angedeutet habe, aktiviert die Vorgeschichte dieser rassisierten Begegnung das historische Vergessen. Das hatte großen Anteil an der Reaktion Einheimischer auf die dunkelhäutigen Migrant*innen. Deren Geschichte und ihre lange historische Verflechtung mit Britannien verschwand aus dem Alltagsbewusstsein. Wer sind diese Leute? Wo kommen sie her? Welche Sprache sprechen sie? Und was um alles in der Welt tun sie hier? Dies war der dominierende, ständig wiederholte Refrain unter Weißen Brit*innen. Er entsprach einer Verleugnung der kollektiv ausgeübten Gewalt. Genau dies trieb George Lamming 1960 dazu an, seine prägnante Provokation zu platzieren: »Wir sind uns schon mal begegnet.« Sein Appell an die Brit*innen, sich zu erinnern, wer *sie* waren und wo *sie* herkamen, formulierte die Kernfrage im Kampf um die Entkolonisierung in der Diaspora.

Seit den 1950er Jahren beschwor die Idee des Empire eher die Schatten des Niedergangs herauf als seine triumphalen Hochzeiten. Je früher man den verschlissenen imperialen Verband abservierte, umso besser, dachten viele und hätten diesen Teil der eigenen Geschichte am liebsten hinter sich gelassen. Das soll nicht heißen, dass die imperiale Vergangenheit in Vergessenheit geriet: das geschah nie. Eher wurden die Erinnerungen daran selektiver, so dass jene Geschichten des Empire überdauerten, die sich dazu eigneten, die beunruhigenden Dimensionen zu verschleiern oder auszublenden. Die Brit*innen verfügten reflexhaft noch immer über Restvorstellungen ihrer einstigen imperialen Pracht. Vielleicht war es das Bild von Stanley und Livingston, wie sie sich auf englische, zivilisierte Art lässig die Hand geben, beobachtet von ihren Schwarzen ›Trägern‹ irgendwo auf dem ›dunklen Kontinent‹. Oder es war eine königliche Audienz im ›exotischen Indien‹, dem Juwel der Krone. Aber das Ganze wurde sehr viel verwirrender, als die ›Träger‹ und ›Juwelen‹ unerklärlicherweise in den Straßen von Brixton oder Toxteth oder Southall auftauchten. Das stand doch gar nicht im Drehbuch!

1978 hielt ich eine Vorlesung zum Thema »Rassismus und Reaktion«. Das war, noch bevor die Medien das ganze Ausmaß Schwarzer Verzweiflung und Wut in den Straßen als Thema entdeckten, obwohl es jede*r hätte sehen können. Ich hatte einige Jahre lang mit meinen Co-Autoren an *Policing the Crisis* gearbeitet. Dabei machten wir das Aufkommen eines neuen Autoritarismus in der Politik aus, der durch das Prisma von Race organisiert wird – oder genauer durch das Prisma von *Blackness*. Diese Forschung ermöglichte es mir im folgenden Jahr zu erfassen, was an der Politik des Thatcherismus historisch neu war. In »Rassismus und Reaktion« war ich bemüht, folgenden Gedanken zu erkunden: Der Nachkriegs-Rassismus in Britannien ›fußt auf der gründlichen Vergesslichkeit‹ bezüglich der Verknüpfung von Race und Empire, die im britischen Leben ab den 1950ern üblich wurde. George Lamming verweist auf die Möglichkeit, dass ein Vergessen dieser Größenordnung auf die eine oder andere Art mit rassistischer Gewalt zusammenhängt. Der Zusammenhang zwischen Vergessen, Verleugnen und Gewalt ist keineswegs zufällig. *The Pleasures of Exile* ist eine Reflexion über die Situation in England nach den Weißen Krawallen von 1958, auf die ich gleich noch zurückkomme. Aber – Skandal! – Lamming lenkte die Aufmerksamkeit weg von den Weißen ›Hooligans‹ oder Teddy Boys, die zwecks Einhaltung der Schranken zwischen Menschen verschiedener Hautfarben in den verfallenden, verarmten Innenstädten patrouillierten, und konzentrierte sich stattdessen auf die höheren Sphären der nationalen Kultur. Das an *diesen* Schauplätzen ausgebrütete Vergessen der britischen imperialen Vergangenheit, insistiert Lamming, muss als aktives, moralisch konsequentes Treibmittel für die Gewalt gesehen werden, die dann ausbrach.

Warum aber dieses Vergessen? Wie können wir es als gesellschaftliche Tatsache verstehen? Die räumliche Organisation des Empire war ein wichtiger Faktor im Prozess des Vergessens. Es war eine Sache, dass Britannien tief mit drinsteckte, in Westafrika billigen Plunder gegen Gefangene einzutauschen, sie dann über den Atlantik durch die genozide Middle Passage zu transportieren, ihre Leiber an die Plantagenbesitzer in die Sklaverei zu verkaufen, ihre Zwangsarbeit auszubeuten, die von ihnen produzierten Waren zu konsumieren und die Gewinne aus Aktivitäten zu repatriieren, die man in sicherer Entfernung hunderte Meilen weit weg durchführte, ohne je das Selbstbild der Nation als ›hoheitliche Insel‹ und ›grünes und wohliges Land‹ anzukratzen. Aber es war etwas ganz anderes – etwas geradezu Widernatürliches –, die Nachkommen dieser ›Eingeborenen‹ als Nachbar*innen oder als Mieter*innen im Haus zu haben, deine Fahrkarte von ihnen entwerten und im Krankenhaus deinen Körper von ihnen berühren zu lassen.

Verdrängung ist ein kompliziertes psychisches Manöver. Es erlaubt den Menschen, gleichzeitig ›zu wissen‹ und ›nicht zu wissen‹. Es unterdrückt und verdeckt. Aber es setzt auch alle möglichen morbiden Symptome frei und in Bewegung, gefährliche und aggressive Gefühle, auch die Rückkehr des Verdrängten. Das ist genau der Punkt, an dem das kollektive Bewusstsein sich einredet, dass es für andere, höhere Zwecke gereinigt wurde.

Was Weiße in den 1950er Jahren wirklich wissen wollten, war, wie das ›Primitive‹ und das ›Zivilisierte‹ inszeniert werden würde. Welche Rollen können diese Schwarzen im modernen britischen Leben überhaupt übernehmen? Zu welcher Art von Menschen werden sie? Können Weiße und Schwarze, die sich auf unterschiedlichen Zivilisationsstufen befinden, in einer Gemeinschaft gleichgestellt und friedlich zusammenleben? Können wir uns verbrüdern, vermischen und gedeihen? Wen werden *sie* heiraten und mit wem werden sie Kinder haben? Mit wessen Töchtern werden *sie* ins Bett gehen? Wessen Schwarze Söhne werden plötzlich vor der Tür stehen? Kann jemand überhaupt je Schwarz und britisch sein? Wann kommen ›die guten alten Zeiten‹ wieder, als Weiße Autorität noch ungebrochen war? Und wann gehen sie dahin zurück, wo sie eigentlich hingehören? Der Kurswert dieser Fragen mag sich langsam mindern. Aber sie sind nicht verschwunden. Ebenso wenig hat ihre Wirkungskraft im Ganzen nachgelassen.

In britischen Augen waren die von Schwarzen Migrant*innen verkörperten Differenzen enorm und zeigten sich überall, wohin man sich auch wandte. Zum Ersten *sahen* die Migrant*innen anders *aus*. Sie trugen unangemessene, unerhörte Kleidung. Man hörte, wie beabsichtigt, das missbilligende Bühnenflüstern: »zu *grell*«. Sie kochten und aßen andere Speisen mit berüchtigt anderen Gerüchen. Sie sprachen kein anständig gepflegtes Englisch. Sie gingen sogar ›anders‹. Die Männer waren herausfordernd unzüchtig, ihre Frauen ließen sich mutwillig auf schamlose öffentliche Knutschereien ein. An dieser Stelle konnte man das ambivalente Beben allerdings *spüren*! Man munkelte, sie röchen sogar anders. Sie waren redselig, hektisch, ausgelassen, streitsüchtig, aufsässig und angriffslustig. Kein bisschen wie ›wir‹.

Schwarze hatten leicht erregbare Gemüter, wohingegen britische (eigentlich englische) Wesen in der edlen Kunst der Selbstbeherrschung geübt waren. Diese Migranten verstanden nichts von der Tugend der Zurückhaltung. Sie waren stark im Feld des Emotionalen, nicht in rationalen Erwägungen. Nebenbei neigten sie zu sehr zum Prahlen, ihnen mangelte es an Bescheidenheit und Mäßigung. Großkotzig fuhren sie protzige, aufgemotzte Autos, selbst wenn sie sich das nicht leisten konnten. Sie waren keine ›Knochenarbeit‹ gewöhnt – dies übrigens ein alter Spruch aus der Plantagenzeit. Natürlich spielten sie ihre Musik zu laut, tanzten ständig und verlockten ›unsere‹ Frauen, mit ihnen zu feiern, was dann zu Gott weiß was führte.

Man könnte so weitermachen, immer weiter, in einer endlosen, sich selbst bestätigenden Spirale. Wo war Differenz verortet? In sämtlichen Bereichen menschlichen Lebens, denn jede menschliche Eigenschaft ließ sich rassisieren.

In all diesen Dingen verkörperten die Schwarzen Neuankömmlinge einen Affront gegen die sorgsam gedämpfte Englishness der späten 1940er und der 1950er Jahre. Sie schienen einen Groll zu hegen, aber wieso denn nur, das verwirrte das englische Selbstbild. Manchmal schien es fast, dass Migrant*innen die Brit*innen ansahen, als hätten die ihnen ein schweres, aber nicht recht greifbares Unrecht zugefügt.

Dieses üppige Reservoir von Stereotypen wird niemanden überraschen, der mit den Plantagensprüchen über die wahre Natur der ›faulen Neger‹ vertraut ist oder mit der Bildsprache der ›Afrikaner‹-Karikaturen des achtzehnten Jahrhunderts oder mit den Tiraden aus Flugblättern gegen die Abschaffung der Sklaverei. Wie weit solche Aussagen in popularen Sprachgewohnheiten kursierten, darüber können wir nur spekulieren. Aber vertreten wurden sie pauschal gegenüber *allen* Schwarzen. Sie repräsentierten eine extreme, demütigende Form von sozialem Reduktionismus, dessen Spuren eine fortdauernde unterschwellige Dimension heutigen Race-Geredes bilden.

Viele Brit*innen redeten sich ein, da Westinder*innen Schwarz waren, mussten sie auch – buchstäblich – schmutzig sein. Das war besonders verletzend. Und absurd, weil wir größten Wert auf Sauberkeit legten, selbst wenn wir, wie sie es ausdrückten, ›dirt-poor‹ (arm wie Kirchenmäuse) waren. Tatsächlich stellten wir leicht belustigt fest, dass manche Engländer*innen nur selten mal ein Bad nahmen. Noch dazu konnten wir uns nicht recht erklären, wie man im Winter sauber bleiben sollte, wenn man, um an heißes Wasser zu kommen, Geld in einen Zähler werfen musste. Die Calypso-Sänger*innen machten sich wortgewandt lustig über diese mysteriöse, zutiefst englische Praxis. Wir betrachteten diese potenziell explosiven Heißwassertanks mit ihren Geldzählern, die unheilvoll über der Wanne aufragten, einen schwachen Geruch ausströmenden Gases absonderten und sich mit einem biestigen *Fump* entzündeten, als bedrohliche, angsteinflößende Geräte. Fast so gefährlich wie die legendären Petroleumöfen.

An sich waren Westinder*innen natürlich nicht dreckig. Aber wir wurden metaphorisch ›*wie Dreck*‹ angesehen, fehl am Platz in Mary Douglas' tieferem Sinn von ›Fremdkörper‹.

Das waren unsere Erfahrungen, wie ich sie erinnere. Aber wie wurden diese Einbettungen in rassisierte Differenz zusammengetragen? Wie ging das vor sich? Der rassisierte britische Diskurs wurde auf einem biologisch/zivilisatorischen Klassifikationssystem errichtet, an dem Natur und Kultur gegeneinander abgelesen wurden. In diesem Szenario spielten Race und Colour das vertraute Versteckspiel miteinander. Aber sobald zwischen Race und Kultur ein System von Gleichungen geschmiedet war, ließ sich der zivilisatorische Status durch etwas *Sichtbareres* markieren und erfassen: durch Colour. Die vermeintlichen, unsichtbaren, aber unabänderlichen Auswirkungen rassisierten genetischen und biologischen Erbes mit ihren Mysterien und verborgenen Skandalen, lang erprobt in den Plantagengesellschaften der Neuen Welt, wurden gesellschaftlich lesbar gemacht durch den ›gleitenden Signifikanten‹ Colour.

Im Gegensatz zur üblichen Lehrmeinung produzieren Race und kulturelle Differenz nicht zwei separate rassistische Diskurse. Sie erzeugen die beiden diskursiven Register des Rassismus, die sich gegenseitig durchdringen und wechselseitig füreinander als Äquivalente einspringen können. Das Umwandeln von kulturellen Unterschieden in rassisierte Kategorien und von physischen Merkmalen in zivilisatorische entpuppt sich hier als der Schlüsselmechanismus im Diskurs der Differenz. Dies beschränkt sich auch nicht auf die so genannten Negro Races. Es ist überall in der kolonialen Welt anzutreffen. Und auch in der postkolonialen Welt.

Die Langlebigkeit kolonialer Geisteshaltungen setzt sich fort bis in die postkolonialen Jahre ebenso wie in die Anordnung von Race in der Metropole. Dies zeigte sich für unsere Generation frappierend deutlich in den Weißen Krawallen von 1958 in Notting Hill und Nottingham.

Die Krawalle markierten eine scharfe Zäsur im Leben der karibischen Migrant*innen in Britannien. Sowohl Ladbroke Grove in Notting Hill als auch der Stadtteil St. Ann's in Nottingham waren Gegenden mit dichter migrantischer Schwarzer Besiedlung. Sie waren die Vorreiter der später so bezeichneten Schwarzen ›colony areas‹, die heruntergekommene Teile der Innenstädte einnahmen, auch wenn sie nie ausschließlich Schwarze Ghettos waren. In den 1950ern waren solche Konzentrationen von Nicht-Weißen außerhalb der Seehäfen etwas relativ Neues. Schnell bildeten sich zahlreiche Wohngebiete mit merklich kolonialer Besiedlung: Brixton, North Kensington, Tottenham und Packham in London; St. Paul's in Bristol; Handsworth und Balsall Heath in Birmingham; Moss Side in Manchester; Toxteth in Liverpool; ebenso die alten Regionen metallverarbeitender Industrie in den West Midlands und die genauso alten Textilstädte in der Gegend um Bradford. Diese Gebiete wurden zunehmend unweigerlich mit Race in Verbindung gebracht, besonders in den späten 1970ern und 1980ern, als sie von Aufständen geschüttelt wurden. In den 1950ern brachten diese innenstädtischen, zerbombten oder aufgegebenen Gebiete mit verschiedenartigst genutzten Häusern und augenfälliger Vernachlässigung charakteristische Lebensweisen hervor. Sie wurden Orte des Übergangs von der ersten Phase des Migrant*innendaseins zur zweiten, in der sich ein neues Schwarzes Subjekt herausbildete.

Im Laufe der 1950er Jahre ließ der unmittelbare Post-*Windrush*-Ankunftsschock nach, und das schwelende Trauma rassisierter Diskriminierung griff um sich. In Notting Hill und Nottingham löste der Anblick Weißer Frauen in Begleitung Schwarzer Männer die von sich gekränkt fühlenden Weißen angezettelten Ausschreitungen aus. Dies waren Weiße Krawalle, die hemmungslose rassistische Gewalt, wie man sie mit den segregierten Südstaaten der USA verband, nach London brachten, den Geist des Ku-Klux-Klan in britischen Straßen heraufbeschworen und düstere Erinnerungen an Lynchjustiz zu neuem Leben erweckten. Faschistische Organisationen zeigten Präsenz. In Notting Hill kam es zu geplanten brutalen nächtlichen Überfällen auf Schwarze Männer, die allein unterwegs waren.

Die Krawalle selbst waren ein Schock für die herrschenden Klassen, die sich gar nicht erklären konnten, wie so etwas in England möglich war. Nicht dass irgendeine bekannte Figur aus der Politik es eilig gehabt hätte, Notting Hill aufzusuchen und denen Gehör zu schenken, die unter den gewalttätigen Angriffen gelitten hatten. Während die Politiker*innen noch damit haderten, die Anreise aus Westminster auf sich zu nehmen, das ganze zwei Meilen entfernt war, flog Norman Manley – damals Ministerpräsident von Jamaika – aus Kingston ein, was als öffentliche Solidaritätsbekundung aufgefasst wurde. Die Medien beschuldigten als Erstes die Weiße Arbeiterjugend – die ›Hooligans‹ und Teddy Boys – und bemühten sich, zwei der akut dysfunktionalen Sozialfiguren dieser Zeit zusammenzufassen, den Weißen Teddy Boy und den Schwarzen Migranten. Aber als die Krise sich ausbreitete, wurde ganz unauffällig der Schwarze Migrant, das unverschuldete Opfer der Gewalt, in den Vordergrund geschoben und zur eigentlichen treibenden Kraft der Unordnung erklärt. In einer verdrehten Logik mutierte das Opfer zum Täter.

Das waren bedrohliche Zeiten. Ihre Hinterlassenschaft bestand aus zwei langfristigen, einschneidenden Konsequenzen. Zum einen stellten sie die Weichen dafür, Race in den Innenstädten zur Sache der Polizei zu machen. Und zweitens überzeugten die Geschehnisse in Notting Hill und Nottingham eine beträchtliche Anzahl von Migrant*innen aus der Karibik, dass Assimilation an die englische Gesellschaft für sie nicht länger in Frage kam.

Im Mai 1959 wurde der aus Antigua stammende Kelso Cochrane an der Grenze zwischen White City und Notting Hill erstochen. Das war ein furchtbarer Moment. Die *Daily Mail* nannte ihn »das erste Todesopfer in dem ›Krieg‹, der auf der Schattenseite des Royal Borough of Kensington unregelmäßig auflodert«. Das Widerstreben der Polizei, die Mörder dingfest zu machen, war offenkundig – ein Phänomen, das wir in den folgenden Jahren immer wieder mitansehen mussten. Es hat fünfzig Jahre gedauert, bis die Sache ans Tageslicht gebracht wurde. Erst 2011 hat Mark Oldens genauestens recherchiertes Buch *Murder in Notting Hill* das dichte Netz aus Rassismus entwirrt, in das das gesamte Geschehnis – der Mord und sein langes Nachspiel – für viele Jahre eingesponnen war.

Kelso Cochranes Begräbnis in der Gemeinde St. Michael in Ladbroke demonstrierte die Existenz eines alternativen, multikulturellen Empfindens. Eine gewaltige Menge von Trauergästen versammelte sich, sowohl Schwarze als auch Weiße, und folgte dem Sarg zum Friedhof Kensal Green. Für sich genommen war das zwar eine bescheidene Reaktion. Aber damals – nach den öffentlichen Vorführungen rassistischer Gewalt und faschistischer Intervention – verkündete es die Möglichkeit, dass innerhalb der Zivilgesellschaft die Zukunft nicht völlig hoffnungslos war.

Die Krawalle spornten auch neue politische und kulturelle Betätigungen innerhalb der migrantischen Bevölkerung an. Eine hell leuchtende Gestalt war Claudia Jones aus Trinidad. Vor kurzem war sie wegen ihres kommunistischen Engagements von den USA nach Britannien abgeschoben worden, obwohl sie zuvor noch nie einen Fuß auf britischen Boden gesetzt hatte. Sie war eine unermüdliche, energische Organisatorin mit unwiderstehlicher Ausstrahlung und unabhängig von ihrer Finanzlage stets von Kopf bis Fuß todschick gekleidet. Sie war Gründerin und Herausgeberin der *West Indian Gazette*, die wenige Monate vor den Krawallen erstmals herausgekommen war. Sie schrieb die meisten Artikel selbst, zog anschließend los und vertrieb das Blatt, wo immer es sich irgend verkaufen ließ. Die *Gazette* erwies sich als hervorragendes Medium für die Organisation der karibischen Einwander*innen in Britannien, jedoch nicht nur für Westinder*innen. Nach den Ausschreitungen brauchte das migrantische London eine emotionale und politische Erneuerung von innen heraus. Claudia Jones und ihre Mitarbeiter*innen erkannten, dass es keinen Sinn hatte, eine Politik der Assimilation zu verfolgen. Vielmehr mussten die Einwander*innen selbst etwas erschaffen, was sie sich als das Ihre aneignen konnten und was aus ihrem Leben in der Karibik entsprang. Und so kam eine Gruppe von Aktivist*innen auf die Idee, den Karneval nach London zu verpflanzen. Im Februar nach den Krawallen wurde der erste karibische Karneval in London abgehalten, ein bedeutungsvoller Schritt zur Kreolisierung der alten imperialen Hauptstadt.

Das war eine Form von politischer Intervention. Andere Reaktionen waren weniger durchdacht und entstanden spontan, um sich auf dem feindlichen Terrain zurechtzufinden, das ringsum herrschte. Eine solche Initiative machte sich daran, Zusammengehörigkeit zwischen den Migrant*innen zu schaffen, indem sie den Alltag, den sie hinter sich gelassen hatten, neu erfanden. Läden fingen an, westindische Erzeugnisse zu verkaufen; ein oder zwei abenteuerlustige Entrepreneure eröffneten improvisierte Clubs, wo Migrant*innen in einem freien Raum zusammenkommen, etwas trinken und ihre eigene Musik spielen und wohin auch alleinstehende Männer die Weißen Frauen mitbringen konnten, die Lust hatten, mit ihnen auszugehen. Das waren eher Gemeindezentren als Kneipen. Die atemberaubenden Fotos vom Schwarzen Alltagsleben in Hackney, die Dennis Morris gemacht hat, stammen zwar aus einer späteren Periode, fangen aber die Dynamik dieser zögerlichen Versuche ein, sich über die Farbschranken hinweg anzufreunden. Sie zeigen Paare verschiedener Herkunft beim Tanzen, gelegentlich auch eine Mixed-Race-Hochzeit. Diese Bilder sind ein beredtes Zeugnis.

Im Nachklang der Krawalle hatten die Westinder*innen gar keine andere Möglichkeit, als auf eigene Ressourcen zurückzugreifen, wenn sie Räumlichkeiten mieten wollten oder die Kaution für eine Wohnung aufbringen mussten. Allmählich entstanden in kleinem Maßstab improvisierte Gewerbe für alle Bedürfnisse der Einwander*innen. Wo migrantische Familien sich niederließen, fand sich der Einfallsreichtum der Diaspora überall. So verdichteten sich zum Beispiel ganze kollektive Lebenserfahrungen zu einem dezidiert kreolischen Stil von Wohnungseinrichtungen. Tapeten, Sofadecken, Vorhänge und Fußmatten in lebhaften Kontrastfarben kennzeichneten das westindische Wohnzimmer. Alles andere hätte einen Mangel signalisiert, einen sozialen Absturz im Privaten. In Vitrinen wurden die ›Familienschätze‹ ausgestellt, teure, aber selten benutzte Geschenke wie floral gemustertes Geschirr, langstielige Weingläser, Tortenständer und Becher vom Kronjubiläum. Die Dinge mussten nicht zusammenpassen, darum ging es nicht. Sie fingen die Empfindungen des trubeligen Familienlebens ein und waren Belege der Zukunftsbejahung.

Die Frage der Zugehörigkeit braucht Zeit, um an die Gewohnheiten des Alltagslebens zu rühren. Sie tauchte erst in der Identitätspolitik der 1960er und 1970er Jahre als entwickelt politisiertes Thema auf, als die zweite Generation der Schwarzen Jugend erwachsen wurde. Viele dieser Generation waren in Britannien geboren und zur Schule gegangen. Andere waren in der Karibik bei Verwandten geblieben, als die Erwachsenen nach Britannien aufbrachen, um die Lage zu sondieren und ihre Söhne und Töchter später nachzuholen. Schätzungen zufolge brachten zwischen 1955 und 1960 Migrant*innen aus Jamaika 6500 Kinder mit nach Britannien. Sehr viel mehr aber wurden bei Verwandten zurückgelassen, von denen etliche später eigenständig auf die Reise gingen. Dieser Generation schienen beide Wege verschlossen, sowohl der Weg *zurück* zur karibischen Identität als auch der Weg nach vorn in die Zugehörigkeit zur englischen Kultur. Und als sie sich nun in ›black Britons‹ verwandelten, taten sie das als Akt der Kompromisslosigkeit, mit Wut im Bauch.

Bis in die 1970er Jahre war eine lange, vielschichtige und von Unbill gezeichnete Reise zurückzulegen, von den ›Schwarzen Einwanderern‹ auf meinem *Windrush*-Foto über ›Afro-Caribbeans‹, ›Rastas‹ und ›Rude Boys‹ bis zu ›Black British‹ und ›Black Posse‹. Heute ist das Britannien der 1950er – »Keep Britain White« und »No Coloureds« – kaum wiederzuerkennen im Zeitalter der globalisierten Premier League-Fußballer, mit Personen verschiedenster Hautfarbe in allen britischen und englischen Sport-Teams, in Besetzungslisten von TV-Soaps, unter den Ansager*innen im Fernsehen, in der Modewerbung, in landesweit ausgestrahlten Musiksendungen. Das ist so weit wahr und ein Zeichen dafür, dass die Welt sich weiterdreht. Aber der Weg bis hierher war lang, konfliktreich und oft bitter polarisierend. Wo er letztlich hinführt, ist immer noch ungeklärt. Die historische Verflechtung zwischen Britannien und der Karibik erweist sich als schwer zu lernende Lektion für die britische Gesellschaft. Doch ist das ein Thema, auf das ich wieder und wieder zurückkommen muss. Durch die imperiale Verbindung waren Britannien und seine Kolonien fest miteinander verknüpft – als dominante und unterworfene Subjekte, nicht als gleichberechtigte Partner in einem gemeinsamen Projekt – mit all ihren sozialen Ungleichheiten, Verschiedenartigkeiten und Schicksalen. Dieser Gedanke wird nicht immer gut aufgenommen, und speziell britische Historiker*innen neigen dazu, sich gegen solche ›Spekulationen‹ zu verwahren. Tatsächlich traf dies zu einem gewissen Grad auch auf karibische Historiker*innen zu, die auf dem Höhepunkt der nationalistischen Bewegung ihre dringende Aufgabe darin sahen, die nationale Erzählung umzuschreiben, um die allgemein als erniedrigend empfundene Abhängigkeit von europäischer Geschichtsschreibung und europäischem Denken aus dem Zentrum zu verdrängen. Trotzdem lässt sich die Karibik weder auf der einen noch auf der anderen Seite des Atlantiks verstehen, ohne Kolonialismus und Imperialismus einzubeziehen wie auch die Kraft beider, die unter ihrer Herrschaft Lebenden zu vereinnahmen.

Dies wirft ein Schlaglicht auf die Widersprüchlichkeit und Doppeldeutigkeit des Imperialismus: auf die wechselseitigen, aber ungleichen Verhältnisse zwischen der Metropole und der Kolonie und die zusammenlaufenden und auseinanderstrebenden Verbindungslinien zwischen ›dem Westen‹ und Gesellschaften mit einer Geschichte, die dem ›unaufhaltsamen Aufstieg Europas‹ lange vorausging. Es macht uns aufmerksam auf die konfliktreichen Muster von Begegnung und Eroberung, auf das ›Staunen‹ und die Gier, welche die Kolonisatoren antrieben; auf die gegensätzlichen Mechanismen, die diese beiden Welten – auf je unterschiedliche Art – in ein gemeinsames ökonomisches System einspannten; auf die Beziehung zwischen der freien Arbeit hier und der Zwangsarbeit oder Versklavung dort; auf die Einschreibungen in Sprache, Kultur und Institutionen quer durch die imperiale Welt, die auf die gewaltsamen Eroberungen folgte; und auf die antagonistischen Kulturen von ›Respekt‹ und ›Ressentiment‹, die diese Widersprüche schürten.

Eroberung, Kolonisierung, Plantagensklaverei, koloniale Herrschaft und liberaler Imperialismus waren entscheidende Phasen der britischen Geschichte. Die kolonialen Verhältnisse waren essenzielle Bestandteile der Britishness – gleichermaßen Teil des Alltagslebens und des nationalen Imaginären wie der Zucker am Boden der sinnbildlichen englischen Tasse Tee oder der Zahnschmerz an der Wurzel des sprichwörtlichen britischen ›sweet tooth‹ (Hang zum Süßen). Ich nenne hier absichtlich das Englische und das Britische in einem Atemzug, um zu zeigen, dass das Erste manchmal im Zweiten eingeschlossen ist und manchmal nicht. Es ist eine der kniffligsten Mehrdeutigkeiten unter dem Diskurs der britischen nationalen Identität.

Heute fragen sich vielleicht manche, was das alles denn noch mit uns zu tun hat. Warum sollten uns die Sünden unserer Väter heimsuchen? Haben wir unsere Schulden nicht bezahlt? Hat Wilberforce ›ihnen‹ denn nicht ›ihre‹ Freiheit geschenkt? Hat er es nicht genau deshalb verdient, in Westminster Abbey begraben zu sein? Und ist diese ganze Episode damit nicht abgeschlossen? Ist das nicht ein Zeichen unserer wohlmeinenden Natur? Hat die Abschaffung der Sklaverei die britische Seele nicht erlöst? Die großen liberalen Tugenden scheinen die Tafel reingewaschen zu haben. Die Geschichtsauffassung der Whigs, die einem gemäßigten kontinuierlichen Fortschritt und Wachstum huldigt, lebt in unserer postimperialen Zeit fort. Sie repräsentiert einen trickreichen, selbsttäuschenden, aber enorm überzeugenden Diskurs.

Die Geschichte des Empire scheint wirklich in jedem strategischen Sinn aus dem Gedächtnis getilgt zu sein. Es wird als unhöflich und leicht rückwärtsgewandt erachtet, sie überhaupt zu erwähnen. Postimperiale Wissenschaftler*innen und Historiker*innen, die diese widersprüchlichen Wechselwirkungen neu vermessen, stoßen noch immer auf eine Mauer des Zweifels und Unverständnisses, namentlich bei den Gelehrten des Empire. Hat denn das Empire die britische Gesellschaft wirklich so entscheidend geprägt?, fragen sie. Tatsächlich haben der zivilisatorische Diskurs des Empire und das, was Catherine Hall ›Herrschaft der Differenz‹ nennt, ihren unauslöschlichen Abdruck hinterlassen und im fortdauernden Auf und Ab britischer Kultur ihr zersetzendes Werk verrichtet. Ungestraft bleibt das imperiale Moment der diskursive Schatten des Selbstbilds der Nation. Diese Themen und ihre lange Geschichte sind noch nicht erledigt. Ich will mit einem Vorfall aus jüngster Zeit erklären, was ich meine.

Als ich 1998 im Ausschuss »Zukunft eines multi-ethnischen Britanniens« mitarbeitete – einer Kommission der unabhängigen Denkfabrik *Runnymede Trust* unter Vorsitz von Bhikhu Parekh –, war der Begriff ›Diversität‹ (ein höfliches Wort für ›Differenz‹) noch sehr en vogue. Etwa bei Beginn unserer Beratungen wurde der Macpherson-Report veröffentlicht. Dies war die offizielle Untersuchung des Mordes an Stephen Lawrence, 1993 begangen von fünf Weißen Jugendlichen in Eltham in South London. Ähnlich wie bei der Ermordung von Kelso Cochrane eine Generation zuvor war die Polizei bei der Ergreifung der Verantwortlichen eklatant gescheitert. Macpherson unterschied zwischen direktem und ›institutionellem‹ Rassismus, und er warf der Metropolitan Police ›institutionellen Rassismus‹ vor: nämlich unhinterfragte rassistische Vorannahmen, die alltägliche Interaktionen prägen und die abschätzige Einstellung von ›Stammtischkultur‹ befördern. Bei dem Material, das ich im Namen von Duwayne Brooks einreichte, dem Freund, der Stephen Lawrence in der schrecklichen Mordnacht begleitete, nahm ich ähnliche Unterscheidungen zwischen ›formellen‹ und ›informellen‹ oder ›unwissentlichen‹ Varianten des britischen Rassismus vor. Dass eine offizielle Untersuchung davon ausging, so etwas existiere in der britischen Alltagskultur, rief bei führenden Personen des öffentlichen Lebens großes Unbehagen hervor, und Macpherson wurde zur Zielscheibe ständiger persönlicher Attacken. Ich sollte noch hinzufügen, dass erst 2012 zwei der jugendlichen Weißen Mörder von Stephen Lawrence vor Gericht kamen, woraufhin Macphersons Darstellung mit all ihren Implikationen zähneknirschend als Wahrheit anerkannt wurde.

Dies war das intellektuelle Klima, als Labour-Innenminister Jack Straw der Einberufung des Runnymede-Ausschusses seinen Segen gab. Aber als unser Bericht veröffentlicht wurde, traf er auf reißerische Berichterstattung und breite Empörung. Als Straw merkte, woher der Wind wehte, stimmte er in den Chor der Ablehnung ein und kanzelte unseren Bericht öffentlich ab. Die durchgängige Beobachtung, dass Britannien in vielerlei Hinsicht weiterhin eine rassistische Gesellschaft war, was die Boulevardpresse noch aufblies, strapazierte seine Empfindlichkeiten. Er reagierte mit eilfertigem Rückgriff auf die Schriften von George Orwell – da gibt es eine Art Liebesbrief an eine bestimmte Variante von Englishness –, um die Tugenden des englischen Nationalismus zu belegen und so unsere Argumente zu entkräften. Die einzigen Stellen in unserem Bericht, die ihn interessierten, waren die Passagen über ›soziale Kohäsion‹, was – eine Zeitlang – in Regierungskreisen ein defensives Mantra wurde, bis Mr. Camerons Ansage ›Der Multikulturalismus ist tot‹ es in den Gully spülte.

Dies sind deprimierende Reflexionen. Seit den 1950ern mag sich viel verändert haben, aber nicht notwendig zum Besseren. Rassismus und rassistische Ungerechtigkeit existieren weiterhin, wenn auch vielleicht nicht mehr so unverfroren, wie sie mir nach meiner Ankunft begegneten. Die Gewalt unter Schwarzen Jugendlichen, die sich gegen lokale rivalisierende Schwarze richtet, bleibt ein ernstes Problem. Repatriierung dient weiterhin Teilen der ›seriösen‹ populistischen Rechten als heimliche Phantasie zur Lösung aller unserer Probleme.

Die alten Reflexe sind schwer abzuschütteln. Seit Ankunft der *Windrush* 1948 wurden westindische Migrant*innen nicht nur als Schwarz, anders und womöglich weniger zivilisiert abgestempelt, sondern vor allem als *nicht zu uns gehörend*: ein fremdes Element im politischen Gemeinwesen, eine dauerhaft ausgeschlossene Minderheit. Dies hat zu einem fest verschanzten, defensiven Verständnis von Englishness geführt. ›Wir‹ – die Engländer*innen – sind per Definition nicht einfach nur Weiß. Whiteness bleibt der Signifikant eines besonderen, einzigartigen und ununterbrochenen geschichtlichen Fortschritts, einer ›Hochzivilisation‹, gekrönt von einem weltweiten Imperium. ›Wir‹ sind dies, *weil* ›sie‹ es nicht sind. Binäre Gegensätze wie dieser stiften Bedeutung. Das Abwesende – hier das Ausgeschlossene – manifestiert sich gerade durch seine Abwesenheit. ›Sie‹, die Schwarzen in unserer Mitte, werden zum konstitutiven *Außen* dieser nationalen Erzählung.

Dieses abwesend/anwesend arbeitet dialektisch, indem die Dynamik, die beide Elemente – Weiß und Schwarz – zusammenhält, auch sicherstellt, dass jedes im anderen existiert. Tatsächlich können sie nur im Verhältnis zueinander existieren. Das Andere ist immer, zwangläufig, in uns.

Was mich zum Ausgangspunkt des Kapitels zurückführt: zu meinem eigenen proto-diasporischen Augenblick an der Paddington Station vor all den Jahren. Ich ging nach England mit vielen ungeklärten und zwiespältigen Ansichten über Zugehörigkeit. Ich identifizierte mich mit den Erwartungen Schwarzer Jamaikaner*innen und der erwachenden indigenen Kultur, die, so dachte ich, nur das Ende des Kolonialismus vollends freisetzen konnte. Aber ich war in einer distanzierten und problematischen Beziehung zu meiner Nation formiert. Geprägt hat mich auch die Beziehung zur Kultur der Kolonisator*innen von ›anderswo‹, doch fand ich es aus verschiedensten Gründen unmöglich, mich *damit* zu identifizieren. Und so blieb mir wohl nichts als die binäre Entscheidung zwischen zwei unmöglichen Alternativen. Doch dann tat sich unerwartet ein ›dritter Raum‹ auf. Der Weg dorthin verlief über einen Umweg, im Sinne eines Rösselsprungs. ›Durch Umwege die Richtung finden‹. Dies, so wurde mir im Folgenden klar, war der Raum der Diaspora.

Diasporen halten den Horizont offen in Richtung Zukunft. Sie sind Räume der Emergenz, in denen Neues entstehen kann. Weil sie aber letztendlich nicht vorausberechenbar sind, bleiben sie notwendigerweise kontingent. Die langfristigen Konsequenzen der Bildung einer Schwarzen Diaspora in Britannien waren nie durchschaubar. Sie stellten ein intellektuelles Rätsel dar. Sie waren für mich Material zur Analyse, Forschung und Interpretation, ebenso Aufforderung zum Engagement, zur Mitwirkung und Selbstverpflichtung. Ich betrachtete nicht etwas, das bereits entschieden, sondern etwas, das ›im Entstehen‹ war. Und ich war, ohne dass dies gänzlich meine Entscheidung oder Absicht gewesen wäre, bereits ein Teil davon.

Das Konzept von Diaspora, das sich im Zuge der Schwarzen Nachkriegsmigration herausbildete, war insofern das Gegenteil des klassischen jüdischen beziehungsweise zionistischen Konzepts. Natürlich sind Erinnerungen, Verbindungen, Traditionen und Kontinuitäten des Vergangenen machtvolle Faktoren, mitunter sogar zwingend. Sie bestehen fort, auch weit jenseits bewusster Abrufe. Sie weisen uns unseren Platz zu und erkämpfen sich unsere Identifikation. Sie haben reale Wirkung auf diasporische

Subjekte, formen unsere materiellen und kulturellen Existenzbedingungen, unsere Erfahrungen, sozialen Erinnerungen und symbolischen Welten, unsere Verpflichtungen und Loyalitäten, unsere Hoffnungen und Ängste. Aus diesem Grund wird die Kreativität der ›Zerstreuten‹ unvermeidlich begleitet von einem Gefühl des Verlusts und der Trauer darüber, was zurückgelassen wurde und nie mehr vollständig zurückgewonnen werden kann. Eine Folge der Diaspora scheint merkwürdigerweise eine Schwächung der historischen Erinnerung zu sein und das rumorende Nachleben eines unmöglichen Objekts der Begierde. Aber das allein kann es nicht ins Leben zurückholen. Wir befinden uns jenseits von im Kreis verlaufenden Reisen, die enden, wo sie begannen. Wir befinden uns jenseits der Ära, in der es ein mythisches ›Jetzt‹ gab. Wir leben in einer historischen Welt, nicht in einer mythologischen. Wir haben die Ära betreten, die Edward Said ›die weltliche‹ genannt hat. Die diasporische ›Ausbreitung‹ ist in jedem Sinne nicht umkehrbar. Das Hirngespinst der Rückkehr in eine wiederhergestellte ›Einheit‹ und der Abschaffung der Differenz führt nicht zu Vereinigung, Heilung und zu Lösungen, sondern setzt im Gegenteil tödlich pathologische Impulse frei.

Unter diesen Umständen funktionieren die übernommenen narrativen Paradigmen, von denen wir abhängen, nicht mehr. Sie werden obsolet. Differenzen brechen hervor. Das Interessante daran ist, wie diese von der Differenz verursachten Störungen, trotz der angewandten Strategien, dies zu verhindern, sich machtvoll Eingang bis in die klassischen mythischen Erzählungen verschaffen. Die Ambivalenz klassischer Mythen, so hat Lévi-Strauss in einem seiner frühen Essays erklärt, wird oftmals von der Gestalt des ›Tricksters‹ verkörpert, einer Figur im Übergang, die in zwei Welten zu Hause ist und deshalb zu keiner von beiden gehört, aber zwischen ihnen verhandelt – und im übertragenen wie im wörtlichen Sinn zwischen ihnen ›wandert‹ [*migrates*]. In *Die Struktur der Mythen* befasste sich Lévi-Strauss mit der Analyse konstanter, synchroner und sich wiederholender narrativer Strukturen. Trotzdem sah er sich gezwungen, die Bedeutung der Transformationsfigur des Tricksters anzuerkennen, die offenbar nötig ist, um den Zug der Zeit und die geschichtlichen Veränderungen zu berücksichtigen.

Der bekannteste Trickster in volkstümlichen jamaikanischen Märchen ist die von den Yoruba stammende Figur des Anansi, ›der Spinne‹, des obersten Schwindlers, Gauners, Hehlers und Schacherers, der sich die Mehrdeutigkeit von Zugehörigkeit zunutze macht. Er manövriert genial zwischen unvereinbaren Aufgaben. Er stört und unterbricht die choreografierte Stabilität der synchronen narrativen Sequenzen. Der Trickster hat die Fähigkeit, sich durch die Zeit und quer zur narrativen Ordnung zu bewegen.

Migration ist ein Humpty-Dumpty-Phänomen. Wenn die Vergangenheit erst zersplittert ist, kann sie nicht mehr zu jener essenziellen Identität zusammengefügt werden, die sie einmal war. Das liegt daran, dass die Vergangenheit nicht einfach für alle Zeit steckenbleibt, konserviert und unverändert, um auf unsere Rückkehr zu warten. So wäre, auch wenn die Schwarzen in der Neuen Welt überwiegend afrikanischer Herkunft sind und es viele Verbindungen zu afrikanischen Kulturen gibt, nichts falscher als die Annahme, dass etwas Afrika Genanntes – was ohnehin eine imaginierte Konstruktion ist – in Stillstand verharrt hat, seit seine Bewohner*innen in die Sklaverei verschleppt wurden, und nur darauf wartet, von uns wiederentdeckt zu werden. So ist es nicht.

Und da sitze ich nun und zerbreche mir den Kopf über den historischen Moment der karibischen Nachkriegsmigration nach Britannien und greife auf Anansi und Humpty Dumpty zurück, um etwas von den Merkmalen diasporischen Denkens einzufangen. So läuft es, wenn man sich darauf einlässt, auf Umwegen die Richtung zu finden. Man kann nie sicher sein, wohin man geht oder wen man unterwegs trifft.

Meine Reise in eine Illusion war ein befrachteter Übergang: ein Voranschreiten, wie ich glaubte, zu den zweifelhaften ›Freuden des Exils‹, wie Lamming es nannte, nur um sogleich mit der Rückkehr des Verdrängten konfrontiert zu sein. Ich wusste, dass mein Aufenthalt in England nicht zur Einbahnstraße bestimmt war. Viele Jahre später verstand ich das noch besser durch eine Bemerkung von James Baldwin zu Richard Wright und dessen Vorstellung, Paris könnte eine Zufluchtsstätte für US-amerikanische Schwarze Schriftsteller*innen sein: »Es schien mir nicht lohnend«, schrieb Baldwin, »dem einheimischen Hirngespinst zu entfliehen, nur um ein fremdes in die Arme zu schließen.«

Teil IV

Transitzone

8.

Daheim in England

Da ich nun in England war, entdeckte ich, dass ich wie andere Migrant*innen auch lernen musste, England und Englishness *praktisch zu lesen*, um zu überleben und mich im Alltag zurechtzufinden. Besonders in Bezug auf das, was unbewusst war, oder verleugnet oder nicht in Worte fassbar, oder wo die Sprache selbst als Nebelwand fungierte. Dass es sich so verhielt, erhärten viele westindische Schriften der Diaspora dieser Zeit, ein Stück weit in Erzählungen und deutlicher in Erinnerungen und Essays. Ich denke da insbesondere an *Beyond a Boundary* von C. L. R. James und *The Pleasures of Exile* von George Lamming. Ich sehe in diesem praktischen Lesen von England, angeeignet als Überlebenstaktik, auch eine Route, die mich letztlich zu den intellektuellen Motiven für das führte, was die Cultural Studies werden sollten. Zudem war es das Werkzeug, mit dem meine politische Ausrichtung einen präzisen, zentralen Fokus erhielt.

Im Rückblick erscheint mir dieser Lebensabschnitt wie ein Übergangsmoment. Ich hatte beschlossen, ›noch nicht‹ zurückzugehen, mich aber nicht aufs Bleiben festgelegt. Ich hing in der Schwebe zwischen zwei Welten, die unterschiedlich waren, aber zugleich historisch und politisch eng miteinander verflochten. Vielleicht wusste ich schon, dass ich ›dort‹ nicht mein Leben verbringen konnte, aber noch nicht, wie – oder ob – ich ›hier‹ leben sollte.

Die Erfahrungen von Abreise und Ankunft waren auf Anhieb geballte Erschütterungen. Mir ist bis heute nicht bewusst, wann oder aus welchem Grund genau die Entscheidung zum Bleiben letztlich fiel. Eine ganze Weile schob ich sie vor mir her. Als ich fand, ich müsste nun wirklich einen Entschluss fassen, merkte ich, dass die Entscheidung schon getroffen war.

Im Nachhinein kann ich besser erkennen, dass die Erfahrung des Übergangs sich hauptsächlich um die Zerschlagung falscher Illusionen drehte: eine Entzauberung, die, wenn auch bestimmt nicht angenehm, nötig und am Ende befreiend war. Dann folgte das langsame, unsichere Zusammenwachsen einer neuen Lebensphase, die aus den Trümmern der alten entstand.

England schien gleichzeitig vertraut und fremd, wohnlich und unwohnlich, gezähmt und dabei ein durchaus gefährlicher Ort für Menschen wie mich. Ich wusste viel über dieses Land, und doch kannte ich es nicht *wirklich*.

Die Metropole, aus erster Hand erlebt und nicht aus der Ferne durch die ›Deckerinnerung‹ kolonialer Verschiebung, schien bevölkert mit rastlosen Gräbern und Gespenstern, die keine Ruhe geben wollten. Dieses Unbehagen erinnert mich an Roshini Kempadoos Fotoserie von englischen Landhäusern. Über die Mauern und Tore sind Bilder der Gesichter und Leiber von weit entfernten Versklavten gelegt. Allmählich sickern sie unerklärlich ins Sichtfeld. Ganz und gar nicht ›heimgekommen‹ – wie sich die Klasse und Generation meiner Mutter das begeistert vorstellte –, fühlte ich mich insgesamt noch deplatzierter, buchstäblich fehl am Platz. Viele große Fragen blieben ohne Antwort. Wer war ich? Was für ein Mensch konnte ich werden?

Ich war das Subjekt einer Erziehung, die der englischen nachempfunden war. Rein formal wusste ich schon, wie man das Drehbuch dieses Landes lesen musste. Aber ich war nicht auf die reale Erfahrung gefasst, wie Patrick Wright das nannte, ›in einem alten Land zu leben‹. Die tiefere Struktur der Englishness *erfasste* ich nicht wirklich: was den Duktus ihrer sozialen Interaktionen bestimmte, ihre Vorbehalte, Ironien, Doppeldeutigkeiten, ihre Schweigemomente und Ausweichmanöver. Ich verstand nicht, wie der Laden hier, um eine Lieblingsphrase von Henry James zu verwenden, als ›Szene‹ zusammenhielt. Ich wusste vom Stereotyp der britischen stoischen Steifheit, der ›stiff upper lip‹. Aber was mir auf Anhieb mehr ins Auge sprang, war die angespannte Art, wie die Engländer*innen in ihren Körpern steckten: wie festgesetzt, als hätten sie einen eingefleischten Widerwillen gegen Bewegung, gegen Fließendes, gegen das Loslassen. Die Menschen in der Karibik bewegen ihre Körper einfach lockerer, und das erscheint ganz selbstverständlich, bis man in eine Welt kommt, wo alles einem selbstkontrollierten korsetthafteren Rhythmus folgt.

Eines merkte ich gleich zu Anfang, und davon bin ich nie mehr abgekommen. Die Englishness überzeugte mich, dass ich niemals *englisch* werden konnte. Wobei ich ›britisch‹ weit weniger problematisch fand, trotz Kolonialisierung und der mitschwingenden imperialen Verbindungen. Ich muss einräumen, dass mir damals nicht klar war, wie relevant die Unterscheidung zwischen englisch und britisch sein kann, wenn es um Identität geht. Ich war, so stand es in meinem Pass, ein koloniales ›Subjekt der britischen Krone‹. Natürlich ist das Verhältnis zwischen England und den anderen Nationen des Vereinigten Königreichs kompliziert: ein Satz interner Kolonialisierungen im Innern einer größeren. Damals verstand ich diese Spannungen nicht. Aber auch so saß das Gefühl, nicht englisch zu sein, tief in mir und hat sich nie geändert.

Zugleich erkannte ich, dass ich wenig Chancen hatte, ein bedeutender Gelehrter der englischen Literatur mit irgendeiner universitären Oxbridge-Laufbahn zu werden, wie vage auch immer. Nicht, dass ich mir das wünschte oder es vorhatte. Und nicht weil ich nicht intelligent genug war oder nicht genug gelesen hatte – was zutreffen mochte oder auch nicht –, sondern weil eine solche Berufung ein angeborenes, unreflektiertes Zugehörigkeitsgefühl voraussetzte, man musste die soziale Grammatik des Ortes beherrschen, instinktiv den Puls der Kultur *hinter* einem Text spüren können und verinnerlicht haben, was Raymond Williams Jahre später mit einer typisch widersprüchlichen Wendung die ›Gefühlsstruktur‹ nannte. Die meisten meiner englischen Kommilitonen teilten etwas von diesen tiefen Strukturen der Zugehörigkeit, egal aus welcher Klasse oder Region sie stammten. Auch ich hatte Jane Austen gelesen – und geliebt. Aber ich bekam nicht zu fassen, welche unterschwelligen Resonanzen ›Bath‹ oder ›das Pfarrhaus‹ im englischen Imaginären erzeugten. Ich fand es schwierig, Insider auf die subtilen Nuancen der Gefühls- und Lebenswelt anzusprechen, die sich in diesen Texten verbargen, geschweige denn Erläuterung zu fordern. Meine Mitstudierenden schienen unbewusst verinnerlicht zu haben, was ich unsicher würde erlernen müssen.

Mit meiner Unvertrautheit mit den gelebten Erfahrungen, die diese Texte prägen, meine ich nicht, dass ich mit Schauplatz, Geografie oder Geschichte der Handlung nicht vertraut war. Sondern ich war ausgeschlossen von der Teilhabe an einem bestimmten *Habitus* – Lebensweise, sittliches Betragen, Alltagsverstand, was man für gegeben nimmt, spontane Identifikationen und stillschweigend Vorausgesetztes über die Gesellschaft, und wie alles funktioniert, unterhalb der bewussten oder rein kognitiven Ebene. Diese Dinge waren eingebettet in alltäglichen Winzigkeiten wie auch im Gesichtsausdruck oder in der Körpersprache, im Unausgesprochenen wie auch in dem, was gesagt wurde. Sie waren Belege der stillschweigenden Übereinkünfte, die kulturelle Praktiken untermauern, der gemeinsamen Codes für Bedeutungen, die Zugehörige unbewusst einsetzen und deuten, um die Welt zu entschlüsseln. Dies alles ermöglicht es dem Mitglied einer Kultur, die ungeschriebenen kulturellen Regeln – was darf gesagt werden und was nicht, was ist vernünftig oder angemessen zu sagen oder zu tun und was nicht, wann oder wo darf etwas getan werden und wann und wo nicht – gleichzeitig ›zu kennen‹ und ›nicht zu wissen‹. ›Englisch sein‹ hing ganz an dieser tiefen Struktur nationaler kultureller Identität – an einer ›imaginierten Gemeinschaft‹, um Benedict Andersons Begriff zu benutzen, die nicht nur auf einer Reihe von Institutionen beruht, sondern auf einem »imaginären Verhältnis der Individuen zu ihren realen Existenzbedingungen«, wie Althusser das fasst: eine Phantasie der Nation, obendrein ein Geschenk der Götter, ein Zustand der *Gnade*.

Der Weg von diesen gelebten, improvisierten und holprigen Beschäftigungen mit England hin zu einer ausgefeilteren und systematischen

Betrachtung in Form der Cultural Studies war lang und strapaziös und fiel mir nicht leicht. Zudem hatte ich, als ich damit anfing, keine Ahnung, wohin das alles führen sollte. Aber als ich die Reise geschafft hatte, da wurde mir klar, dass ich die wichtigsten Bruchlinien instinktiv gekannt hatte, noch bevor sie mir begrifflich zur Verfügung standen. Ich glaube, aus diesem Grund hat Larry Grossberg mich sowohl als ›Kontextualisten‹ wie auch als ›Konjunkturalisten‹ bezeichnet. Der französische Linguist Michel Pêcheux schreibt über die unausgesprochenen Fundamente von Bedeutung: was unbewusst als gegeben angenommen werden muss, wenn das bewusste Verstehen sich ›natürlich‹ ergeben soll. Er nennt es das *Vor-Konstruierte*.

Noch wichtiger war Saussure, der Gründer der strukturalistischen Linguistik und ›Vater‹ dessen, was später als ›linguistic turn‹ bekannt wurde. Saussure benutzte ein ähnliches Paradigma, um damit Sprache, Bedeutung und Sprachgemeinschaften zu denken. Einen grammatikalisch korrekten englischen Satz zu konstruieren erfordert die Beherrschung eines ganzen Regelwerks, an dessen Erlernen sich die meisten von uns nicht einmal erinnern können. Das ist nicht das Unbewusste wie bei Freud, aber es ist etwas, was man sich als ›diskursives Unbewusstes‹ denken kann. Bedeutung, ob wörtlich oder metaphorisch, hängt ab vom Verhältnis zwischen *langue*, den allgemeinen linguistischen und Wahrnehmungsregeln einer Sprache, unbewusst geteilt von den Angehörigen einer Sprachgemeinschaft, und *parole*, den einmaligen, spezifischen Aussagen, die Individuen treffen wollen.

Ohne diese gemeinsamen zugrunde liegenden Codes kann die Reziprozität zwischen Sprecher*in und Zuhörer*in nicht aufrechterhalten werden. In der Folge bediente ich mich dieser Analogie, um Bedeutung als etwas zu denken, das weitgehend auf die gleiche Art oberflächlich/tiefenstrukturell funktioniert. In seinem Essay über ideologischen Diskurs führt Roland Barthes an, dass eine Werbeanzeige, die uns auf der buchstäblichen Wahrnehmungs- oder *denotativen* Ebene einfach nur zwei Gestalten in Pullovern zeigt, die durch den Wald gehen, anders ›gelesen‹ – oder für alle, die mit gemeinsamen kulturellen Codes vertraut sind, *konnotiert* – wird, nämlich als ergiebigere Verknüpfung metaphorischer Assoziationen: romantischer Spaziergang durch den Wald, zwei schöne junge ›ineinander vertiefte‹ Liebende, die die Welt rings um sich ausblenden, die Wärme ihrer Zuneigung symbolisiert durch die Pullover, die sie tragen. Kurz, das Bild mobilisiert die gemeinsamen Wahrnehmungscodes, die es uns ermöglichen, die buchstäbliche denotative Bedeutung der Szene zu entziffern. Aber nur mit Zugang zu den entsprechenden kulturellen Codes können die Lesenden sie entziffern, interpretieren oder sich in die breiteren metaphorischen oder konnotativen Bedeutungen versenken, für deren Mitteilung die visuelle Botschaft geschaffen wurde. Alle ideologischen Diskurse, so erklärte Barthes, funktionieren auf dieser ›konnotativen‹ Ebene.

Dies ist das Tor, durch das Ideologie in die Sprache eindringt.

Es geht dabei sowohl um kognitives Verständnis als auch um das, was Barthes ›die Lust am Text‹ nennt. Auf der konnotierbaren Ebene organisiert Barthes' Werbeanzeige einen Diskurs von romantischer Liebe und ihren wiedererkennbaren Szenarien. Sie erregt Vergnügen und Sehnsucht. Selbstredend wird die Sehnsucht, die die Anzeige wachruft, auch auf die Ware übertragen – in diesem Fall den Pullover, welcher als Ware, so instruiert uns die Anzeige, Sehnsüchte befriedigen kann, von denen wir gar nicht wussten, dass wir sie haben. Alles, was wir tun müssen, ist ihn kaufen.

Dies ist auch der Fall bei dem Titelbild von *Paris Match*, das Barthes analysiert, auf dem ein Schwarzer afrikanischer Soldat zu sehen ist, der vor der französischen Trikolore salutiert. Bekanntlich zeigt er, dass dieses Bild auf einer konnotativen Ebene eingesetzt wird, um die Loyalität der Schwarzen kolonisierten Subjekte gegenüber und ihre Liebe zu Frankreich zu verkünden. So wie ein Einkaufsnetz mit einer Packung Spaghetti und einer Dose Tomaten Italienisches konnotiert, repräsentiert oder dafür steht.

Kulturelle Codes stellen den Bedeutungskontext bereit, in den einzelne Ereignisse oder Dinge eingeordnet werden. Hier kommen wir auf abstraktere Weise wieder darauf zurück, was ich über das strukturelle Zusammenspiel von Race und Colour dargelegt habe, welches die Klassifizierungssysteme im kolonialisierten Jamaika meiner Jugend steuerte. Da geht es um das gleiche Thema, nämlich wie wir dazu kommen, die Kulturen zu erkennen, in denen wir leben. Konnotative Bedeutungszusammenhänge stellen Bilder von der Welt zur Verfügung, Regeln der Interpretation, ein ganzes Set von unausgesprochenen Hintergrundannahmen, nicht-rationalen diskursiven Logiken, ›Selbstverständlichkeiten‹, Freuden und Empfindungen, die alle zusammen die semantische *langue* einer Kultur bilden. Sie erlauben uns, in einzelnen Ereignissen, Bildern, Texten, Äußerungen oder Handlungen einen Sinn zu erkennen. Sie liefern uns außerdem eine Route zum Studium des popularen Bewusstseins und dessen, was zum Alltagsverstand geworden ist, nachdem unser Vergessen uns dies alles als natürlich erscheinen lässt. Die Cultural Studies, so wurde mir klar, dekonstruieren Bedeutung nicht nur auf der Ebene spezifischer Inhalte, sondern auch auf der dieses konnotativen Rahmens. Und auf dieser strukturellen Ebene verbinden sich Sprache und Ideologie beziehungsweise Sprache und *Macht*.

Zum Beispiel denke ich immer noch, der beste Weg, die ideologischen Dimensionen einer Presseerklärung zu analysieren, untersucht nicht nur die sogenannten Vorurteile ihres geäußerten Inhalts oder die materiellen

Interessen, denen sie dient, sondern auch die darunter liegende Aussagenstruktur, die inneren Logiken, Schlussfolgerungen und Deutungsschemata, die den Diskurs stützen.

In »Die strukturierte Vermittlung von Ereignissen«[7] habe ich dargelegt, dass alle Nachrichtenereignisse, egal welcher Art, notwendig in einen Kontext eingebettet sein müssen (ein Ereignis kann ebenso wenig wie ein Begriff in einem Diskurs für sich allein dastehen) oder eine Erläuterung voraussetzen oder nach sich ziehen. Der gesamte Prozess sozialer Kommunikation beinhaltet einen interpretativen, kontextualisierenden Code. Die Diskurse, vermittels deren die Sender historische Ereignisse der ›realen Welt‹ in ›kommunikative Ereignisse‹ umwandeln (in irgendwie geartete Nachrichten), sind grundsätzlich *indexikal* im Sinne von Aaron Cicourel.

Diese abstrakten Reflexionen hatten ihren Ursprung in meiner persönlichen Konfrontation mit England. Der Englishness auf ihrem angestammten Territorium zu begegnen – daheim in England – ermöglichte es mir später, im Rahmen der Cultural Studies eine kritische Methode zu entwickeln, um die Funktionsweise von Kultur zu erforschen, auch wenn ich es erst im Nachhinein in diese Begriffe gefasst habe. Weit entfernt davon, mich in dieser Englishness einzurichten, wurde mir ungeachtet aller Vorhaben mehr und mehr die Kluft bewusst, die zwischen ihr und mir lag. Da blieben schwierige offene Rechnungen unbeglichen. Unter diesen Umständen kann es nicht überraschen, dass ich mich nie wirklich an Oxford band und an das, was es repräsentierte, nämlich den Gipfel all dessen, was mich irritierte.

Nun ist hier noch ein anderer Vorgang am Werk. Das ganze Allerlei aus Erlebtem, das ich verarbeiten musste – der Scheintod, die Verschiebungen, die Fremdheit innerhalb meines Ich –, unterminierte unerwartet meinen Wunsch, kreativ zu schreiben. Von innerhalb der Kultur aus, in der ich nun lebte, von ihrer imaginären Geografie aus konnte ich das nicht. Stattdessen beobachtete ich alles. Leben wurde zur Ethnografie, zu einer permanenten teilnehmenden Beobachtung des eingeborenen Alltags. Was für eine bizarre Gesamtsituation! Dabei wurden meine kritischen gegenüber meinen kreativen Impulsen gestärkt, eine Verschiebung, die schwer rückgängig zu machen ist. Ich fühlte mich unbeteiligt auf genau der tief liegenden Ebene, wo für mich damals kreatives Schreiben entstand.

Diese Erfahrung brachte die Krise von Identität und Zugehörigkeit in mir dröhnend zum Vorschein. Da ich niemals englisch werden konnte und auch nicht jamaikanisch im Sinne meiner Eltern, auf welche Art sollte ich über meine heimatlichen Erfahrungen schreiben, ohne der Nostal-

7 In: Stuart Hall: Ausgewählte Schriften. Band 1. Hamburg 1989, 126–149.

gie nachzugeben? Was konnte ich werden, nun, da ich vom Ausweg einer alternativen Identität abgesondert war? Beklemmende Fragen. Und gewisse Optionen fielen aus. Von den Gedichten, die ich damals schrieb, taugte nur eins etwas, ein gut verschleierter, nie abgeschickter Liebesbrief. Unter den Prosabemühungen war die schon erwähnte kreolische Fassung von *König Lear* in jamaikanischer Landessprache sowie ein *Lord Jim*-artiger Versuch über einen Mann, der der Vergangenheit zu entrinnen sucht, indem er über Bord springt in die unerforschte See. Mein längster Prosatext, verfasst in Henry James' maniriertestem Stil, erzählte von einem exilierten jüdischen Gelehrten (Dank an Isaak Babel), der stirbt, als seine Bibliothek über ihm einstürzt (ein von E. M. Forster geborgtes Ende). Lauter nachgemachtes Zeug!

Es schien mir nicht möglich, eine eigene Stimme zu finden. Erst Jahre später fühlte ich mich in der Sprache wieder zu Hause – erst musste ich den Oxford-Akzent loswerden, der sich uneingeladen in meiner Redeweise eingeschlichen hatte, und halb unbewusst wieder lernen, umgänglicher zu sprechen, *mit* anderen statt *vor* ihnen, im Rhythmus meiner Gefühle, entspannter, mundartlicher. Gemessen daran, dass ich mein Leben lang vor Publikum gesprochen und unterrichtet habe, ist es verblüffend, den unbewussten Modulationen nachzuspüren. Meine Freundin Sophie Watson sagt, sie kann bei mir eine Steigerung in Zeitmaß, Tonhöhe und Geschwindigkeit heraushören, wenn ich eine Rede halte, eine Art Umschalten oder Abheben wie bei einem baldwinesken Straßenprediger oder wie man es vielleicht in jamaikanischen Pfingstkirchen zu hören bekommt, und von alledem weiß ich nichts.

Tatsächlich fühle ich mich heute weniger englisch als zur Zeit meiner Ankunft. Kulturelle Identität ist nicht fixiert. Sie ist ein Tummelplatz in Bewegung. Aber sie ist zugleich erstaunlich störrisch. Ich nehme an, deshalb fragen Leute – besonders Politiker*innen – uns, die wir nicht hier geboren sind und ihrem Gefühl nach nicht ganz dazugehören, immer wieder nach unserer Loyalität gegenüber Britannien, oder England, und gegenüber ihren Kulturen. Dabei scheinen Engländer*innen oft selbst nicht genau zu wissen, worin diese Kulturen bestehen, und das frage ich mich auch bei den Politiker*innen.

Bestimmt hat meine scharfe Reaktion gegenüber England auch damit zu tun, dass ich zu einer Zeit im imperialen Zentrum ankam, als der Verfall einsetzte, die Dämmerung anbrach, die letzten Tage des Imperiums. Zum ersten Mal waren wir nicht gebannt oder eingeschüchtert, denn nun konnten wir um die Ecke spähen und uns eine Zukunft jenseits der Grenzen des Empire vorstellen. Unterworfenheit war nicht das letzte Wort der Geschichte. Was solch verwirrende Umstände erforderten, war der Wille zu widersprechen: England mit seiner eigenen imperialen Vergangenheit zu konfrontieren, einer Vergangenheit, die die Nation tief geprägt hatte, die England aber nicht wirklich erinnern konnte und gerade zu vergessen trachtete. Meine Reaktion war vor allem ein Zurückschrecken vor dieser zutiefst immanenten unausgesprochenen, als ausgemacht geltenden Behauptung natürlicher Überlegenheit, die mit dem Empire einherging und immer noch am Leben gehalten wurde von den Trabanten eines unhinterfragten Rassismus und nationalen Chauvinismus. Selbst heute noch bekommt man solches Zeug zu hören: Englischsein als ›Geschenk der Natur‹; die ›Last‹ der Zivilisation, still und schicksalsergeben getragen mit selbstsicherer Langmut. Die umfassenden Hinterlassenschaften des Empire sind noch Jahrzehnte nach der Entkolonisierung kulturell, politisch und gesellschaftlich am Werk und schieben sich unter, oder über, praktisch alles. In dieser Hinsicht heilt Zeit nicht alle Wunden. Manches entwickelt sich sogar zum Schlechteren, verschiebt sich in die Gegenrichtung des einst proklamierten Multikulturalismus. Englishness kann sich heute fragiler, in die Enge getriebener und defensiver anfühlen als früher.

Jetzt, nach über fünfzig Jahren, fühle ich mich zwar ganz wohl in England, wo ich mein ganzes Erwachsenenleben verbracht habe, und mit den Engländer*innen – ich bin schon fast die ganzen fünfzig Jahre glücklich mit Catherine verheiratet, die zufällig Engländerin ist, meine Kinder sind hier geboren, die Engländer*innen sind mir vertraut wie mein Handrücken –, bin aber in irgendeinem tieferen Sinn hier nicht zu Hause. Und dabei bleibt es.

Wenn ich nach sechzig Jahren Exil nach Jamaika zurückfahre, fühle ich mich dort genauso heimatlos. Es ist nicht mein Alltagsumfeld und war es fast mein ganzes Leben lang nicht. Trotzdem identifiziere ich mich emotional mit Jamaika auf eine intim vertraute Weise, die England nie erreichen kann, wobei auch dies von der Erinnerung verfälscht ist. Wann immer ich nach einiger Zeit in der Karibik nach England zurückfliege und durchs Flugzeugfenster auf die Insel hinunterschaue, die langsam in der Ferne verschwindet, packt mich eine Melancholie, die mit Jamaika als dem verlorenen Objekt meiner Sehnsucht zu tun hat.

Ich finde, diese unzuverlässigen Halb-Erinnerungen lassen sich durch Orte, Landschaften und Geschmacksempfindungen besser einfangen als durch Leute: die gefährlichen, von Schlaglöchern übersäten Fahrwege, die Stände mit geröstetem Mais und Krabben an der Straße von Sav-la-Mar, die Pyramiden aus Orangen, Grapefruits und Mandarinen an den Marktständen der Junction Road, der Geschmack von frischem Kokosnusswasser, direkt aus der Schale getrunken, Mangos essen im Meer und – was sogar andere karibische Leute schräg finden – die Vorliebe der Jamaikaner*innen für die Akee-Frucht. Die wird in der übrigen Karibik nicht gegessen, weder mit noch ohne Klippfisch. Ob sie überhaupt *wissen*, was ihnen da entgeht? Jetzt, wo ich nicht mehr zu reisen vermag – kann ich glauben, dass ich all das nie wieder sehen, fühlen, riechen und schmecken werde?

Dies ist der gefühlsmäßig imaginierte oder erinnerte Raum, in den karibische Langzeit-Migrant*innen zurückkehren, wenn sie sich zur Ruhe setzen. Diese Rückkehr ist nie so unproblematisch, wie sie es sich gern vorstellen. Heutzutage erwarten Jamaikaner*innen von lange ›in der Fremde‹ gewesenen Verwandten, dass sie Trophäen mitbringen – Geschenke für sämtliche Familienmitglieder, Geld für ein gutes Leben, schicke Kleider –, die Früchte und Rechtfertigung ihrer Migration. Und doch betrachten viele die Besucher*innen nicht länger als eine*n von ihnen. Interessant ist in diesem Zusammenhang, dass viele dieser Ruheständler*innen eine Sehnsucht nach bestimmten Aspekten von England entwickeln, wo der tägliche Rhythmus schneller ist, die Atmosphäre kühler, wo man im Alltag mehr Möglichkeiten hat, auch wenn die Auswahl schwierig ist und viele Hindernisse im Weg stehen. Das erklärt zweifellos, warum so viele Ruheständler*innen sich in oder um Mandeville niederlassen, wo andere ihresgleichen leben und das Klima kühler ist!

Es ist spannend zu erforschen, wie diese gelebten, subjektiven, ambivalenten Grübeleien – Welche Bindungen habe ich verinnerlicht? Wo führen sie mich hin? – von den absolut *unambivalenten* Imperativen der zeitgenössischen britischen Politik gekapert wurden. Ich denke da an den so genannten ›Tebbit-Test‹, der in der öffentlichen Kultur hartnäckig präsent ist und zitiert werden kann, wann immer es passt.

Norman Tebbit ist ein rechter Politiker mit unverhohlenen Ansichten, der während der Regierungszeit Thatchers bekannt wurde. Er steht gewissermaßen für die historische Verbindungslinie zwischen der Politik von Enoch Powell und den neuen Erscheinungsformen des Rechtspopulismus, wie er heute von der UK Independence Party (UKIP) vertreten wird. 1990 – ich kann kaum glauben, dass es schon so lange her ist, so sehr hat es sich in die symbolische Landkarte eingefügt – trieb ihn die Sorge um, die Söhne (und Töchter, auch wenn ich bezweifle, dass er überhaupt an sie dachte) von Einwander*innen aus Südostasien und der Karibik unterstützten das britische Cricket-Team nicht genug. Bei einer Gelegenheit äußerte er – zu Recht – die Befürchtung, ihre Sympathien könnten mehr den Teams aus Indien, Pakistan, Bangladesch, Sri Lanka oder den Westindischen Inseln gelten, obwohl sie in England oder Britannien aufgewachsen waren. Für Tebbit war dies der Beweis, dass Britanniens Einwander*innen sich nicht hinlänglich ›integriert‹ hatten. Sein ›Test‹ fegte alle Ambivalenzen beiseite und machte Sympathien für eine Mannschaft zum Katechismus des Glaubens an die Nation. Dies hat sich in der nationalen Kultur als unverrückbares Monument eingenistet. Wobei schon auch hin und wieder gegenteilige Ansichten geäußert werden.

Ich glaube, selbst vierzig Jahre später würde ich den ›Tebbit-Test‹ nicht bestehen. Sympathie fürs westindische Cricket-Team ist meine Standardeinstellung, auch wenn sie so nachgelassen haben, oft chaotisch spielen, keine Spur vom früheren Glanz, dass ich manchmal fast abtrünnig werde. Anders ist es in der Leichtathletik, da haben die winzigen Inseln gewaltigen Welterfolg.

Außerdem ist England so hoffnungslos hoffnungsvoll, internationale Sportwettbewerbe gewinnen zu können, so ungebrochen selbst angesichts überwältigender Misserfolge – der Geist des Wunders von Dünkirchen, der gähnenden Niederlage im letzten Moment zu entrinnen –, dass ein Anhänger Englands zu werden mehr Glauben verlangt, als ich aufbringen kann. Im Cricket allerdings stellt England gegen Australien mich vor Probleme, wie soll ich mich entscheiden zwischen dem maskulinen Draufgängertum der Aussies und der mannhaften Zurückhaltung der Engländer? Glücklicherweise gibt es noch Indien und Sachin Tendulkar.

Doch wie man bei den Olympischen Spielen 2012 sah, sind trotz aller Bemühungen nationale Loyalitäten nicht in Stein zu meißeln. Die Hälfte der britischen Olympiamannschaft war nicht-Weiß und nur im allerweitesten Sinne englisch. Mir wurde erzählt, die Menschen in Somalia fanden, auch wenn er in den Union Jack gehüllt war, lief der unvergleichliche Mo Farah, der mit den Händen auf seinen kahlen Kopf deutete, als wollte er sagen: »Seht mal, was Leute wie ich tun können!«, eigentlich für sie, was im metaphorischen Sinn auch so war.

Am Tag, nachdem Usain Bolt bei diesen Spielen Gold holte – er war einer von drei Jamaikanern, die mit einem Läufer aus Trinidad im Finale des 100-Meter-Sprints standen –, wimmelte London von Leuten in jamaikanischen Farben, darunter eine beachtlich große Minderheit, die nicht im Geringsten jamaikanisch aussah. Das war eine sehr schöne Antwort auf Tebbit.

Trotz der erstaunlichen Unterschiede in Macht und Wohlstand, die zwischen dem Westen und dem Süden klaffen, denke ich, langfristig kann es selbst in einer globalisierten, multikulturellen, transnational kapitalistischen Welt keine Zukunft geben für ein Britannien, das sich hinter einem Bollwerk nationalen Charakters und nationaler Kultur verschanzt, als könnte ›das Andere‹ mit seinem unvermeidlichen Durcheinander so auf Distanz gehalten werden. Binnen kurzem könnte uns das alle zerstören. Die Tage der ›Insel-Geschichte‹ sind gezählt, was nicht heißt, das destruktive Potenzial dieser imaginierten Erzählung sei gebannt: Es ist immer noch stark genug, um alles zu ruinieren. Sowohl Europa als auch die Dritte Welt wurden auf je verschiedene Weise vom Nationalismus geformt. Aber jetzt, in der Zeit seines Niedergangs, nicht etwa seines Aufstiegs, könnte der kulturelle Nationalismus uns in seiner Endphase doch noch zur Strecke bringen.

Genau das war so verblüffend an den Engländer*innen, als ich herkam: dieser Kontrast zwischen dem Gewöhnlichen – sogar Trostlosen – des Alltagslebens und der Gewissheit, einen höheren Platz in der Welt einzunehmen.

In den verschiedenen Diskussionen, die auf Tebbits Einlassung folgten, wurde meiner Ansicht nach zu wenig beachtet, dass es ihm nicht zufällig, sondern bewusst um Cricket ging. Die historische Bedeutung von Cricket für die westindische populare Kultur ist von C.L.R. James in *Beyond a Boundary* treffend eingefangen, obwohl seine Empfehlung überdacht gehört, dass die Westinder zur Erfüllung ihres symbolischen Auftrags, die imperialen Meister in ihrem eigenen Spiel zu schlagen, auf die Tugend der Selbstdisziplin zurückgreifen müssen, wie sie – ausgerechnet! – in der englischen Privatschule zelebriert wird, dem Spielplatz der Männer des Empire. James' Hochachtung vor Thomas Arnold und der englischen Privatschule ist eine unerwartete Wendung. Diese Seite von James, die ihn zu einer Art Schwarzem viktorianischen Gentleman machte, verblüfft mich immer wieder aufs Neue.

Wie auch immer, James schrieb dies, nachdem karibisches Cricket sich schon bewiesen hatte. Der ganze Kontrast zwischen England und Westindien steckte in den radikal unterschiedlichen Cricket-Stilen von beispielsweise Len Hutton und Brian Close im Vergleich zu den drei Ws – Worell, Walcott und Weekes. Das geduldige, sture, stetige Voranschreiten der Schildkröte unterschied sich krass von der Flüssigkeit und manchmal unmäßig protzigen Eleganz des Hasen. Der Sieg der Westinder in der Spielsaison 1950 auf dem Heimatterritorium des Cricket machte deutlich, dass sogar das englischste aller Spiele kreolisiert werden konnte. Das Match, ausgetragen vor einem lauten Schwarzen Publikum, war eine historische Erfüllung, ein Jubelfest, die reinste Orgie. Der nachfolgende Umzug durch London, angeführt von Calypso-Musiker*innen, war die erste, aber keineswegs letzte Gelegenheit, bei der der karibische Karneval die Straßen von London füllte. Das nahm nicht nur den jährlichen Notting Hill-Karneval vorweg, sondern erinnerte uns auch an die Jahrhunderte währende Praxis kolonialer Mimikry und Maskerade, die die Sklaverei konterkarierte. Dieses Phänomen wurde 1976 auf triumphale Weise verdeutlicht durch Viv Richards' mitreißendes Bekenntnis zu einem Black-Power-Cricket. Dies ist ein interessantes Beispiel dafür, was Kobena Mercer die ›diasporische ästhetische Strategie‹ nennt: Die Karibik eignete sich das von den Herrschaften eingeführte Spiel an, um ›die Welt auf den Kopf zu stellen‹. Das beinhaltete das *karnevaleske* Auftrennen der Erzählung der Herrschenden von innen heraus.

An diesem Punkt möchte ich, im Geiste von James, vom Cricket zur Literatur übergehen, zwei unterschiedliche Bereiche der englischen oder auch anglophonen Zivilisation. Insbesondere möchte ich meine ausgiebige Beschäftigung mit Henry James darlegen, dessen Literatur ich in Oxford studierte. Oberflächlich betrachtet war es nicht gerade naheliegend, dass ausgerechnet ich mich mit diesem Oberklasse-Neuengländer befasste. Um mir zu helfen, der Tyrannei der Angelsächsisch-Übersetzungskurse zu entgehen, hatten meine US-amerikanischen Freunde mir nordamerikanische Literatur nahegebracht, die ich bis dahin kaum gelesen hatte. Also versenkte ich mich in die alten Meister – Hawthorne, Poe, Melville, Whitman, Thoreau –, um mir anschließend die Vertreter der Moderne vorzunehmen – Faulkner, Hemingway, Fitzgerald –, die ich neben europäischen Experimentalist*innen wie D. H. Lawrence, James Joyce, Virginia Woolf, Marcel Proust, Thomas Mann und Dorothy Richardson las. Als ich meine Doktorarbeit in Angriff nahm, wollte ich unbedingt zum amerikanischen Realismus arbeiten. Ich war begierig, die Muckraker[8] des frühen zwanzigsten Jahrhunderts zu erkunden oder den sozialen Realismus von Dos Passos, Dreiser, Steinbeck, Sinclair Lewis und Upton Sinclair. Doch meine potenziellen Betreuer rieten mir eindringlich davon ab, erst fragten sie scheinbar unschuldig: »Sind sie das wert?« Und legten dann nach: »Sind manche dieser Autoren nicht noch am Leben?« Diese Fragen kamen so nachdrücklich, als ginge es um ein wichtiges Endspiel. Was ja auch der Fall war! Ich wich also Schritt um Schritt zurück auf der Suche nach einem Thema, bis ich schließlich bei Henry James landete, und dort blieb ich. Das war eine höchst unwahrscheinliche Wahl, und dass ich ausgerechnet zu den internationalen Themen in den Romanen von Henry James arbeiten wollte, hat viele Leute verwundert. Tatsächlich hatte mich mein amerikanischer Freund Walt Litz explizit ins Werk von James eingeführt.

Aber der Reiz war groß: England und Europa durch amerikanische Augen gesehen; Amerika auf die europäische Probe gestellt; ›dort‹ von ›hier‹ aus. Was konnte für einen kulturellen Komparatisten verführerischer sein? Ich glaube kaum, dass Henry James gewusst hätte, wo auf der Landkarte sich

8 Muckraker (engl. Schlammharker) im Sinne von »den Mist auskehren« hießen die ersten investigativen Journalist*innen, die soziale Missstände, schmutzige Geschäfte, Filz, Vetternwirtschaft und Korruption in Wirtschaft und Politik enthüllten. Der amerikanische soziale Realismus in der Literatur knüpft an diese Tradition an.

Jamaika befand. Aber er wusste eindeutig viel über das ›ungeschriebene‹ Wesen Englands!

Er hatte ein unglaubliches Feingefühl. Aber das war keine Frage des Temperaments, sondern des Einblicks. Er verstand die Komplexität kultureller Übersetzung. Er zog mich an, nicht obwohl, sondern *weil* er die Themen, die mich umtrieben, auf eine ganz andere Art betrachtete.

James' Leben und Welt waren Lichtjahre von meinen entfernt. Seine Familie gehörte zum ›Newport Set‹ von Neuengland, der zwischen Lower Manhattan und Boston hin und her zog, und später lebte James selbst auch noch in Paris, London und Rom. Sein Vater war ein weltkluger Transzendentalist, der glaubte, dass Institutionen letztlich immer korrupt waren und nur aus unabhängigen Individuen echte Gemeinschaft entstehen könne. Er kultivierte diese leutselige Sichtweise, indem er seine Familie auf ausgedehnte Europareisen mitnahm. Henrys Bruder William wurde ein berühmter Psychologe, seine Schwester Alice hingegen, der er tief verbunden war, wurde Opfer dieser familiären Lebensweise. Einer seiner Brüder fiel im Amerikanischen Bürgerkrieg. Manche Forscher behaupten, Henry James hätte nie verwunden, dass er wegen einer alten Verletzung als für den Militärdienst untauglich eingestuft wurde. Sein Leben lang war er an Race und Sklaverei nicht interessiert, dafür hatte er einen romantisierenden Blick auf das gut betuchte Neuengland mit seiner Bildung im europäischen Stil, und entsprechend auf die englische Lebensart, den niederen Adel und die Landhaus-Kulisse. Er bewegte sich im Milieu der begüterten oberen Mittelklasse. Eine Zeitlang pflegte er jeden Abend auswärts zu essen. Die bei Tisch erzählten Anekdoten und Klatschgeschichten versorgten ihn mit vielen Ideen für seine Erzählungen, auch wenn er Wert darauf legte, nicht zu viele Einzelheiten zu erfahren, weil er fürchtete, seine kreative Vorstellungskraft könnte darunter leiden.

Meine lebenslange Faszination für Henry James entsprang allerdings anderen Impulsen. Sie hat vor allem damit zu tun, dass ich in seinen Werken Elemente meines Lebens entdeckte, auch wenn sie in einem ganz anderen Raster angeordnet waren. Seine Geschichten erzeugten einen Widerhall in mir, sie schwebten wie ich zwischen zwei Welten. Und heute, gegen Ende meines Lebens, wenn ich zurückschaue auf die Konsequenzen der Entscheidungen, die ich getroffen habe, tritt er erneut in mein Leben, unter ganz anderen Voraussetzungen.

»Wie kannst du dich für Henry James interessieren?«, fuhr Edward Thompson – der Historiker E. P. Thompson – mich einmal geradezu erzürnt an. »Ah!«, dachte ich. Aber legte nicht James sein besonderes Augenmerk auf all die kleinen Täuschungen und Ausflüchte der Engländer*innen?

Fand sich in seinen Werken nicht die komplexe Dialektik, in der Unschuld und Erfahrung miteinander verwoben sind, diese beiden Begriffe, für die Amerika und Europa so ergiebige und austauschbare Signifikanten wurden? In *Bildnis einer Dame* hat er die tragischen Tiefen, die mit diesen Dingen einhergehen, auf beeindruckende Weise ausgelotet. Er konnte brillant vorführen, wie die feinsinnige Empfindung und der exquisite Geschmack seiner Figuren eine grobe, vulgäre und korrupte Eigennützigkeit maskierten. Ihm gelang es intuitiv, das moralische Vakuum im Zentrum materiellen Wohlstands und ästhetischer Kultiviertheit darzustellen, die Verkommenheit im Herz einer hochgebildeten Klasse, die fest von ihrer moralischen Überlegenheit überzeugt ist. Er hatte einen unheimlichen Sinn dafür, dass eine individuelle moralische Entscheidung immer kulturell und gesellschaftlich bedingt ist und umgekehrt. Seinem wenig verheißungsvollen Material entlockte er tiefe Einsichten in die feinen Unterschiede zwischen der amerikanischen und der europäischen Version von Zivilisation.

Er machte die Frage der kulturellen und gesellschaftlichen *Differenz* zu einem der wesentlichen Themen vieler seiner Werke und zur Grundlage seines ethischen Urteils. Ich bewunderte die Fähigkeit dieses Autors, alle erdenklichen Fragen moralischer Handlung, Unschuld und Erfahrung, von Gut und Böse, um diese kulturellen Gegensätze anzuordnen und darin zu verdichten. Ich bewunderte auch die Gewissenhaftigkeit, mit der er sich – wieder und wieder – mit diesen amerikanischen und europäischen Gegensätzen auseinandersetzte, als wäre er nie zufrieden mit dem, was er erreicht hatte. Jedes Mal vertiefte er diese Themen und ging sie noch komplexer an, brach das durchsichtige, aber charmante Gegensatzschema seines Frühwerks auf, um die Unterschiede noch genauer herauszuarbeiten. Ich denke dabei an den Wandel im Ton von der glänzenden Oberfläche von *Daisy Miller*, *Die Europäer* und *Der Amerikaner* zu den tiefer werdenden Schatten in *Bildnis einer Dame*, das eine großartige stilistische Balance hält zwischen der Klarheit der Erkenntnis der frühen Romane und der Hyper-Komplexität seiner späten Werke. Dann kamen die drei wunderbaren großen Romane *Die Gesandten*, *Die goldene Schale* und *Die Flügel der Taube*. Letzterer zeichnet das herzergreifende Porträt einer ›unschuldigen‹ Amerikanerin namens Milly Theale, welche die europäische Doppelbödigkeit nur allzu deutlich zu spüren bekommt.

Die drei sogenannten Unschuldigen – die Prinzessin in *Die goldene Schale*, Strether in *Die Gesandten* und Milly Theale in *Die Flügel der Taube* – triumphieren durch ethisch hehre Akte der Selbstentäußerung. Die überaus wohlhabende (todkranke) Milly findet heraus, dass ihre Freundin Kate Cory und Merton Densher ein Liebespaar sind; sie erkennt darüber hinaus, dass Kates Verschwörung, die Hochzeit zwischen Densher und ihr (Milly) zu arrangieren, dazu dient, sich anschließend mit ihm ihr (Millys) Vermögen unter den Nagel zu reißen. Milly entscheidet sich dennoch, dem hinterhältigen und heuchlerischen Paar das zu hinterlassen, was sie mehr als alles in der Welt begehren: ihr Geld. Und führt ihnen, indem sie moralische Qualitäten an den Tag legt, die ihnen völlig abgehen – Ehrlichkeit und Großzügigkeit –, ihre eigene Verkommenheit vor Augen.

›Die Flügel der Taube‹ umfangen sie, erdrücken sie mit Freundlichkeit. Indem sie ihnen das, was sie haben wollen, im Übermaß gibt, macht Milly ihnen den Genuss der Früchte ihrer Niedertracht zugleich möglich, nämlich in materieller Hinsicht, und unmöglich, in moralischer Hinsicht. Als Milly stirbt, sucht Kate – die ›moralische Realistin‹, die aufsteigen will, aber nicht über die Mittel verfügt, um ihre Ambitionen zu verwirklichen – Densher weiterhin skrupellos zu überzeugen, dass sie trotz all ihrer Taten den Plan jetzt einfach vollends durchziehen können. Aber, wie Densher ihr am Ende sagt: »Wir werden nie mehr so sein, wie wir waren.«

Nicht zufrieden mit dem, was er in diesen drei großen Romanen erreicht hatte, machte James sich an seine ›Feierabendarbeit‹: die sondierende, unvollendete Prosa, die von der Literaturwissenschaft zumeist ignoriert wird, besonders *The Sense of the Past* und *The Ivory Tower*. Dieses Spätwerk wiederholt die Konfrontation zwischen dem kultivierten europäisierten amerikanischen Auswanderer, der der vulgären materialistischen Kultur seiner Heimat entronnen ist, mit seinem Alter Ego, dem superreichen amerikanischen Geschäftsmann, dem Geist jener Person, zu der er selbst geworden wäre, wenn er zu Hause geblieben wäre. In einem betörenden Manöver stellt James sich die Begegnung dieser zwei ›parallelen Leben‹, wie T. S. Eliot es ausdrückte, ›beim ersten Umdrehen auf dem dritten Treppenabsatz‹ vor. Ich konnte nicht umhin, in gewisser Weise mein eigenes Leben in diesem Szenario wiederzufinden. Wie anders wäre ich geworden, wenn ich mich entschieden hätte, nach Jamaika zurückzukehren? Wie hätte ich mich entwickelt? Und wie wäre es wohl, jetzt diesem ›anderen Ich‹ zu begegnen, zu dem ich geworden wäre, wenn es mir von der anderen Seite entgegenkommt?

Als jemand, der Schriftsteller hatte werden wollen, identifizierte ich mich mit James' Ambition, ›jemand zu sein, an den nichts verschwendet ist‹. Ich liebte seine Fähigkeit zu schauen, zu beobachten, zuzuhören, jeden noch so feinen Schatten in Sprache einzufangen, jede noch so subtile Wandlung in Gefühl oder Verhalten durch Dialoge nachvollziehbar zu machen. In dieser Hinsicht war er ein ›Dramatiker‹, der zu seinem Leidwesen nicht allzu gut im Schreiben von Theaterstücken war. Er verwandelte Befangenheit in Hochspannung. Nach James konnte das Innenleben nur noch zur Besichtigung an die Oberfläche geholt werden, indem man unter die Schwelle des Bewussten drang, indem man die Sprache selbst aufbrach. Die nächste Etappe war *Ulysses* von James Joyce.

Ich vermute, dass nicht sehr viele Literaturwissenschaftler*innen über Henry James als einen diasporischen Autor nachgedacht haben. Und ich hätte einen direkteren Weg zu dieser Thematik nehmen können – was ich dann auch tat –, zum Beispiel über karibische Schriftsteller*innen, Poet*innen und Maler*innen, die in England lebten. Aber ich bereue nicht eine Sekunde, diesen Umweg über Henry James genommen zu haben.

In einem vorherigen Kapitel habe ich beschrieben, wie die Moderne in Literatur, Musik und Malerei mir in Jamaika Zugang zu anderen Wirklichkeiten verschaffte, die im Lehrplan des kolonialen Lebens nicht anerkannt waren. In dieser Hinsicht unterschied sich der Lehrplan in Oxford nicht wesentlich von dem, was mir in Jamaika angeboten worden war. Über Werke der Moderne wurde nur informell diskutiert. Und die Moderne als literarische Bewegung war nicht Teil des universitären Verständnisses von englischer Literatur, das mit den 1850er Jahren aufhörte. Viele Studenten entschieden sich, ihre Abschlussarbeit über das Viktorianische Zeitalter zu verfassen, wodurch es möglich wurde, über den Roman des neunzehnten Jahrhunderts zu schreiben. Oder sie entschieden sich für Literaturanalyse, denn da konnte man, wenn man clever genug war, die Ideen und kritischen Ansätze einbringen, die in der modernen Literatur diskutiert wurden. Aber ich kann mich nicht erinnern, dass der Begriff Moderne meinen Tutoren im Grundstudium je über die Lippen gekommen wäre. Allerdings erwähnte ich bereits Helen Gardner, eine der ersten und klügsten Eliot-Spezialist*innen, mit ihr führten wir interessante Diskussionen. Und wir entdeckten auf informeller Ebene viele Schriftsteller*innen, die nie im offiziellen Curriculum auftauchten. Trotz der vielgepriesenen persönlichen Betreuung durch die Tutoren musste die kleine Bande von ›Kritikern‹, zu der ich gehörte, sich selbst und gegenseitig ausbilden.

Aber als ich mich dann vom strikt literarischen Interesse, mit dem ich nach Oxford gekommen war, weiterentwickelte zu einer breiteren Betrachtung von Aspekten der karibischen Kultur, Gesellschaft und Politik, da konzentrierte ich mich weniger auf bestimmte moderne Autor*innen, sondern nahm den Begriff der Moderne selbst in den Blick. Welche Bedingungen waren dafür gegeben? Was genau war es, wonach wir uns so sehnten? Konnte die Karibik, die intellektuell betrachtet eher provinziell wirkte, zu einem Schauplatz der Moderne werden und ihre eigenen Modernitäten hervorbringen? Dies wurde eine Art Metapher für das ›Anderswo‹, auf das ich mich immer wieder beziehe: für das, was wir nicht sein oder nicht haben konnten. Es war ein Symptom unseres Mangels, unserer Marginalität. Das ganze Konzept der Moderne gab mir Rätsel auf. Sie schien ganz verschiedene und völlig gegensätzliche Bedeutungen zu transportieren. ›Die Moderne‹ bezeichnete eine reale zeitliche Periode, wie in ›frühneuzeitliches Europa‹ usw. Aber Moderne stand auch für eine andere Geisteshaltung, sogar für einen neuen Typ von Zivilisation, der sich in chronologischen oder historischen Dimensionen keineswegs fassen ließ.

Es gab moderne Bewegungen in Kunst und Literatur auf der ganzen Welt, wie ich bald herausfand. Aber die positiven Konnotationen der Moderne waren, genau wie zuvor die der Aufklärung, von Europa gekapert worden. Als sie sich anschließend auf das Amerika der Nachkriegszeit ausdehnten, wurden sie einer grundlegenden Erneuerung und Verwandlung unterzogen, vor allem in der Malerei. Auffällig ist bei dieser transatlantischen Übersetzung der politische Aspekt der Moderne, die in Europa notorisch experimentell, zerstörerisch und größtenteils liberal, freidenkerisch und (überwiegend) links orientiert war. In ihrer amerikanischen Form dagegen verlor die Moderne ihre radikalen Ecken und Kanten. Man vergleiche nur ein von Le Corbusier entworfenes Gebäude mit der Skyline von Manhattan, die zum Synonym der amerikanischen Moderne geworden ist. Oder denke an die enorme Kluft zwischen, sagen wir, Picasso und Jackson Pollock.

Die Moderne war konnotiert mit technisch entwickelten, wissenschaftlich fortgeschrittenen Industriegesellschaften, nicht mit dem ›Hinterland‹ der kolonialen Peripherie. Es wurde mit der Gegenwart identifiziert – mit dem ›Jetzt‹ – und mehr noch mit der Zukunft. Kurioserweise schien hier allerdings Platz zu sein für die Vorstellung von einem Ende dieses ›Jetzt‹, was die Möglichkeit eines Danach eröffnete. Ich vermute, dies mündete dann in die Postmoderne. Das ›Jetzt‹ wurde immer als Fortschritt dargestellt, als ein Überwinden des ›Vorher‹: nicht nur anders, sondern besser, mehr im Einklang mit dem *Zeitgeist*, schwanger von zukünftigen Möglichkeiten, die noch nicht verwirklicht waren. Dieses Konzept schien einen radikalen Bruch mit der Tradition zu markieren, eine hektische Innovationsgeschwindigkeit, eine permanente Revolution. Es basierte auf dem Glauben an ein neues, höheres Stadium menschlicher Entwicklung. Es trieb Experimente voran, die Ablösung alter Formen und Hierarchien, die Beseitigung der letzten Reste von Aberglauben und Religion mit Hilfe technischer, sachlicher, rationaler, logischer und wissenschaftlicher Denkweisen. Das war es, was Max Weber ›die Entzauberung der Welt‹ nannte. Ihre Folgen erstreckten sich über die gesamte Bandbreite des Wissens, fanden sich in Kunst, Architektur, Design, Wissenschaft, Philosophie, Wirtschaft, Linguistik und Erkenntnistheorie. Sie verlangte, alte Formen, Stile und Denkmuster über Bord zu werfen und sie, wie der Enthusiast Clement Greenberg es proklamierte, ›neu zu machen‹.

›Moderne‹ Menschen waren demnach jene, die auf der Höhe der Zeit angekommen waren und entsprechend dachten und handelten; die sich mit neuen technischen Geräten umgaben; die zu Lebzeiten die Früchte dieser ›Fortschritte‹ genießen wollten; die ihre Lebensweise an die veränderten Umstände anpassen konnten; die Zugangsmöglichkeiten zu allen Aspekten des modernen Lebens hatten und sie zu nutzen wussten.

Von solchen Menschen, das wurde mir schnell klar, waren in Kingston nicht sehr viele zu finden. Ganz eindeutig standen gewisse Leute und gewisse Gesellschaften diesem Ideal näher als andere! Es war Teil eines zivilisatorischen Wettbewerbs, bei dem die Teilnahme kolonialer Menschen von der Peripherie nicht vorgesehen war. Aber gab es wirklich nur ein Konzept der Moderne – nämlich das, welches von den westlichen Gesellschaften vorgebracht wurde – und nur einen Weg dorthin? Die Menschen in der Karibik konnten darüber lesen, wir konnten es aus der Ferne nachahmen, aber wir schienen dazu bestimmt, es als Secondhand-Erfahrung zu erleben. Doch irgendwann tauchte in der kollektiven Vorstellungswelt meiner Generation der Gedanke auf, dieses Konzept der Moderne könnte, wie alles andere auch, vom Westen enteignet und kolonisiert worden sein. Konnte es mehrere Modernen geben? Und war das Recht auf ihre Durchsetzung es wert, dafür zu kämpfen?

Ich wollte imstande sein, diese symbolischen Dimensionen der Welt, die ich immer ›woanders‹ verortet hatte, aus erster Hand zu erleben und für mich erfahrbar zu machen. Diese Welt, an die zu glauben ich gelehrt worden war, blieb für mich unerreichbar. Ich, aufgezogen in einer provinziellen, kolonialen Stadt in den Tropen, war ein Rekrut *ihrer* Moderne, aber ich hatte keinen Anspruch darauf, eine moderne Person eigenen Rechts zu sein.

Dieses Objekt der Begierde eines jungen, aufstrebenden Studenten aus der Kolonie, der von Joyce, Eliot und Picasso fasziniert war, überlebte die Erfahrung der Migration nicht unbefleckt. Im Herzen blieb – und bleibe – ich in Bezug auf meine ästhetischen Vorlieben eine Art später Vertreter der Moderne. Aber ich bin niemals ihr exklusiver Parteigänger gewesen. Ich hatte in Bezug auf Kunst, Musik und Literatur immer eklektische Vorlieben, die mehrere Jahrhunderte, Kulturen und Stilrichtungen umspannen. Ich erkannte, dass die westliche moderne Kunst in bestimmten Momenten *Traditionen* kultiviert hatte als einen Weg, das entkräftete Vakuum in ihrem Zentrum zu überwinden. Man denke nur an *Les Demoiselles d'Avignon* von Picasso oder die Körper der ›Indigenen‹ bei Gauguin. Dennoch glaube ich, dass der historische Bruch mit dem Konzept der Wirklichkeitstreue – die Kunst letztlich als Spiegel der Natur – von grundlegender Bedeutung war. Er markierte eine erkenntnistheoretische Verschiebung im westlichen Denken, die grundsätzlicher und origineller war und einen entschiedeneren Paradigmenwechsel darstellte als das jüngere, viel gepriesene Bekenntnis zur Postmoderne. Wie das Präfix ›post‹ schon anzeigt, ist dies ein weit unselbständigeres Phänomen, das noch im Moment des Bruchs sehr viel von dem reproduziert, womit es bricht.

Mein Weg in die Moderne ergab sich aus meiner akribischen Beschäftigung mit der Literaturwissenschaft und -theorie der unmittelbaren Gegenwart. Wir lasen voller Begeisterung die entsprechenden Zeitschriften – *Scrutiny*, *Partisan Review*, *The Sewanee Review* – und verfolgten die Auseinandersetzungen zwischen den Leavisianer*innen, den US-amerikanischen New Critics wie Cleanth Brooks, R. P. Blackmur, Yvor Winters und den gesellschaftskritischen Rezensent*innen. Zu Anfang waren wir alle mehr oder weniger Leavisianer, auch wenn ich mich nie für F. R. Leavis' Elitismus begeistern konnte und seiner Idee, eine hochgebildete Minderheit müsse dem Ansturm der Massenkultur entgegentreten, nicht folgen wollte. Ich steckte schon zu tief in der Popularkultur, um dies für möglich oder wünschenswert zu halten.

Und obwohl *Scrutiny* erklärtermaßen ein Feind der Senkung des kulturellen Niveaus durch die Massenkultur war, waren es Autor*innen dieser Zeitschrift oder aus deren intellektuellem Umfeld, die eine breitere gesellschaftliche Perspektive für notwendig erachteten und mein Interesse an kulturellen, über die Literatur hinausgehenden Themen befeuerten. Ich denke hier an Q. D. Leavis und ihre Publikation *Fiction and the Reading Public*, an Denys Thompsons Studie zur Werbung, John Speirs Arbeit über Chaucers Welt, Alfred Harbages Abhandlung über Shakespeare und das elisabethanische Publikum, L. C. Knights *Drama and Society in the Age of Jonson* und D. W. Hardings Untersuchung des ›dosierten Hasses‹ bei Jane Austen.

Unser selbstbewusstes Bekenntnis zu einer kritischen Sichtweise machte uns nach den Maßstäben von Oxford zu Außenseitern. Nicht nur weil wir uns ernsthaft mit kritischen Ideen beschäftigten, sondern weil die Literaten in Oxford Leavis verabscheuten, wegen seiner Klassenherkunft und allem anderen. Sie verachteten, angesichts des damals vorherrschenden Ethos des literarischen Dilettantismus, auch seine Cambridge-›Ernsthaftigkeit‹, seinen Puritanismus, seinen Glauben, dass Literatur, Sprache und Ideen von Bedeutung waren, und seine Hinwendung zu breiteren kulturellen Zusammenhängen. Mein Tutor war entsetzt darüber, dass Leavis, als er nach Oxford eingeladen wurde, um eine Vorlesung über Lawrence zu halten, zu Anfang sein Hemd aufknöpfte, eine übertriebene, typische Lawrence-Geste! Er fand das ›vulgär‹. Wie die Mitglieder einer nicht wirklich geheimen Bruderschaft gingen wir gemeinsam in die Buchhandlung Blackwell, um uns ganz aufmüpfig die neueste Ausgabe von *Scrutiny* zu besorgen. Und wir blätterten beflissen all die älteren Nummern im Radcliffe-Lesesaal durch. Für mich war das zweifellos der Beginn einer lebenslangen intellektuellen Ablösung von Oxford und allem, wofür es stand.

Eine andere Möglichkeit, mich dem zu entziehen, war die Musik, was ich ausführlicher bereits in Verbindung mit meiner Zeit auf Jamaika erörtert habe. Ich will nur noch hinzufügen, dass ich zu der Zeit, als ich meinen Abschluss machte, in einer Jazz-Band Piano spielte, zusammen mit einem Bassisten aus Barbados und zwei Jamaikanern an Saxofon und Schlagzeug, die als Buskontrolleure arbeiteten. Auch fünfzig Jahre danach sind wir immer noch freundschaftlich verbunden. Sie müssen wohl mit den ersten karibischen Arbeitsmigrant*innen ins Oxford der Nachkriegszeit gekommen sein. Unser Übungsraum befand sich im Keller meines Studentenwohnheims, wo ein Klavier stand. Wir spielten überall, wohin man uns einlud, und hatten ein paar Jahre lang sogar ein regelmäßiges Engagement freitags in einem Café in der Stadt.

Der Film war längst eine meiner ständigen Leidenschaften. Er schien mir die innovativste moderne Kunstform. Fürs Kino hatte ich mich schon immer begeistert, als Jugendlicher in Kingston die Samstagnachmittagsvorstellungen im Carib Theatre besucht und dort alles gesehen, was den Weg von Hollywood in die Karibik schaffte: Western, Melodramen, Thriller, Musicals und Films noirs; Bogart und Bacall, Barbara Stanwyck, Joan Crawford, Bette Davis, Gary Cooper, Cary Grant, Henry Fonda, John Garfield und so weiter. Dieser Leidenschaft frönte ich auch in Oxford, wo wir zwei oder drei Mal pro Woche ins Kino gingen. Das europäische Kino lernte ich mit Filmen von Eisenstein und Pudowkin, dem italienischen Neorealismus und der französischen Nouvelle Vague kennen. Das war eine Offenbarung. Heute merke ich, dass diese Kombination aus Diskussionen über Literaturkritik, dem Lesen moderner Literatur, insbesondere mit den Amerikanern, dem Verfolgen karibischer Literatur und Poesie, den Kinobesuchen sowie dem Hören und Spielen von Jazz mir beim Aufbau eines anderen intellektuellen Lebens half, eine Art Gegenentwurf zu Oxford, der viel besser zu meinem Gefühl passte, ein radikaler Außenseiter zu sein – ein Gefühl, das sich gegen Ende der ersten Studienjahre noch verschärfte.

So in etwa verliefen meine ersten Beschäftigungen mit der Moderne und mit dem, was heute Theorie genannt wird. Informell betrachtet ist die Geschichte natürlich komplizierter. Viele Dinge geschahen gleichzeitig, und es taten sich mehrere mögliche Wege vor mir auf.

Wie ich im nächsten Kapitel zeigen werde, lieferte mir die Politik selbst eine bedeutende theoretische Dimension, vor allem als ich begann, das Soziale zu verstehen. Und nicht nur das: Auch in den literaturkritischen Diskussionen schwangen die breiteren kulturellen Fragen immer mit, wenn auch oft in stark verschobener Form. Die Leavisianer*innen hatten ihre eigene merkwürdige Art, die Beziehung von Sprache und literarischem Text zur Kultur zu erörtern. Man denke nur an F.R. Leavis' *Sketch for an English School*. Auch wenn *Scrutiny* heute mit genauer Textanalyse in Verbindung gebracht wird – ›diese Wörter, in dieser Reihenfolge‹ –, verfolgten Forscher*innen wie Knights, Speirs und andere eine radikaler historische Sichtweise. Leavis selbst setzte sich intensiv mit den marxistischen Literaturwissenschaftlern der 1930er Jahre auseinander, was Raymond Williams in *Culture and Society* aufgegriffen hat. Ich stimmte Williams damals zögernd zu, dass Leavis diesen Streit ›gewonnen‹ hatte. Aber das war zu einer Zeit, als wir Lukács, Adorno und Benjamin noch nicht kannten. Es ist jedoch wahr, dass ich, wie viele von uns, zunehmendes Interesse am gesellschaftlichen und historischen Kontext der Literaturkritik entwickelte.

Und je länger ich meine Rückkehr nach Jamaika vor mir herschob, desto dringlicher wurde es für mich, die karibische Kultur als solche zu verstehen: ihre komplizierten Wechselbeziehungen mit Britannien und Afrika, die vielschichtigen Prozesse der Kreolisierung, das Aufkommen einer besonderen Kultur, geschmiedet im glühenden Schmelztiegel von Sklaverei und Kolonialismus. Und auch mein eigenes Verhältnis zu den langfristigen, weiterwirkenden historischen Folgen dieser Formation. Die Schwarze Präsenz in Britannien machte es für mich immer unverzichtbarer, die komplexe Dynamik von Anpassung und Widerstand zu verstehen. In der Folge begann meine erste systematische Lektüre über die karibische Kultur, die ›überlebenden Elemente‹ afrikanischer Systeme durch Jahrhunderte von Sklaverei und Plantagen sowie den synkretischen Charakter der Kulturen in der Karibikregion. Diese Studien führte ich informell, aber sehr ernsthaft in der Bibliothek von Rhodes House während meiner Zeit als Doktorand in Oxford durch. Ich werde später darauf zurückkommen.

Ich hatte mich außerdem – bis auf weiteres – dazu entschieden, in England zu bleiben, und mir war klar, dass ich mir dann auch einen Platz in der britischen Gesellschaft suchen musste, auch wenn ich keinerlei Wunsch verspürte, mich zu ›assimilieren‹ oder gar ›assimiliert‹ zu werden. Eine aktivere Einmischung in die britische Politik erwies sich als recht brauchbare Methode dafür, denn das verlangte von mir, mehr über diese Gesellschaft zu erfahren und genauer herauszufinden, wie sie funktionierte, dabei verpflichtete es mich zugleich, mich nicht etwa hineinzufügen, sondern das Projekt einer Veränderung der britischen Gesellschaft voranzutreiben.

Und dann der Marxismus. Ich habe schon erwähnt, dass ich Marx bereits in der Schule auf Jamaika gelesen hatte. Zunächst handelte es sich um die bei Lawrence and Wishart erschienene zweibändige blaue Ausgabe ausgewählter Schriften von Marx und Engels. Neben meinen anderen Interessen las ich weiter Marx und setzte mich mit ihm auseinander. Zu diesem Zeitpunkt hatte ich schon etliche der Linken von Oxford kennengelernt und beteiligte mich zunehmend an den Diskussionen über zeitgenössischen Kapitalismus, den Kalten Krieg, die sozialistische Theorie und Politik im Allgemeinen. Je weiter ich mich von der gesamten Atmosphäre und dem Ethos von Oxford emanzipierte, desto mehr begann ich mich politisch zu engagieren.

Das Ende meiner Studienzeit 1954 stellte dann den entscheidenden Wendepunkt dar. Bis dahin hatte ich die Beantwortung der Frage, ob und wann ich nach Hause zurückkehren würde, noch aufgeschoben. Viele meiner engeren westindischen Freunde waren bereits abgereist. Ich war nun nicht mehr an den Lehrplan von Oxford gebunden, sondern ein freier Intellektueller, der sich sein Forschungsfeld selbst aussuchen konnte. Ich war auch aus dem College ausgezogen und wohnte in einem Studentenheim an der Richmond Road im Stadtteil Jericho, geleitet von zwei amerikanischen Freund*innen, Gerry und Beth Bentley, Ersterer ein bedeutender Blake-Forscher. Die Richmond Road wurde in der Folge zu einem *foco*, einem voluntaristischen Kern politischer Aktivitäten und intellektueller Debatten, und aus diesem Schmelztiegel gingen im Gefolge von 1956 die *Universities and Left Review* und die Oxforder New Left hervor.

Obwohl ich England nie als »meins« empfand, lernte ich, mich hier gut zurechtzufinden, sowohl in allen formellen Artefakten seiner Zivilisation als auch in den informellen Aspekten des Lebens. Es gab allerdings jede Menge Arbeit zu tun. Das ist immer noch so.

9.

Politik

Mich aus der Universität zu lösen tat mir gut, und ich entdeckte, dass Oxford seine eigenen rebellischen Enklaven hervorbrachte. Vermittels einer ganz neuen Beziehung zu England war ich in der Lage, einen Tunnel durch den Schutt zu graben, den ich aus der kolonialen Vergangenheit internalisiert hatte. Nicht, dass jenes düstere Erbe einfach mir nichts, dir nichts verschwunden wäre. So war es nicht. Aber ich fand Mittel, mich durch diese Hemmnisse hindurchzuarbeiten und in diesem Prozess mein Selbst zu erneuern.

Ich war an der Gründung der *Universities and Left Review* (ULR) beteiligt, die zum ersten Mal 1957 erschien, ein Jahr nach der doppelten Katastrophe der britisch-französisch-israelischen Invasion in Ägypten und des beinahe simultan stattfindenden Einmarschs der Sowjets in Ungarn mit dem Ziel, die populare demokratische – antistalinistische – Revolution von unten gewaltsam niederzuschlagen. Anfang November 1956 fuhr eine Gruppe von uns sonntags nach London, um bei der großen Demonstration am Trafalgar Square mitzumachen. Es war die erste politische Massendemonstration, an der ich mich beteiligte, und die bis dahin größte in der Nachkriegszeit. Es war auch das erste Mal, dass ich direkt, sozusagen von Angesicht zu Angesicht, mit Polizeikräften auf Pferden konfrontiert wurde, die auf handfeste Auseinandersetzungen aus waren. So lernte ich die repressive Macht des Staates am eigenen Leibe kennen. Der charismatische Labour-Radikale Nye Bevan war der Hauptredner, seine dröhnende walisische Stimme scheuchte die Tauben auf, die hektisch über den Platz flatterten. Kurz darauf stellten wir fest, dass die Geschichte sich schneller vorwärtsbewegte als wir selbst. Ein oder zwei Tage später begann die Invasion Ägyptens.

Ich hatte mir immer geschworen, mich vom Oxford Union fernzuhalten, diesem prestigeträchtigen studentischen Debattenforum, das zugleich eine Teststrecke zum Vorantreiben zukünftiger Karrieren im öffentlichen Dienst war. Aber als die Debatte über die Suez-Krise stattfand, wurde ich eingeladen und hielt eine Rede dort, zum ersten und letzten Mal. Diese beiden Ereignisse – Ungarn und Suez – in Kombination mit der Verurteilung Stalins durch Chruschtschow früher im gleichen Jahr, bedeuteten für uns, dass die alten Strategien der Linken nicht länger brauchbar waren. Wir wurden noch angespornt durch die Nachrichten über die Rolle der

Arbeiterräte als Mittel der Demokratisierung, die aus Ungarn zu uns durchdrangen. Die Schaffung einer neuen Politik war dringend geworden, schien geradezu eine Frage des Überlebens. 1956 formte mein späteres politisches Denken grundlegend.

Von 1956 bis zu meinem Umzug nach Birmingham 1964 war das ›normale‹ Leben durch meine politischen Aktivitäten vollständig außer Kraft gesetzt: Ich gab die *ULR* heraus und ab 1960 die *New Left Review*; ich half bei den Anstrengungen, um diese Zeitschriften herum soziale Bewegungen ins Leben zu rufen, unter anderem durch die Gründung der New Left Clubs; ich engagierte mich in unserem langen und mühseligen Kampf darum, unsere Ideen in die Praxis umzusetzen, und bei dem Versuch, sie innerhalb der Labour Party zu aktivieren. Während wir erlebten, was sich wie Tauwetter im Kalten Krieg anfühlte, investierten wir sehr viel Energie in die Kampagne für nukleare Abrüstung (Campaign for Nuclear Disarmament, CND), die eine eigene strategische soziale Bewegung verkörperte. Suez und Ungarn hatten die alten politischen Fronten gespalten, und der verkrustete Panzer des Kalten Krieges war – nur zeitweise, wie sich erweisen sollte – zerbrochen. Aus dieser Situation entstand unsere Position des ›zwischen beiden Lagern/gegen beide Lager‹ und die Hoffnung, eine unabhängige, populare linke Politik zu etablieren.

Bei einer Demonstration der Kampagne für nukleare Abrüstung, Trafalgar Square 1958

Unserer Auffassung nach war diese Öffnung der Linken zuerst in Frankreich von dem ehemaligen Résistance-Kämpfer Claude Bourdet angezettelt worden und von der Zeitschrift *France-Observateur*, unserer engen Verbündeten. Auf Initiative von G. D. H. Cole fuhr ich mit nach Paris, um an einem Treffen der neuen Internationalist Socialist Society teilzunehmen, wo wir zum ersten Mal Bourdet trafen und auch, wie ich mich erinnere, Lelio Basso, den schon lange berühmten italienischen Antifaschisten. Bourdet und die Internationalist Socialist Society standen für die Bewegung der Ideen, die es sich zur Aufgabe gemacht hatte, über die traditionellen Orthodoxien hinaus zu denken. Wir hatten das Glück, ihn überreden zu können, einen Beitrag zur ersten Ausgabe der *ULR* zu schreiben.

Die New Left dieser Zeit bemühte sich, eine populare Bewegung zu werden. In Britannien entwickelte sich zeitgleich mit der Gründung der New Left eine Massenbewegung, die entschlossen war, Britanniens politische Anstrengungen zur Erhaltung seiner Rolle als nukleare Supermacht zunichte zu machen. Die Beziehungen zwischen New Left und CND waren von größter Bedeutung. Sie waren komplex und oft angespannt. Aber vom ersten Aldermaston March der CND 1958 an wurde dies der wichtigste Einsatzbereich meiner politischen Aktivitäten.

Ungefähr ab 1958 lernte ich England gut kennen – also in geografischer Hinsicht –, indem ich durchs Land reiste, Woche für Woche, Abend für Abend, um auf CND-Veranstaltungen zu sprechen.

Aus diesen praktischen Aktivitäten heraus begann ich ein umfassenderes Konzept des ›Politischen‹ zu entwickeln. Dieses Konzept gab der Arbeit der New Left ihre Bedeutung, ebenso wie dem später in einem anderen sozialen Kontext gegründeten Projekt der Cultural Studies. Man mag kritisch anmerken, dass die gesellschaftliche Basis für das Denken in diesen Kategorien durch das Aufkommen einer neuen Schicht von Intellektuellen und Kulturarbeiter*innen gelegt wurde, an die sich die New Left vorrangig, wenn auch nicht ausschließlich, wandte. Das war die Welt, mit der wir uns konfrontiert sahen.

Die *ULR* wurde von vieren von uns gegründet: Gabriel Pearson, Ralph (später Raphael) Samuel, Chuck (Charles) Taylor und mir. Dank der großzügigen Unterstützung des Barry Amiel & Norman Melburn Trust sind alle Ausgaben der Zeitschrift mittlerweile online verfügbar[9]. Wer sich dafür interessiert, was das ›Neue‹ an New Left war, kann die Zeitschrift komplett studieren und sich ein eigenes Urteil bilden. Natürlich, was einst ›neu‹ war, ist heute sehr alt. Trotzdem glaube ich, dass dort einige nicht ganz unwillkommene Überraschungen zu finden sind.

9 http://www.amielandmelburn.org.uk

Was mir sofort wieder in Erinnerung kommt, ist der kollektive Rausch, der alle erfasste, wenn es darum ging, die jeweils nächste Ausgabe für die Druckerei fertig zu machen, und die verrückten häuslichen Bedingungen, unter denen das stattfand. Gabriel kam oft erst ziemlich spät am Abend dazu und ließ sich dann am Küchentisch erst mal über Dickens oder andere literarische Themen aus. Dort habe ich auch zusammen mit Raphael, der treibenden Kraft der *ULR*, die Fahnen der ersten Ausgabe korrigiert. Am nächsten Morgen hatte die Katze auf ihnen ihre Jungen bekommen. Im Keller, wo unsere Band probte, stand neben dem Klavier ein freies Bett, in dem ab und zu Peter Sedgwick übernachtete, ein anregender Intellektueller von beeindruckendem Format, der aber damals, nach der Auflösung der Oxford Communists, verwaist und heimatlos war. Hin und wieder tauchte der aus Trinidad stammende Willie Demas auf, der gerade in Cambridge seinen Doktor in Wirtschaftswissenschaften machte. Mit zwei jungen Frauen aus Grimsby, Tessa Lippa und Veronica Bridges, die am Ruskin College Kunst studierten, schlossen wir alle enge Freundschaft und beide sehr ins Herz; sie wurden durch diese Erfahrung für immer karibisiert. Dann waren da noch Scottie O'Neil Lewis, den ich schon erwähnte, ebenfalls aus Trinidad; eine Gestalt, die wir den stillen Amerikaner nannten, Warren Deem, der immer einen Anzug trug und von manchen für einen CIA-Agenten gehalten wurde, der aber ein kleines Cembalo besaß, auf dem er mir Bach nahebrachte; und Francesca, Italienerin, die die Bibliothek des US-Truppenstützpunkts in Brize Norton leitete. Und Ortwin Bock, ein Afrikaaner-Medizinstudent, der entgeistert merkte, dass er in einem racially mixed intellektuellen Zentrum der Subversion gelandet war, was ihn allerdings extrem faszinierte. Wir gaben ihm höchstens eine Woche, aber er blieb, wobei nie klar wurde, ob es echte Begeisterung oder das Flair des Exotischen war, was ihn an uns band. Was er seiner Familie darüber erzählte, wo und mit wem er da wohnte, haben wir nie erfahren.

Das Haus wurde im Wesentlichen kollektiv von uns allen verwaltet. Anfangs hatten sich die Bentleys noch als eine Art Hauseltern betätigt, aber als sie fortzogen, lag alles bei uns. Unser holländischer Vermieter wohnte im Nachbarhaus. Zufällig war er ein glühender Anhänger des Übersinnlichen. Sein einziges materielles Interesse, was uns anging, waren regelmäßige Mietzahlungen. Wir aßen gemeinsam, organisierten wöchentliche Küchenpläne und versuchten so gut es ging, unser aller Bedürfnissen und Gewohnheiten ohne Formalitäten oder Erbitterung gerecht zu werden.

So, endlich frei und unabhängig und zum ersten Mal selbst für mein Leben verantwortlich, fühlte ich mich von den Bürden der Vergangenheit befreit. Die Welt der Politik, intellektuelle Debatten, das lebendige Netzwerk rund um das Haus an der Richmond Road und die Freundschaften, auf denen unsere verschiedenen Aktivitäten basierten, bildeten nun das Herz meiner sozialen Wirklichkeit, das Collegeleben lag hinter mir. Zwar ging ich noch zu den Tutorien, aß aber nur selten in der Mensa und ging nie in den Junior-Gemeinschaftsraum. Ich war glücklich in meinem alternativen Leben. So etwas auszusprechen – *mein* Leben! – war neu für mich. Aber so fühlte ich mich jetzt.

Ich nehme an, diese neuen Einbettungen waren nicht wirklich verwunderlich. Ich war schon als engagierter, wenn auch intellektuell ungebildeter Antikolonialist nach Britannien gekommen. Die Debatte zur Zukunft der westindischen Inseln nach der Unabhängigkeit war für mich schwer befrachtet mit ökonomischen und politischen Fragen, die mich eine ganze Weile parallel zu meinen literarischen und literaturkritischen Interessen beschäftigten. Nach und nach überlappten sich jedoch beide Themenbereiche. Viele von uns waren in den Nachwehen antikolonialer Kämpfe radikalisiert worden, an der Goldküste (Ghana), in Kenia, Zypern, Malaysia und an einer Unmenge anderer Schauplätze, darunter später auch Algerien. Die Folgen der globalen Polarisierung reichten bereits tief in den Entkolonisierungsprozess hinein. Die US-Interventionen der Nachkriegszeit in der Karibik – auf Haiti, Kuba, in der Dominikanischen Republik, Grenada und Panama – waren, wie wir im Nachhinein wissen, erst der Anfang gewesen.

Auf Jamaika hatte die People's National Party 1952 ihren linksradikalen Flügel beseitigt, indem sie vier führende marxistische Intellektuelle – Richard Hart, Ken Hill, Frank Hill und Arthur Henry – mit tatkräftiger Unterstützung aus Washington ausschloss. Aufgrund nebulöser, unbewiesener Gerüchte wurden sie beschuldigt, bewaffnete Aufstände geplant zu haben. Ein Jahr später mussten wir wütend zusehen, wie in Britisch-Guayana der im April 1953 gewählte Premierminister Cheddi Jagan von der marxistischen People's Progressive Party (PPP) im Oktober desselben Jahres durch einen von Britannien initiierten Staatsstreich entmachtet wurde und dadurch – mitten in der tückischen Tiefkühlphase des Kalten Kriegs – das Experiment einer multi-ethnischen linken Politik zunichte gemacht wurde. Die Intervention warf ihre Schatten voraus, es folgten die gewaltsame Beendigung der Árbenz-Regierung in Guatemala 1954, der historische Putsch gegen die Volksfrontregierung in Chile durch Pinochet und die US-amerikanische Intervention in Grenada, die dem New Jewel Movement ein Ende bereitete. In Guayana machte die britische Regierung gemeinsame Sache mit Bookers, dem größten Zuckerproduzenten des Landes, dem praktisch die Hälfte allen Grunds und Bodens gehörte. Mit einer Teile-und-herrsche-Strategie gelang es ihnen, einen verhängnisvollen Keil zwischen die afrikanischen und die indischen Communitys zu treiben, die Jagan erfolgreich hinter sich vereint hatte. Man ersetzte ihn durch seinen Rivalen Forbes

Burnham. Die darauf folgenden Gewaltausbrüche haben die Politik in Guayana für immer verunstaltet. Und wie schon erwähnt feierte ich 1954 zusammen mit Doddridge Alleyne in einem chinesischen Restaurant den Fall von Dien Bien Phu und die Niederlage Frankreichs in Vietnam. Diese Erinnerung habe ich immer in Ehren gehalten, auch wenn wir damals nicht ahnen konnten, was in der Folge noch geschehen würde. Das waren ausschlaggebende Jahre für die Verknüpfung der Entkolonisierung mit der düsteren Geopolitik des Kalten Krieges.

Es war auch die Zeit der Bandung-Konferenz, die 1955 stattfand und uns Hoffnung machte, Führer der Dritten Welt wie Nehru, Nkrumah, Sukarno und Nasser könnten ihre Macht nutzen, um eine ›dritte Kraft‹ im globalen Machtgefüge zu etablieren. Doch was wir damals ›positiven Neutralismus‹ nannten, wurde zunichte gemacht durch die gnadenlose Politik der internationalen Polarisierung und des atomaren Wettrüstens sowie die Konflikte innerhalb der antikolonialen Bewegungen selbst, trotz – oder wegen? – ihrer Anstrengungen, ›eine Nation und Partei‹ als Einheit zu konstruieren. Wir sahen überhaupt nicht voraus, wie die globalen Imperative des Kalten Kriegs die Freiheitsversprechen der Entkolonisierung begraben würden.

Und bei all diesem Engagement konnte ich die Politik des Kalten Kriegs nicht länger als etwas Abstraktes betrachten oder als etwas, von dem man nur aus der Zeitung erfuhr. Dies war der Höhepunkt des Ost-West-Konflikts nach dem Zweiten Weltkrieg, der ideologischen Eiszeit, die der Entstehung des Eisernen Vorhangs, dem Koreakrieg und der Teilung der Welt in zwei rivalisierende sozioökonomische Systeme und zwei feindliche, mit Atomwaffen bestückte Lager folgte. Vieles, was mich in diesem Zusammenhang beschäftigte, befeuerte die Politik, für die ich mich nach 1956 im Rahmen der CND engagierte.

Ich verfasste zwei Flugschriften für die CND, die die Richtung zeigen, in die sich mein Denken verschob. Das eine war der Versuch, den Anti-Atomwaffen-Ansatz der CND zu erweitern und in eine politische Kritik der NATO und der transatlantischen Allianz überhaupt umzuwandeln. Das andere war Teil einer Strategie, für die wir eintraten, nämlich die positive Neutralität, die uns von dem Zwang befreien sollte, einem der beiden atomaren Lager anzugehören. Der zweite Text basierte auf meinem antikolonialen Engagement, das heißt, er sah die gerade unabhängig gewordenen Staaten als aktive, strategische Bestandteile der globalen Geopolitik.

In dieser Zeit wurde die gesamte Linke durch die allgemeine *Moral Panic* erschüttert: Überall wurde um die Wette nach Mitläufer*innen, Spion*innen und ›Roten‹ in hochrangigen Positionen gesucht, um subversive Elemente zu enttarnen oder solche, die man im aufgeheizten Klima dieser Zeit dafür hielt. In den USA war dies die Ära der Rosenberg-Hinrichtungen und des

McCarthyismus. Das vom US-Repräsentantenhaus eingesetzte Komitee für unamerikanische Umtriebe stand an vorderster Front des ideologischen Kampfes, wenn es darum ging, die angeblichen Feinde der Nation aufzuspüren und zu bestrafen. In Britannien wurden 1951 mit Guy Burgess und Donald McLean zwei prominente sowjetische Maulwürfe in der Oberschicht enttarnt und flohen nach Moskau. Etwas später, 1963, folgte ihnen ihr Mitverschwörer Kim Philby, eine Säule des alteingesessenen englischen Establishments, in die Sowjetunion. Solche Ereignisse stellten dramatische Höhepunkte des Kalten Kriegs dar und schürten die herrschende Angst vor Verrat noch weiter. Aber sie erklären nicht das Ausmaß der kollektiven Psychose, die sich in dem Unternehmen von Staatsseite zeigte, alles Subversive mit Stumpf und Stiel auszurotten. In Britannien waren diese Reflexe vielleicht etwas distinguierter als in den USA, aber die Gnadenlosigkeit, mit der Dissident*innen (oder mutmaßliche) herausgegriffen wurden, war drastisch. Es ist nicht leicht zu vermitteln, wie so eine Stimmung das gesamte Alltagsleben in England beeinträchtigte.

Es war bezeichnend für den Tenor der Zeit, dass das interessanteste Organ der Linksliberalen – der *Encounter*, den wir alle lasen – sich als mit Hilfe des US-Herausgebers Melvin Lasky von der CIA finanziert entpuppte. Die (ungenannte) Absicht dahinter war die Rettung einer großen Schar von Intellektuellen – man denkt sofort an Arthur Koestler, George Orwell, Philip Toynbee, Kenneth Tynan, Anthony Crosland und Richard Crossman – vor dem versehentlichen Abdriften auf ›feindliches Terrain‹.

Ich verfolgte diese innenpolitischen Ereignisse mit besonderem Interesse. In der sich zuspitzenden Atmosphäre von Verdächtigung und Verschwörung konnte ich mir gut vorstellen, als ›Mitläufer‹ oder zum Kommunismus Verführter zum Sündenbock gemacht zu werden. Es würde keine Rolle spielen, dass ich die Sowjetunion immer kritisch betrachtet hatte und nie ein Anhänger Stalins gewesen war und mir von Anfang an, schon in den Tagen meiner größten politischen Unschuld, vorgenommen hatte, nie Mitglied einer kommunistischen Partei zu werden. Meine Befürchtungen waren nicht so weit hergeholt. Als ich Jahre später Probleme hatte, ein Visum für die USA zu bekommen, wurde mir in London von einem Konsulatsbeamten im Brooks-Brothers-Hemd erklärt, ich müsse erst meine Mitgliedschaft in der Kommunistischen Partei widerrufen, bevor man mir die Einreise erlauben könne. Er zeigte mir auch den Hieroglyphen in meinem Pass, der – fälschlich – belegte, dass ich tatsächlich ›so einer‹ war.

Es gab ja neben den literaturkritischen Interessen meiner ersten Jahre im Vereinigten Königreich diese anderen mir zunehmend wichtigen historischen, sozialen und politischen Fragen. Beide Bereiche weigerten sich, in ihren jeweiligen Schubladen voneinander getrennt liegen zu bleiben. Ich mischte mich immer stärker in Gesellschaftsanalyse und politische Auseinandersetzungen ein. Mein Antiimperialismus verschmolz mit einer umfassenderen, kritisch linken oder demokratisch sozialistischen Perspektive. Aber da ich den im Kalten Krieg verhärteten Ethos der mit der Labour Party verbundenen Student*innen zutiefst unsympathisch fand und mich auch nie zum Stalinismus hingezogen gefühlt hatte oder blauäugig gegenüber der Sowjetunion gewesen war, fiel es mir schwer, mich mit irgendeiner politischen Strömung oder Partei der Linken zu identifizieren.

Trotzdem lernte ich viele Personen kennen, die in der Oxford Left engagiert waren. Wie Chuck Taylor, ein frankokanadischer Rhodes-Stipendiat und so etwas wie ein christlicher Marxist, beeinflusst von Emmanuel Mounier und dessen Zeitschrift *Esprit*, intellektuell stand er Maurice Merleau-Ponty nahe. Er wurde später ein führender hegelianischer Akademiker und hoch angesehener Philosoph. Er war Mitglied des World University Service gewesen und nach Wien gefahren, um ungarischen Flüchtlingen über die Grenze zu helfen. Auch die kleine kommunistische Fraktion hatte ich kennengelernt – alle zwölf! –, darunter Raphael Samuel, Gabriel Pearson, Peter Sedgwick und Stanley Mitchell. Und es muss 1953 gewesen sein, als ich an einem der ersten Märsche für nukleare Abrüstung teilnahm, in Oxford von Raphael und Chuck organisiert, ein Vorgeschmack auf die Gründung der CND und mein späteres Engagement in der Friedensbewegung.

Mit Chuck war ich eine Zeitlang besonders eng befreundet. Er hatte ein Stipendium am All Souls College und wurde von den Philosophen in Oxford bereits als aufsteigender Stern am Himmel gefeiert. Seine Hinwendung zu einer Art katholischem Marxismus sorgte trotz seiner Genialität für verständnislose Heiterkeit bei den Professoren an der Universität, die dergleichen schwer zu tolerieren fanden. Er entwickelte sich zu meinem inoffiziellen intellektuellen Mentor und half mir vor allem beim Verständnis von Marx und Hegel sowie abstruseren Bereichen der Philosophie. Ich erinnere mich noch, wie er aus Paris zurückkam und begeistert die *Ökonomisch-philosophischen Manuskripte* von Marx mitbrachte, die in England noch nicht bekannt waren. Diese Texte spielten dann eine wichtige Rolle in seiner humanistischen Definition des Marxismus. Er war hochintelligent, sehr belesen und streng in der Diskussion. Im persönlichen Umgang jedoch war er liebenswürdig und bescheiden. Er weigerte sich, bei den typischen Oxford-Sitten mitzuspielen, dafür fehlte ihm die nötige Hybris und eitle Selbstverliebtheit. Er war beispielhaft offen und aufnahmebereit für andere Meinungen, engagiert, menschlich und großzügig. Einmal wurde ich im Gemeinschaftsraum des All Souls College Zeuge einer gescheiten, bissigen, gönnerhaften Oxford-Unterhaltung zwischen ihm, Isaiah Berlin und Stuart Hampshire. Chuck überging ihren leicht ironischen Tonfall einfach mit einem nachsichtigen Lächeln und fuhr fort, seine Argumente darzulegen. Ich weiß noch, dass ich dachte, wie kindisch die beiden dadurch wirkten.

Kurz nach Beginn meiner Abschlussarbeit 1954 lief ich Alan Hall über den Weg, einem schottischen Archäologen, der aus Aberdeen ans Balliol College gekommen war und mit dem ich nach Paris reisen sollte. Er hatte breit gefächerte intellektuelle und politische Interessen. Wir wurden enge Freunde und so etwas wie Waffenbrüder. Da wir uns als nicht-linientreue Linke isoliert fühlten, begannen wir das politische Oxford genauer zu sondieren: den Labour Club – die Studierendenvereinigung der Labour Party, die Wiege späterer Generationen beängstigend ehrgeiziger Karrierepolitiker – und unterschiedlichste andere Gruppierungen.

Wir nahmen sogar auf Einladung an ein paar Treffen der kommunistischen Studentenverbindung teil, obwohl das höchst irregulär war, da es sich theoretisch um einen geschlossenen Zirkel handelte. Wir fanden das eine nervtötend eigentümliche politische Untergrund-Welt. Sie hegten wohl die Hoffnung, uns anzuwerben. Unserem Eindruck nach glaubten sie, wir würden ihnen wie reife Äpfel in die Hände fallen, aber uns reizte das nicht. Wie sich später zeigte, lief es darauf hinaus, dass wir *sie* anwarben, nicht umgekehrt. 1956, als die Ortsgruppe der Kommunistischen Partei nach Chruschtschows Enthüllungen über Stalin und den Ereignissen in Ungarn aufgelöst wurde, traten sie alle aus. Mein Freund Rod Prince trat im ersten Semester am Magdalen College dort ein, nur um sofort wieder auszutreten.

Im Herbst 1954 entschloss ich mich, einen Text zur Klassensituation im zeitgenössischen Kapitalismus als Kritik des orthodoxen marxistischen Klassenbegriffs in Raphaels Gruppe zur Diskussion zu stellen. Später überarbeitete ich meine Argumentation in einem Artikel für die *ULR* mit dem Titel »A Sense of Classlessness«. Sowohl Raphael selbst als auch Edward Thompson kritisierten mich heftig für diesen, wie sie fanden, leichtfertigen Umgang mit Marx. So gesehen könnte man sagen, dass ich gleich als geborener Revisionist in die linke Politik eingetreten bin.

Die Reaktion auf meine Thesen nach der Publikation war – jedenfalls von Thompsons Seite – sehr harsch, was vielleicht darauf schließen ließ, dass kommunistische Empfindlichkeiten mit dem Zerreißen oder Zurückgeben der Parteiausweise nicht verschwunden waren. Raphael warf mir vor, nicht historisch genug vorgegangen zu sein, und wies darauf hin, dass viele von mir angeführte Veränderungen der Nachkriegszeit sich bis in den Industriekapitalismus Mitte des Viktorianischen Zeitalters zurückverfolgen ließen. Das war ein wichtiger Einwand, auch wenn er der Fragestellung auswich, die der ursprünglichen Argumentation zugrunde lag: Was war das Besondere an der Klassenstruktur der Nachkriegszeit? Thompson war eher daran gelegen, die Substanz meiner politischen Haltung zu attackieren. Eingebettet in freundschaftliche – und sicher ehrlich gemeinte – Liebenswürdigkeiten fand sich eine ganze Reihe harter Urteile. Im Nachhinein lässt mich das am politischen Wert der damals anstehenden Fusion der *ULR* mit Thompsons *The New Reasoner* zweifeln, aus der die *NLR* entstand.

Wenn ich so zurückschaue, bin ich erstaunt über die Kontinuität meiner Positionen von damals, als ich die politische Bühne betrat, bis heute. Damit meine ich nicht, dass ich das, was ich damals gesagt habe, jetzt noch so formulieren würde. Immer wenn ich mir meine frühen Artikel anschaue, werden mir ihre begrifflichen Schwächen schmerzlich bewusst. Aber gleichzeitig kann ich nicht umhin, eine gewisse Sympathie zu empfinden für die Kernbotschaft der Argumente, die meinem jüngeren Ich entsprangen.

In einem frühen Beitrag für die *ULR* lieferte ich zum Beispiel eine Analyse der Conservative Party nach der Demontage oder Selbst-Demontage von Anthony Eden nach dem katastrophalen Krieg mit Ägypten 1956. Das war mein erster richtiger politischer Essay. Er deutet die Möglichkeit an, dass ich auf die Dysfunktionen und Deplatzierungen in der Politik bereits eingestimmt war und auch einen Sinn für die Spezifik des Politischen selbst hatte. Er zeigt vielleicht auch das Ausmaß, in dem historische Ereignisse die Theorien hinter sich lassen können, die antreten, um sie zu erklären. Und er antizipiert, was später, in einer anderen Lebensphase, für mich entscheidend wurde: den Vorrang der Konjunkturanalyse. Der Text liest sich wie eine frühe praktische Vorwegnahme meiner Streitschrift von 1979 »The Great Moving Right Show«. Ich denke dabei vor allem an die Kritik an der Linken; an die Hervorhebung der politischen Relevanz des Popularen; und an die zentrale Bedeutung von Deplatzierungen und Ungleichgewichten. So ist der Text, wenn auch nicht deckungsgleich, so doch ein Vorgriff auf die intellektuelle Sensibilität für das, was viel später in meinen Theorien zum Thatcherismus auftaucht. Die Härte der Gegenschläge, die ich bei jeder Gelegenheit von Seiten der Linken erhielt, war unmissverständlich.

Bis vor kurzem habe ich ewig nicht mehr an diese Schriften gedacht. Sie haben in den Archiven Staub angesetzt, und es stand den Mäusen frei, sie anzunagen. Aber im größeren Maßstab betrachtet gehören sie zum kollektiven Arbeitsprozess der Revision politischer Positionen, der unsere Generation sich nach 1956 verpflichtet fühlte. Es gab in keinem Augenblick einen Konsens darüber, in welche Richtung diese Erneuerungsarbeit führen oder was sie bewirken sollte. Das Projekt wurde geformt durch unterschiedliche, manchmal gegensätzliche Beiträge. Die einzige gemeinsame Motivation war, dass in unserem Politikkonzept etwas losgelassen werden musste. Danach war alles offen.

In dieser Zeit begann am Rande Oxfords eine kritische Debatte zu gären, bei der es nicht nur um Politik, sondern auch um kulturelle, literarische und intellektuelle Fragen ging. Ich vermute, es betraf die Rolle von Kultur und Ideologie in der politischen Praxis – was Lévi-Strauss in seiner Antrittsvorlesung am Collège de France kurz darauf ›das vernachlässigte Problem des Überbaus‹ nannte –, der der klassische Marxismus eine untergeordnete und abhängige Rolle zugeschrieben hatte. Ich beschäftigte mich immer mehr mit Fragen der Gesellschaftstheorie und der historischen Herausbildung von Gesellschaftsformationen – was in gewisser Weise eine Lösung für mein früheres Dilemma darstellte, ob ich nun Literatur oder Geschichte studieren wollte. Diese Diskussionen brachten ein breites Spektrum von Personen aus dem Umfeld der Linken zusammen, vom linken Flügel der Labour Party über die Kommunist*innen – denen im Klima des Kalten Krieges die Teilnahme an Veranstaltungen der Labour Party verboten war – bis zu einer großen Bandbreite unabhängiger Sozialist*innen, die später als Aktivist*innen der Dritte-Welt-Bewegung bekannt werden sollten.

Wir alle gruppierten uns um den Socialist Club, eine Institution, die in den 1930er Jahren zu Zeiten der Volksfrontbewegung von Kommunist*innen und Gleichgesinnten gegründet worden war. Viele der damaligen Mitglieder hatten inzwischen Karriere gemacht und vergessen oder sich nicht die Mühe gemacht, ihre Mitgliedschaft zu kündigen. Auf diese Weise hatte sich eine ordentliche Summe angesammelt, die wir nun ausbuddelten. G.D.H. Cole, der unabhängige Gildensozialist einer früheren politischen Generation, die sich dem Socialist Club angenähert hatte, erwies sich als freundliche Präsenz, und etliche von uns besuchten seine Donnerstagsseminare.

Studierende aus Ländern der Dritten Welt, die politisch nirgendwo hinpassten, fanden im Socialist Club ein verständnisvolles Zuhause. Der Club war eine leere Hülle, der wir neues Leben einhauchten. Viele von ihnen sollten später in den jungen Jahren der Unabhängigkeit vom kolonialen Regime bedeutende Rollen spielen. Ich denke insbesondere an Sadiq al-Mahdi, der Premierminister im Sudan wurde; an den indischen Historiker Partha Gupta und den kenianischen Panafrikanisten und späteren Gewerkschaftsführer Tom Mboya. Sie trugen ihren Teil bei zu der hoch politisierten Treibhausatmosphäre des wiederbelebten Socialist Club und bildeten unsere wichtigste politische Zielgruppe.

Nachsichtig betrachtet könnte man wohl sagen, dass ich in dieser Zeit eifrig meine rückständige politische Bildung ausbesserte, indem ich die unbekannte Geschichte von Radikalismus, Sozialismus und Dissident*innentum in das verharmlosende britische Geschichtsbild einfügte, das mir in der Schule vermittelt worden war. Ich wusste, dass die Politik hier in Oxford sich stark von den pro-nationalen, antikolonialen

Gefühlen unterschied, die ich hegte. Aber damals hatte ich nicht den Eindruck, dass es nötig wäre, sich zwischen beidem zu entscheiden, obwohl sie sehr unterschiedliche Prioritäten setzten und sich in sehr verschiedenen politischen Rhythmen bewegten. Trotzdem halfen mir meine gegensätzlichen Engagements, diese widersprüchlichen Anziehungskräfte in Gang zu setzen, die sich in darauffolgenden Jahren schwerer miteinander in Einklang bringen ließen.

Ich verschaffte mir rudimentäre Kenntnisse der Weltgeschichte des Sozialismus. Ich lernte einiges über die Entkolonisierung in Teilen der Welt, von denen ich vorher nichts gewusst hatte. Zum ersten Mal wurde ich aus nächster Nähe mit der britischen Innenpolitik konfrontiert. Ich bekam mit, dass die Tories planten, die an Keynes orientierte eingreifende Sozialpolitik des Wohlfahrtsstaates zu kippen und die Wirtschaft von Regulierungen zu befreien – ›auf den Scheiterhaufen mit den Regeln‹: ein Vorschein künftiger politischer Kämpfe. Ich erlebte Winston Churchills Niedergang und seine Demontage als politische Ikone, er war ja während des Kriegs in den Kolonien genauso verehrt worden wie in Britannien, trotz seinem stur inbrünstigen Festhalten am kolonialen Regime. Es waren sonderbare Zeiten dafür, als koloniales Subjekt das Leben in der Metropole mitzubekommen.

Allmählich verstand ich auch die labyrinthischen Strukturen dieses sehr englischen Gebildes, des Labourismus. Zuerst *begriff* ich nicht die volle Bedeutung der Beschränkungen, die der Wohlfahrtsstaat der Freiheit der Kapitalbewegungen auferlegte, und zuweilen kam mir das, wie vielen anderen Radikalen, mit denen ich zu tun hatte, wie eine kompromittierte Form des Reformismus vor. Ich hätte es besser wissen müssen. Aber selbst so war nicht zu übersehen, dass der Sozialstaat bedeutenden Einfluss auf das Wohlergehen der großen Mehrheit der Menschen hatte, dass damit Träume und Sehnsüchte nach einer gleichen und gerechten Gesellschaft einhergingen und dass seine schiere Existenz heftige Klassenfeindschaft auslöste. Es dauerte nicht lange, bis ich zu der Überzeugung kam, dass die Reformen der 1940er die einfache Unterscheidung zwischen Reform und Revolution unterhöhlt hatten. Ich lernte auch die politische Bedeutung der ideologischen Spaltung innerhalb der Konservativen schätzen, zwischen den Ewiggestrigen und Reformern wie Rab Butler, die bereit waren, Sozialprogramme zur Umverteilung in Erwägung zu ziehen.

Ich merkte, dass ich in eine politische Welt eintrat, die aus einer berauschenden Vielzahl von Parteien, Fraktionen und Strömungen bestand. Am auffälligsten war der studentische Labour Club, inklusive seiner prominentesten Minderheit der Karrierist*innen. Dort fand sich auch eine bedeutende Gruppe frei denkender Intellektueller, die sich zum linken Flügel der Labour Party zählten und nicht an den üblichen Ränkespielen beteiligt waren. Es gab eine Handvoll Trotzkist*innen, darunter den charmanten Mike Kidron. Die Mitglieder des überaus gut informierten Communist Club waren überall präsent. Sie wurden angeführt von dem feurigen und scharfsinnigen Raphael Samuel, der aus einer kommunistischen Familie kam und sein politisches Milieu später in mehreren Büchern brillant beschrieb. Mit ihm wollte so gut wie jeder aus der linken Bewegung diskutieren. Da die Labour Party aber wegen der Angst vor der roten Gefahr eine strikte Trennungslinie gegenüber erklärten Kommunist*innen gezogen hatte, blieben ihm, solange er Kommunist war, die Labour-Türen zumindest offiziell verschlossen.

In dieser Phase meines politischen Engagements befasste ich mich vorrangig mit den Diskussionen, Theorien und der Geschichte der Linken. Ich wurde nicht nur antikolonial, sondern auch bewusst ein unabhängiger Sozialist. Ich lernte unterscheiden zwischen sozialdemokratischen, sozialistischen, marxistischen, leninistischen, trotzkistischen und maoistischen Denkweisen. Ich las zum ersten Mal die Arbeiten von Leuten wie R.H. Tawney und G.H.D. Cole. Wir grübelten über die Neuordnung der Nachkriegswelt – den globalen Kapitalismus, das regressive Sowjet-Imperium, die Armut, die Unterentwicklung und den Neo-Imperialismus. Bei all diesen Gegenständen blieb jedoch die Klassenfrage das beherrschende Thema und die Arbeiterklasse die wichtigste Kraft für den Wandel. Die Gestalt der zukünftigen Klassenkämpfe stand in unseren politischen Spekulationen an erster Stelle.

Eine Zeitlang bemühte ich mich – wie andere karibische Marxist*innen und Radikale – Race und Entkolonisierung als Fragen zu denken, die letztlich mit Klasse als Motor der Veränderung verbunden waren. Es dauerte eine ganze Weile, bis Kolonialismus und Rassismus als eigene, relativ selbständige Systeme dieses allzu einfache Konzept destabilisierten. Ich musste noch einmal ganz neu über die historischen Besonderheiten dieser gesellschaftlichen Widersprüche, ihre verschiedenen Ursprünge, Zeitspannen und geschichtlichen Abläufe nachdenken und auch über die Art und Weise, wie sie unmittelbar erfahren wurden.

Diese Widersprüche konnten und wurden tatsächlich auf Arten *artikuliert*, die wir nicht richtig verstanden. Jedoch impliziert der Begriff der Artikulation schon das Schmieden historisch spezifischer Verbindungen zwischen Phänomenen, die sich maßgeblich voneinander unterscheiden. Sie hängen weder notwendig zusammen, noch sind sie auf dieselbe Weise in die kapitalistische Ausbeutung eingespannt. Die Ausbeutung einer Klasse, die rassistischen Vorstellungen von Whiteness, die Art, wie Geschlechter und Sexualitäten gelebt werden, und viele andere Phänomene ähnlicher Manier entspringen nicht alle derselben Ursache. Die Klassenverhältnisse, so entscheidend sie auch waren, konnten uns nicht alles erklären, was wir politisch wissen mussten. Die Politik als solche musste neu gedacht werden. Und das sollte sich als langer Lernprozess erweisen.

Von 1954 bis 1958, als ich Oxford schließlich verließ, war ich tief in Debatten zur britischen Politik involviert, dabei ging es ebenso darum, wie die britische Kultur sich veränderte, wie um Politik im engeren Sinn. Richard Hoggarts zentrale Frage in *The Uses of Literacy* war, ob die Massenkultur die ›Aktionskraft‹ der traditionellen Arbeiterklasse ›schwächen‹ könnte. Ähnlich äußerte sich Hugh Gaitskell, der Führer der Labour Party, als er befürchtete, die Bereitschaft, Labour zu wählen, würde unterminiert vom neuen ›Wohlstand‹, der sich bei ihm in der Vorstellung von Fernseher, Kühlschrank und Auto verdichtete. Bei diesen Fragen ging es nicht nur um Massenproduktion, sondern auch um den Massenkonsum und die Sorge, ob sich der britische Kapitalismus in die gleiche Richtung entwickeln würde wie sein US-amerikanisches Gegenstück. Solche Fragen führten uns zu einer aufblühenden, vielschichtigen neuen Literatur: *Menschen im Büro* und *Die amerikanische Elite* von C. Wright Mills, *Theorie der kapitalistischen Entwicklung* von Paul Sweezy, *Gesellschaft im Überfluss* von J. K. Galbraith, *Die einsame Masse* von David Riesman und *Herr und Opfer der Organisation* von William H. Whyte.

Uns beschäftigte die zentrale Frage, inwieweit neuartige kulturelle Formen die Grenzen des Politischen veränderten und erweiterten. Und diese Frage bestimmte sowohl die New Left wie auch die Cultural Studies. In diesem Sinn ist die Behauptung nicht falsch, dass die Cultural Studies genau an diesem Punkt begannen. Es ist nützlich, die Editorials der *ULR* und ihrer Nachfolgerin, der *NLR*, nochmals zu lesen. Wir sprachen kulturell über Politik und politisch über Kultur. Gleichzeitig versuchten wir die neuen Formen der Klassengesellschaft zu begreifen sowie den ›Wohlstand‹, der vom modernen Kapitalismus – selektiv – produziert wurde. Angesichts der neuen Produktions- und Konsumverhältnisse verlangte dies von uns, den tradierten klassischen Marxismus zu überdenken. In diesem Milieu entfalteten sich nun meine gesellschaftspolitischen und theoretischen Interessen. Meine literaturwissenschaftlichen Forschungen kamen mir zugute, wurden dabei aber auch transformiert und zu einem gewissem Grade verdrängt.

Gleichzeitig fühlte ich mich weiterhin den Ereignissen in der Karibik eng verbunden. In meinen frühen Jahren in der Diaspora wirkten die Diskussionen bezüglich einer karibischen Föderation elektrisierend und rissen die ganze politische Anhängerschaft mit. Die Probleme, die sich der Föderationspolitik stellten und aufgrund der Rivalitäten zwischen den Inseln nach kurzer Zeit zu ihrer Zerschlagung führten, deprimierten mich zutiefst. Diese Fehlschläge trugen dazu bei, dass ich mich auf anderen Gebieten mehr engagierte. Ich hatte immer angenommen, ich würde nach meinem Studienabschluss wieder zurückgehen, und ich schätze, das hätte ich auch getan, wenn die Föderation funktioniert hätte. Dann hätte ich an der University of the West Indies gelehrt und mich dort in der Föderationspolitik der 1960er und 1970er Jahren engagiert. Die Erkenntnis, dass die Föderation scheitern würde und die kleinen, unabhängig gewordenen Inseln sich künftig im Haifischbecken der internationalen Politik allein durchschlagen mussten, brachte mich dazu, alles neu zu überdenken. Sicherlich hieß dies, dass es nun keinen dringlichen Grund mehr gab, zurückzugehen. Was war das genau, zu dem ich zurückkehren würde, und wozu? So verlagerte sich ein entscheidender Teil meiner Energie auf die politische Szenerie, die unmittelbar vor mir lag.

Die *ULR* entstand aus dem vielfältigen Netzwerk, das ich beschrieben habe, vor allem aus dem Umfeld des Socialist Club, der als Magnet für diese Debatten wirkte. Mit dem Auftauen der frostigen Atmosphäre des Kalten Kriegs verringerten sich auch die Barrieren zwischen den verschiedenen politischen Strömungen, und es entwickelte sich eine lebhafte linke politische Kultur über die früheren Grenzen hinweg. Diese Diskussionen kreisten vor allem um die Fragen ›Wie hat sich die Welt verändert?‹ und ›Warum ist sie qualitativ so anders, und zwar sowohl anders als das, was sich zuvor durchgesetzt hatte, als auch als das, was die politischen Theorien, die den historischen Wandel zu erklären versuchten, vorausgesagt hatten?‹ Genauer gesagt beschäftigten wir uns nun mit der Frage ›Was hat die Kultur – die so lange als untergeordnete Sphäre unserer Forschung betrachtet wurde – damit zu tun?‹ Ich würde sagen, diese Diskussion hatte notwendig einen ›kritischen‹ oder ›post‹ oder sogar einen ›dekonstruktiven‹ Aspekt *avant la lettre*.

Die *ULR* stellte einen Versuch dar, diese Diskussion zu bündeln und ihr eine breitere Öffentlichkeit zu verschaffen, um sie mit ähnlichen Entwicklungen im politischen Denken der Linken an anderen Colleges und Universitäten zu verknüpfen sowie sich wieder mit der vorangegangenen Generation der Linken zu verbinden. Die Entscheidung, die *ULR* zu publizieren, stand in direktem Zusammenhang mit den Ereignissen von 1956; was damals geschah, war für uns genauso wichtig wie 1968 für die nächste Generation. Die beiden Detonationen, ausgelöst durch die Suez-Krise und die Rückkehr sowjetischer Panzer auf die Straßen von Budapest, ein Beispiel reinsten sowjetischen Kolonialismus, der die Ungarische Revolution vernichtete, empfanden wir als gleichzeitige Operationen zweier Kolonialismen. Die New Left formierte sich in dem politischen Raum, der sich zwischen diesen beiden entgegengesetzten Koordinaten auftat: zwischen dem aggressiven militärischen Autoritarismus der Nuklearmacht Sowjetunion, der die Degenerierung der revolutionären Ideale offenbarte, die sie einst verkörpert hatte, und der Wiederbelebung des aggressiven britischen Imperialismus, von dem viele fälschlich geglaubt hatten, er sei von der Sozialdemokratie begraben worden. Diese Ereignisse zeigten, dass der Traum vom Sowjetkommunismus tot war, aber ebenso die Illusion, dass der westliche Imperialismus entweder zu Ende oder gutartig sei.

In diesen Raum einzutreten, persönlich und politisch, war prägend für meine gesamte politische Sichtweise. Wir konnten nicht behaupten, unsere unmittelbaren politischen Ziele verwirklicht zu haben, weder die Verjüngung einer demokratischen Labour-Politik noch die nukleare Abrüstung. Trotzdem habe ich mich immer mit diesem politischen Augenblick identifiziert: nicht unbedingt mit den tatsächlichen Positionen, die wir damals einnahmen, aber auf jeden Fall mit den Neigungen und politischen Empfindungen, die sich mir auftaten. Das bin ich politisch.

Die *ULR* war zunächst als Studierendenzeitschrift gedacht, aber sie sprach bald ein breiteres, älteres und politisch erfahrenes intellektuelles Publikum an, trotz des eigenwilligen und widersprüchlichen Titels. Im Rückblick war das eine außergewöhnliche Zeit. Die Beziehungen zwischen den beiden politischen Generationen bestanden weiter – wenn auch nicht ohne Reibungen –, bis wir die Zeitschrift 1960 mit dem *New Reasoner* zur *New Left Review* zusammenlegten.

The New Reasoner war das Organ einer älteren Volksfront-Generation, von der sich viele der Kommunistischen Partei im Zuge ihres antifaschistischen Kampfes angeschlossen hatten. Sie waren während des Zweiten Weltkriegs aktiv gewesen, als Britannien und die Sowjetunion schließlich zu Alliierten wurden. Die Enthüllungen über die Verbrechen des Stalinismus auf dem zwanzigsten Parteitag der KPdSU im Februar 1956 – von denen wir erst später hörten – war für die große Mehrheit von ihnen ein schwerer Schock. Als die Sowjetunion in Ungarn einmarschierte, um den Volksaufstand niederzuschlagen, traten viele dieser Leute aus der Partei aus. Für sie war klar, dass die Britische Kommunistische Partei, obwohl sie überlebte, sich praktisch aufgelöst hatte. Vor dem endgültigen Bruch veröffentlichten mehrere Dissident*innen, darunter Edward und Dorothy Thompson und John Saville, unter Verletzung der Parteiregularien ein internes Bulletin unter dem Titel *The Reasoner*, in dem die Führung offen angegriffen wurde. Ihr Parteiausschluss war daraufhin nur noch eine Frage der Zeit. Aus dieser gemeinsamen Erfahrung heraus entstand die Zeitschrift *The New Reasoner*, die mit der *ULR* ein nicht immer behaglich kooperierendes Tandem bildete.

Unerlässlich war in dieser Hinsicht die Historiker*innengruppe der Kommunistischen Partei, die eine Galaxie junger Wissenschaftler*innen anzog. Sie löste einige der begabtesten, klügsten und kreativsten marxistischen Historiker*innen aus dem stalinistischen Lager heraus, darunter Edward und Dorothy Thompson. Die Gruppe hatte sich schon in der Zeit, als die Partei noch intakt war, eine Schneise unabhängigen Denkens geschlagen. Angeleitet von der geheimnisvollen, aber ungeheuer einflussreichen Dona Torr, die einer ganzen Generation junger Marxist*innen unter anderem beibrachte, wie man *Das Kapital* als historischen Text liest, bildete diese neue politische Generation nun eine starke Truppe interner Opposition innerhalb der Kommunistischen Partei. Sie scharten sich um den *New Reasoner* und brachen mit allen Regeln der Partei.

Vielleicht hatte die größte gefühlte Nichtübereinstimmung zwischen *New Reasoner* und *ULR* weniger mit Politik im engen institutionellen Sinn zu tun, sondern drehte sich vielmehr um die populare Kultur oder, um den damals üblichen Begriff zu benutzen, die Massenkultur. Bei diesem Thema war die politische Generation ganz entscheidend. Die Gruppe um die *ULR* war sehr viel eher bereit als die Kader des *New Reasoner*, mit der Massenkultur statt gegen sie zu arbeiten, trotz aller notwendigerweise damit einhergehenden Schwierigkeiten. Heute fällt es, glaube ich, schwer, die historische Bedeutung dieses Konflikts nachzuvollziehen. In geopolitischen Fragen waren wir natürlich Neutralisten und standen der vom State Department in Washington ausgehenden Politik ablehnend gegenüber. Wir hielten es mit der Tendenz der Bandung-Konferenz, die auf der Suche nach Möglichkeiten einer weder von Washington noch von Moskau abhängigen Politik war. Und wir waren Unilateralisten, die fanden, Britannien könnte und müsste eine führende Rolle bei der atomaren Abrüstung übernehmen. Kulturell aber zog uns die Lebendigkeit der US-amerikanischen Popularkultur magnetisch an, ja sogar das Feld der Massenkultur an sich. Dies verkomplizierte die politische Auseinandersetzung. In den 1950ern stellte sich das allgegenwärtig als Problem der Amerikanisierung. Wir hatten Angst vor der militärischen Übermacht der Vereinigten Staaten und vor der daraus resultierenden Polarisierung einer massiv hochgerüsteten Welt. Die USA waren berüchtigt für ihre Racial Politics. Und es gab große Sorgen über die gewaltige Macht des boomenden Konsumkapitalismus im Nachkriegs-Amerika. Wir fuhren noch immer im Windschatten der Leavisianer*innen, vielleicht mehr, als wir wahrhaben wollten – auch wenn es gute Gründe gab, sich über die Wucht der Kommerzialisierungsprozesse im Alltagsleben Gedanken zu machen. Wo hier die roten Linien verliefen, war immer eine Frage der politischen Debatte und ist es noch. Aber die Vitalität und Unbändigkeit der US-amerikanischen Kultur half dabei, Englands verbissen hierarchische Klassenkulturen zu lockern, und verhieß die Möglichkeit – oder den kollektiven Traum? – einer besseren

Zukunft. Und das abzulehnen hätte sich wie ein ernster politischer Verlust angefühlt.

So erhob sich im Herzen der ursprünglichen *ULR* eine gesonderte, vielleicht diversifizierte Gruppe. Im Kreis des Socialist Club wurde ziemlich informell beschlossen, dass vier von uns als Herausgeber eingesetzt werden sollten, entsprechend der im Club sorgsam gewährleisteten Machtbalance: zwei Exkommunisten (Raphael und Gabriel) und zwei Unabhängige (Chuck und ich). Das gesamte Projekt, bei dem die Zeitschrift als intellektuelles Forum und politische Organisatorin fungieren sollte, wurde von einer breiteren, politisch heterogeneren Gruppe unterstützt.

Von Anfang an war Raphael – dessen Idee es ursprünglich war – die treibende Kraft. Auch wenn seine alten, tief verinnerlichten kommunistischen Prinzipien durcheinandergeraten waren, blieb er ein ungestümes Energiebündel voller Hoffnungen. Raphael war es, der die Druckerei bezirzte, eine zweite Auflage zu produzieren, noch bevor die erste abverkauft war (was aber schließlich passierte), ohne dass wir irgendwelche finanziellen Sicherheiten bieten konnten. Er sorgte dafür, dass wir keine Anzeigen buchten, die wir nicht bezahlen konnten. Und er wandte sich an hoch angesehene externe Autor*innen um Beiträge, so wie die Gruppe um *The New Reasoner* oder auch den großartigen Historiker und Trotzki-Biografen Isaac Deutscher, den kaum jemand von uns je persönlich getroffen hatte. Die Auswahl der Autor*innen für die erste Ausgabe war breit gestreut. Darunter befanden sich Thompson selbst, John Saville, der Historiker der Arbeiterbewegung, die *marxisante* Keynesianerin Joan Robinson, der Kunstkritiker Michael Ayrton, die ›Free Cinema‹-Regisseure Lindsay Anderson und Karel Reisz, der Afrikanist Basil Davidson und Eric Hobsbawm. Die Herausgeber mussten nach Reading fahren und sich von Deutscher überprüfen lassen, bevor er uns seinen Essay zum Thema »Russland im Übergang« überließ, den Raphael dann trotz feierlicher gegenteiliger Zusicherungen mit großem Sachverstand redigierte.

Raphael war ein bemerkenswerter Mensch. Er verströmte unablässig kreative Ideen, doch in Fragen praktischer Organisation war er ein Albtraum. Einen Vortrag von Raphael anzuhören – unfertig, handschriftlich hingekritzelt, das eine oder andere Blatt auf den Boden flatternd –, war eine phantastische, wiewohl nervenaufreibende Erfahrung. Bei alledem war er talentiert und gewitzt: ein origineller Sozialhistoriker mit einer unglaublichen Fülle an Detailwissen, sehr breit belesen und ein hervorragender Lehrer, der jüngere Wissenschaftler*innen zu inspirieren wusste. Er war außerdem ein brillanter, wenn auch unberechenbarer Motor für neue politische Projekte, die Gründung des *History Workshop Journal* war nur eins von vielen. Ohne seine unglaubliche Energie, Ausdauer und sein unerschütterliches politisches Engagement hätte die *ULR* niemals ein Bein auf den Boden bekommen.

Das war die *ULR*, eingebettet in die politischen Debatten dieser Zeit: Die damals verhandelten Themen gingen über das Terrain traditioneller politischer Diskussion hinaus und drangen in die darunter liegenden kulturellen und gesellschaftlichen Strukturen ein, welche die historischen Verhältnisse hervorbringen, aus denen sich immer politische Fragen im engeren Sinne – ›Wer übt die Macht im Staat aus?‹, ›Wer wird in die Regierung gewählt?‹ – ergeben. Am spannendsten fand ich Diskussionen, in denen es um die Verbindung zwischen Kultur und Politik ging, oder um es begrifflicher zu fassen, um Kultur und Macht, einschließlich des vielbesprochenen, aber schwierigen Themas Ideologie.

Tatsächlich nutzten wir damals schon einen Begriff von Hegemonie, obwohl uns das Konzept an sich noch eher fremd war. In der Praxis arbeiteten wir uns auf eine Hegemonietheorie zu, obwohl noch keiner von uns ein Wort von Gramsci gelesen hatte. Solches Denken aber begann bereits Form anzunehmen und sich zu verbinden: die Vorstellung, dass Macht nie ausschließlich durch politische Institutionen und den Staat ausgeübt wird; dass der Staat immer auch ›erzieherisch‹ tätig ist; das komplizierte Verhältnis zwischen Herrschaft und Konsens; und die Tatsache, dass Autorität, die es der Macht ermöglicht, große historische Aufgaben zu erfüllen, sich immer an vielen verschiedenen Stellen konstituiert. Uns ging es nie darum, einfach nur die staatlichen Institutionen zu erobern oder seine Stellvertreter zu werden, was für andere unserer Generation Priorität hatte und auf die Frage hinauslief: ›Kann Labour die Wahlen gewinnen?‹ Das schien uns nie genug.

In diesen Zusammenhang gehören die praktischen Fähigkeiten des kulturellen Lesens, die ich formal durch die Literaturkritik gelernt hatte und die jetzt durch die Arbeiten von Richard Hoggart und Raymond Williams anfingen, bewusst und explizit Anwendung auf die Gesellschaftsanalyse zu erfahren. Ich, der Migrant in England, befand mich daraufhin – ungewollt – in der Situation, unendliche Feldforschung im eigenen Dorf zu betreiben, so als wären meine Nachbar*innen plötzlich mittels Alchemie in einheimische Informant*innen verwandelt worden. Der Übergang vom kritischen Lesen von Literatur zu einem erweiterten Konzept von Politik erwies sich nicht nur als intellektuell zunehmend überzeugend, sondern auch als unwiderstehlich.

Wie ich erklärt habe, warf Migration die drängendsten Fragen zu Identität und Selbst-Identifikation auf. Dies sind Dinge, mit denen alle Menschen der Karibik sich ein Stück weit auseinandersetzen müssen, teils wegen des synkretistischen Charakters der karibischen Kultur und teils wegen der gewaltsamen Brüche und brutalen Risse in ihrer Geschichte. Identität war für uns alle notwendig ein politisches Thema, sowohl in der Karibik als auch in Britannien. Nachdem ich entschieden hatte, nicht so bald zurückzukehren, drangen Fragen von Identität und Zugehörigkeit mit besonderem Ungestüm auf mich ein. Ich war genötigt, mich mit meiner Vergangenheit auseinanderzusetzen und zu versuchen, die karibische Welt zu durchschauen, ihre spezifische Art von vertraulicher Unterordnung und wie dies durch die koloniale Metropole und im Verhältnis zu ihr geformt worden war. *Mein* Unbehagen, das wurde mir ganz allmählich klar, war gar nicht nur meins.

Dann kam der Moment, in dem ich mich entschied, meine eigenen Forschungsprojekte für eine Weile beiseitezuschieben, und mich in die Rhodes House-Bibliothek begab, um mich in die Geschichte der Sklaverei und der Eroberung der Neuen Welt zu vertiefen. Im Mittelpunkt standen die Diskussion zu ›überlebenden Elementen‹ afrikanischer Kultur bei Melville Herskovits und anderen; frühe Samisdat-Übersetzungen von Roger Bastide aus dem Portugiesischen über afrobrasilianische Kulturen und von Jean Price-Mars aus dem Französischen über Haiti; später Gilberto Freyre über Brasilien; die Arbeit des unvergleichlichen Fernando Ortiz über Kuba und die afrokaribischen ›Religionen der Unterdrückten‹ und popularen Bräuche. Und so verschob sich für mich das Verständnis von Kultur eindeutig weg von Matthew Arnolds ›sweetness and light‹ oder auch dem ›Besten, was gedacht und gesagt worden ist‹ – oder Leavis' ›Massenzivilisation und Minderheitenkultur‹ – und hin zu Williams' ›whole way of life‹ und (schließlich, etwas später) den ›sinnstiftenden Praktiken‹. Ich kann die Bedeutung der karibischen, der Neue-Welt-Route auf dieser Wegstrecke nicht genug hervorheben.

Ich stecke hier mitten in der Diskussion über Politik, und doch muss ich unbedingt mein sich änderndes Verhältnis zum Kulturbegriff erklären. Ich entschuldige mich auch nicht dafür. Dieser Prozess führte mich dahin, Kultur als sinnstiftende Dimension menschlichen Handelns zu verstehen. Um es in Begriffen von Althusser auszudrücken: Kultur stellt eine der grundlegenden Instanzen jeder Gesellschaftsformation dar, ohne die Gesellschaften als solche nicht existieren können.

Dieser Umweg über die Rhodes House-Bibliothek, als alle – mich eingeschlossen – sich tief in die theoretische Problematik bei Hoggart und Williams verbissen hatten, markiert für mich den eigentlichen Beginn der Cultural Studies. In meiner Vorlesung »Die Diaspora denken«, die ich vor einigen Jahren in Salvador im brasilianischen Bundesstaat Bahia hielt – meine erste, atemberaubende Reise nach Afro-Brasilien –, nannte ich diese frühere Begegnung mit der Schwarzen Neuen Welt, als ich noch so wenig wusste und so viel zu lernen hatte, meinen ›Bahia-Moment‹[10] der Cultural Studies.

Das erinnert mich daran, wie wichtig in diesen Jahren die Entdeckung oder Wiederentdeckung der Anthropologie für die Herausbildung einer anglophonen marxistischen Geschichtsforschung war. Ich weiß noch immer nicht, wie es im britischen intellektuellen Leben dazu kam. Wann immer Hobsbawm oder Thompson sich dazu äußern sollten, wurden sie merkwürdig kryptisch. Es ist irgendwie passiert. Dass es passiert ist, ist jedoch nicht von der Hand zu weisen. Was wir heute ›Kultur‹ nennen, wurde erstmals als besonderer Strang innerhalb der marxistisch beeinflussten Sozialgeschichte erkannt, als analytisches strukturierendes Prinzip. *Sozialrebellen* (Hobsbawm) und *Customs in Common* (Thompson) wurden wichtige Forschungsgebiete für nachfolgende Historiker*innengenerationen.

Und doch standen die Dimensionen von Race in der britischen Geschichtsschreibung der Neuen Welt nie im Zentrum der anthropologischen Arbeiten, die in die Metropole zurückflossen. Die Arbeiten über die Karibik, die ich las, waren größtenteils von der französischen oder von der Anthropologie der Neuen Welt publiziert worden. Am meisten interessierte mich Literatur über die Sklaverei, das Ausmaß afrikanischer ›überlebender Kulturelemente‹ im Schwarzen Atlantik, über Kreolisierung und das, was der unvergleichliche Ortiz mit Blick auf die kubanischen Verhältnisse ›Transkulturation‹ nannte. Zentral für mich war die Auswirkung der Sklaverei auf die Transformation der ererbten afrikanischen Kultur in das, was ich als synkretische oder kreolisierte jamaikanische Volkskultur kannte. Ich versuchte auch, den Einfluss grundsätzlicher zu verstehen, den afrikanische und europäische Kulturen auf die Karibik hatten, und wie eine indigene Kultur entstanden war, verwandt und doch anders als all ihre symbolischen Quellen, als Resultat eines reziproken, aber ungleichen Prozesses der Transkulturation und der oft brutalen Transaktionen zwischen diesen verschiedenen Elementen. Anders ausgedrückt: Ich wollte die kulturelle Formierung der postkolonialen Nation verstehen. Das schien mir dringlich, da ich über die Aussichten für die neue Schwarze Diaspora in Britannien nachdachte. Mit anderen Worten: Ich wollte herausfinden, wie die Schwarze britische Diaspora ihr ausgehandeltes Verhältnis zu der *zu Hause* kolonisierenden Kultur gestalten musste, die durch eine unvorhergesehene Wendung des Schicksals nun auch buchstäblich unser neues Zuhause war.

10 Bahia ist ein brasilianischer Bundesstaat an der Antlantikküste. Die Kolonisation Bahias begann 1510. Bereits 1551 wurden die ersten afrikanischen Sklav*innen dorthin verschleppt. Bis heute weist Bahia den höchsten Anteil an Schwarzer Bevölkerung und den größten afrikanischen Einfluss in Brasilien auf. In diesem Sinne rückt für Stuart Hall eine ›neu entdeckte‹ Peripherie ins Zentrum der Analyse.

Während ich dies tat – und mich intensiv mit Herskovits und Ortiz und allen anderen beschäftigte –, war ich gleichzeitig fasziniert von Raymond Williams. Das mag wie das Paradebeispiel eines doppelten Bewusstseins klingen. Denn genau das war es.

Williams war als Gastdozent in Hastings, was ihm ein wunderbar unkonventionelles Verhältnis zum intellektuellen Establishment erlaubte. In einer ruhigen, provinziellen Ecke von Südengland arbeitete er in der Erwachsenenbildung. Aber zufällig war dies auch eine Außenstelle der Oxforder Universität. Das bedeutete, dass er öfter in Oxford zu tun hatte. Er kam regelmäßig zu den kritischen Seminaren von F. W. (Freddie) Bateson am Jesus College. Bateson war eine eigenartige Gestalt, selbst nach Oxforder Maßstäben. Er war der Gründer und jahrelange Herausgeber der *Essays in Criticism*, einer Art politischer Konkurrenz zu *Scrutiny*. Wenn man aber auf seine Arbeit für die Regierung während des Krieges schaut, beschäftigte er sich auch mit Fragen der Landwirtschaft und hatte eine fabianische Schrift über die Möglichkeiten einer Sozialisierung der Landwirtschaft herausgegeben. Wahrscheinlich hat ihn das für Williams sympathisch gemacht. Alan Hall und ich trafen Raymond gelegentlich und freundeten uns mit ihm an. Er gab uns zwei noch nicht gedruckte Kapitel von *Culture and Society* zu lesen. Das war sehr wichtig für mich.

Williams eröffnete uns eine andere Lesweise der Verbindungen zwischen literarischer Tradition, weitergehenden intellektuellen Anordnungen und Ansätzen, gesellschaftlichen Strukturen und der allgemeinen Kultur. Das tat er zum Teil, indem er die Tradition der englischen Gesellschaftskritik mit Bezug auf die Verbindung von Kultur und Gesellschaft neu erfand. Er fing genau da an, wo auch meine Interessen lagen, beim historischen Kontext der Literatur, landete aber bei einer spezifischen, originellen Kulturtheorie. Die Bedeutung von Williams lag damals zum Teil darin, dass er sich darauf verstand, Diskussionen über Literatur und Kultur mit aktuellen gesellschaftlichen Ereignissen und politischen Auseinandersetzungen in Verbindung zu setzen, so wie er es in *The Long Revolution* tat, dem Werk, das auf *Culture and Society* folgte und zu einem Paradigmenwechsel führte.

In dieser Periode schien die breitere politische Debatte auf das hinauszulaufen, was schließlich in die These über die ›Verbürgerlichung‹ der Arbeiter*innenklasse in den entwickelten Industriegesellschaften mündete. Zum Teil war dies die Frage nach dem politisch handelnden Subjekt. Wo waren die klassischen Subjekte der gesellschaftlichen Veränderung, die Totengräber des Kapitalismus, wie Marx es ausgedrückt hatte? Was war aus jener aufkommenden Macht geworden – der Arbeiterbewegung –, deren Voranschreiten die Massenpolitik in den industrialisierten Ländern im neunzehnten und zwanzigsten Jahrhundert so entscheidend verändert hatte? Was war mit dem Proletariat geschehen, das in der Zeit nach dem Ersten Weltkrieg so dramatisch präsent gewesen war und kurz davor schien, die prophezeite sozialistische Revolution durchzuführen: 1917 in St. Petersburg; 1918/19 mit Rosa Luxemburg und dem Spartakusbund in Berlin; die Räte in Ungarn und München; die Fabrikbesetzungen von Turin, aus denen Gramsci seine ersten Lehren über die proletarische Ordnung bezog; die ›Red Clydeside‹-Bewegung in Schottland? Was geschah in unserer Welt der 1950er Jahre mit diesen Traditionen proletarischer Aufstände? Als ich begann, diese Zusammenhänge zu verstehen, war die klassische Zeit proletarischer Kämpfe schon vorüber. Als gesellschaftliche Kraft, als der formal konstruierte Antagonist des Kapitals, war das Proletariat für immer verschwunden. Diese Erkenntnis markierte einen weiteren Wendepunkt in meiner politischen Neuorientierung.

Aber wenn dem nun so war, wo waren die neuen ›gesellschaftlichen Kräfteverhältnisse‹ zu verorten? Noch drängender stellte sich die Frage, ob die kollektive Politik, die den britischen Wohlfahrtsstaat gestützt und die soziale Demokratie ermöglicht hatte, nicht nur von ihren Feinden besiegt, sondern womöglich auch von ökonomischen, sozialen und kulturellen Trends untergraben wurde. Es tauchten neue gesellschaftliche Konfigurationen auf, angetrieben von innovativen Konsum- und Managementstrategien des Kapitalismus, die – paradoxerweise – durch die Bedrohungen der Großen Depression und des Krieges erst möglich geworden waren. Die Transformation der Arbeiterklasse und ihrer kulturellen Formen – kurz gesagt, die Amerikanisierung der Massenkultur – war ein politisches Thema geworden, dem man sich nicht entziehen konnte.

Da offenbarte sich rasant die implizite Politik von Richard Hoggart in *The Uses of Literacy* (1957) und von Raymond Williams in *Culture and Society* (1958), die auf den ersten Blick scheinbar keine unmittelbare oder offenkundige politische Relevanz gehabt hatten. Wir traten eindeutig in eine neue politische Konjunktur ein. Es war auch der Moment des verwirrenden und verwirrten Phänomens der Angry Young Men, der Geburtsstunde des Royal Court Theatre mit seiner neuen Orientierung, des Rock'n'Roll und der Free-Cinema-Bewegung von Lindsay Anderson und Karel Reisz.

Die beste Art, diese Atmosphäre wieder aufleben zu lassen, ist vielleicht diese Geschichte: Im Sommer 1956 versuchte ich meinen Artikel über *Damen in Boston* von Henry James zu schreiben. Ich fuhr mit Alan Hall und zwei weiteren Freunden – Peter Rhodes, einem Engländer, und Mario Lippa, einem Amerikaner, beide waren Maler und studierten am Ruskin College – nach Cornwall in die Ferien. Alan und ich hatten die Absicht, ein Buch über die Brüche in der britischen Kultur und Politik zu schreiben, die schon vor der Suez-Krise und den Vorfällen in Ungarn wahrnehmbar waren. Es war uns ein dringendes Anliegen, die politischen Entwicklungen der Vergangenheit neu zu bewerten. Hier einige der Bücher, die wir auf unsere Reise mitnahmen: *Culture and Society*; eine kleine Textauswahl von Leavis; T.S. Eliots *Beiträge zum Begriff der Kultur*; John Stracheys *End of Empire*; Tony Croslands *The Future of Socialism*, C. Wright Mills' *Menschen im Büro*; Colin Wilsons gerade eben veröffentlichtes Buch *Der Outsider*, in dem er seinen bizarren anglisierten Existenzialismus darlegte; *Time and Place*, die Autobiografie des sehr jungen (und heute zu Recht vergessenen) George Scott; eine Sammlung mit Essays von George Orwell und verschiedene Texte, die wir aus den Schriften der Free-Cinema-Leute zusammengestellt hatten. Das war das Rohmaterial, aus dem wir irgendwie unser Buch hervorzaubern wollten, welches erklären sollte, wie die Veränderungen, die die englische Kultur erschütterten, mit der Entwicklung des fortgeschrittenen Kapitalismus zusammenhingen und den Neukonfigurationen in der britischen Politik! Wir ahnten, dass diese Veränderungen wiederum irgendwie mit dem Ende des Empire zu tun hatten, weshalb wir Strachey in unsere Lektüren aufgenommen hatten. Obwohl, um ehrlich zu sein, solche kolonialen und postkolonialen Dimensionen (diese Begriffe hätten wir 1956 auch gar nicht verwendet) ganz am Rand unseres Forschungshorizonts lagen.

Es ist aufschlussreich, rückblickend darüber nachzudenken, wie präsent in unserer Vorstellung die Perspektive der Dekolonisierung war. Ohne Frage standen Labourpolitik, der Wohlfahrtsstaat und innenpolitische Parteipolitiken im Vordergrund. Aber diese innenpolitischen Betrachtungen wurden beeinflusst durch die karibischen Debatten, in die ich involviert war, und natürlich durch die Suez-Krise, die sich in diesem Sommer spürbar aufbaute und täglich in der Presse war. Es wäre schon knifflig (wiewohl in England nicht unmöglich) gewesen, im Sommer 1956 Britanniens imperiale Dimensionen nicht wahrzunehmen. Die ungelöste Frage war jedoch, wie diese überseeischen Bestimmtheiten sich auf die neuen metropolitanen Kulturen auswirkten, welche *ebenfalls* so sichtbar waren und ebenfalls durch die alte Ordnung dröhnten und sie unterminierten.

Es gab zudem noch einen Grund, warum diese Fragen mir wichtig waren. Das Ethos der Oxforder Labourpolitik war unerschütterlich Weiß und englisch, bis in die tiefsten Befindlichkeiten. Die Labour-Parteigruppe mit ihrer handverlesenen, eng auf eine parlamentarische Karriere zugeschnittenen Gefolgschaft fand ich besonders abschreckend. Unerträglich, diese Kombination aus Puritanismus, fabianischer Selbstgerechtigkeit und einstudierter, dabei zugleich unbewusster Anbiederung ans Protokoll von Oxfords England – vor allem am Sonntagmorgen, wenn sich alle trafen. Eine der Koryphäen der Oxforder Linken, Brian Walden, der bald darauf nur allzu vorhersehbar Labour-MP und politischer Kommentator (mit einer gewissen Schwäche für Mrs. Thatcher) wurde, erklärte mir einmal, in der Labour Party sei kein Platz für Leute wie mich. Ich war dankbar. Ich wusste genau, was er meinte!

Der Socialist Club und andere Gruppierungen der unabhängigen Linken hatten sich in Opposition zu alledem gegründet und eine wilde Mischung aus Ex-Kommunist*innen, Trotzkist*innen und diversen Sozialist*innen sowie einer Reihe unabhängiger Geister unter den Labour-Anhänger*innen um sich geschart.

Wir waren die Letzten der ersten New Left-Generation. Aber wir wurden fast sofort ersetzt durch die zweite, zu der Perry Anderson und Mike Rustin gehörten. Kaum in Oxford angekommen, wurde Mike zum Pionier der zweiten New Left-Generation. Mit Alan Shuttleworth und Robin Blackburn gründete er eine Nachfolgepublikation der *ULR*, die *New University*, zu deren Umfeld gehörte auch Perry Anderson, was wiederum Leute wie Alexander Cockburn und Gareth Stedman Jones an Bord brachte. Mit anderen Worten, die *New University* organisierte wesentlich die zweite Generation der New Left, die schließlich die *NLR* übernahm. Mike war und ist ein unermüdlicher, ertragreicher Erfinder kreativer Lösungen für administrative und organisatorische Probleme, Aktivist in einer Unmenge politischer Kampagnen, ein begabter Soziologe und sachkundiger Teilnehmer an der Welt der Psychoanalyse. Er blieb ein Mensch voll ungeheurem Enthusiasmus für das Leben in all seinen Facetten. Er hat viel Zeit darauf verwendet, kleine politische Zeitschriften wie *Views* und viele Jahre später *Soundings* ins Leben zu rufen, für sie zu schreiben und sie redaktionell zu betreuen. Trotz unseres ganz unterschiedlichen Temperaments sind wir enge politische Weggefährten und gehören zur selben Familie.

Die New Left, die sich nun herausbildete, bestand nicht nur aus *ULR* oder später *NLR*. Allzu leicht wird vergessen, dass es sich vor allem um eine politische Bewegung handelte. Als 1960 die *NLR* gegründet wurde, war die Zeitschrift auch als Organisationsplattform für eine breitere Bewegung gedacht, die landesweit in den New Left Clubs aufgebaut wurde. In renovierten Büros an der Carlisle Street in Soho fanden Treffen statt, dort gab es auch ein Clubhaus, eine Bibliothek und eine Cafeteria.

In London organisierte der *ULR* Club eine Zeitlang größere politische Zusammenkünfte, die meist montags stattfanden, in einem Hotel oder an einem anderen Ort in der Londoner Innenstadt, den wir uns leisten konnten, manchmal auch in der Oxford Street 100, die eher als Tanzlokal bekannt war. Isaac Deutscher sprach auf der ersten Veranstaltung dort. Niemand von uns hätte gedacht, dass so viele Leute kommen würden. Sechs- oder siebenhundert standen Schlange, um reinzukommen. Die politische

Energie dieser Zeit kann man sich heute kaum noch vorstellen. Tom Mboya, der am Ruskin College studierte, war ebenfalls ein Magnet. Wir machten Veranstaltungen zur NATO und zu Südafrika, und natürlich lockten wir so viele unserer Gegner in der Labour Party dorthin, wie zu kommen bereit waren.

Schon seltsam, im Rückblick, dieser Austausch zwischen den jungen Kadern der New Left und den etablierten Führern der Labour Party. Nicht dass ihnen gefiel, was wir sagten. Doch der politische und intellektuelle Austausch fand statt, jedenfalls eine ganze Weile lang, was heute nicht mehr möglich wäre. Wir nutzten die jährlichen Labour-Parteitage als Gelegenheit zum Agitieren; wir organisierten eine Ausstellung, um die Manipulationen der Werbeindustrie offenzulegen, und zeigten sie im Rahmenprogramm einer Labour-Tagung. Wir fertigten täglich Matrizenabzüge mit Nachrichten für die Delegierten an. Es war die Zeit der tiefen Spaltung innerhalb der Labour Party, nicht nur bezüglich der atomaren Aufrüstung, sondern auch wegen Paragraf vier des Parteiprogramms, der die Verstaatlichung der Produktionsmittel, des Verkehrs und der Börse ins Parteiziel einschrieb. In dieser Phase diskutierten wir mit Schwergewichten wie Hugh Gaitskell, Tony Crosland und Richard Crossman. Wir bemühten uns, Brücken zu bauen, zur *Tribune*, zum *New Statesman* und zu Organisationen wie dem *Movement for Colonial Freedom*. Eine neue Generation von Schullehrer*innen organisierte sich unter dem Banner der New Left. Von der Carlisle Street aus wurden in London Flugblattaktionen gestartet, die unter dem Motto ›Ban the Bomb!‹ zu den Aldermaston-Märschen der CND aufriefen, organisiert von Leuten wie Ernest Rodker, dessen Mutter eine gute Freundin von Doris Lessing war, die sich damals selbst in der New Left engagierte.

Im Vorfeld der Wahlen 1959 kam es in der Labour Party zu einem Showdown zwischen Linken und Rechten, Orthodoxen und Revisionisten, in den wir alle hineingezogen wurden. Es entwickelte sich eine wütende, lang anhaltende Debatte unter politischen Kommentator*innen und innerhalb der Linken über den zukünftigen Kurs und die Strategie der Labour Party und ihre Chancen, eine Wahl zu gewinnen. Einen Eindruck von der damaligen Stimmung vermittelt die Polemik *Must Labour Lose?* von Mark Abrams und Richard Rose, die sie mit Unterstützung der unbeugsamen Rita Hinden verfassten und 1960 bei Penguin veröffentlichten.

Ich hatte Oxford 1958 verlassen und war nach London gezogen. Unsere Zeit in Oxford war vorbei, und für viele von uns wurde London zur tragenden Achse der New Left-Politik. Chuck Taylor ging nach Paris, um mit Maurice Merleau-Ponty zusammenzuarbeiten; Raphael Samuel kam nach London, erst an die London School of Economics und dann ans Institute of Community Studies in Bethnal Green; Gabriel Pearson und Alan Hall landeten als Dozenten an der Keele University. Ich selbst ging nach London und spielte auf Zeit, bis die große Entscheidung über meine Heimkehr anstand.

Ich übernahm einen Job als Vertretungslehrer an einer Schule im Londoner Süden, der Stockwell Secondary Modern School. Dorthin gingen mehrheitlich Weiße Arbeiterkinder, etwa ein Viertel der Schüler waren Schwarze Jungen aus Brixton und Oval. Diese Kinder waren durch den 11-Plus-Test gefallen und nun am Boden der Erziehungspyramide gelandet. Viele der Weißen Väter arbeiteten im Zeitungsgewerbe und ihren Söhnen war ein Job ›beim Druck‹ gewiss – so wie den Mitgliedern des Hochadels ein Sitz im House of Lords. Sie hatten wenig Lust auf formale Bildung, obwohl einige von ihnen blitzgescheit waren. Wenn ich Krach mit ihnen hatte, drohten sie mir mit ihren älteren Brüdern, die sich mich vorknöpfen sollten, und ich hatte schon viel erreicht, wenn alle dreißig Jungen während des Unterrichts auf ihren Stühlen sitzen blieben. Auf dem Weg vom chaotischen Besuch des Schwimmbads zurück zur Schule am Freitagnachmittag verschwanden sie kommentarlos aus der Reihe, wenn wir an ihrer Straße vorbeikamen, und ich konnte nur hoffen, dass sie am folgenden Montag wohlbehalten wieder auftauchten.

Ich fand eine Unterkunft in Clapham bei Jock und Millie Haston. Jock, ein Seemann aus der Glasgower Arbeiter*innenklasse, war von Anfang der 1930er bis in die späten 1940er ein führender, außerordentlich energischer und kluger Trotzkist gewesen. Ich glaube, es ist sein Verdienst, Gerry Healy für den Trotzkismus gewonnen zu haben, der dann für lange Zeit Chef der linientreueren Splittergruppen der britischen Linken war. Als ich Jock kennenlernte, hatte er mit den Sekten gebrochen und engagierte sich in der gewerkschaftlichen Bildungsarbeit. Millie, seine in Südafrika geborene jüdische Ehefrau, war eine Art ideologische Entristin und eine der Hauptstützen der lokalen Sektion der Labour Party. Sie waren unheimlich liebe Menschen, die mich während dieser schwierigen, einsamen Übergangszeit in London bemutterten und bevaterten.

In dieser gesamten Zeit war ich unglaublich eingespannt. Tagsüber unterrichtete ich, nachmittags fuhr ich nach Soho in die Redaktion der *ULR*, um mit unserer einzigen Vollzeitkraft Janet Hase die Zeitschrift zu redigieren. Jeden Freitagabend nahm ich den Zug nach Bexleyheath, um dort einen außeruniversitären Literaturkurs zu leiten. Wochentags verließ ich die Redaktion in der Regel erst nach Mitternacht und fuhr mit dem Nachtbus nach Clapham, um am nächsten Morgen wieder zeitig zur Schule zu müssen.

In Soho befand sich auch das Partisan Café, das zu finanzieren Raphael Samuel seine ziemlich widerwilligen Mitherausgeber*innen überzeugt hatte.

Ich weiß noch, wie eine Redaktionssitzung in Chuck Taylors Wohnung – damals noch in Oxford – die ganze Nacht dauerte, als über die Eröffnung eines Cafés diskutiert wurde. Die Mehrheit stimmte dagegen. Aber wann hätten solche Formalitäten jemals Raphaels unaufhaltsamen organisatorischen Schwung gebremst? Er kratzte das nötige Geld zusammen, teilweise bei exkommunistischen Bekannten, die nach den Ereignissen in Ungarn die Partei verlassen hatten. Raphaels Lieblingsvorbild war die Kabarettkultur im Berlin der Weimarer Republik, die er ins Soho der 1960er Jahre transferieren wollte! Nach der Eröffnung kaufte er die Lebensmittel für das Café lange Zeit selbst auf dem Markt in der Berwick Street ein und überwachte die jüdisch-osteuropäische Speisekarte. Eine große Auseinandersetzung gab es in der Kaffee-Frage. Raphael war ein militanter Gegner der Espresso-Revolution, die gerade London erfasst hatte. Allerdings gab es gegenüber vom Partisan Café an der Ecke Dean Street und Soho Square eine original Gaggia Café-Bar, in deren Fenster die erste funkelnde Espressomaschine Londons prangte! Wie verführerisch war das? Abtrünnige wie ich schlichen ab und zu vom Partisan Café, das nur Filterkaffee anbot, auf die andere Straßenseite, um sich einen Espressoschuss abzuholen.

Soho war zentral, angesagt und unkonventionell. Ein Knotenpunkt für eine Vielfalt gesellschaftlicher und politischer Strömungen, besonders als der dort ansässige *ULR* Club sich immer mehr in die politischen Auseinandersetzungen einmischte. Nachdem die *ULR* mit dem *New Reasoner* zur *NLR* fusioniert war und überall im Land New Left Clubs gegründet wurden, entstanden immer mehr Verbindungen in die Provinz. Menschen, die nicht in London lebten, kamen bei uns vorbei, wenn sie in der Stadt waren. Ein ungebetener Gast, der ebenfalls vorbeischaute, war der Special Branch Agent, der sich die Abonnentenliste aus unserem Büro ›borgte‹.

Trotz allem spürte ich seit meiner Ankunft in London überall die Atmosphäre von unterschwelligem Rassismus, wobei ich wahrscheinlich dank meiner Mittelklasse-Herkunft, meinem Status als Student und meiner ›Braunen‹ Hautfarbe nicht die volle Wucht abbekam. Aber seine greifbare Präsenz ließ sich nicht ignorieren. Schließlich waren die 1950er Jahre ein Wendepunkt, was unverblümt geäußerte rassistische Haltungen in der Öffentlichkeit anging. Die Feindseligkeit und Missgunst angesichts der Entstehung der frühen Ghettoviertel, die Konkurrenz um Arbeitsplätze und Wohnungen, die Diskriminierung direkt vor der Haustür, kriminelle ›multiple occupation‹-Vermieter mit zu viel Macht – all das verschärfte sich gerade und gipfelte schließlich in den Gewalttaten von Notting Hill.

Ich hatte solche rassisierten Gärungsprozesse in Oxford seit langem gespürt, und in der Suez-Krise waren sie jäh an die Oberfläche getreten. Aber London war anders. Als ich hinkam, engagierte ich mich mittels der

New Left-Netzwerke in der antirassistischen Arbeit in Notting Hill. Das sollte sich als entscheidende diasporische Neuausrichtung meines politischen Lebens erweisen. Zum ersten Mal sah ich, was aus westindischen Migrant*innen geworden war. Sie waren nicht länger Neuankömmlinge, die nach einer Unterkunft suchten – so wie ich sie damals an der Paddington Station erlebt hatte. Sie waren jetzt in der Stadt verwurzelt. Ihre Kinder zeigten Präsenz an den Schulen. Sie waren hier, um zu bleiben.

Eines Nachmittags fuhr ich mit der U-Bahn zur Redaktion der *ULR*, als eine Gruppe Weißer Schüler aus meiner Schule einstieg. Da ich wusste, dass sie nur selten ihr ›Revier‹ verließen, fragte ich, wo sie hinwollten. Sie erklärten mir, sie wollten nach Notting Hill, weil es dort ›Rabatz‹ gäbe. Das war ganz kurz vor den Eskalationen in Notting Hill. Die großen, schönen, aber heruntergekommenen Wohnsitze von North Kensington, einem verrottenden fürstlichen Viertel, waren in ›multiple occupation‹-Unterkünfte umgewandelt worden, wo profitgierige Vermieter*innen eine große Anzahl afrokaribischer Migrant*innen in abstoßend ungemütliche Wohneinheiten pferchten. Die faschistischen Mosley-Anhänger, die seit dem Ende des Kriegs nur selten in Erscheinung getreten waren, begannen dort samstags auf dem Markt ihren Rassismus zu predigen. Meine Schüler fuhren nach Notting Hill, um sich an der Straße zwischen U-Bahn-Station und Powis Terrace aufzubauen, wo Schwarze Männer und Frauen auf dem Weg von der Arbeit entlangmussten. Wenn der Abend nahte, begann ihr Sport. Die Pubs öffneten. Schwarze machten sich auf ihren Heimweg. Gruppen von Weißen Jugendlichen – später von den Medien als Teddy Boys identifiziert – säumten die Straße, brüllten rassistische Beleidigungen und belästigten die Frauen, angestachelt von den Erwachsenen. Ich fragte meine Jungs, was in aller Welt sie hier zu tun glaubten. Sie kamen mir mit den üblichen rassistischen Sprüchen: »Die Schwarzen kommen hierher, fahren fette Sportwagen, spielen laute Musik, nehmen uns unsere (*sic*) Frauen weg und klauen unsere (*sic*) Jobs.« – »Was redet ihr denn da?«, fragte ich. »Meint ihr Leute wie mich? Meint ihr die Schwarzen Jungs in eurer Klasse?« Sie schauten mich erstaunt an. »Nein, doch nicht SIE, Sirrr«, antworteten sie sarkastisch. Einige meiner besten Freunde, dachte ich. Unsere Tochter Becky weiß heute noch, wie ich ihr erzählte, dass wir die Schwarzen Kindergärtnerinnen abends nach Hause brachten, um sicherzugehen, dass ihnen nichts passierte.

Der *ULR* Club war in Notting Hill aktiv, arbeitete mit Schwarzen Aktivist*innen und Kirchenleuten und Linken aus der Labour Party – die in der Rassismusfrage zutiefst gespalten war – zusammen, um örtliche Selbstverteidigungsgruppen Schwarzer und Weißer Mieter*innen aufzubauen. Das war unsere erste Erfahrung mit Stadtteilpolitik. Sie dauerte noch länger an, inspiriert von Stadtteilaktivist*innen wie George Clarke, der auch die ULR-Club-Initiative anleitete.

Eines Tages kam Michael de Freitas ins Büro der *ULR* spaziert. De Freitas war mixed-race Trinidader und wurde später als Michael X bekannt. Er stellte sich in aller Bescheidenheit mit den Worten vor: »Ich kontrolliere Notting Hill.« Damit meinte er, dass er im neuen kriminellen Untergrund des Viertels einer der aufstrebenden harten Burschen war. Er hatte wahrscheinlich bei Prostitution die Finger im Spiel und gab freimütig zu, dass er Teilzeit für Miethaie tätig war und Schwarze, die die Miete nicht zahlen konnten, aus ihren Wohnungen und all ihre Habseligkeiten auf die Straße warf. Der Kern seiner Rede war: »Es gefällt mir nicht, aber damit verdiene ich meine Brötchen. Aber in letzter Zeit sehe ich euch Leutchen öfter in der Gegend. Was habt ihr vor? Vielleicht kann ich mitmachen?« Wir beschlossen zu versuchen, Michael bei der Lösung seines Dilemmas zu helfen, auch wenn nicht immer ganz klar war, wer nun wem half. Er verschaffte uns Zugang zu Orten in Notting Hill, die uns bis dahin verschlossen waren, und ein paar Aktivist*innen vom *ULR* Club zogen mit einigen ›seiner‹ Leute zusammen, die, wie wir feststellten, große Schäferhunde hielten, ob zum Schutz oder zur Einschüchterung, blieb unklar. Auf diesem Weg und durch Ermittlungen von Clubmitgliedern wie Rachel Powell erfuhren wir mehr über die Rolle des größten Mietwucherers, Peter Rachman, der exorbitante Mieten für mehrfach überbelegte Löcher mit abblätternden Wänden nahm, ein Netzwerk aus Schwarzen Vermietern und Gangstern als Mittelsmännern unterhielt und 1963 im Zuge des Skandals um Christine Keeler, Mandy Rice-Davis und John Profumo wieder in der Öffentlichkeit auftauchte.

Es war eine unübersichtliche, wechselhafte Zeit, die Geburtsstunde neuer Racial Politics in Britannien. Notting Hill wurde eins der Zentren, wo Läden, Cafés, Märkte, Clubs und Kneipen primär auf Schwarze Kundschaft ausgerichtet waren. In anderen urbanen Gegenden Britanniens entwickelten sich ähnliche Orte, so Brixton im Süden von London, Moss Side in Manchester, Toxeth in Liverpool, Handsworth in Birmingham und St. Paul's in Bristol – alles Namen, die während der Schwarzen Aufstände 1980/81 der Nachrichten lesenden englischen Öffentlichkeit nur allzu vertraut werden würden. Notting Hill verband die Menschen wieder mit der Karibik. Dort erblühte im Untergrund ein diasporisches kulturelles ›Kolonie-Leben‹ rund um etwas, das Paul Gilroy später in seinem genau den Punkt treffenden *There Ain't No Black in the Union Jack* als ausdrucksstarke Schwarze Kultur besonders der jungen Generation beschrieb. In den 1970ern waren diese Viertel Schlüsselgegenden, wo sich eine populare antirassistische politische Bewegung bildete, um nicht zu sagen Brutstätten einer neuen Schwarzen Identität und der multikulturellen Stadt. Rassistische Konflikte rund um

Clubs wie The Mangrove in Notting Hill waren Hintergrund massiver politischer Konfrontationen zwischen ansässigen Schwarzen, Weißen Rassisten und der Polizei.

Dieser frühe Kontakt mit Notting Hill war einschneidend und brachte mich in Kontakt mit ganz unterschiedlichen Migrant*innen aus der Karibik, meine erste Lektion in Sachen Schwarze diasporische Politik. Das Notting Hill dieser Zeit war ein sehr anderes soziales und politisches Milieu als das der Nachkriegszeit mit den respektablen Schwarzen Bürger*innen, die für sich und ihre Kinder ein neues Leben aufbauen wollten, oder das der Schwarzen Studierenden oder auch der westindischen Schriftsteller*innen rund um die BBC. Dies war eine völlig andere gesellschaftliche Schicht.

Zugleich gab es enge Kontakte zwischen den Schwarzen in Britannien und den Civil-Rights- und Black-Power-Bewegungen in den Vereinigten Staaten. Etliche Westinder*innen in Britannien kannten die USA aus eigener Anschauung, und häufig fungierten Westinder*innen als Brückenkopf zwischen dem Schwarzen Britannien und dem Schwarzen Amerika. So waren es vor allem die Westinder*innen, die Martin Luther King und Malcolm X bei ihren britischen Gegenstücken bekannt machten, und auch Stokely Carmichael, wobei man nicht vergessen darf, dass der aus Trinidad stammte.

Der Kampf um Bürger*innenrechte in den USA, der Busboykott in Alabama, die Wähler*innenregistrierung im Süden, die Schulbusse, die Geburt von Black Power, ›Black is beautiful‹ und andere Kämpfe der Afrikanisch-Amerikaner*innen um einen Platz im Leben und in der Geschichte der USA hatten einen enormen Einfluss auf die Entwicklung Schwarzer Politik in Britannien, und sie haben mit Sicherheit mein Leben für immer verändert. Ich sprach auf einem Podium mit Martin Luther King auf einer von Canon Collins, Leiter des CND, organisierten Veranstaltung. Nach einem frühen Besuch von Malcolm X in London gab es den Versuch, die erste breit aufgestellte Schwarze antirassistische Organisation Britanniens zu gründen. Und Malcolms Erzählung über seinen Wechsel von der Straßenkriminalität in die Politik war es, die Michael de Freitas dazu inspirierte, sich in Michael X umzubenennen, was letztlich zu den tragischen Ereignissen in Trinidad führte, die in seiner Hinrichtung wegen Mordes gipfelten. Stokely Carmichael hielt auf der *Dialectics of Liberation*-Konferenz im Sommer 1967 eine großartige einprägsame Rede.

Trotz des hohen Tempos der Entkolonisierung in Afrika fesselte mich die afrikanische Politik damals noch nicht so sehr wie die neuen Race Politics, die sich gerade in den Vereinigten Staaten entwickelten. Das kam eigentlich erst später, als die Karibik durch die Black-Power-Bewegung politisch afrikanisiert wurde. Natürlich nahmen wir die Unabhängigkeit der afrikanischen Länder mit Begeisterung auf. Auch die Wiederbelebung der Idee des Panafrikanismus, vor allem bei der Unabhängigkeit von Ghana 1957 spürbar, war für uns ein hoffnungsvoller historischer Moment. Aber wir sahen das Ausmaß ungelöster Probleme überall auf dem Kontinent und waren entmutigt vom Wiederaufleben der Weißen Vorherrschaft sowohl im Südafrika der Apartheid als auch in Südrhodesien mit seiner Quasi-Apartheid.

Kenia war in den späteren 1950ern jedenfalls ein brennend aktuelles Thema. Mitansehen zu müssen, wie die Mau-Mau unter Zuhilfenahme sämtlicher Stereotypen des verstaubten Katalogs der Kolonialzeit verunglimpft wurden, war kaum auszuhalten. Selbst von Trevor Huddleston, einer prominenten, gutherzigen Figur im antikolonialen Kampf, findet man aus dieser Zeit Äußerungen gegenüber der Presse, in denen er die Mau-Mau als barbarisch tadelt. Es gab ja nicht mal ein Schweigen oder einen Mangel an Wissen über das systematische Unrecht, das die britischen Streitkräfte an den Aufständischen begingen. Man konnte das, was wirklich geschah, zwischen den Zeilen der Presseberichterstattung lesen, und es gab Aufklärungskampagnen von tapferen Labour-Anhänger*innen, die sich bemühten ans Licht zu bringen, dass hier planmäßig und gewaltsam gegen eine ganze Bevölkerung mobilgemacht wurde. Selbst Enoch Powell kritisierte das Massaker von Hola, wo das britische Militär mit vorsätzlichem, orchestriertem Sadismus vorging. Aber die kritischen Stimmen fanden in der Öffentlichkeit keinen Widerhall. Das ist ein schlagendes Beispiel für das Prinzip des Verleugnens in der britischen öffentlichen Meinung. Es hat vier oder fünf Jahrzehnte gedauert, bis die Geschichte der massenhaften Internierung und der Folter von Mau-Mau-Kämpfern in der Metropole ans Licht kam. Erst heute werden das Ausmaß und die Willkür der Vertuschung durch Kolonialregime und metropolitanen Staat Stück für Stück sichtbar gemacht. Stapelweise Dokumente mit – wie wir annehmen müssen – belastenden Informationen sind in den Verliesen der Staatsbürokratie verschwunden. Dennoch kommen dank der Arbeit unerschrockener Forschender immer mehr Dokumente zum Vorschein, und die Geschichte beginnt endlich Gestalt anzunehmen.

Wo wir die Befreiung von der Kolonialherrschaft begrüßten, mussten wir das zugleich in Einklang bringen mit unserem Wissen um die Zerreißproben, die unmittelbar mit der Unabhängigkeit einhergingen. Das Schicksal von Cheddi Jagan in der Karibik prägte sich tief ein. Die Beziehungen zwischen Entkolonisierung, den entstehenden Zwängen des Neo-Kolonialismus und den ausbrechenden mörderischen ethnischen Konflikten waren eng und schwer zu ergründen. Bald wurde deutlich, dass der antikoloniale Kampf mit dem Ost-West-Konflikt des anhaltenden Kalten Krieges koexistierte, der nun mit katastrophalen Folgen als Stellvertreterkrieg auf dem

Terrain der neu entstehenden Nationalstaaten ausgetragen wurde. Militärische Interventionen stellten anderswo die Aussichten auf Unabhängigkeit in Frage. Der Kalte Krieg sorgte notwendig für eine neue politische Dimension der Antikolonialismuspolitik, die wir in die Metropole mitgebracht hatten. Fahnen wurden eingezogen und der ›Wind der Veränderung‹ ausgerufen. Dabei war der Kampf keineswegs vorbei. Während eine Nation nach der anderen in die übergreifende Konkurrenz der zwei rivalisierenden, global agierenden Systeme verwickelt wurde und gezwungen war, sich auf die eine oder andere Seite zu schlagen, wurde immer unklarer, wann, wie und ob die imperialen Nachwehen jemals enden würden. 1957, in dem Jahr, als Ghana unabhängig wurde, stieß Richard Wright auf ein Prinzip, das er den ›Post-mortem-Schrecken‹ nannte. Damit meinte er »einen Gemütszustand der gerade befreiten kolonialen Völker, die das Gefühl haben, dass sie erneut geknechtet werden; dass sie verlassen werden; dass es für sie kein neues Zuhause gibt, in das sie eintreten können«. Das ist eine brutale, aber tragischerweise plausible Einsicht.

Für die Londoner Linke meiner Generation waren dies alles lebenswichtige Themen. Wir konnten uns unsere Politik nicht ohne dieses antikoloniale Engagement vorstellen, das uns zu endlosen Diskussionen antrieb, nicht so sehr über das Schicksal der Welt, sondern, wie wir die Dinge sahen, über das Schicksal ›unserer‹ Welt, also der Welt, die wir zur unseren zu machen hofften. Nacht für Nacht dauerten die Diskussionen an. Die Anwesenheit zahlloser Menschen aus den Kolonien in London zu einem Zeitpunkt, als das Empire zu Ende ging, ist noch immer nicht in vollem Umfang zur Kenntnis genommen worden.

Von heute aus betrachtet, aus der Perspektive einer anderen Generation, mag unser Engagement für die *ULR* und die Gründung der *NLR* kleinkariert wirken. Aber so erschien es uns damals keineswegs. Wir arbeiteten lange und hart daran, um sozusagen die Gelegenheit beim Schopfe zu packen und die linke Bewegung umzugestalten, damit wir nicht von der Geschichte abgehängt würden. Wir versuchten, das Ziel nicht aus den Augen zu verlieren.

Das führt uns zu dem Moment der Gründung der *NLR* im Jahr 1960. *The New Reasoner* und die *ULR* repräsentierten die zwei Generationen der Linken, wobei, wie schon erwähnt, politische Generationen, da ihre Formierung zum Teil symbolisch ist, nie klar voneinander abgegrenzt sind, und so gab es reichlich Überkreuzungen und Lücken. Die Mitarbeitenden beider Zeitschriften fühlten sich einander verbunden. Nach einer Weile begannen wir, gemeinsame Redaktionskonferenzen abzuhalten, und die Beziehungen wurden noch enger. Die finanzielle Situation war allerdings immer bedrückend. Beide Zeitschriften kämpften ums Überleben. Es war sinnvoll, die Kräfte zu bündeln. Aber es ging nicht nur darum. Alle waren völlig ausgelaugt, erschöpft. Wir hatten uns seit 1956 keine Pause gegönnt, hatten unser Privatleben ausgesetzt. So etwas kann man nicht ewig machen. Edward und Dorothy Thompson hatten unermüdlich gearbeitet, erst *Reasoner*, dann *The New Reasoner* gegründet und beide jeweils am Leben erhalten, in der Friedensbewegung in Yorkshire agitiert und vieles andere mehr. Ich denke manchmal heute noch an ihr Haus in Halifax. Wie sie alles zusammenhielten, war ein Rätsel.

Der Druck wurde immer stärker, und wir entschieden uns, beide Zeitschriften zusammenzulegen. Damit stellte sich die Frage, wer zum Herausgeber ernannt werden sollte. Edward lehnte ab, weil er keine Kraft mehr dafür hatte. Raphaels Name fiel, aber ich glaube, der Kreis vom *The New Reasoner* war sicher, dass wir bei seiner Ernennung bald in größten finanziellen Schwierigkeiten stecken würden. Sie waren nicht zu überzeugen, dass er die Person war, die sicherstellen konnte, dass jede Nummer pünktlich erschien. Also fragten sie mich, und naiv sagte ich ja.

Mittlerweile kannte ich mich mit den Traditionen sozialistischer Politik in England ganz gut aus. Aber ich war nicht in ihr *geformt* worden wie Raymond Williams oder Edward Thompson. Im Vergleich zu ihnen war ich ein Novize. Kann sich jemand vorstellen, wie es sich angefühlt hat, neben diesen Leuchtgestalten zu stehen? Die Redaktionssitzungen waren ein Albtraum für mich. Ich schlug die möglichen Themen für die kommende Ausgabe vor und hob dann abwehrend die Hände, bevor der Sturm losbrach und die Väter das Wort ergriffen!

Meine Rettung war John Saville, der Historiker der Arbeiterbewegung und Redaktionsleiter. Er nahm mich in Schutz vor dem Zorn, der aus Halifax auf mich niederging. Die Thompsons waren zwar von ihrer Führungsrolle zurückgetreten, hatten aber immer noch sehr genaue Vorstellungen, wie die *NLR* gemacht werden musste. Außerdem waren sie arge Pedanten, wenn es um redaktionelle Abläufe ging. Hinzu kam, dass sie London und der Londoner Art zutiefst misstrauten: alles voller Korruption und Schickeria. Aber John vermittelte, so gut es ging.

Edward war eine mächtige Persönlichkeit, einfallsreich und romantisch. Er lehrte über die Romantik und er war ein Romantiker. Und ein brillanter Sozialhistoriker. *Die Entstehung der englischen Arbeiterklasse* ist ein bahnbrechendes, wunderbares Buch. Es schuf ein ganzes neues intellektuelles Forschungsfeld. Ich war stolz, dass ich es noch in Manuskriptform lesen durfte, bevor es veröffentlicht wurde. Catherine und ich fuhren Edward und Dorothy oft in ihrem Cottage in Wales besuchen. Sie waren immer sehr nett zu uns, obwohl ich fand, dass sie ein furchteinflößendes Paar waren.

Aber Edward hatte auch ein festes Bild von mir, das nicht dem entsprach, der ich war. Ich kann nicht ganz genau den Finger darauf legen. Er trat engagiert für die Befreiung der Kolonien ein, aber ich hatte immer den Eindruck, dass er kein Sensorium dafür besaß, was Kolonialismus tatsächlich war und wie er funktionierte. In seiner Vorstellungswelt war er sehr englisch, bis in die letzte Faser. Meine Beschäftigung mit den Fragen von rassisierter Identität sagte ihm gar nichts. Obgleich sie mir wohlgesonnen waren, fühlte ich mich auch missverstanden. Außerdem verfügte ich nicht über genügend Wissen, um mich mit ihm in eine wissenschaftliche Diskussion über britische Geschichte zu wagen. Unsere Beziehung war immer sehr angespannt, obwohl wir uns nahestanden. Und mit der Zeit nahmen die Spannungen noch zu.

Später hat Thompson klargestellt, dass er die Cultural Studies hasste. Er konnte keinen Sinn in *Policing the Crisis* erkennen, zum Teil aufgrund des analytischen Gewichts, das wir dem Thema Race gaben. Bei dem berüchtigten Geschichts-Workshop am Ruskin College in Oxford im Dezember 1979 zerriss er uns in der Luft und machte sich daran, einen seiner größten Bewunderer, Richard Johnson, zu demontieren. Das war ein brutaler, ein erzbrutaler Angriff und bedeutete die Trennung unserer Wege. Wir sind später nie mehr wirklich zusammengekommen.

Raymond war ganz anders. Auch er war ein großartiger Denker, dem eine gewaltige Vielfalt von Inhalten durch den Kopf ging. Ich bin immer noch der Meinung, dass sein *The Country and the City* ein großes Buch ist. Edward wurde umso lebhafter, je mehr er sich erregte, seine Haare standen immer wilder in alle Richtungen, bis er die Gestalt eines Propheten anzunehmen schien. Je mehr Raymond sich aufregte, desto leiser wurde er. Er senkte die Stimme, rollte das R in einer Art walisischer Sprechweise, und man musste schon sehr genau hinhören, um zu verstehen, was da akribisch formuliert wurde. Sie waren von entgegengesetztem Temperament.

Ich fand Raymond unglaublich zugänglich und wegen seiner intellektuellen Interessen meinen Anliegen viel näher, als Edward es je gewesen war.

Sie waren meine Väter. Ich war jünger und viel unerfahrener als sie beide und wurde von ihren Ideen gewaltig beeinflusst. Sie als Freunde und Mentoren zu haben war ein ungeheurer Glücksfall, auch wenn ich mich ihnen nie ebenbürtig fühlte.

Ich blieb zwei Jahre Herausgeber der *NLR*. Der Auslöser, der zu meinem Rücktritt führte, betraf das Ausmaß der redaktionellen Einflussnahme, die den New Left Clubs zugesprochen wurde. Es ging um ein schwieriges und komplexes Thema. Bei einer Sitzung in der Wortley Hall in Leeds spitzte sich die Lage zu. Als dann die unterschiedlichen Vorstellungen offen auf dem Tisch waren, dachte ich: »Weißt du was? Das ist nichts für mich!« Und so trat ich zurück.

Für die Zeitschrift folgte eine schlingernde Krisenzeit mit diversen kurzfristigen Zwischenlösungen bei der Herausgeberschaft. Allmählich trat Perry Anderson in Erscheinung. Er war nach Oxford gekommen, als die erste Generation der New Left gerade wegging. Ich glaube, unsere Zeiten dort haben sich kurz überschnitten, bin mir aber nicht ganz sicher. Er gehörte jedenfalls einer neuen Generation an, die sich von unserer unterschied. Er war offensichtlich ein unglaublich intellektueller, hochakademischer Mann. Er ist der einzige Mensch, der in seinen Essays immer noch ein halbes Dutzend Wörter benutzt, die ich noch nie auch nur gesehen habe! Wenn man seine Art von Eton-Ausbildung hat, weiß man einfach Dinge, die normale Menschen nicht wissen. Er ist sehr, sehr klug.

Er verfolgte jedoch ein ziemlich anderes Konzept für die Zukunft der *NLR*. Die neue Redaktionsgruppe, die er um sich scharte, hatte kein Interesse an praktischer britischer Politik. Seine eigene Denkweise war hochtheoretisch, akademisch und international. Eine der frühen intellektuellen Salven, die die neue *NLR* abschoss, war die hartnäckige Behauptung, dass England nie eine richtige bürgerliche Revolution erlebt hatte. (Ich bin da geradezu entgegengesetzter Meinung. Ich denke, es ist die einzige wirklich bürgerliche Revolution, die die Geschichte je gesehen hat. Nicht wie in Frankreich, auch keine marxistische bürgerliche Revolution wie aus dem Lehrbuch. Zweifellos völlig chaotisch, mit den falschen Akteuren in den falschen Rollen. Aber meiner Auffassung nach die einzig wahre.) Langsam regte sich in der Redaktion Murren gegen Perrys Projekt. Die Verdrossenheit wuchs, als Edward einen überdimensional langen kritischen Artikel über die neue Tendenz der Zeitschrift schrieb, den Perry sich zu veröffentlichen weigerte. Soweit ich weiß, ist er bis heute nicht erschienen. An diesem Punkt begannen die ursprünglichen Redaktionsmitglieder abzuspringen.

Aber heraus kam dabei eine dynamische neue Zeitschrift, die seit vielen Jahren besteht, ebenso wie ihr Verlagszweig, New Left Books, der zu Verso wurde. In einer entschlossenen Initiative hat die *NLR* einer anglophonen Leser*innenschaft die wesentlichen europäischen Traditionen des Marxismus zugänglich gemacht. Das war ein großartiges Projekt. Es war überhaupt nicht das, was die frühere New Left angestrebt hatte, aber nichtsdestoweniger ein großartiges Projekt.

Damit kam eine entscheidende, fieberhafte Phase meines Lebens zum Ende. Wir sind schon beinahe im Jahr 1964, das ich mir als Endpunkt für dieses Buch vorgenommen habe. Ich trat von meiner sehr aktiven Rolle in der Politik ein Stück weit zurück. Ich war versöhnt mit der Vorstellung, mein Leben in England zu verbringen. Lehren – was ich mir schon zehn

Jahre zuvor als mögliche Berufung vorgestellt hatte – wurde Wirklichkeit. Und die Cultural Studies, und Birmingham, lugten schon um die Ecke.

Doch in diesem Stadium lernte ich auch Catherine kennen und heiratete sie – oder schickte mich vielmehr an, sie zu heiraten. Auch dies bildet einen Teil der Erzählung meines Heraustretens aus meiner Innenwelt der kolonialen Unterwerfung. Catherine ist in diesen Erinnerungen immer wieder aufgetaucht, zum Teil als die exzellente Historikerin der Beziehungen zwischen dem kolonialen Jamaika und der Metropole, und gelegentlich auch als selbst Beteiligte. Am denkwürdigsten ergab sich dies, als sie zum ersten Mal mit mir nach Jamaika fuhr und meiner Mutter begegnete.

Sie hat zudem eine wichtige Rolle bei der Entstehung dieses Buchs gespielt, als meine erste, informelle, aber konstante Gesprächspartnerin, was es mir erlaubte, Teile der hier benutzten Formulierungen auszuprobieren und umzugestalten. Selbst wenn wir gerade nicht sprechen, bin ich ständig im Gespräch mit ihr, und das seit vielen Jahren. In diesem Buch ist viel von Catherine.

Mein Freund Mike Rustin hatte Catherines ältere Schwester Margaret in Oxford kennengelernt. Seitdem sind Michael und Margaret zusammen, unsere engsten familiären Vertrauten. Sie stellten mir Catherine beim Aldermaston March 1962 vor. Anschließend machten wir alle eine Woche Ferien in Wales. Im folgenden Sommer traf ich sie in London wieder. Und das war das.

Ich war Schwarz, deutlich älter und emotional in keiner guten Verfassung. Die Person, mit der ich zusammen gewesen war, als ich auf Jamaika als Lehrer gearbeitet hatte, und die in Kanada studierte, war nach Oxford gekommen, um bei mir zu bleiben. Es war eine Katastrophe, wofür die Schuld allein bei mir liegt. Meine Mutter hatte sich aus der Ferne eingemischt und ihrer Familie unmissverständlich klargemacht, wie sehr sie diese Beziehung missbilligte. Ihre gespenstische Präsenz legte sich als ein dunkler Schatten zwischen uns, den wir nicht vertreiben konnten. Als Catherine und ich uns trafen, hatte ich eine Reihe unbefriedigender Beziehungen hinter mir und war wieder einmal bindungslos. Ich war einsam, wiewohl politisch sehr aktiv, und steckte noch im ungewissen Nachhall meiner Entscheidung, nicht mehr heimzukehren. Ich verliebte mich auf der Stelle in Catherine, obwohl sie gerade erst Abitur gemacht hatte und erst siebzehn war. Sie war begeisterte Aktivistin in der Jugendorganisation der CND. Aber vierzehn Jahre jünger als ich und gerade in Vorbereitung auf die Universität.

Trotzdem ist es keine Übertreibung zu sagen, dass sie mich gerettet hat, neben vielem anderen – und wie ich glaube, ohne unbedingt zu wissen, was sie tat: Sie hat mir das Leben gerettet. Sie muss etwas von mir verstanden haben. Zu Beginn unserer Balzzeit ließ ich sie einmal fast zwei Stunden vor dem West End Cinema warten, wo wir uns Antonionis *L'Avventura* anschauen wollten, während ich in einer Sitzung des CND-Komitees war. Als ich schließlich auftauchte, war sie noch da.

Mit Catherine 1965

Als unsere Beziehung ernster wurde, dürften die Aussichten jeder besorgten englischen Familie heikel erschienen sein. Doch Catherines Eltern John und Gladys behandelten mich mit großer Freundlichkeit und Respekt, und später, als wir geheiratet hatten, mit Liebe und Zuneigung. Sie erwähnten meine Hautfarbe nicht ein Mal, obwohl sie sie beschäftigt haben muss. Sie ließen nie durchblicken, unsere Unterschiede in Race und Alter oder mein fehlender Glaube könnten ein Problem sein – was nicht heißt, dass sie sich keine Sorgen machten, ich bin sicher, das taten sie. Eines Sonntags, als sie mich zum Lunch eingeladen hatten und ich – für Gladys sicher eine Geduldsprobe – etwas zu lässig den Abwasch erledigt hatte, nahm John mich beiseite und fragte, ob ich ihm meine Absichten nennen könnte, da ich Catherine so oft sah und das Ganze doch ernst wirkte. Als ich es ihm sagte, muss er schwer geschluckt haben, aber er erhob keinen Einspruch. Er schenkte mir nur ein wissendes, verstehendes und wohlwollendes Lächeln. Was immer sie für Bedenken hatten, sie waren bereit, ihre jüngere Tochter dieser Person anzuvertrauen, die ihrem häuslichen, sozialen, religiösen und beruflichen Leben so radikal fremd war. Ich weiß noch, wie Gladys uns an der Waterloo Station verabschiedete, als wir im Sommer nach Italien fuhren, gemeinsam und unverheiratet. Sie gab keine Warnungen oder ›guten Ratschläge‹ von sich und äußerte keine moralischen Bedenken. Nur ein freundliches Winken und viele gute Wünsche. Nächster Halt: ein Zimmer, ein Doppelbett und ein zusammenbrechender Kleiderschrank im schäbigen Hotel Tre Re neben dem Campo in Siena!

Sie waren eine gute Familie. Sie hatten viele Jahre in Kettering und Leeds gelebt, und als ich Catherine kennenlernte, waren sie gerade nach London gezogen, um sich zur Ruhe zu setzen. John kam ursprünglich aus der Arbeiterklasse, war eine großzügige und freundliche Person mit strahlendem Lächeln. Er war baptistischer Pfarrer vom liberalen Flügel der Kirche und in der Region, die er betreute, eine hoch angesehene Figur. Gladys stammte aus einer Familie von Müllern. Sie war eine charakterstarke Frau, hoch intelligent und weltkundig, mit klaren, ›vernünftigen‹, pragmatisch liberalen Ansichten und unbeugsamem Rückgrat. Sie engagierte sich ihr Leben lang ohne viel Aufheben für gute Sachen. In Prinzip und Praxis waren sie echte Internationalisten – wobei ich glaube, das wurde schon auf die Probe gestellt, als die ältere Tochter ihren ersten Freund mitbrachte, einen Studenten aus Trinidad.

Gladys war die Erste in ihrer Familie, die zur Universität ging. Sie lernte John in Oxford kennen, wo er am College für Theologie war, und bestimmt war sie manchmal enttäuscht, dass sie eine vielversprechende Laufbahn als Historikerin aufgegeben hatte, um einen praktizierenden Pfarrer zu heiraten und Kinder zu bekommen. Sie hatten drei und waren lange und glücklich verheiratet. 1962 erlitt John einen Schlaganfall und war teilweise gelähmt. Gladys kümmerte sich siebzehn Jahre aktiv um ihn und brachte es fertig, für sie beide ein reiches, geselliges, buntes Leben aufzubauen. Als John starb, bezog sie eine eigene Wohnung in dem Haus in Kilburn, das wir zusammen kauften. Mit der Zeit standen wir uns immer näher. In der Familie hieß sie ›G-Ma‹ und war eine geliebte, energische Präsenz für uns und unsere Kinder.

Trotz meiner spontanen und anhaltenden Ernüchterung über England traf ich auf viele freundliche und warmherzige britische Menschen ohne rassistische Vorurteile, die mir nicht nur einladend, sondern allzu großzügig begegneten. Viele haben sich in den rauen ersten Jahren um mich gekümmert, wie es sonst nur – auch adoptierte – Familien tun. Nennen möchte ich Paddy und Kay Whannel und ihren Sohn Garry, bei denen ich zahllose Wochenenden verbrachte. Als ich nach London zog, war ich Weihnachten immer bei Graham und Mollie Martin und ihrer Familie. Jock und Millie Haston habe ich schon erwähnt. Als Catherine und ich 1964 heirateten – am 15. Dezember, dem Geburtstag meiner Mutter! –, es war der Vorabend ihres Umzugs von Sussex zur Universität Birmingham und kurz nachdem ich begonnen hatte, mit Richard Hoggart am Birmingham Centre for Contemporary Cultural Studies zu arbeiten, gaben die Hastons in ihrer Wohnung einen Empfang für uns. Graham und Paddy waren Schotten, Mollie Südafrikanerin. Ob das irgendeine Bedeutung hatte, weiß ich nicht. Ich hatte einfach Glück.

Auf Wohnungssuche in Birmingham rechneten wir ständig mit feindseligem Empfang seitens der Leute, deren Wohnungen wir zu mieten versuchten. Auf der Straße und im Bus riefen Männer uns Beleidigungen nach, vor allem Obszönitäten über Mixed-Race-Paare, deren besudelnde Natur sie erboste. Passagiere in Bahn und Bus gaben offen rassistische Äußerungen von sich, als wäre ich gar nicht da, legten es aber offensichtlich darauf an, dass ich sie hörte. Einmal musste ich mir auf der Fahrt nach London das Lamento zweier Weißer Männer anhören, wie die Anwesenheit von »f***ing blackies« den Wert ihrer Häuser minderte. Ich wechselte den Waggon. Catherine erinnert sich an die feindseligen Blicke und Kommentare, wenn sie als Weiße Mutter unsere Mixed-Race-Tochter Becky im Kinderwagen durch den Park schob, und genauso erging es Becky zwanzig Jahre später, wenn sie mit ihrem Sohn Noah in den Park ging.

Catherine und Becky und unser Sohn Jess eröffnen ein neues Kapitel in meinem Leben. Wenn Becky und Jess sich Fotos von mir aus der Zeit vor ihrer Geburt ansehen – oder vielleicht sogar dies hier lesen –, dürften sie sich wundern, was für eine ganz andere Welt mich zu dem gemacht hat, was ich bin. So wie alle Kinder sich unvermeidlich Gedanken machen über die Unerreichbarkeit des Lebens ihrer Eltern vor ihrer Existenz.

Ich musste einen Modus Vivendi finden mit der Welt, in die ich eingetreten war, und ja, mit mir selbst. Überraschenderweise gelang mir dies zum Teil mittels Politik. Dadurch, dass ich im britischen Radikalismus Fuß fassen und eine notwendige Distanz zu England und seinen Werten wahren konnte, hat mich die alte imperiale Metropole nie in Versuchung geführt. Das erlaubte es mir, einen eigenen Raum aufrechtzuerhalten, den ich zu brauchen glaubte. Ich wollte die britische Gesellschaft verändern, nicht annehmen. Dieses Engagement befähigte mich, mein Leben nicht als enttäuschter Verehrer oder unzufriedener Fremder zu verbringen. Ich fand ein Ventil für meine Energien, Interessen und Überzeugungen, ohne meine Seele verkaufen zu müssen. Und ich fand eine neue Familie.

Im Buch verwendete Literatur

Die folgenden Literaturhinweise umfassen Schriften, auf die wir uns im Buch explizit beziehen, auf die wir in bestimmten Abschnitten zurückgreifen und die besonders sachdienlich für verschiedene Aspekte der Erzählung waren. Die Schriften Stuart Halls werden mehrfach zitiert bzw. wiedergegeben. Die folgende Auswahl soll den Lesenden helfen, bestimmte Argumentationslinien Halls in diesem Buch nachträglich zu vertiefen. Wir führen hier in der Regel die Erstveröffentlichung an.

Verwendete Veröffentlichungen von Stuart Hall

The New Conservatism *and* the Old; in: Universities and Left Review 1. 1. Jg., 1958, H 1, 21–23

The Habit of Violence; in: Universities and Left Review 5. 1. Jg., 1958, H 5, 4–5

A Sense of Classlessness; in: Universities and Left Review 5. 1. Jg., 1958, H 5, 26–31

NATO and the Alliances. A CND London Regional Council discussion pamphlet. London 1960

Crossroads Nowhere; in: Andrew Salkey (Hg.): West Indian Stories. London 1960

End of the Grand Designs?; in: War & Peace. The CND Quarterly. 1. Jg., 1963, H 2, 14–18

The Social Eye of Picture Post; in: Working Papers in Cultural Studies 2. 1972, 71–120

The Determination of News Photographs; in: Working Papers in Cultural Studies 3. 1972, 53–87

Encoding and Decoding in the Media Discourse; in: Stencilled Occasional Paper 7. 1973 (Centre for Contemporary Cultural Studies, Birmingham University)

The ›Structured Communication‹ of Events. Paper for Obstacles to Communication Symposium, UNESCO. Paris 1973

Pluralism, Race and Class in Caribbean Society; in: UNESCO: Race and Class in Post-Colonial Society: A study of ethnic group relations in the English-speaking Caribbean, Bolivia, Chile and Mexico. Paris 1977, 150–184

Racism and Reaction; in: Commission for Racial Equality: Five Views of Multi-Racial Britain. Talks on race relations broadcast by BBC. London 1978, 23–35

zusammen mit Chas Critcher, Tony Jefferson, John Clarke, Brian Roberts: Policing the Crisis. ›Mugging‹, the state, and law and order. London 1978

Race, Articulation, and Societies Structured in Dominance; in UNESCO: Sociological Theories. Race and colonialism. Paris 1980, 305–345

The Williams Interviews; in: Screen Education 34. 1980, 94–104

In Defence of Theory; in: Raphael Samuel (Hg.): People's History and Socialist Theory. London 1981, 378–385

Reconstruction Work. Images of post-war black settlement; in: Ten.8 – Nr. 16. 6. Jg., 1984, 2–9

The State in Question; in: Stuart Hall, Gregor McLennan, David Held (Hg.): The Idea of the Modern State. Milton Keynes 1984, 1–28

Migration from the English-Speaking Caribbean to the United Kingdom, 1950–1980; in: Reginald T. Appleyard (Hg.): International Migration Today. Band 1: Trends and Prospects. Paris 1988, 264–310

The ›First‹ New Left. Life and times; in: Oxford University Socialist Discussion Group (Hg.): Out of Apathy. Voices of the New Left thirty years on. London 1989, 11–38

Neue Ethnizitäten; in: Stuart Hall: Ausgewählte Schriften. Band 2: Rassismus und kulturelle Identität. Hamburg 1994, 15–25 [New Ethnicities, 1992]

Kulturelle Identität und Diaspora; in: Stuart Hall: Ausgewählte Schriften. Band 2: Rassismus und kulturelle Identität. Hamburg 1994, 26–43 [Cultural Identity and Diaspora, 1990]

Obituary. Andrew Salkey; in: Independent. 16.5.1995

Negotiating Caribbean Identities; in: New Left Review 209. 1995, H 1, 3–14

When Was the ›Post-Colonial‹? Thinking at the limit; in: Iain Chambers, Lidia Curti (Hg.): The Post-Colonial Question. Common skies, divided horizons. London 1996, 242–260

The *Windrush* Issue. Postscript; in: Soundings. A journal of politics and culture 10. 4. Jg., 1998, 188–192

Thinking the Diaspora. Home-thoughts from abroad; in: Small Axe. A caribbean journal fo criticism 6. 3. Jg., 1999, H 2, 1–18

Die Formierung eines Diaspora-Intellektuellen; in: Stuart Hall: Ausgewählte Schriften. Band 3: Cultural Studies. Ein politisches Theorieprojekt. Hamburg 2000, 8–33 [The Formation of a Diasporic Intellectual, 1996]

Conclusion. The multicultural question; in: Barnor Hesse (Hg.): Un/Settled Multiculturalisms. Diasporas, Entanglements, Transruptions. London 2000, 209–241

Wer braucht ›Identität‹?; in: Stuart Hall: Ausgewählte Schriften. Band 4: Ideologie, Identität, Repräsentation. Hamburg 2004 [Who Needs Identity?, 1996]

Black Diaspora Artists in Britain. Three ›moments‹ in post-war history; in: History Workshop Journal 61. 31. Jg., 2006, H 1, 1–24

Epilogue. Through the prism of an intellectual life; in: Brian Meeks (Hg.): Culture, Politics, Race and Diaspora. The thought of Stuart Hall. London 2007, 269–291

The ›West Indian‹ Front Room; in: Michael McMillan (Hg.): The Front Room. Migrant aesthetics in the home. London 2009, 16–23

Speak Easy. Black in the ›70s‹; in: Dennis Morris: Growing Up Black. London 2012, 4–8

Creolité and the Process of Creolization; in: Encarnación Gutiérrez Rodríguez, Shirley Anne Tate (Hg.): Creolizing Europe. Legacies and transformations. Liverpool 2015, 12–25

The Fateful Triangle. Race, ethnicity, nation. Cambridge 2017 [The Du Bois Lectures at the Hutchins Center for African and African-American Research, 1994]

*Verwendete Literatur anderer Autor*innen*

Mark A. Abrams, C. Richard Rose: Must Labour Lose? Harmondsworth 1960

Chinua Achebe: The Education of a British-Protected Child. Essays. New York 2009

Louis Althusser: Ideologie und ideologische Staatsapparate; hg. v. F. O. Wolf. Hamburg 2010 (1977) [Ideology and Ideological State Apparatuses, 1970]

David M. Anderson: Histories of the Hanged. Britain's dirty war in Kenya at the end of empire. New York 2005

Anonym: The Seafarer

Anonym: Sir Gawain and the Green Knight

Anonym: The Wanderer

Mordechai Arbell: The Jewish Nation of the Caribbean. The Spanish-Portuguese jewish settlements in the Caribbean and the Guianas. Hewlett 2002

Aristoteles: Politik. Zwei Bände. Heidelberg 2016/2019 (1912) [Politics, 1797]

Matthew Arnold: Culture and Anarchy. An essay in political and social criticism. London 1869

Neal Ascherson: The Money's Still Out There; in: London Review of Books. 33. Jg., 6.11.2011, H 19, 8–12

Michail Bachtin: Rabelais und seine Welt. Volkskultur als Gegenkultur. Frankfurt/M. 1987 [Rabelais and His World, 1968]

Michail Bachtin: The Dialogic Imagination. Four essays. Austin 1981

James Baldwin: Schwarz und Weiß oder was es heißt, ein Amerikaner zu sein. Elf essays. Reinbek 1963 [Notes of a Native Son. 1955 / Nobody Knows My Name. More notes of a native son, 1961]

James Baldwin: Eine andere Welt. Reinbek 1965 [Another Country, 1962]

Roland Barthes: Die Lust am Text. Frankfurt/M. 1974

Roland Barthes: Rhetorik des Bildes; in: ders.: Kritische Essays. Band 3: Der entgegenkommende und der stumpfe Sinn. Frankfurt/M. 1990, 28–46 [Rhetoric of the Image, 1977]

Frederick W. Bateson: Towards a Socialist Agriculture. Studies by a group of Fabians. London 1946

Harry Belafonte: My Song. Die Autobiographie. Köln 2012 [My Song. A Memoir of Arts, Race and Defiance, 2012]

Irwin M. Berg: The Jews of Jamaica. Then and now (www.kulanu.org/jamaica/jews-of-jamaica.php)

Homi Bhabha: Die Verortung der Kultur. Tübingen 2000 [The Location of Culture, 1994]

Robin Blackburn: The Overthrow of Colonial Slavery, 1776–1848. London 1988

Avtar Brah: Cartographies of Diaspora. Contesting identities. London 1996

Edward Kamau Brathwaite: The Development of Creole Society in Jamaica, 1770–1820. Oxford 1971

Edward Kamau Brathwaite: History of the Voice. The development of nation language in anglophone Caribbean poetry. London 1984

Edward Kamau Brathwaite: Die Ankömmlinge. Bremen 1988 [The Arrivants, 1973]

Erna Brodber: The Continent of Black Consciousness. On the history of the African diaspora from slavery to the present day. London 2003

Judith Butler: Psyche der Macht. Das Subjekt der Unterwerfung. Frankfurt/M. 2001 [The Psychic Life of Power, 1997]

Dipesh Chakrabarty: Europa als Provinz. Perspektiven postkolonialer Geschichtsschreibung. Frankfurt/M. 2010 [Provincializing Europe, 2000]

Aaron V. Cicourel: Sprache in der sozialen Interaktion. München 1975 [Cognitive Sociology, 1974]

Timothy J. Clark: Farewell to an Idea. Episodes from the history of modernism. London 1999

Timothy J. Clark: Grey Panic; in: London Review of Books. 33. Jg., 17.11.2011, H 22, 3–7

James Clifford: Routes. Travel and translation in the late twentieth century. London 1997

Stan Cohen: Folk Devils and Moral Panics. The creation of the mods and rockers. Oxford 1980

Michael Craton: Testing the Chains. Resistance to slavery in the West Indies. London 1982

Kimberlé Crenshaw: On Intersectionality. Essential writings of Kimberlé Crenshaw. New York 2017

C. Anthony R. Crosland: The Future of Socialism. London 1956
Stanley Crouch: Considering Genius. Writings on jazz. New York 2006
Neville Dawes: Fugue and Other Writings. Leeds 2012
Jacques Derrida: Die Schrift und die Differenz. Frankfurt/M. 1972 [Writing and Difference, 1978]
Mary Douglas: Reinheit und Gefährdung. Eine Studie zu Vorstellungen von Verunreinigung und Tabu. Berlin 1985 [Purity and Danger, 1966]
Nicholas Draper: The Price of Emancipation. Slave-ownership, compensation and British society at the end of slavery. Cambridge 2010
William E. B. Du Bois: Die Seelen der Schwarzen. Freiburg 2003 [The Souls of Black Folk, 1903]
Brent Hayes Edwards: The Practice of Diaspora. Literature, translation, and the rise of black internationalism. London 2003
Thomas S. Eliot: Das wüste Land. Wiesbaden 1957 [The Waste Land, 1922]
Thomas S. Eliot: Ash Wednesday. New York 1930
Thomas S. Eliot: Beiträge zum Begriff der Kultur. Frankfurt/M. 1949 [Notes Towards the Definition of Culture, 1948]
Caroline Elkins: Imperial Reckoning. The untold story of Britain's gulag in Kenya. New York 2005
Rotimi Fani-Kayode: Traces of Ecstasy; in: Ten.8 – Nr. 28. 10. Jg., 1988, 36
Frantz Fanon: Schwarze Haut, weiße Masken. Frankfurt/M. 1980 [Black Skin, White Masks, 1952]
Frantz Fanon: Die Verdammen dieser Erde. Frankfurt/M. 1966 [The Wretched of the Earth, 1961]
Moira Ferguson: Subject to Others. British women writers and colonial slavery, 1670–1834. London 1992
Niall Ferguson: Empire. How Britain made the modern world. London 2004
Michel Foucault: Überwachen und Strafen. Die Geburt des Gefängnisses. Frankfurt/M. 1976 [Discipline and Punish. The birth of the prison, 1975]
Michel Foucault: Sexualität und Wahrheit. Band 1: Der Wille zum Wissen. Frankfurt/M. 1977 [The History of Sexuality. The will to knowledge, 1976]
James Frazer: Der goldene Zweig. Das Geheimnis von Glauben und Sitten der Völker. Leipzig 1928 [The Golden Bough, 1890]
Sigmund Freud: Die Traumdeutung. Leipzig 1900 [The Interpretation of Dreams]
Sigmund Freud: Der Familienroman der Neurotiker; in: O. Rank: Der Mythos von der Geburt des Helden. 1909, 64–68 [Family Romances]
Sigmund Freud: Das Unbehagen in der Kultur. Wien 1930 [Civilization and Its Discontents]
Gilberto Freyre: Herrenhaus und Sklavenhütte. Ein Bild der brasilianischen Gesellschaft. Berlin 1965 [The Masters and the Slaves, 1946]
Peter Fryer: Staying Power. The history of black people in Britain. London 1984
Kevin Gaines: Exile and the Private Life. James Baldwin, George Lamming, and the First World Congress of Negro Writers and Artists; in: Cora Kaplan, Bill Schwarz (Hg.): James Baldwin. America and beyond. Ann Arbor 2011, 173–187
John K. Galbraith: Gesellschaft im Überfluss. München 1963 [The Affluent Society, 1958]
Henry Louis Gates Jr.: Editor's Introduction. ›Race‹, writing and the difference it makes; in: Critical Inquiry. 12. Jg., 1985, H 1, 1–20
Henry Louis Gates Jr.: The Signifying Monkey. A theory of Afro-American literary criticism. New York 1988
Henry Louis Gates Jr.: Colored People. A memoir. New York 1994

Stuart Gilbert: Das Rätsel Ulysses. Eine Studie. Zürich 1932 [James Joyce's Ulysses, 1931]
Paul Gilroy, There Ain't No Black in the Union Jack. The cultural politics of race and nation. London 1987
Paul Gilroy: The Black Atlantic. Modernity and double consciousness. London 1993
Paul Gilroy: Black Britain. A photographic history. London 2007
Édouard Glissant: Zersplitterte Welten. Der Diskurs der Antillen. Heidelberg 1986 [Caribbean Discourse, 1989]
Antonio Gramsci: Selections from the Prison Notebooks. London 1971
Clement Greenberg: Art and Culture. Critical essays. Boston 1961
Lawrence Grossberg: Does Cultural Studies Have Futures? Should it? (or what's the matter with New York?); in: Cultural Studies. 20. Jg., 2006, H 1, 1–32
Catherine Hall: Civilising Subjects. Colony and metropole in the English imagination, 1830–1867. Oxford 2002
Catherine Hall: Macaulay and Son. Architects of imperial Britain. New Haven, 2012
Catherine Hall, Nicholas Draper, Keith McClelland, Katie Donington, Rachel Lang: Legacies of British Slave Ownership. Colonial slavery and the formation of Victorian Britain. Cambridge 2016
Alfred Harbage: Shakespeare's Audience. New York, 1961
D. W. Harding: Regulated Hatred. An aspect of the work of Jane Austen; in: Scrutiny. A quarterly review. 8. Jg., 1940, H 4, 346–362
L. Fernando M. Henriques: Family and Colour in Jamaica. London 1953
L. Fernando M. Henriques: Jamaica, Land of Wood and Water. London 1957
Philip Hensher: Why Paul Klee Was a Comic at Heart; in: The Guardian. 5.10.2013
Melville J. Herskovits: The Myth of the Negro Past. Boston 1958
Melville J. Herskovits, Frances S. Herskovits: Trinidad Village. New York 1947
Robert A. Hill (Hg.): The Marcus Garvey and Universal Negro Improvement Association Papers. Band 2: August 1919 – August 1920. Berkeley 1983
Robert A. Hill (Hg.): The Marcus Garvey and Universal Negro Improvement Association Papers. Band 3: September 1920–August 1921. Berkeley 1984
Donald Hinds: Journey to an Illusion. The West Indian in Britain. London 1966
Eric J. Hobsbawm: Sozialrebellen. Archaische Sozialbewegungen im 19. und 20. Jahrhundert. Berlin 1962 [Primitive Rebels, 1959]
Eric J. Hobsbawm, Terence Ranger (Hg.): The Invention of Tradition. Cambridge 1983
Richard Hoggart: The Uses of Literacy. Aspects of working-class life. London 1957
Christian Høgsbjerg: Urbane Revolutionary. C. L. R. James and the struggle for a new society rethinking race, politics, and poetics – C. L. R. James– critique of modernity; in: Historical Materialism. 17. Jg., 2009, H 3, 221–234
Christian Høgsbjerg: C. L. R. James in Imperial Britain. Durham 2014
Thomas C. Holt: The Problem of Race in the Twenty-First Century. Cambridge 2000
Homer: Odysee. Altona 1793 [The Odyssey]
Thomas Hughes: Tom Brown's Schooldays. Leipzig 1919 [1857]
Cyril L. R. James: World Revolution, 1917–1936. The rise and fall of the Communist International. London 1937
Cyril L. R. James: Die schwarzen Jakobiner. Toussaint L'Ouverture und die Unabhängigkeitsrevolution von Haiti. Köln 1984 [The Black Jacobins, 1938]
Cyril L. R. James: Notes on Dialectics. Hegel, Marx, Lenin. London 1980
Cyril L. R. James: Beyond a Boundary. London 1963
Cyril L. R. James: American Civilisation. Oxford 1993
C. L. R. James, Grace C. Lee, Pierre Chaulieu: Facing Reality. The new society – where to look for it and how to bring it closer. Detroit 1958

Henry James: Der Amerikaner. Köln 1966 [The American, 1877]
Henry James: Daisy Miller. Wiesbaden 1959 [1878]
Henry James: Die Europäer. Köln 1977 [The Europeans, 1878]
Henry James: Hawthorne. London 1879
Henry James: Porträt einer jungen Dame. München 1997 [The Portrait of a Lady, 1881]
Henry James: Die Flügel der Taube. Köln 1962 [The Wings of a Dove, 1902]
Henry James: Die Gesandten. Köln 1956 [The Ambassadors, 1903]
Henry James: Die goldene Schale. Köln 1963 [The Golden Bowl, 1904]
Henry James: The Ivory Tower. London 1917
Henry James: The Sense of the Past. London 1917
Winton James: Holding Aloft the Banner of Ethiopia. Caribbean radicalism in early twentieth century America. London 1998
Delia Jarrett-Macauley: The Life of Una Marson. 1905–1965. Manchester 1998
James Joyce: Ein Porträt des Künstlers als junger Mann. Frankfurt/M. 1973 [A Portrait of the Artist as a Young Man, 1916]
James Joyce: Ulysses. Basel 1927 [1922]
James Joyce: Finnegans Wake. Frankfurt/M. 1989 [1939]
Isaac Julien: Riot. New York 2013
Victor G. Kiernan: The Lords of Human Kind. European attitudes to other cultures in the imperial age. London 1969
Lionel C. Knights: Drama and Society in the Age of Jonson. London 1937
Jacques Lacan: Feminine Sexuality. Jacques Lacan and the école freudienne; hg. v. J. Mitchell, J. Rose. London 1982
Ernesto Laclau, Chantal Mouffe: Hegemonie und radikale Demokratie. Zur Dekonstruktion des Marxismus. Wien, 6. durchges. Aufl. 2019 (1991) [Hegemony and Socialist Strategy, 1985]
Ronald D. Laing: The Divided Self. An study in sanity and madness. London 1960
George Lamming: In the Castle of My Skin. London 1953
George Lamming: Mit dem Golfstrom. München 1956 [The Emigrants, 1954]
George Lamming: The Pleasures of Exile. London 1960
William Langland: Piers Plowman. London 1370–1390
Frank R. Leavis: Education and the University. A sketch for an ›English school‹. London 1943
Queenie D. Leavis: Fiction and the Reading Public. London 1932
Legacies of British Slave-ownership (Catherine Hall, Nicholas Draper, Keith McClelland u. a.: www.ucl.ac.uk/lbs/)
Claude Lévi-Strauss: The Structural Study of Myth; in: Journal of American Folklore 270. 68. Jg., 1955, H 4, 428–444
Claude Lévi-Strauss: The Scope of Anthropology. London 1967
Andrea Levy: Eine englische Art von Glück. Frankfurt/M. 2007 [Small Island, 2004]
Gail Lewis: Birthing Racial Difference. Conversations with my mother and others; in: Studies in the Maternal. 1. Jg., 2009, H 1 (www.doi.org/10.16995/sim.112)
John Locke: Zwei Abhandlungen über die Regierung; hg. v. W Euchner. Frankfurt/M. 1967 [Two Treatises of Government, 1689]
David Macey: Fanon, Phenomenology, Race; in: Peter Osborne, Stella Sandford (Hg.): Philosophies of Race and Ethnicity. London 2002, 29–38
Sir William Macpherson: The Stephen Lawrence Inquiry. Stationary Office 1999
Karl Marx: Ökonomisch-philosophische Manuskripte (1844); in: ders., Friedrich Engels: Marx-Engels-Werke. Band 40. Berlin/DDR 1985, 465–588 [Economic and Philosophic Manuscripts]

Karl Marx: Grundrisse der Kritik der politischen Ökonomie (1858); in: ders., Friedrich Engels: Marx-Engels-Werke. Band 42. Berlin/DDR 1983, 47–768

Karl Marx, Friedrich Engels: Das Kommunistische Manifest (1848); in: dies.: Marx-Engels-Werke. Band 4. Berlin 1959 [The Communist Manifesto]

Brian Meeks: Narratives of Resistance. Jamaica, Trinidad, the Caribbean. Barbados 2000

Brian Meeks: Caribbean Revolutions and Revolutionary Theory. An assessment of Cuba, Nicaragua and Grenada. London 1993

Kobena Mercer: Diasporic Culture and the Dialogical Imagination. The aesthetics of black independent film in Britain; in: Mbye B. Cham, Claire Andrade-Watkins (Hg.): BlackFrames. Critical perspectives on independent black cinema. Cambridge 1988, 50–61

C. Wright Mills: Menschen im Büro. Ein Beitrag zur Soziologie der Angestellten. Köln 1955 [White Collar, 1951]

C. Wright Mills: Die amerikanische Elite. Gesellschaft und Macht in den Vereinigten Staaten. Hamburg 1962 [The Power Elite, 1956]

Pankaj Mishra: Watch This Man. Niall Ferguson's Burden; in: London Review of Books. 33. Jg., 3.11.2011, H 21, 10–12

Pankaj Mishra: Aus den Ruinen des Empire. Die Revolte gegen den Westen und der Wiederaufstieg Asiens. Frankfurt/M. 2013 [From the Ruins of Empire, 2012]

Vidiadhar S. Naipaul: Der mystische Masseur. Köln 1984 [The Mystic Masseur, 1957]

Vidiadhar S. Naipaul: Wahlkampf auf karibisch. Oder: Eine Hand wäscht die andere. Reinbek 1986 [The Suffrage of Elvira, 1958]

Vidiadhar S. Naipaul: Blaue Karren im Calypsoland. Eine Geschichte aus Trinidad. Herrenalb 1966 [Miguel Street, 1959]

Vidiadhar S. Naipaul: Ein Haus für Mr. Biswas. München 1995 [A House for Mr Biswas, 1961]

Vidiadhar S. Naipaul: Auf der Sklavenroute. Meine Reise nach Westindien. Hamburg 1999 [The Middle Passage, 1962]

Vidiadhar S. Naipaul: An der Biegung des großen Flusses. Köln 1980 [A Bend in The River, 1979]

Vidiadhar S. Naipaul: Das Rätsel der Ankunft. Köln 1993 [The Enigma of Arrival, 1987]

Ashis Nandy: Der Intimfeind. Verlust und Wiederaneignung der Persönlichkeit im Kolonialismus. Nettersheim 2008 [The Intimate Enemy, 1983]

Rex Nettleford: Mirror, Mirror. Identity, race and protest in Jamaica. London 1970

Friedrich Nietzsche: Der Wille zur Macht (1884–1888). Leipzig 1906 [The Will to Power]

Mark Olden: Murder in Notting Hill. Winchester 2011

Fernando Ortiz: Tabak und Zucker. Ein kubanischer Disput. Frankfurt/M. 1987 [Cuban Counterpoint, 1947]

Diana Paton: No Bond But the Law. Punishment, race and gender in Jamaican state formation, 1780–1870. Durham 2004

Orlando Patterson: Slavery and Social Death. A comparative study. Cambridge 1982

Orlando Patterson: The Paradox of Freedom. An interview with David Scott; in: Small Axe 40. 17. Jg., 2013, H 1, 96–242

Sheila Patterson: Dark Strangers. A sociological study of the absorption of a recent West Indian migrant group in Brixton, South London. London 1963

Michel Pêcheux: Ideology. Fortress or paradoxical space?; in: Sakari Hanninen, Leena Paldan (Hg.): Rethinking Ideology. A marxist debate. Berlin 1983

Mike Phillips, Trevor Phillips: Windrush. The irresistible rise of multicultural Britain. London 1998

Ken Post: Arise Ye Starvelings. The Jamaican labour rebellion of 1938 and its aftermath. Den Haag 1978
Ken Post: Strike the Iron. A colony at war, Jamaica 1939–1945. Zwei Bände. Atlantic Highlands 1981
Mary Louise Pratt: Imperial Eyes. Travel writing and transculturation. London 1992
Herbert Read: Geschichte der modernen Malerei. München 1959 [A Concise History of Modern Painting, 1959]
David Riesman: Die einsame Masse. Eine Untersuchung der Wandlungen des amerikanischen Charakters. Darmstadt 1956 [The Lonely Crowd, 1950]
Jacqueline Rose: Sexualität im Feld der Anschauung. Wien 1996 [Sexuality in the Field of Vision, 2005]
Sonya O. Rose: Which People's War? National identity and citizenship in Britain, 1939–1945. Oxford 2003
Runnymede Trust: The Future of Multi-Ethnic Britain. London 2000
Salman Rushdie: Heimatländer der Phantasie. Essays und Kritiken 1981–1991. München 1992 [Imaginary Homelands, 1991]
Edward Said: Orientalismus. Frankfurt/M. 2009 [Orientalism, 1978]
Edward Said: Kultur und Imperialismus. Einbildungskraft und Politik im Zeitalter der Macht. Frankfurt/M. 1993 [Culture and Imperialism, 1993]
Edward Said: Am falschen Ort. Autobiografie. Berlin 2000 [Out of Place, 1999]
Andrew Salkey (Hg.): West Indian Stories. London 1960
Raphael Samuel: Class and Classlessness; in: Universities and Left Review 6. 3. Jg., 1959, H 2, 44–50
Raphael Samuel: The Lost World of British Communism. London 2006
Ferdinand de Saussure: Grundfragen der allgemeinen Sprachwissenschaft. Berlin 1931 [Course in General Linguistics, 1959]
Bill Schwarz (Hg.): West Indian Intellectuals in Britain. Manchester 2003
David Scott: Colonial Governmentality; in: Social Text 43. 17. Jg., 1995, H 2, 191–220
David Scott: Conscripts of Modernity. The tragedy of colonial enlightenment. Durham 2004
George Scott: Time and Place. London 1956
John R. Seeley: Die Ausbreitung Englands; hg. v. K. A. von Müller. Stuttgart 1928 [The Expansion of England, 1883]
Samuel Selvon: Die Taugenichtse. München 2017 [The Lonely Londoners, 1956]
William Shakespeare: Hamlet. Prinz von Dänemark. Leipzig 1866 [1603]
Georg Simmel: Exkurs über den Fremden; in: ders.: Soziologie. Untersuchungen über die Formen der Vergesellschaftung. Leipzig 1908, 509–512 [The Stranger, 1950]
Mrinalini Sinha: Colonial Masculinity. The ›manly englishman‹ and the ›effeminate Bengali‹ in the late nineteenth century. Manchester 1995
Michael G. Smith: The Plural Society in the British West Indies. Berkeley 1965
John Speirs: Chaucer the Maker. London 1951
Michelle Stephens: Disarticulating Black Internationalisms. West Indian radicals and the practice of diaspora; in: Small Axe 17. 9. Jg., 2005, H 1, 100–111
John Strachey: The End of Empire. London 1959
Paul Sweezy: Theorie der kapitalistischen Entwicklung. Eine analytische Studie über die Prinzipien der marxschen Sozialökonomie. Köln 1959 [The Theory of Capitalist Development, 1946]
Charles Taylor: Quellen des Selbst. Die Entstehung der neuzeitlichen Identität. Frankfurt/M. 1994 [Sources of the Self, 1992]

Deborah A. Thomas: Exceptional Violence. Embodied citizenship in transnational Jamaica. Durham 2011
John J. Thomas: The Theory and Practice of Creole Grammar. London 1969
Denys Thompson: Voice of Civilisation. An enquiry into advertising. London 1943
Edward P. Thompson: Commitment in Politics; in: Universities and Left Review 6. 3. Jg., 1959, H 2, 50–55
Edward P. Thompson: Die Entstehung der englischen Arbeiterklasse. Frankfurt/M. 1987 [The Making of the English Working Class, 1963]
Edward P. Thompson: Das Elend der Theorie. Zur Produktion geschichtlicher Erfahrung. Frankfurt/M. 1980 [The Poverty of Theory and Other Essays, 1978]
Edward P. Thompson: Customs in Common. London 1993
Colm Tóibín: Baldwin and ›the American Confusion‹; in: Cora Kaplan, Bill Schwarz (Hg.): James Baldwin. America and beyond. Ann Arbor 2011, 53–68
Universities and Left Review (1957–1959) (www.amielandmelburn.org.uk/collections/ulr/index_frame.htm)
Françoise Vergès: Monsters and Revolutionaries. Colonial family romance and métissage. Durham 1999
Derek Walcott: Omeros. München 1995 [1990]
Derek Walcott: What the Twilight Says. Essays. New York 1998
Anne Walmsley: The Caribbean Artists Movement, 1966–1972. A literary and cultural history. London 1992
Evelyn Waugh: Wiedersehen mit Brideshead. Zürich 1947 [Brideshead Revisited, 1945]
William H. Whyte: Herr und Opfer der Organisation. Düsseldorf 1958 [The Organization Man, 1956]
Eric Williams: Capitalism and Slavery. Chapel Hill 1944
Raymond Williams: Begriffsgeschichte als Gesellschaftsgeschichte. Studien zur historischen Semantik von Kultur. München 1972 [Culture and Society, 1958]
Raymond Williams: The Long Revolution. London 1961
Raymond Williams: The Country and the City. London 1973
Colin Wilson: Der Outsider. Stuttgart 1957 [The Outsider, 1956]
Patrick Wright: Living in an Old Country. The national past in contemporary Britain. London 1985
Richard Wright: White Man, Listen! New York 1957

Verwendete Filme

John Akomfrah: The Unfinished Conversation (GB 2013, 103 min)
John Akomfrah: The Stuart Hall Project (GB 2013, 96 min)
Mike Dibb: Personally Speaking. A long conversation with Stuart Hall (GB, 2009, 258 min)
Isaac Julien: Frantz Fanon. Black skin, white mask (GB 1997, 70 min)
Stuart Hall: Redemption Song (GB 1991, 350 min)
Horace Ové: Baldwin's Nigger (GB 1968, 48 min)

Glossar

ABENG: politische Wochenzeitung, von Februar bis November 1969 in Kingston (Jamaika) publiziert, bevor die Druckerei bei einem Brandanschlag vernichtet wurde. Hintergrund ihrer Gründung ist die Verbannung des aus Guayana stammenden, kapitalismuskritisch lehrenden Historikers WALTER RODNEY von der Universität und seine Ausweisung aus Jamaika im Oktober 1968. Die darauf folgenden Proteste von Studierenden und der armen Bevölkerung von West Kingston eskalierten zum Aufruhr (Rodney Riots), bei dem die Polizei sechs Menschen tötete. Die Verwüstungen verursachten einen Millionenschaden. In der Perspektive der Panafrikanismus- und Black-Power-Bewegung widmete sich *Abeng* der politischen Bewusstseinsbildung von People of Colour in der Karibik. Ähnlich wie Rodney erging es später dem britischen Historiker KEN POST (1935–2017), Autor von *Abeng*, der an der Universität zu den Arbeiter*innen-Unruhen von 1938 forschte und wegen seiner solidarischen Kontakte zur Rastafari-Bewegung verbannt wurde. Die *Abeng*-Herausgeber ROBERT A. HILL (*1943, Historiker) und RUPERT LEWIS (*1947, Politikwissenschaftler) gelten heute als herausragende wissenschaftliche Experten des Panafrikanismus. TREVOR MUNROE (*1944) war lange Zeit linksradikaler Politaktivist in Gewerkschaften und Parteien; er kämpft heute gegen Korruption und Machtmissbrauch in staatlichen Institutionen.

AFRIKANISCH-JAMAIKANISCHE RELIGIONEN: KUMINA ist eine afrikanisch-jamaikanische Religion, zu der auch säkulare Zeremonien, Tänze und Musik gehören. Die traditionellen Bezüge stammen aus der Kongo-Region und wurden von den Versklavten nach Jamaika gebracht. Der Kumina-Trommelstil hatte starken Einfluss auf die populäre jamaikanische Musik, insbesondere auf Reggae und Dancehall. Bei der in Kuba entstandenen SANTERÍA (spanisch: Scheinheiligkeit) wurde die katholische Heiligenverehrung mit Geisterglaube kreolisiert. Trotz der Zwangschristianisierung der afrikanischstämmigen Sklav*innen im 17. Jh. wurden der Glaube an afrikanische Geister und die religiösen Rituale (Wahrsagerei, Opfergabe, Trancetänze, Initiation) der Yoruba bzw. des Kongo toleriert. VOODOO ist eine Religion der Yoruba-Tradition, die sich während der Sklaverei in Westindien mit islamischen, katholischen und indianischen Elementen vermischte. Z. B. stehen katholische Heilige stellvertretend für afrikanische Geistwesen, denen die Macht zugesprochen wird, Dinge zu verändern. Damit gewinnen sie eine gesellschaftspolitische Bedeutung, so wie im haitianischen Unabhängigkeitskampf, als bestimmte Geistwesen mit aktivem Widerstand identifiziert wurden. Zu den religiösen Ritualen gehört das Opfern von Tieren oder Genussmitteln (z.B. Rum, Tabak), das Fest und der Trancetanz. Weltweit hat Voodoo 60 Mio. Glaubensanhänger*innen und ist in Haiti Staatsreligion. OBEAH ist Teil der ›schwarzen Magie‹ und bezeichnet spirituelle Glaubensriten und Heilungsbräuche. Es ist eher eine Sammelbezeichnung für individuell praktizierte Spiritualität als ein einheitlicher religiöser Kanon. POCOMANIA, ebenfalls Teil der ›schwarzen Magie‹, ist eine Sammelbezeichnung für religiöse Praktiken lokaler religiöser Gruppen, angeführt von einem ›Hauptmann‹ oder einer ›Mutter‹, und umfasst spirituelle Ahnenkulte wie auch Zeremonien der christlichen Erweckungsbewegung.

AFRO-CARIBBEANS: Bezeichnung der karibischen Bevölkerung, deren Vorfahren zwischen dem 15. und 19. Jh. als Sklav*innen aus Afrika nach Westindien verschleppt wurden

ARBEITER*INNEN-AUFSTÄNDE VON 1938: Die Streiks und Aufstände in Jamaika waren Teil der Arbeiter*innen-Unruhen, die 1934–39 die gesamte Karibik erfassten. Anlass waren die sinkenden Löhne, die wachsende Arbeitslosigkeit und die steigenden Lebenshaltungskosten aufgrund der ›Großen Depression‹. An der Planung und Durchführung der Streiks – vor allem in Bananenplantagen, Zuckerfabriken und Hafenanlagen – waren auch Frauen aktiv beteiligt. In Jamaika führte die gewaltsame Unterdrückung der Streiks zu regionalen Aufständen, bei denen 46 Menschen starben und Hunderte verhaftet wurden. Die Arbeiter*innen-Aufstände waren eng verknüpft mit den Kämpfen um Entkolonisierung und politische Unabhängigkeit der Westindischen Inseln. Sie veranlassten die britische Regierung, eine Kommission einzusetzen (West India Royal Commission), um die Lebensverhältnisse in den westindischen Kolonien und die Forderungen der Aufständischen zu untersuchen. Ihr Gutachten (Moyne Report) benennt das Erbe der britischen Kolonialpolitik – vor allem die Ausbeutungsstrukturen des Plantagensystems, die Rechtlosigkeit der Arbeiter*innen und Kleinbauern wie auch die mangelnde Bildung und Gesundheitsversorgung – als wesentliche Ursache der Verelendung der Afrikanisch-Karib*innen. Während der Moyne Report eine politische Föderation der Westindischen Inseln befürwortete, verwarf er zugleich die Forderung nach politischer Unabhängigkeit und einem allgemeinen Wahlrecht für alle Einwohner*innen der Inseln, dennoch legte er die Grundlage für die Einrichtung eines Amtes für koloniale Entwicklung und Wohlfahrt in den 1940er Jahren.

Armistice Day (11.11.1918): Tag des ersten Waffenstillstands an der Westfront des Ersten Weltkriegs. Auch wenn die zwischen dem Deutschen Reich, Frankreich und Großbritannien ausgehandelte Waffenruhe die Kampfhandlungen nicht sofort zum Erliegen brachte, gilt der Armistice Day als ›Vorabend‹ des 1920 unterzeichneten Friedensvertrages von Versailles. Bis heute wird in den Ländern der Alliierten, auch in Westindien, am 11.11. der Toten des Ersten Weltkriegs gedacht.

Baptistenkrieg (1831–1832): Revolte von 60 000 der 300 000 Sklav*innen in der Kolonie Jamaika. Die Versklavten streikten am ersten Weihnachtstag friedlich für mehr Freiheitsrechte und Geld, in dem Glauben, dass die Kampagne für die Abschaffung der Sklaverei bei der britischen Krone zum Erfolg geführt habe. Angeführt wurde der Streik vom baptistischen Prediger Sam Sharpe (1801–1832), der über Jahre eine Glaubensgemeinschaft unter den Sklav*innen aufgebaut hatte und sich für das Ende der Sklaverei einsetzte. Allerdings wurde der friedliche Streik als Aufstand gewertet und der folgende Aufruhr mit aller verfügbaren Gewalt niedergeschlagen. Tausende Sklav*innen wurden brutal gefoltert und hingerichtet, auch Sharpe und andere Anführer. Allerdings folgten parlamentarische Untersuchungen, die letztlich 1833 zum Gesetz zur Abschaffung der Sklaverei führten.

Black British: Bezeichnung für die britische Bevölkerung mit Schwarzafrikanischem oder Schwarz-afrikanisch-karibischem Migrationshintergrund. Gemeint sind vor allem auch die Westinder*innen, die in den 1950er Jahren aus den ehemaligen britischen Kolonien in der Karibik nach Britannien immigrierten, die sogenannte *Windrush*-Generation. Black British ist eine der offiziellen Bezeichnungen der britischen Ethnizitäts-Klassifizierung.

Black History Month: wird in Nordamerika im Februar begangen, um den Anteil der ›People of Colour‹ an der Geschichte hervorzuheben. Vorgänger war die 1926 von Carter G. Woodson in den USA initiierte *Negro History Week*. Anlass war die Leerstelle in den Geschichtsbüchern. Kontrovers diskutiert wird, ob es angebracht ist, die Sichtbarmachung Schwarzer Geschichte auf einen Monat zu beschränken, statt sie konsequent in die allgemeine Bildung zu integrieren. Ein weiterer Kritikpunkt ist die Reduzierung komplexer historischer Figuren auf übermäßig vereinfachte Objekte der Heldenverehrung. Der Black History Month findet in Britannien abweichend im Oktober und inzwischen auch in Deutschland statt.

Black Power: Selbstermächtigungsbewegung, wurde in den 1960er Jahren populär, als die bürgerliche Bürger*innenrechtsbewegung mit ihrem Prinzip der Gewaltfreiheit in die Defensive geriet angesichts eines Rassismus, der People of Colour auch unter Gewaltanwendung politisch, ökonomisch, sozial und kulturell von gleicher Teilhabe ausschloss. Black Power knüpfte an den separatistischen ›Schwarzen Nationalismus‹ von Malcolm X an. Erfolgreicher als die politökonomische Ideologie der Bewegung war ihre Kulturpolitik: Die ›Schwarze Faust‹ wurde zum Symbol der Jugendlichen der 1960–70er Jahre und ›Black is beautiful‹ zu ihrer identitätsstiftenden Selbstbezeichnung. Stokely Carmichael (1941–1998), Politaktivist und Wortführer der Bürger*innenrechtsbewegung, prägte den Begriff ›institutioneller Rassismus‹. Nach der Ermordung von Martin Luther King schloss er sich der Black Panther Party an und propagierte eine radikalere ›Black Power‹-Position.

Bürger*innenrechtsbewegung in den USA: erreichte ihre Hochphase in den 1950–60er Jahren. Vor dem Busboykott von Montgomery und der folgenden rechtswirksamen Aufhebung der ›Rassentrennung‹ in öffentlichen Bussen gab es unterschiedliche Strömungen, die vor allem von einflussreichen People of Colour geprägt waren, z. B. Booker T. Washington (bildungs- und wirtschaftspolitische Anpassungsstrategie), Marcus Garvey (politische und wirtschaftliche Unabhängigkeit), W. E. B. Du Bois (vollständige gesetzliche Gleichberechtigung). Nach dem Busboykott wurde in der Bürger*innenrechtsbewegung die Strategie hegemonial, massenmobilisierende Aktionen des zivilen Ungehorsams durchzuführen (z. B. freedom rides), die mediale Resonanz auf die Gewalt Weißer Rassisten und Sicherheitskräfte zu nutzen (z. B. Bloody Sunday) und Rechtsklagen konsequent und qualifiziert einzusetzen. 1964 wurde die Gleichberechtigung im Bürgerrechts- und 1965 im Wahlrechtsgesetz durchgesetzt. Danach zersplitterte die Bewegung. Angesichts der anhaltenden rassistischen Gewalt gegen People of Colour erhielten militante Strömungen (z. B. Nation of Islam, Black Power, Black Panther Party) Zulauf; die wichtiger werdenden sozial- und wirtschaftspolitischen Debatten wurden ideologisch von den etablierten und ›Weiß‹ dominierten Parteien vereinnahmt.

Busboykott in Alabama: Die Segregation verlangte von People of Colour, nur die hinteren Sitzreihen in Bussen zu benutzen und den Platz bei Bedarf für Weiße freizugeben. Am 1.12.1955 weigerte sich in Montgomery (Alabama) eine Schwarze Frau, Rosa Parks, ihren Sitzplatz für einen Weißen Fahrgast zu räumen. Im Anschluss an ihre Festnahme leisteten 42 000 Menschen zivilen Ungehorsam, der ein Jahr lang aufrechterhalten wurde. Parallel reichte die Bürger*innenrechtsbewegung Klage gegen die Praxis der ›Rassentrennung‹ ein. Das Bundesbezirksgericht urteilte, dass die Segregationspraxis in Bussen verfassungswidrig sei. Am 21.12.1956 konnte der erste ›integrierte Bus‹ in Montgomery genutzt werden.

Caribbean Artists Movement: einflussreiche Initiative, die 1966 in London von den Schriftstellern Edward Kamau Brathwaite (*1930), Andrew Salkey (1928–1995) und John La Rose (1927–2006) gegründet wurde. Die Initiative förderte zum einen die öffentliche Wahrnehmung der Arbeiten von karibischen Schriftsteller*innen, Maler*innen, Dichter*innen, Regisseur*innen, Schauspieler*innen und Musiker*innen und baute zum anderen eine kulturelle Brücke zwischen Westinder*innen und Schwarzen Brit*innen. Die Initiative löste sich 1972 auf.

Centre for Contemporary Cultural Studies: 1964 an der Universität Birmingham gegründet, wurde das CCCS zur herausragenden Institution der British Cultural Studies. Die Cultural Studies der Birminghamer Schule betonen die aktive Aneignung von Kultur und stellen dabei die überlieferte Einteilung in Produzent*innen und Konsument*innen kultureller Produkte in Frage. In interdisziplinärer Weise – d.h. durch Verknüpfen z.B. von Marxismus, Poststrukturalismus, Critical Race Theory, Feminismus sowie soziologischen und ethnografischen Methodologien – wurden Arbeiter- und Alltagskultur, Massenmedien, Sub- und Popkultur etc. untersucht. Am CCCS forschten neben Stuart Hall – direkt oder assoziiert – auch Paul Gilroy, Dick Hebdige, Angela McRobbie, Richard Dyer, Lawrence Grossberg, Sadie Plant, Bill Schwarz, Paul Willis, Dorothy Hobson, Jorge Larrain, Tony Jefferson u.v.m. Das CCCS wurde 2002 geschlossen.

Christian Endeavour (Entschieden für Christus): Die internationale, überkonfessionelle Jugendorganisation verbreitet die christliche Botschaft im evangelikalen Verständnis.

Colonial Office (1854–1966): eigenständige Abteilung unter dem Dach des britischen Kolonialministeriums und ausschließlich für die Verwaltung der Kolonien des Königreichs zuständig. Das Colonial Office löste eine hundertjährige Regierungszuständigkeit für die Kolonien ab, die aufgrund der gegensätzlichen Interessen von Krone und Adligen, Kolonisten und Investoren mehrfach entzogen und neu übertragen wurde. Nach 1966 wurde seine Eigenständigkeit aufgelöst und seine Tätigkeit ins Commonwealth Office integriert.

Cooper, Carolyn (*1950): jamaikanische Professorin für Literatur und Cultural Studies an der University of the West Indies. Sie lehrt zu karibischer, afrikanischer, afrikanisch-amerikanischer Literatur und Kultur und forscht intensiv zu den kulturellen Hintergründen des ›Reggae‹.

Davis, Angela: (*1944): US-amerikanische radikale Aktivistin, die sich seit 1968 für viele Anliegen engagiert hat: Bürger*innen- und Frauenrechte, Armutsbekämpfung und Weltfrieden, Reform des amerikanischen Gesundheitswesens und des Gefängnissystems. Dabei analysierte und politisierte sie die Verknüpfung der Herrschaftskategorien von Geschlecht-Race-Klasse und wurde in diesem Sinne selbst zur Symbolfigur: als führende, intellektuelle Frau of Colour in der Kommunistischen Partei der USA. Als sie 1970 unter falschem Verdacht inhaftiert wurde, nutzte sie die weltweite ›Free Angela‹-Kampagne, um sich und andere People of Colour in den USA, die aus rassistischen Motiven verurteilt wurden, als politische Gefangene zu repräsentieren.

Du Bois, William Edward Burghardt (1868–1963): US-amerikanischer Soziologe, Publizist, Schriftsteller und Aktivist, forschte in Berlin und errang 1895 als erster Schwarzer einen Doktortitel in den USA (Harvard University). Er engagierte sich in der Bürger*innenrechtsbewegung, die er sich als progressive Protestbewegung gegen die ›straffreien‹ Lynchmorde an People of Colour zu Beginn des 20. Jh. vorstellte, weshalb er mit Booker T. Washingtons Anpassungsstrategie für People of Colour durch berufliche Bildung und wirtschaftlichen Erfolg brach. Du Bois propagierte die Förderung einer Elite von People of Colour – z. B. Ärzt*innen, Anwält*innen, Lehrer*innen –, um sie zu befähigen, das ›doppelte Bewusstsein‹ kritisch zu bearbeiten, d. h. die Reproduktion der herrschenden Sicht auf People of Colour durch People of Colour wie auch die herrschende Sicht der Weißen auf People of Colour, und eine zielstrebige Gleichstellungspolitik anzuführen. Er war Mitbegründer der 1909 ins Leben gerufenen NAACP (National Association of the Advancement of Coloured People), die eine bedeutende Institution der antirassistischen Bürger*innenrechtsbewegung werden sollte. Du Bois' Ansatz von ›Black Nationalism‹ umfasste Perspektiven der politischen, kulturellen und ökonomischen Emanzipation: Er vertrat einen Panafrikanismus, der People of Colour mit afrikanischer Abstammung gemeinsame Interessen zusprach und zum gemeinsamen Freiheitskampf aufforderte. Als Herausgeber der NAACP-Zeitschrift *The Crisis* entwickelte er ein Medium für Bürgerrechte, Politik und Kultur im Interesse von People of Colour. Ebenso schlug Du Bois einen eigenständigen ökonomischen Sektor für People of Colour vor, der aus Produktions-

und Konsumgenossenschaften bestehen und die Diskriminierung und Armut von People of Colour bekämpfen sollte. In der ersten Hälfte des 20. Jh. wurde er neben Marcus Garvey zum einflussreichsten panafrikanischen Meinungsführer. Anders als Garvey gründete Du Bois seinen Einfluss auf präzise Analyse und durchdachte Programmatik. Wegen der konservativbürgerlichen Mehrheitspolitik in der NAACP-Führung trat Du Bois 1934 aus der Organisation aus, da er sie für unvereinbar mit seinen marxistischen Positionen hielt. Fortan widmete er sich der Forschungsarbeit zu Race/Rassismus an der Atlanta University. Sein späteres politisches Comeback in der NAACP endete mit einem Berufsverbot an der Universität und damit, 1951 als Agent einer ausländischen Macht verklagt zu werden. Dies wiederum veranlasste Du Bois, 1961 offizielles Mitglied der Kommunistischen Partei zu werden. Von den USA desillusioniert, wanderte er noch im selben Jahr nach Ghana aus. Er starb einen Tag vor Martin Luther Kings *I Have a Dream*-Rede 1963.

EGGNOG: alkoholischer Eierpunsch, bei dem zum Brandy bzw. Bourbon ein Ei, Milch oder Sahne, Zucker und Muskatnuss hinzugegeben werden

ERWECKUNGSBEWEGUNG: Bezeichnung für verschiedene Strömungen im Christentum. Neben den ›christlichen‹ Merkmalen – Bekehrung des Einzelnen, individuelles und gemeinschaftliches Glaubenserlebnis, praktische christliche Lebensweise – ist vor allem das Moment der ›Erweckung‹ von Bedeutung: Ein besonderes Erlebnis – das Ergriffenwerden durch Gott – führt zur Kehrtwende im Leben, d.h. zur Hinwendung zu Gott. Die ›Bewegung‹ ergibt sich, wenn eine Gruppe von Personen oder eine ganze Region diese Erweckung teilt. Gegenüber diesem ›leibhaftigen‹ Bibel-Verständnis verlieren institutionelle oder konfessionelle Dogmen an Bedeutung. In verschiedenen historischen Phasen erneuerten sich christliche Strömungen, indem sie sich als Erweckungsbewegung formierten, so z.B. die Quäker im 17., die Methodisten im 18. und die Baptisten im 19. Jh. In der ersten Hälfte des 20. Jh. gewann die PFINGSTBEWEGUNG weltweit an Zulauf. ALEXANDER BEDWARD (1848–1930) war einer der einflussreichsten Prediger der Erweckungsbewegung. Er führte seine eigene Kirche an, die *Jamaica Native Baptist Free Church*, im Volksmund *Bedwardism* genannt. Sie war von 1890–1920 die populärste afrikanisch-jamaikanische Glaubensbewegung. Bedward bezeichnete sich selbst als Nachfolger des Propheten Moses, später auch als Reinkarnation von Jesus Christus. Er zog die Massen an, da er in seinen Predigten die rassistische Unterdrückung von People of Colour verurteilte, soziale Gerechtigkeit forderte und zum Aufstand gegen die Weißen aufrief. Dafür wurde er mehrfach wegen

Aufruhr eingekerkert. Die nachfolgenden Bewegungen des Garveyismus und der Rastafari beziehen sich ausdrücklich auf Bedwards politische und religiöse Ansätze.

EXPATRIATE: kurz Expat, Personen, die dauerhaft im Ausland leben, juristisch aber ihre Nationalität behalten. Sie können damit auch als Einwander*innen verstanden werden; im politischen Kontext auch als Exilant*in oder gar als Ausgebürgerte*r. Der Begriff hatte in der Zeitspanne vom Ende des Feudalismus über die Weltkriege bis zu den Kämpfen um Entkolonisierung und zur Hochphase des Kalten Krieges große Bedeutung. Heute oft verdrängt durch den medial präsenteren und politisch aufgeladenen Begriff ›Migrant*in‹ (Feld hitziger Diskussion: Sind Weiße Expats und Coloureds Migrant*innen? Quer dazu die Klassenfrage: Sind Expats reich, Migrant*innen arm?) Parallel wird Expatriate vom betriebswirtschaftlichen Personalmanagement vereinnahmt, als Statusbezeichnung für Fach- oder Führungskräfte, die für ein Unternehmen oder eine Organisation im Ausland arbeiten.

FOLK DEVILS: Personen oder Gruppe, die in der Folklore oder in den Medien als deviant oder als Außenseiter dargestellt werden und denen die Schuld an Verbrechen oder sozialen Problemen unterstellt wird

GARVEY, MARCUS (1887–1940): jamaikanischer Politaktivist und Publizist, Unternehmer und Gründer der UNIVERSAL NEGRO IMPROVEMENT ASSOCIATION AND AFRICAN COMMUNITIES LEAGUE (üblicherweise UNIA abgekürzt), die auf die weltweite Vereinigung von People of Colour und ihre Selbstregierung abzielte. Vor allem in seiner Zeit in den USA (1916–1927) entwickelte Garvey seine separatistische Vision von Freiheit und Anerkennung für People of Colour (BLACK INDEPENDENCE) weiter. Dieser sogenannte GARVEYISMUS umfasste nationalen Separatismus (Rückwanderung der People of Colour aus der Diaspora nach Afrika, wofür Garvey eine eigene Schifffahrtsgesellschaft betrieb) und die politische Vereinigung des Schwarzen Afrikas (Panafrikanismus/Black Nationalism), ökonomische Unabhängigkeit (Negro Factories Corporation) und autonome Interessenvertretung (Negro World Newspaper). Garvey wurde aufgrund seiner Überzeugung vielfach attackiert, angeschossen, verhaftet, eingesperrt, deportiert und verfolgt. Neben W. E. B. Du Bois war er der wichtigste panafrikanische Meinungsführer und der talentiertere Organisator und Agitator. Mit diesem Talent führte er die UNIA-ACL als weltweit größte panafrikanischen Organisation, der sich Millionen People of Colour anschlossen. Garvey ermöglichte einerseits eine radikalpolitische Bewusstwerdung und

Massenorganisation im Gegensatz zu integrationistischen Ansätzen: Ohne Garveys Einfluss wären weder die Rastafaris noch Nation of Islam oder die Black-Power-Bewegung denkbar. Andererseits wurde er dafür kritisiert, selbst den Charakter eines Imperialisten zu reproduzieren ([Selbst-]Ernennung zum Präsidenten von Afrika und Verleihung obskurer Adelstitel an seine Gefolgschaft; antisozialistische, antisemitische und profaschistische Statements; die bewaffnete African Legion als geheimdienstförmige Suborganisation der UNIA; die feindliche Konkurrenz zu W. E. B. Du Bois), was die patriarchal-autoritäre Praxis von Führung, Militanz und Repräsentation nachfolgender politischer Organisationen von People of Colour begünstigte.

Haitianische Revolution: Anlass des Sklav*innenaufstands 1791 in der Kolonie Saint-Domingue war die Nachricht von der Revolution in Frankreich. 1792 konnten die Aufständischen die Aufhebung der rechtlichen Diskriminierung aufgrund der Hautfarbe durchsetzen, doch die Weißen Royalisten weigerten sich, die alten Verhältnisse aufzugeben. Frankreich konnte seine Kolonialpolitik auf Dauer nicht wirkungsmächtig aufrechterhalten, auch aufgrund der Kriege mit anderen Kolonialmächten in Europa. Dies veranlasste viele Franzosen, zu den Aufständischen überzulaufen. Die Revolution forderte tausende Tote, erreichte aber 1794 die Abschaffung der Sklaverei. Toussaint Louverture (1743–1803), ein ehemaliger Sklave, erwies sich während und nach der Revolution als erfolgreicher strategischer Anführer und Verhandlungsführer gegenüber der französischen Krone. 1801 leitete er die Befreiung der spanischen Kolonie auf Hispaniola und konnte auch dort die Abschaffung der Sklaverei durchsetzen. Napoléon Bonaparte musste 1802 ein Expeditionsheer aufbringen, um Louverture gefangen zu nehmen und nach Frankreich zu deportieren. Dort starb er an den Folgen der Haftbedingungen. Jean-Jacques Dessalines (1758–1806) war wie Louverture ein ehemaliger Sklave in der französischen Kolonie Saint-Domingue und wurde von ihm im revolutionären Kampf zum General ernannt. Als Louverture in Gefangenschaft geriet, konnte Dessalines 1804 die nationale Unabhängigkeit Haitis erklären und sich selbst zum Kaiser ausrufen. 1806 wurde er vom Putschisten Henri Christophe ermordet, der sich zum Präsidenten und später zum König ernennen ließ. Die folgenden Auseinandersetzungen in der Bevölkerung mündeten in einen Bürgerkrieg.

Harlem Renaissance: auch New Negro Movement genannt, war eine soziale, kulturelle und künstlerische Bewegung von People of Colour in den 1920er Jahren. Im New Yorker Stadtteil Harlem konzentrierte sich eine große Zahl der massenhaft aus dem Süden der USA in den Norden abgewanderten People of Colour. Harlem wurde zur Heimstatt einer ›neuen‹ Generation Schwarzer Kulturschaffender wie Langston Hughes, Zora Neale Hurston, Louis Armstrong, Duke Ellington. In Kunst, Musik, Malerei, Fotografie und Literatur wurden überlebende Elemente afrikanischer Kultur sichtbar und zu populären kulturellen Stilen weiterentwickelt.

»I Have a Dream«: Martin Luther King war die bekannteste Führungspersönlichkeit der Schwarzen Bürger*innenrechtsbewegung in den USA. »I Have a Dream« ist ein Zitat aus Kings Rede beim Marsch auf Washington (28.8.1963), an dem mehr als 250 000 Menschen teilnahmen. Es bezieht sich auf die Durchsetzung der wichtigsten Forderungen der Bürger*innenrechtsbewegung nach politischer und rechtlicher, sozialer und ökonomischer Gleichstellung der Afrikanisch-Amerikaner*innen.

Jerk Pork: mariniertes Schweinefleisch vom Grill

Jive Talk: (auch Harlem Jive, Jive, Argot des Jazz), afrikanisch-amerikanischer Slang, der sich von Harlem, wo »jive« (Jazz) gespielt wurde, allgemein in der afrikanisch-amerikanischen Gesellschaft ausbreitete und in den 1940ern einen Höhepunkt erreichte. Als Begriff erstmals in dem ersten von einer schwarzen Person veröffentlichten Wörterbuch *Hepster's Dictionary: Language of Jive* (1939) des Musikers Cab Calloway. Jive Talk wird teilweise synonym zu ›Black English‹ gebraucht (ling.).

League of Coloured People: 1931 von Harold Moody in London gegründete Bürger*innenrechtsorganisation, die weltweit die Gleichstellung von People of Colour forderte. In den 1930er Jahren engagierte sie sich erfolgreich gegen die Diskriminierung von People of Colour am Arbeitsplatz. Una Marson (1905–1965), gebürtige Jamaikanerin und führendes Mitglied der League of Coloured People, war 1942 die Begründerin der Radiosendung *Caribbean Voices*, die zur zentralen Plattform für westindische Schriftsteller*innen und Dichter*innen in der britischen Diaspora wurde.

Legislative Council: Vorläufer des heutigen Senats (bzw. Oberhauses) aus der Zeit vor der Unabhängigkeit Jamaikas

Malcolm X (1925–1965): einer der Wortführer der Lost Found Nation of Islam (auch bekannt als Black Muslims), einer religiös-politischen Organisation US-amerikanischer People of Colour außerhalb der islamischen Orthodoxie. Malcolm X hieß eigentlich Malcolm Little, bekam aber nach dem Brauch der Organisation – Befreiung von Nachnamen, die People of Colour von Sklav*innenbesitzer*innen erhalten hatten – den neuen Nachnamen X. Mit seiner radikalen Ansprache gewann er vor allem die Zustimmung der Jugendlichen in den Ghettos der Großstädte. The Nation of Islam griff den Rassismus und die Gewalt der Weißen scharf an und propagierte die Selbstverteidigung und eine umfassende Autonomie der People of Colour (Black Nationalism). Frauen waren als Aktivistinnen ausgeschlossen; ihnen wurde die Sphäre der Mutter und Hausfrau zugewiesen. Malcolm X griff die Bürger*innenrechtsbewegung an, die auf eine gewaltlose Integrationsstrategie setzte. Berühmt wurde seine Bezeichnung ›Hausneger‹ für Bürgerrechtler wie Martin Luther King, die an der Unterdrückung rebellischer ›Feldneger‹ wie der Anhänger der Nation of Islam beteiligt seien. The Nation of Islam plädierte dafür, dass People of Colour sich die Geschichte neu aneigneten, und knüpfte dabei an die bewaffneten Aufstände gegen die Sklaverei an. In diesem Sinne lehnte Malcolm X die Selbstbezeichnung ›Negro‹ ab und propagierte die Bezeichnung ›Afrikanisch-Amerikaner‹, um die historisch-kulturellen Bezüge zu betonen und nicht bloß stolz Hautfarbe zu repräsentieren. 1964 brach Malcolm X mit The Nation of Islam, deren Führern er vorwarf, sich nicht an die Werte der Organisation zu halten. Seine Zusammenarbeit mit afrikanischen Befreiungsbewegungen schärfte seine kapitalismuskritische Argumentation, die er mit einem Antirassismus verknüpfte, den er auch Weißen zugestand; er begann Frauen in der politischen Sphäre zu akzeptieren. Malcolm X wurde am 21.2.1965 von Anhängern der Nation of Islam erschossen.

Marley, Bob (1945–1981): eigentlich Robert Nesta Marley, jamaikanischer Sänger, Gitarrist und Songwriter. Marley war einer der Mitbegründer des Musikstils ›Reggae‹ und wurde mit seiner Band *The Wailers* dessen bedeutendster Vertreter. In den 1960er Jahren konvertierte er vom Christentum zum Rasta und schloss sich mit der Rastafari-Bewegung dem Kampf gegen die Unterdrückung von People of Colour an. Gesellschaftskritik, soziale Anerkennung und politische Selbstbestimmung, aber auch spirituell-mystische Elemente prägten die Texte seiner Musik. Marley wahrte immer eine kritische Distanz zu politischen Institutionen, stand aber der sozialdemokratischen People's National Party nahe. Er wurde zur nationalen Identifikationsfigur, nachdem er Ende der 1970er Jahre dazu beigetragen hatte, die gewaltsamen Auseinandersetzungen zwischen den konkurrierenden Parteien PNP und JLP einzudämmen; er bewegte die beiden Parteiführer zum Handschlag.

Melanin: Pigment, das eine bestimmte Färbung der Haut, Haare, Augen bewirkt. Aus unterschiedlichen Mischungen der verschiedenen Melanintypen resultieren verschiedene Farbausprägungen, z. B. rote Haare, dunkle oder helle Hautfarbe, vermischtfarbene Augen. Melanintypen werden genetisch vererbt. Die Struktur eines Melanins ist biologisch nicht exakt erforscht. Man weiß, dass die Melaninbildung durch UVB-Strahlung angeregt wird, und nimmt an, dass Melanin als Lichtschutz vor dem schädlichen Einfluss der UV-Strahlung der Sonne dient. Das Wort ›Melanin‹ stammt aus dem Griechischen und bedeutet ursprünglich ›schwarz‹. Die Indienstnahme der Hautfarbe als biologisches Merkmal zur Konstruktion von ›Rassen‹ geht von eindeutiger ›Einfarbigkeit‹ der jeweiligen ›Rasse‹ aus; tatsächlich bewegt sich Hautfarbe immer in einem Spektrum von Farben (vgl. Manuela Bauer, Katrin Petrow: Begriffe. Farbige/Farbiger; in: S. Arndt, A. Hornscheidt: *Afrika und die deutsche Sprache. Ein kritisches Nachschlagewerk*. Münster 2004, 128–131).

Moral Panic (moralische Panik): bezeichnet den Aufruhr in der Bevölkerung, der aus dem Bedrohungsempfinden resultiert, dass das Verhalten bestimmter sozialer Gruppen gegen die moralische Ordnung der Gesellschaft verstoße. Moralische Panik wird von einer sensationsfördernden Medienberichterstattung und einer organisierten Demonstration kollektiver Empörung in der Öffentlichkeit angetrieben. Oft wird dabei populistisch eine Verstärkung der sozialen Kontrolle gefordert. Mit Stanley Cohens Studie *Folk Devils and Moral Panics* (1972), in der er die Reaktion von Massenmedien, Öffentlichkeit, Politik und öffentlichen Institutionen auf das deviante Verhalten neuer Jugendkulturen in den 1960er Jahren analysiert, etablierte sich der Begriff in den Cultural Studies.

Morant-Bay-Aufstand: Revolte jamaikanischer People of Colour am 11.10.1865, mit der sie sich gegen die fortgesetzte Ausgrenzung (z. B. beim Wahlrecht) und Diskriminierung (z. B. durch Polizeigewalt) auflehnten, die sie nach dem Ende der Sklaverei 1834 erfuhren. Innerhalb kürzester Zeit übernahmen People of Colour die Kontrolle über die Stadt Morant Bay. Angeführt vom baptistischen Diakon Paul Bogle (1815–1865), weitete sich der Aufstand auf die Region Saint Thomas aus; Plantagenbesitzer wurden vertrieben oder getötet. Gouverneur Eyre verhängte das Kriegsrecht und rang die Revolte mit militärischen Truppen nieder. Die Aufständischen, darunter Bogle, wurden hingerichtet und ihre Angehörigen gefoltert. Nach den Ergebnissen einer britischen Untersuchungskommission wurde Eyre abberufen, musste sich aber nie vor Gericht verantworten. Nach ihm wurden gemäßigtere Gouverneure eingesetzt.

Négritude: kulturelles, politisches und philosophisches Konzept, das vom afrikanisch-karibisch-französischen Schriftsteller und sozialistischen Politiker Aimé Césaire (1913–2008) in Zusammenarbeit mit dem senegalesischen Dichter und Politiker Léopold Senghor (1906–2001) und Léon-Gontran Damas vorgelegt wurde. Herrschaftskritisch wird der eurozentrische Diskurs über Afrika dekonstruiert (Afrika ist kulturlos und unzivilisiert; Afrika wird mit Exotismus und Triebhaftigkeit gleichgesetzt). Dagegen stellte Négritude eine eigenständige, vielseitige, gleichberechtigte Schwarze Kultur heraus. Auf dieser Grundlage entstand in den 1930er Jahren eine frankophone Bewegung von People of Colour, die sich dem antikolonialen Kampf verschrieb, die politische und kulturelle Emanzipation aller afrikanischstämmigen Menschen vertrat und den Separatismus des Panafrikanismus kritisierte. Aber auch die Négritude-Bewegung idealisierte ihr Konzept von Afrikanität. Ein wesentlicher Teil der Bewegung konzentrierte sich in Paris und pflegte engen Austausch mit Autoren der Harlem Renaissance. Présence africaine ist eine kulturelle, politische und literarische Zeitschrift, die 1947 vom senegalesischen Literaturwissenschaftler und Verleger Alioune Diop (1910-1980) gegründet wurde und seither vierteljährlich in Frankreich erscheint. Sie griff einflussreich in die Debatten über Panafrikanismus ein, begleitete solidarisch die antikolonialen Kämpfe in den französischen Kolonien und gab der Négritude-Bewegung eine politische Plattform. Zu ihren Autor*innen gehören unzählige renommierte Schriftsteller*innen, Politiker*innen und Wissenschaftler*innen. 1956 organisierte sie den ersten Congress of Negro Writers and Artists in Paris, auf dem führende Schwarze Intellektuelle Fragen des Kolonialismus, der Sklaverei und der Négritude erörterten.

Negro: ›Schwarz‹ haben die Portugiesen die Indigenen in Afrika genannt, als sie dort 1442 auf ihrer Route nach Indien landeten. Im angelsächsischen Sprachraum wurde ›Negro‹ zum ›anerkannten‹ Begriff für Menschen mit einer Schwarzen afrikanischen Herkunft – im Kontrast zu ›Nigger‹, der erniedrigenden, aber geläufigen Bezeichnung der Sklav*innen (in den Kolonien). Mit der politischen Selbstorganisation der People of Colour im 20. Jh. wurde ›Negro‹ auch zum selbstgewählten Kampfbegriff, der das Schwarze Selbstbewusstsein bzw. Race Pride repräsentieren sollte. Identitätspolitisch war ›Negro‹ bis in die 1960er Jahre vorherrschend; mit der Herausbildung radikalerer Strömungen in der Bürger*innenrechtsbewegung markierte u.a. die Verdrängung der Selbstbezeichnung ›Negro‹ durch ›Black‹ einen Bruch mit der bürgerlichen Identitätspolitik unter People of Colour. In den 1980–90er Jahren setzte sich die Bezeichnung ›African-American‹ im öffentlichen, politischen und formalen Gebrauch durch; alltagssprachlich wird ›Black‹ nach wie vor benutzt.

Nettleford, Rex (1933–2010): eigentlich Ralston Milton Nettleford, jamaikanischer Kulturwissenschaftler und Vize-Kanzler der University of the West Indies (1998–2004), zudem Tänzer, Choreograf und Mitbegründer der National Dance Theatre Company of Jamaica (NDTC, 1962). In den 1960–70er Jahren forschte er zu den progressiven Aspekten der Rastafari-Bewegung sowie zur Anpassung der People of Colour an kulturelle Symbole der Weißen. Bei der NDTC war er an der Kreolisierung afrikanischer und europäischer Tanztraditionen bzw. an Choreografien zur Musik bekannter jamaikanischer Reggae-Musiker beteiligt. An der Universität förderte er insbesondere die Erwachsenenbildung, die gewerkschaftspolitische Bildungsarbeit und den wissenschaftlichen Nachwuchs.

New Beacon Books: Verlag, Buchladen und internationaler Versand für Schwarze britische, karibische, afrikanische, afrikanisch-amerikanische und asiatische Literatur. 1966 von John La Rose und Sarah White gegründet, war es der erste karibische Verlag in England und hatte große Bedeutung für das Caribbean Artists Movement und die britische Kultur von People of Colour. New Beacon Books musste 2017 wegen fehlender Rentabilität eingestellt werden, wurde aber noch im selben Jahr von neuen Eigentümern und mittels einer Crowdfundingkampagne modernisiert wiedereröffnet.

Panafrikanismus: Idee der weltweiten Einheit aller People of Colour mit afrikanischer Herkunft. Panafrikanismus steht in widerständiger Perspektive zur Praxis der Kolonialmächte, die auf der Kongo-Konferenz in Berlin (1884–1885) den afrikanischen Kontinent unter sich aufteilten. Historisch bezog er sich auf die afrikanischen Vorfahren, die vornehmlich durch Versklavung (atlantischer Dreieckshandel) mit Gewalt aus Afrika nach Amerika, Asien oder Europa verschleppt wurden. Weder ist Panafrikanismus theoretisch präzise bzw. kohärent definiert, noch war die unter diesem Gedanken organisierte politische Praxis einheitlich. Während der Begriff eine gemeinsame Orientierung (Selbstbewusstsein, Solidarität und Humanismus, Freiheit und Unabhängigkeit) bot, entwickelten sich konkrete politische Organisationen ungleichzeitig und teilweise unabhängig voneinander in drei geografischen Regionen (USA und Westindische Inseln, Westafrika, London und Paris). Der aus Trinidad und Tobago stammende Rechtsanwalt Henry Silvester Williams setzte den Begriff auf der von ihm organisierten Ersten Panafrikanischen Konferenz in London (1900) ein, um eine weltweite Interessenvertretung der People of Colour voranzubringen. Aufgrund der Teilnahme junger afrikanischer Meinungsführer der antikolonialen Bewegungen gelten die Panafrikanischen Kongresse zwischen 1919 und 1927 als philosophisch-politische Grundlage für die spätere Entkolonisierung Afrikas und als organisatorisch-politische Vorläuferinnen der Organisation für Afrikanische Einheit (OAU). Vor allem in der ersten Hälfe des 20. Jh. bildeten sich Kollektive von People of Colour, die z. B. mittels *Colonial Bulletins* Aufklärungsarbeit über politische Zusammenhänge leisteten, und Initiativen, die die weltweit zunehmenden antikolonialen Kämpfe unterstützten. Die politische Perspektive zielte auf die Aufwertung und Vereinigung der People of Colour in der Diaspora, die gegen ihre gewaltsame Unterwerfung, rassistische Diskriminierung, ökonomische Ausbeutung und ungleiche soziale Teilhabe kämpften. Panafrikanismus wurde auch kulturell artikuliert, z. B. in der Négritude-Literatur, der Reggae-Musik oder dem Panafrikanischen Filmfestival. Kritisiert wurde die ideologische Dimension, kulturelle, ethnische, soziale und regional-lokale Differenzen zwischen People of Colour zu verschleiern.

Quadroon: Person mit einem Viertel afrikanischer und drei Vierteln europäischer Vorfahren. Octoroon: Person mit einem Achtel Schwarzer Vorfahren. In rassistischen Gesellschaften wurden/werden diese und andere Kategorien von ›Rassenmischung‹ gesetzlich festgeschrieben, um Mixed-Race-Personen der diskriminierten ›Rasse‹ zuzuordnen.

Race Today (1969–1988): von Darcus Howe (1943–2017) herausgegebenes politisches Monatsmagazin, das libertär-marxistische und radikal antirassistische Positionen veröffentlichte. Howe war ein bekannter Fernsehdokumentarist und hatte enge Beziehungen zur Black-Panther-Bewegung wie auch zum Notting-Hill-Karneval. Er war Mitorganisator der International Book Fair of Radical Black and Third World Books. Das Magazin spielte in den 1970er Jahren eine herausragende Rolle für die Interessenvertretung und einen politischen Journalismus von People of Colour in Britannien.

›Rassen‹-Unruhen in Notting Hill: Nach dem Zweiten Weltkrieg nahm in Britannien die Zahl von afrikanisch-karibischen Einwander*innen zu; sie bildeten im Londoner Stadtteil Notting Hill eine sichtbare Gemeinschaft. Im Laufe der 1950er Jahre agierten ›Teddy Boys‹, Weiße Jugendliche der Arbeiterklasse, immer feindseliger und auch gewalttätiger gegenüber People of Colour. Diese Stimmung wurde von rechtsradikalen Gruppierungen (z. B. White Defence League) aufgegriffen und angestachelt. Am 24.8.1958 griffen Weiße Jugendliche verschiedene afrikanisch-karibische Männer an. Am Abend nach ihrer Festnahme begann eine bewaffnete

Hetzjagd von Hunderten Teddy Boys auf People of Colour in Notting Hill. Diese ›Schlachten‹ wiederholten sich jede Nacht, zwei Wochen lang, bevor die staatlichen Sicherheitskräfte durchgriffen.

RASTAFARI: auch kurz Rasta genannt, ist eine in den 1930er Jahren in Jamaika entstandene Heilserwartungs- und soziale Bewegung. Zunächst wurde der damalige äthiopische Kaiser Haile Selassie als Gott auf Erden bzw. als Wiederkehr Jesu Christi verehrt, was auf Marcus Garveys Ausspruch »Look to Africa for the crowning of a Black king« zurückgeht. Später zersplitterte die Glaubensbewegung; ein wesentlicher Teil gab die Selassie-Verehrung auf und wechselte zum ÄTHIOPISMUS, der die biblischen Verheißungen bevorzugt der afrikanischen Bevölkerung zuspricht, eine besondere afrikanische Spiritualität postuliert und eine eigenständige afrikanische Kirche anstrebt. Rastafari stehen der Panafrikanischen Bewegung nahe (insbesondere der Back-to-Africa-Ideologie), lehnen das westliche politische System (Babylon) als korrupt und diskriminierend ab und fordern die Gleichberechtigung von People of Colour. Zahlenmäßig ist Rastafari eine relativ kleine Bewegung geblieben, aber einige ihrer kulturellen Praxen bzw. Stile (z. B. Dreadlocks, Ganja, Reggae) wurden weltweit populär.

REGGAE: in den 1960er Jahren in Jamaika als Tanzmusik kreiert. Vorläufer waren die Musikstile Mento, Ska und Rocksteady, inspiriert wurde er von Soul, R&B, Blues und Jazz. Außerhalb von Jamaika wurde Reggae Ende der 1960er Jahre zunächst als bevorzugte Musik der antirassistischen Skinheads in Britannien populär. Während sich in Jamaika und in der Karibik in den 1970ern der politische Roots-Reggae verbreitete, wurde jenseits dieser Szene der Reggae zunehmend vom Musikmarkt vereinnahmt, entpolitisiert und den Pop-Rhythmen des Mainstream assimiliert. Im jüngeren Dancehall-Reggae gibt es – ähnlich wie im Rap – sexistische und gewaltverherrlichende Texte und Macho-Repräsentationen.

ROCK AGAINST RACISM: Veranstaltungsplattform der 1976 gegründeten Anti Nazi League. Anlass waren die rassistischen Übergriffe und Verbalattacken gegen People of Colour in Britannien. Auf den antirassistischen Konzerten traten Schwarze und Weiße Bands gemeinsam auf. Die rechtsradikale National Front antwortete 1977 mit der Gegenkampagne *Rock Against Communism*. In Deutschland organisierte sich 1979 die Veranstaltungsplattform *Rock gegen Rechts*, um sich gegen die NPD zu positionieren.

Rock Grosett, John (1784–1866): 1831–1844 Mitglied des jamaikanischen Parlaments. Obwohl Grosett 1824 eine Petition zur Verbesserung der Bedingungen der Sklav*innen einbrachte, wandelte er sich zu einem scharfen Befürworter der Sklaverei. Aus Furcht vor ähnlichen Revolutionen wie auf den französischen Karibikinseln propagierte er, dass sich die Bedingungen nur durch die Besitzenden verbessern ließen. 1826 verurteilte Grosett die Sklaverei in Ostindien als elender und erniedrigender als die auf den Westindischen Inseln. Einen Tag später verteidigte er die Prozesse gegen rebellische Sklav*innen in Jamaika (vgl. D.R. Fisher (Hg.): *The History of Parliament. The House of Commons 1820–1832*. Cambridge 2009).

Roots Music: Bezeichnung für die Volksmusik eines Landes, die populär wurde, weil Pop-, Rock- oder Reggae-Musiker*innen in den 1970er Jahren traditionelle Musikstile wiederentdeckten und sie zeitgenössisch vereinnahmten oder interkulturell in neue Stile wie ›Weltmusik‹ transferierten. Z.B. orientierte sich Bob Marley im Roots-Reggae an langsameren Rhythmen und den spirituellen Ideen der Rastafari-Bewegung und ergänzte dies mit politischen Texten gegen Armut und zum Widerstand.

Royal African Company: Die 1671 gegründete Handelskompanie mit königlichem Monopolpatent war für den britischen Handel in Westafrika und Westindien zuständig und stand in besonderer Konkurrenz zur mächtigen holländischen Westindien-Kompanie. Hauptgeschäft waren Sklav*innenhandel und Import von Rohstoffen. Nach den gewinnbringenden 1680er Jahren ruinierten die Auswirkungen der Kriege in Europa, die Kosten für die Sicherung der Handelsniederlassungen in Afrika und der Schleichhandel mit Sklav*innen, der die Steuerabgabe an die spanische Krone umgehen sollte, letztlich die Kompanie.

Rude Boys: bildeten in den frühen 1960er Jahren eine Subkultur in den Ghettos von Kingston. Das jamaikanische Slangwort ›rude‹ (cool, hip) bezeichnete die trendige Kleidung der Subkultur und die hippen Tanzclubs der Stadt. Rudy Gangs waren in die bewaffneten Straßenkämpfe der beiden erbittert konkurrierenden großen Parteien PNP und JLP verwickelt. Ende der 1960er Jahre übernahmen Jugendliche of Colour in Britannien den Stil der Rude Boys, das beeinflusste auch Weiße Jugendliche der Arbeiterklasse (Mods, Skinheads, Ska).

Rum Punch: alkoholisches Mischgetränk, bei dem zum Rum Orangen-, Ananas- und Limettensaft und Zucker hinzugegeben werden

Salt-fish and Akee: Jamaikanisches Nationalgericht aus gebratenem Klippfisch, Akee, Zwiebeln, Paprika, Tomaten und Gewürzen. Die hellrote Akee-Frucht stammt ursprünglich aus Westafrika und ist heute die Nationalfrucht Jamaikas. Essbar ist nur das Fruchtfleisch, das die Samen umgibt.

Schwarz-karibisch: Black Caribbean ist eine der Kategorien, die für die Wähler*innenregistrierung entwickelt wurden; d. h., wahlberechtigt ist nur, wer sich bei der Registrierung einer ›Race/Ethnizitäts‹-Kategorie zugeordnet hat. Auch heute noch wird in einigen Ländern diese Zuordnung bei der Wahlregistrierung verlangt, z. B. in den Vereinigten Staaten (Weiß/Nicht-Hispanisch, Schwarz, Asiatisch, Hispanisch).

Sekte der Täufer: radikalreformistische christliche Bewegung, früher auch Wiedertäufer genannt, die im 16. Jh. in deutschen und niederländischen Regionen entstand und als der ›linke‹ Flügel der Reformation gilt. Verfolgung und Assimilationsdruck führten in Mitteleuropa zu ihrem Verschwinden. Zu den Konzepten der Täufer gehören das Prinzip der Gewaltlosigkeit, die Kirche als Bruderschaft und die Nachfolge Christi. Grundlage dafür ist die wortgetreue Auslegung des Neuen Testaments.

Sharpeville: südafrikanische Township, Synonym für die Erschießung von 69 und die Verwundung weiterer Demonstrant*innen am 21.3.1960 wie auch für den folgenden Aufruhr. Hintergrund ist die Konkurrenz zwischen Pan Africanist Congress (PAC) und African National Congress (ANC) um die Zustimmung der People of Colour. Der PAC sagte sich vom ANC los, plädierte für ein radikaleres Vorgehen gegen das Apartheidsystem, ›klaute‹ die vom ANC geplante Demonstration und verlegte sie einige Tage vor. Laut südafrikanischem Gesetz waren Demonstrierende bei zivilem Ungehorsam festzunehmen. So war es von der PAC-Führung auch für den 21.3. geplant, als sie sich mit etwa 6000 Demonstrant*innen provozierend vor dem Polizeirevier zur Gefangennahme postierte. Das zunächst unterbesetzte, im Laufe der Demonstration verstärkte Revier war überfordert; ein Polizeioffizier gab letztlich den Befehl zum Schießen. Von anderen Polizeirevieren wurden die Demonstrant*innen mit Tränengas und Schlagstöcken auseinandergetrieben. Die Empörung der People of Colour führte zu Streiks und Aufständen, der Ausnahmezustand wurde verhängt, ANC und PAC verboten. Südafrika wurde für das ›Massaker‹ international geächtet. ANC und PAC erklärten sich zu Untergrundorganisationen und wurden entsprechend verfolgt. Im Gedenken an die Opfer von Sharpeville erklärte die UNO 1966 den 21.3. zum Internationalen Tag gegen Rassismus.

Washington, Booker T. (1856-1915): US-amerikanischer Pädagoge und Sozialreformer. Noch selbst als Sklave auf einer Plantage geboren, holte Washington nach dem Amerikanischen Bürgerkrieg seine Schulausbildung nach und studierte Pädagogik. In seiner berühmten »Atlanta Compromise«-Rede (1895) forderte er zwar grundsätzlich Gleichberechtigung für People of Colour, zugleich aber auch, dass sie in friedlicher und subalterner Koexistenz mit Weißen leben sollten; auf lange Sicht könnten sie ihre soziale Stellung nur durch ›self-improvement‹ (Ausbildung und Unternehmertum, Charakterbildung und Selbstfindung) verbessern. Washingtons defensiver, integrationistischer Gleichheitsansatz fand Anerkennung bei People of Colour der Mittelschicht und bei Weißen des liberalen Bürgertums; in einigen Staaten der USA konnte auf Grundlage seines bildungspolitischen Ansatzes die Schulbildung für People of Colour verbessert werden. Anfang des 20. Jh. mussten People of Colour erfahren, dass immer mehr von ihnen ihr Wahlrecht verloren, die Industrie sie als Arbeitskräfte nicht aufnahm, die Gewalt gegen sie wuchs und Formen der ›Rassentrennung‹ vielfältig rechtlich abgesichert wurden. Radikalere Bürgerrechtler wie W. E. B. Du Bois kritisierten, der Fokus auf beruflich verwertbare Bildung weise People of Colour keinen Weg aus der permanenten Reproduktion der Unterklasse, bringe keine politische Gleichstellung und Mitbestimmung und verändere auch nicht wesentlich die kulturellen Wertvorstellungen in der Gesellschaft.

West Indian Gazette: Zeitung, die die aus Trinidad stammende Claudia Jones ab 1958 monatlich in London herausgab und die trotz ständiger finanzieller Schwierigkeiten bis 1965 erscheinen konnte. Es war die erste von People of Colour publizierte britische Zeitung und ein wichtiges politisches und kulturelles Medium für die Organisation der karibischen Diaspora in Britannien: Die Redaktion vertrat die Interessen aller Westinder*innen und propagierte die Gleichberechtigung von People of Colour.

Whitehall: Straße im Regierungsviertel von London, in der sich bis heute das Verteidigungsministerium (ehemals Kriegsministerium) befindet, zu dem zeitweise auch das Colonial Office gehörte

Yoruba: Volk der südwestlichen Regionen Nigerias sowie in Benin, Ghana und Togo. Schon im Frühmittelalter lebten sie in Städten, die jeweils von einem ›König‹ regiert wurden. Sie prägten lokal unterschiedliche religiöse, politische und soziale Ordnungen aus. Was sie verbindet, ist ihre gleichnamige Sprache (wenn auch in Dialekte differenziert), die in Nigeria eine der anerkannten Hauptsprachen ist, außerdem der gemeinsame Gründungsmythos, die Königsstadt Ile-Ife. Das Siedlungsgebiet der Yoruba war ein Zentrum des Sklav*innenhandels, an dem mächtige Yoruba-Städte beteiligt waren; später wurden auch Yoruba versklavt. Religiös-mystische Praktiken wie Voodoo, Santería, Umbanda, Candomblé oder Macumba gehen auf die Traditionen der Yoruba zurück; seit dem 20. Jh. dominieren unter den Yoruba islamische und christliche Religionszugehörigkeiten. Männlichkeit definiert sich (und entsprechendes Prestige erringt Mann) durch den Beweis der Kampfkunst, vor allem im Ringen, aber auch beim Reiten, Schwimmen oder bei der Jagd.

Veröffentlichungen von Stuart Hall in deutscher Sprache

Schriften. Hamburg 2020, Argument

Vertrauter Fremder. Ein Leben zwischen zwei Inseln. Hamburg 2020, Argument [Familiar Stranger. A life between two islands]

Das verhängnisvolle Dreieck. Rasse, Ethnie, Nation; hg. v. Kobena Mercer. Berlin 2018, Suhrkamp [The Fateful Triangle]

Ausgewählte Schriften. Band 5: Populismus, Hegemonie, Globalisierung; hg. v. Victor Rego Diaz, Juha Koivisto, Ingo Lauggas. Hamburg 2014, Argument

Eine permanente neoliberale Revolution?; in: Das Argument. Zeitschrift für Philosophie und Sozialwissenschaften. 53. Jg., 2011, H 5, 651–671

Neue Ethnizitäten; in: Uwe Wirth (Hg.): Kulturwissenschaft. Eine Auswahl grundlegender Texte. Frankfurt/M. 2008, Suhrkamp

»Jeder muss ein bisschen aussehen wie ein Amerikaner«. Über die Bedeutung des Kulturellen fürs Verstehen der Gesellschaft; in: Das Argument. Zeitschrift für Philosophie und Sozialwissenschaften. 50. Jg., 2008, H 4, 479–486

New Labours doppelte Kehrtwende; in: Das Argument. Zeitschrift für Philosophie und Sozialwissenschaften. 46. Jg., 2004, H 3–4, 483–493

Ausgewählte Schriften. Band 4: Ideologie, Identität, Repräsentation; hg. v. Juha Koivisto, Andreas Merkens. Hamburg 2004, Argument

Europas anderes Selbst; in: Frank Frangenberg (Hg.): Projekt Migration. Köln 2003, DuMont, 803–805

Das Aufbegehren der Cultural Studies und die Krise der Geisteswissenschaften; in: Andreas Hepp, Carsten Winter (Hg.): Die Cultural Studies Kontroverse. Lüneburg 2003, zu Klampen, 33–50

Die Zentralität von Kultur; in: Martin Hepp, Martin Löffelholz (Hg.): Grundlagentexte zur transkulturellen Kommunikation. Konstanz 2002, UVK, 95–117

Wann gibt es ›das Postkoloniale‹? Denken an der Grenze; in: Sebastian Conrad, Shalini Randiera (Hg.): Jenseits des Eurozentrismus. Postkoloniale Perspektiven in den Geschichts- und Kulturwissenschaften. Frankfurt/M. 2002, Campus, 219–246

Von Scarman zu Stephen Lawrence. Rassismus und kulturelle Pluralität im heutigen Britannien; in: Karen Schönwälder, Imke Sturm-Martin (Hg.): Die britische Gesellschaft zwischen Offenheit und Abgrenzung. Berlin 2001, Philo, 154–168

Ausgewählte Schriften. Band 3: Cultural Studies – ein politisches Theorieprojekt; hg. v. Nora Räthzel. Hamburg 2000, Argument

Rassismus als ideologischer Diskurs; in: Theorien über Rassismus. Hamburg 2000, Argument, 7–16

Die zwei Paradigmen der Cultural Studies; in: Karl H. Hörning, Rainer Winter (Hg.): Widerspenstige Kulturen. Cultural Studies als Herausforderung. Frankfurt/M. 1999, Suhrkamp, 13–42

»Ein Gefüge von Einschränkungen«. Gespräch zwischen Stuart Hall und Christian Höller; in: Jan Engelmann (Hg.): Die kleinen Unterschiede. Der Cultural-Studies-Reader. Frankfurt/M. 1999, Campus, 99–122

Ethnizität. Identität und Differenz; in: Jan Engelmann (Hg.): Die kleinen Unterschiede. Der Cultural-Studies-Reader. Frankfurt/M. 1999, Campus, 83–98

Kodieren; in: Roger Bromley, Udo Göttlich, Carsten Winter (Hg.): Cultural Studies. Grundlagentexte zur Einführung. Lüneburg 1999, zu Klampen, 92–110

zusammen mit Eric Hobsbawm, Martin Jacques, Suzanne Moore, Geoff Mulgan: Tod des Neoliberalismus. Es lebe die Sozialdemokratie? Marxism Today: Eine Debatte. Supplement der Zeitschrift Sozialismus. 1999, H 1

Wann war ›der Postkolonialismus‹? Denken an der Grenze; in: Elisabeth Bronfen, Benjamin Marius, Therese Steffen, Anne Emmert, Josef Raab (Hg.): Hybride Kulturen. Beiträge zur anglo-amerikanischen Multikulturalismusdebatte. Tübingen 1997, Stauffenburg, 219–246

Zur kulturellen Identität im Kino der afrikanischen Diaspora; in: Marie-Hélène Gutberlet, Hans-Peter Metzler (Hg.): Afrikanisches Kino. Unkel 1997, Horlemann, 136–150

Nachruf auf Raphael Samuel; in: Historische Anthropologie. Kultur, Gesellschaft, Alltag. Köln 1997, Böhlau, 477–481

Einige ›nicht politisch korrekte‹ Pfade durch PC; in: Das Argument. Zeitschrift für Philosophie und Sozialwissenschaften. 38. Jg., 1996, H 1, 71–82

Ausgewählte Schriften. Band 2: Rassismus und kulturelle Identität; hg. v. Ulrich Mehlem, Dorothee Bohle, Joachim Gutsche, Matthias Oberg, Dominik Schrage. Hamburg 1994, Argument

Das Ökologie-Problem und die Notwendigkeiten linker Politik: Ein Interview mit Stuart Hall; in: Das Argument. Zeitschrift für Philosophie und Sozialwissenschaften. 33. Jg., 1991, H 5, 665–674

Ideologie und Ökonomie. Marxismus ohne Gewähr; in: European Journal for Semiotic Studies. 3. Jg., 1991, H 1–2, 229–254

Rassismus als ideologischer Diskurs; in: Das Argument. Zeitschrift für Philosophie und Sozialwissenschaften. 31. Jg., 1989, H 6, 913–922

Ausgewählte Schriften. Band 1: Ideologie, Kultur Rassismus, hg. v. Nora Räthzel. Hamburg 1989, Argument

Die Bedeutung des autoritären Populismus für den Thatcherismus; Das Argument. Zeitschrift für Philosophie und Sozialwissenschaften. 27. Jg., 1985, H 4, 533–542 zusammen mit Wolfgang F. Haug, Veikko Pietilä: Die Camera Obscura der Ideologie. Philosophie – Ökonomie – Wissenschaft. Hamburg 1984, Argument

Pfeifen im Dunkeln; in: Die Neue Gesellschaft. 30. Jg., 1983, H 11, 1006–1012

Die Konstruktion von Rasse in den Medien; in: Das Argument. Zeitschrift für Philosophie und Sozialwissenschaften. 24. Jg., 1982, H 4, 524–533

Labour, Sozialdemokratie, Sozialismus. Interview mit Stuart Hall; in: Das Argument. Zeitschrift für Philosophie und Sozialwissenschaften. 24. Jg., 1982, H 5, 697–704

Popular-demokratischer oder autoritärer Populismus; in: Wolfgang F. Haug, Wieland Elfferding (Hg.): Neue soziale Bewegungen und Marxismus. Berlin 1982, Argument, 104–124

Rasse, Klasse, Ideologie; in: Das Argument. Zeitschrift für Philosophie und Sozialwissenschaften. 22. Jg., 1980, H 4, 507–510

»Here We Rule«. Searching for a whole way of life – Football, Punk and Reggae in Modern Youth Culture; in: Englisch Amerikanische Studien. Zeitschrift für Unterricht, Wissenschaft & Politik. 1. Jg., 1979, 103–119

Ideologie und Wissenssoziologie. Ein historischer Abriß; in: Projekt Ideologie-Theorie: Theorien über Ideologie. Berlin 1979, Argument, 130–153

Die soziale Optik der *Picture Post*; in: Edmund Nierlich (Hg.): Fremdsprachliche Literaturwissenschaft und Massenmedien. Meisenheim 1978, Hain, 203–255

Über die Arbeit des Centre for Contemporary Cultural Studies (Birmingham). Ein Gespräch mit H. Gustav Klaus; in: Gulliver. Deutsch-Englische Jahrbücher 2; hg. v. W. F. Haug. Berlin 1977, Argument, 54–67

Die Gesamtbibliographie der textlichen und medialen Veröffentlichungen von Stuart Hall in englischer Sprache und in anderen Sprachen stellt die Stuart Hall Foundation zur Verfügung: http://stuarthallfoundation.org/professor-stuart-hall-2/bibliography/

Wir danken Christof Ohm für seine Hinweise zur Bibliografie von Stuart Hall.

Titel der englischen Originalausgabe:
Familiar Stranger. A Life Between Two Islands

Original English language edition first published by Penguin Books Ltd, London

Deutsche Taschenbucherstausgabe

Eine Kooperation mit dem Institut für kritische Theorie Berlin e. V.

Lektorat: Else Laudan
Satz: Iris Konopik und Martin Grundmann
Druck: CPI books, Leck
Gedruckt auf säure- und chlorfreiem Papier
ISBN 978-3-86754-112-1
1. Auflage 2022